사회문제론

- 사회복지측면에서 현대사회문제에 대한 이해 -

SOCIAL

사회문제론

PROBLEMS

김귀환 저

동문사

/

Für Sheon-Wha

/

머리말

모든 사회는 안정을 추구하고 있습니다. 전 세계 모든 나라들은 국가의 안전과 안위를 최고의 과제와 연결시키고 있습니다. 그래서 안정된 사회란 어떤 사회인지에 대한 많은 논쟁이 이어져 왔습니다. 사람들은 사회문제들이 발생하지 않는 사회가 안정된 사회일 수 있다는 주장을 하기도 합니다. 그것을 실현하기 위하여 우리나라는 한때 국가의 안정을 최고의 과제로 간주하여 국민의 기본권을 과도하게 제한하여 오명을 들었던 적도 있습니다. 어떤 경우에 문제는 권력기관에 의해 규정되는 것으로 인식되기도 합니다. 그러므로 산업이 고도화되고 있는 현대사회에서 안전한 사회에 대한 인식으로 편안함이란 우리사회의 화두로 던져져야 할 시기입니다.

사회에는 다양한 많은 문제들이 발생하고 있습니다. 세상에는 문제없는 사회란 존재할 수 없을 것입니다. 사회가 복잡해지면 더 많은 문제들이 발생하기도 합니다. 오늘날 세계는 매우 빠르게 변화하고 있습니다. 그러므로 국내적으로 더 많은 문제들의 발생이 예상됩니다. 국제적으로 국가들 사이에서 외교적인 이해관계는 더욱 첨예하게 대립되고 있습니다. 자동화라는 산업혁명으로부터 컴퓨터, 인터넷, AI 등 산업사회의 구조적 변화는 인간의 삶의 개선도 의미하지만 새로운 문제의 발생도 예상되고 있습니다. 우리나라는 지정학적 위치로 주변국과 관계가 매우 중요합니다. 그것은 중국, 미국 일본 러시아 등과의 외교적 관계가 국내의 모든 분야에 영향을 미치고 있다는 것을 의미합니다.

이런 상황에서 사회문제에 관련된 글의 재정리를 15년 만에 할 수 있게 되어 매우 기쁩니다. 그것에 매우 감사하며 사려 깊은 문제의식으로 우리사회의 사회문제에 대한 깊은 통찰을 통한 재정리가 독자들과 함께 이루어지기를 바랍니다. 이와 같은 문제의식의 토대는 사회문제에 대한 사회복지적인 시각이라고 할 수 있습니다. 왜냐하면 결과적으로 사회복지는 사회문제들을 근원적으로 해결할 수 있는 토대로서 역할을 수행할 수 있기 때문입니다. 그러므로 현대사회는 복지사회이며 세계 모든 나라들이 복지국가를 추구하고 있습니다. 사회문제란 인간의 삶에 영향을 미치는 것으로 사회복지문제라 할 수 있습니다. 현대사회에서 사회문제는 사회복지와 불가분의 관계라 할 수 있습니다. 그러므로 사회복지문제는 결국 사회문제일 것입니다.

1999년 60억 명이었던 세계인구는 10년 주기로 10억씩 증가하여 2022년 현재 80억 명에 도달하였습니다. 인구의 증가와 인구의 증가속도는 문제의 발생 가능성이 많아지고 있다는 것입니다. 실질적으로 전 세계는 21세기에 들어선 지 20여 년이 지나간 현재 국가 간의 전쟁, 종교 갈등, 이념분쟁 등 수많은 갈등들이 발생하고 있습니다. 2022년 러시아의 우크라이나 침공으로 시작된 전쟁은 3년이 지나도 해결의 실마리가 보이지 않으며 오히려 이념적 갈등으로 확전의 양상을 보이고 있습니다. 여기에 우리나라도 군사적인 의사를 표명하면서 국내적으로 논란이 나타나고 있습니다. 2024년에는 세계의 화약고라 불렸던 중동지역에서 또다시 이스라엘과 팔레스타인 사이의 갈등 속에서 헤즈볼라의 개입으로 발생한 중동위기가 발생하였습니다. 세계 각국은 테러에 대한 문제제기를 하면서도 자국의 이해관계 속에서 더욱 복잡하게 전개되면서 중동 전역으로 확전되는 양상을 보이고 있습니다.

우리나라는 2000년 4600만 명의 인구는 출산율의 증진정책에도 불구하고 지속적으로 감소하고 있었지만 2024년 현재 5200만 명으로 증가하였습니다. 지속적인 성장을 계속하고 있으며 2023년 OECD 회원국으로 경제규모는 11위의 선진국입니다. 그러나 1987년 민주화 이후 2024년 현재 민주주의 지수 24위, 언론지수 64위 등 우리나라의 각종 사회지표는 하락을 계속하고 있습니다. 2024년 현재 그 순위는 각종 언론매체, 정치인 등 일관성 없는 모습을 보면서, 우리사회에 그동안 기관이나 조직 그리고 구성원들의 증가에도 불구하고 다양성과 그것에 대한 관심과 배려는 변화가 없었거나 오히려 퇴보하고 있는 것이 매우 안타깝습니다. 이것은 우리사회에 많은 문제들이 총체적으로 발생하고 있음을 의미합니다. 이런 상황 속에서 사회문제에 대한 재정리는 가치가 있다고 생각합니다. 특히 사회문제에 대한 분석의 토대는 사회복지적인 접근방식으로 시도될 것입니다.

내용적으로 여기서는 사회문제에 직접 연관성이 없는, 다른 분야에서 설명될 수 있는 요소나 사실들에 대한 장황한 설명이 아닌 우리사회에서 핵심적인 그러나 전반적으로 발생하여 문제의식이나 문제로 제기되고 인식될 수 있는 사안들을 모두 논의의 대상으로 삼았습니다. 그래서 문제의 범주에 따라 구분하여 개인적 차원의 문제들로부터 보편적인 문제 그리고 거시적 시각의 문제들까지 구체화하였습니다. 사회복지에 관한 고전적인 의미의 문제로부터 진보적이면서 현실적인 그리고 민감한 사회문제에 이르기까지 부분적으로 사회학적인 분석을 하였습니다. 특히 현대사회에서 이슈화되며 될 수 있는 부분에 대해서도 분석이 이루어질 것입니다. 그러므로 국제적인 현상들이 예로서 또는 비교를 위하여 부분적으로 국내적인 현상들과 함께 분석될 것입니다. 아무쪼록 이러한 분석틀의 성과물인 이 책을 통하여 독자들이 우리사회를 이해하는 데 도움이 되었으면 하는 작은 바람을 가져봅니다.

이 책은 전체적으로 세 분야 20장으로 구성되어 있습니다. 제1부는 총론의 측면에서 사회문제에 대한 이론적 토대에 대한 논의가 전개될 것입니다. 제2부에서는 각론의 측면에서 계층·계급적인 측면에서 현대사회의 고전적 시각에서 바라본 문제들과 사회문제로서 논쟁이 되는 문제들에 대한 자료들을 분석하여 한편으로는 미시적인 측면에서 다른 한편으로는 거시적인 측면에서 접근이 시도될 것입니다. 제3부에서는 제1부의 이론적 토대로 분석된 제2부의 사회문제들에 대해 총론적인 측면에서 정책적 접근뿐만 아니라 제가 기고하였거나 워크숍 등에서 발표 제안하였던 것을 보완 정리하여 산업사회로서, 복지사회로서 정보화사회로서 당면과제 해결의 측면에서 10가지 주제로 정책과 사회복지로 접근해 보았습니다. 사회문제는 사회악이기도 하지만 필요악이기도 합니다. 이런 측면에서 안전한 사회의 건설은 사회문제들이 부재한 사회라기보다는 인간에게 편안함을 제공할 수 있는 사회입니다. 그러므로 사회문제에 대한 해결로서 사회복지적인 접근이란 부재를 설정하게 된 것입니다.

이 책이 나오기까지 수고하신 분들에게 감사의 인사를 드립니다. 우선 이 책의 출판을 허락하여 주신 출판사 사장님과 출판을 위하여 저와의 소통을 귀하게 여겨주신 신명선 부장님에게 감사의 말을 전하며, 이 원고를 읽고 꼼꼼한 교정과 수정으로 저에게 도움을 준 광주대학교에서 사회복지를 전공하고 계신 장연서 선생님에게 감사의 마음을 전합니다. 끝으로 사랑하는 나의 가족에게도 감사를 드립니다. 지금은 안계시지만 저희 가족에게 큰 행복을 주신 나의 어머니 송승선에게 감사를 드리며, 나의 아내 신선화에게도 감사함을 전합니다.

2024. 10. 17
순천
김 귀환

차례

머리말 _ 5

PART 01 이론적 토대

Chapter 1 사회문제의 의미와 이론 17

1. 사회문제란 17
2. 사회문제의 유형 22
3. 사회문제의 이론적 토대 31

Chapter 2 사회통제, 사회복지 그리고 복지국가 43

1. 사회통제 43
2. 사회복지란 45
3. 복지국가란 52

PART 02 사회문제로의 접근

– 계층적 차원의 문제들 –

Chapter 3 장애인과 인권 63

1. 장애의 개념 63
2. 인권과 장애인 문제 64
3. 장애인복지 73

Chapter 4 청소년과 인권 77

1. 청소년의 정의 77
2. 청소년문제 79
3. 청소년과 인권(Human Rights) 85

Chapter 05 여성과 성차별 91

1. 여성문제 91
2. 빈곤의 여성화의 의미 94
3. 성차별의 의미 98
4. 여성문제에 대한 정책적 접근 104

Chapter 06 아동 그리고 저출산, 보육 109

1. 아동문제 109
2. 저출산 113
3. 보육 117

Chapter 07 인구문제로서 노령화와 사회정책 125

1. 현대사회의 노인인구의 특성 125
2. 현대사회와 노인문제 130
3. 사회정책으로서 노인복지: 돌봄 143

– 보편적 차원의 문제들 –

Chapter 08 사회문제로서 성폭력과 성매매 147

1. 성폭력 147
2. 성매매 152

Chapter 09 보건문제와 의료복지 161

1. 질병문제 161
2. 정신건강문제 167
3. 약물남용 173
4. 건강문제 179

Chapter 10 가족문제로서 가정폭력 187

1. 가족의 개념 187
2. 현대사회에서 가족문제 190
3. 현대사회에서 가족의 의미 197

Chapter **11** 주거의 의미와 주택문제 201

1. 주거와 주택 202
2. 우리나라의 주택문제 204
3. 결론: 주택정책, 재건축과 재개발 209

Chapter **12** 노동문제와 노동복지 215

1. 노동문제 215
2. 노동복지 227
3. 결론 229

Chapter **13** 교육문제와 교육복지 233

1. 교육문제의 의미 233
2. 교육복지 237
3. 결론 240

Chapter **14** 소득 불평등과 빈곤문제 243

1. 소득 불평등과 빈곤과의 상관관계 243
2. 빈곤문제 248
3. 결론: 경제적 불평등과 사회복지 251

Chapter **15** 범죄와 교정복지 255

1. 범죄와 범죄학 255
2. 범죄의 유형 256
3. 교정복지 261

- 거시적 차원의 문제들 -

Chapter **16** 인구문제와 식량 269

1. 인구문제 269
2. 식량문제 274
3. 인구문제와 식량문제 283

Chapter **17** 환경문제와 환경복지 289

1. 환경문제의 의미 289

2. 신자유주의와 환경 293
3. 환경문제와 복지 295
4. 환경복지 299
5. 결론: 환경과 미래 -개발과 변형- 301

Chapter 18 세계화와 다문화사회 305

1. 다문화와 다문화주의 305
2. 역사적인 측면에서 다문화 307
3. 한국에서 다문화의 의미 308
4. 부설: 다문화사회와 영어 그리고 주체성 314
5. 결론 316

Chapter 19 정보화 사회와 사회문제 319

1. 정보화사회의 의미 319
2. 정보화에 대한 문제제기 320
3. 정보화 사회에서 복지의 의미 323
4. 부설: 권력이동 325
5. 결론: 정보화와 복지사회 326

PART 03 사회복지의 과제들

Chapter 20 사회문제와 사회복지 333

1. 과시사회 333
2. 전문인으로서 사회복지사 336
3. 복지국가의 과제와 고령사회 338
4. 사회복지와 노인케어 342
5. 사회복지와 윤리의식 345
6. 편리함과 사회복지 348
7. 경적과 사회복지 349
8. 안전의 의미와 사회복지 352
9. 우리사회에서 문제의식과 사회복지의 의미 354

참고문헌 _ 357

찾아보기 _ 361

표 차례

〈표 1-1〉 시대정신과 시대별·국가별 주요 사회문제 26
〈표 1-2〉 도시별 인구집중도 비교 29
〈표 1-3〉 2024년도 광역시별 노령화 비교 30
〈표 1-4〉 로버트 머튼의 일탈행위 유형 37
〈표 2-1〉 사회통제의 방식 45
〈표 2-2〉 사회문제와 사회복지 관계에 대한 분석 49
〈표 2-3〉 복지국가의 유형 57
〈표 3-1〉 고용의무비율의 현실과 국가별 비교 69
〈표 5-1〉 노인인구의 남·여 인구비율 93
〈표 5-2〉 낙태에 대한 시각 비교 97
〈표 5-3〉 빈곤의 여성화에 대한 이론적 비교 101
〈표 5-4〉 경제활동참여인구 남·여 비교 103
〈표 6-1〉 우리나라 아동의 수와 생산가능인구 비교분석 111
〈표 6-2〉 여성사회참여와 출산율과 상호관계 분석 115
〈표 6-3〉 우리나라 입양아 변화 추이 118
〈표 6-4〉 총인구 대비 출산율과 노인인구 분석 122
〈표 6-5〉 선진국의 기대수명과 합계출산율 비교(2023) 123
〈표 7-1〉 노인인구증가에 따른 사회노령화의 의미분석 126
〈표 7-2〉 한국과 세계평균 기대수명 분석표 127
〈표 7-3〉 연도별 성비 분석 128
〈표 7-4〉 광역시 거주 노인인구 변화추이 129
〈표 7-5〉 연도별 노인빈곤율 추이 132
〈표 7-6〉 노인학대 유형 141
〈표 9-1〉 각 국의 사망률 비교 162
〈표 9-2〉 지역별 성인 에이즈 감염 방식 164
〈표 9-3〉 에이즈 감염자에 대한 국가별 차이 비교 165
〈표 9-4〉 연도별 마약사범의 증감 178
〈표 9-5〉 건강수명에 대한 각 국의 비교 181
〈표 10-1〉 산업화 전후 가족주기 비교 189
〈표 10-2〉 연도별 결혼과 이혼의 비교분석 196
〈표 11-1〉 우리나라 주택현황 분석 205
〈표 12-1〉 우리나라와 선진국 실업률 추이변화 비교 220
〈표 12-2〉 정규직·비정규직 종사자 비율 223
〈표 12-3〉 최저 임금 비교 224
〈표 12-4〉 노사분규의 원인 225
〈표 14-1〉 전 국민 소득불평등 추이 247
〈표 15-1〉 화이트 칼라 범죄 유형 259

〈표 15-2〉 우리나라 범죄 실태 260
〈표 15-3〉 교정시설의 유형에 대한 설치 관계 법령 262
〈표 16-1〉 농업에서 인구구조 271
〈표 16-2〉 우리나라 주곡 자급률 278
〈표 18-1〉 국내 거주 외국인 국적 유형별 분석 309
〈표 19-1〉 국가별 인터넷 보급률과 정보화지수 비교 322
〈표 20-1〉 한국, 복지국가와 복지체제에 대한 질적 비교 343

그림 차례

〈그림 1-1〉 사회문제의 종류 24
〈그림 2-1〉 사회복지의 목적 50
〈그림 4-1〉 청소년문제의 발생과정 82
〈그림 4-2〉 사회복지와 사회통합 간의 관계 86
〈그림 5-1〉 세계화 속에서 여성의 빈곤화 과정 96
〈그림 9-1〉 국가 건강보호 체계 182
〈그림 10-1〉 현대사회에서 가족문제 발생과정 191
〈그림 11-1〉 주거양식 결정과정 212
〈그림 14-1〉 로렌츠 곡선 246
〈그림 17-1〉 지속가능한 생태순환체계 300

01 PART

이론적 토대

여기서는 이론적 측면에서 사회문제를 바라보는 관점에 대하여 논한다. 그것은 문제에 대한 기능적인 측면에서 접근하는 것을 의미한다. 이런 측면에서 문제에 대한 접근은 단지 문제들이 사회문제일수도 있지만 그렇지 않을 경우도 존재한다는 것이다. 다른 측면에서 이와 같이 문제를 바라보는 중요한 시각은 사회복지적인 관점을 통하여 사회문제들의 해결을 위한 다양한 논의가 가능하다. 왜냐하면 사회문제의 해결이 사회복지의 기능이라고 할 수 있기 때문이다.

01
Chapter

사회문제의 의미와 이론

1. 사회문제란

사회의 기본 단위로서 개인을 이야기한다. 다른 한편으로는 가족도 하나의 사회의 단위로 여러 가족의 모임을 사회라고 규정하기도 한다. 그러므로 두 사람 이상의 모여 사는 곳을 사회라고 할 수 있을 것이다. 두 사람 이상 모여 사는 사회에서 사람과 사람들 사이에 사람과 사회 사이에서 그리고 사회와 사회에서 문제들이 발생할 수 있으며 그것을 사회문제(Social Problem)라고 부르고 있다. 그러므로 사회문제는 사회에서 발생하는 문제들을 의미한다. 이러한 문제들은 시대의 영향을 주고받으면서 변화한다. 그 변화는 긍정적이거나 부정적일 수 있지만 이분법적일 수는 없다. 그것은 모든 사회구성원들은 완전히 깨끗한 사회를 추구하지만 그런 사회가 이상적인 사회라고는 할 수 없다는 것을 의미한다. 여기서는 이런 문제의식을 토대로 논점들이 논의될 것이다.

1) 사회문제의 의미

이 지구상에서 문제가 없는 사회란 존재하지 않으며, 또한 모든 사회문제들을 사라지게 할 수 없을 것이다. 그런 측면에서 사회에 대한 개념과 사회에 발생하고 있는 문제들을 규정하고 정의를 정확히 이해한다는 것은 매우 중요하지만 매우 어려운 일이라고 할 수 있을 것이다. 왜냐하면 현대사회에서 사회문제가 함유하고 있는 개념과 범주가 매우 광범위하고 지속적으로 변화하고 있기 때문이다. 또 다른 이유는 사회문제가 문제이기도 하지만 그런 이유로 그 문제들이 사회적으로 완전히 소멸되어야 하는 대상이 아니라는 것이다. 그럼에도 불구하고 일반적으로 사회문제들을 사회에서 받아들여지고 있는 사회질서 또는 사회규범에 대한 위반으로 발생하고 있는 부정적인 것들로 인식되고 있다는 것도 사실이다. 사회구성원들은 사회문제들에 대한 다양한 시각과 인식을 통하여 사회발전의 지향점을 추구하고 있는 것이다.

보편적으로 사회문제는 관념적으로 부정적인 측면에서만 강조되고 있었다. 그것은 기능적인 측면에서 사회문제의 역기능만을 강조하고 있었다는 것을 의미한다. 그러나 현대사회에서 사회문제는 사회의 존립에 영향을 미치고 있기에 그것의 기능적 이중성에 대한 사고는 매우 중요하다. 이것은 사회문제의 일반적 규정과 연관하여 본다면 한편으로 사회문제의 역기능성으로, 문제들이 사회적으로 불필요하고 사회발전과 건전성을 담보하는 데 장애물로 인식하는 관점이다. 사회문제에 대한 또 다른 시각으로 그것에 대한 순기능 측면에 대한 강조인데, 그것은 사회에서 사회문제의 긍정적 기능을 인정한다는 것이다. 사회문제에 대한 이와 같은 인식은 사회문제의 존재에 대한 새로운 접근으로 그것은 기능의 다양성을 의미한다. 그 다양성에 있어서 사회문제는 구조적으로 순기능과 역기능을 복잡하게 내포하고 있으며, 두 기능이 복합적으로 사회에 미치는 영향에 따라 통제되거나 제재되기도 하고 그렇지 않을 때에는 방치되기도 하며, 방치는 경우에 따라서 사회에서는 그것이 긍정적 기능으로 작용한다는 한다는 것이다.

이와 연관하여 사회문제들에 대한 개념적 정의를 또 다른 두 가지 측면에서 접근할 수 있다. 하나는 전자의 의미인 고전적인 측면으로서 우리들이 일반적으로 이야기하고 있는 문제라는 용어 속에 부정적 이미지가 내포되어 있는데, 우리는 해결되지 않는 일을 만나게 될 때 흔히 문제라는 단어를 사용하게 된다. 다른 하나는 후자의 의미인 진보적인 측면으로 문제라는 용어보다는 사회문제라는 단어가 선호되는데, 그것의 의미는 사회적으로 영향력 있는 집단이 자신들의 가치를 위협하고 많은 사람들에게 영향을 미치는, 즉 그들에 의해 규정되는 것이 사회문제로 될 수 있다는 것이다. 이와 같은 사회문제에 대한 일반적 이해에도 불구하고 현재 우리사회에서는 사회변혁을 사회문제로 간주하는 현상을 발생시키고 있다. 사회문제는 많은 사람들에게 부정적인 결과를 가져오고 일반적으로 해결해야 할 상태 또는 행동으로 인식되는 모든 상태 또는 행동이라고 할 수 있을 것이다.

결론적으로 사회문제는 사회적 현상들에 대한 관념적 표현일 수도 있지만 그 실재적 현상이라고 할 수 있다. 즉 사회의 존재를 위해 사회문제는 필요하고도 충분한 조건인 것이다. 그러므로 문제의 사회적 역할에 있어서 기능적이거나 사회의 갈등적인 조건에 상관없이 사회문제는 사회적인 것이다. 그러므로 사회문제의 소멸은 사회의 소멸을 의미할 수 있는 것이며, 그것은 사회의 구성원인 개인 즉, 인간의 소멸을 의미하는 것이다.

2) 사회문제 구성요건과 특성

사회문제에 대한 접근은 사회구성원 그리고 사회와 관계 속에서 살펴볼 수 있다. 본질적으로 현대산업사회에서 사회문제에 대한 논의는 전자의 측면보다 후자의 측면이 강조되고 있다. 사회적 관계에 대한 거시적인 측면에서 이론적으로 사회문제에 대한 접근은 하나는 사회구성원들에 있어서 갈등주의적 측면에서, 그리고 다른 하나는 기능주의적인 측면에서 사회문제에 대한 역할의 과학적 이해를 위하여 그리고 해결의 측면에서 사회복지적인 측면에서도 생각해 볼 수 있을 것이다. 그러므로 사회구성원에 미치는 영향력 그와 같은 사회문제에 대한 일반적인 부정적 인식에 대한 제고는 그것에 대한 정확한 인식을 위하여 필수적이다. 그러므로 그것을 통하여 아래의 사회문제 구성과 요건을 파악할 수 있을 것이다.

① 사회문제는 사회적이어야 한다.

일반적으로 사회문제는 사회에 피해를 주는 유해조건과 같은 객관적 사실을 의미한다. 유해조건은 해로움의 범위를 나타내는 객관적 사실로서 시대와 상황 그리고 사회나 국가의 성격에 의존하기도 한다. 즉 사회문제의 객관적인 부분에 해당하는데, 현대사회에서 신체적 상해, 재산의 손실, 권한의 침해, 환경의 오염, 인종차별과 성차별, 사회적 가치의 손상을 예로 들 수 있을 것이다. 하지만 여기서 우리는 주의할 사항이 하나 있다. 사람에게 해를 준다고 해서 모두 사회문제가 되는 것은 아니라는 사실이다. 그 이유는 사회문제 속에는 이러한 객관적인 요소뿐만 아니라 주관적인 요소가 내재되어 있기 때문이다.

② 사회문제는 지배적인 가치에 대한 사회구성원들의 위반이다.

단순하게 어떤 행위나 사실이 사회구성원들에게 유해하다고 문제로 간주되는 것은 아니다. 그것은 한편으로 매우 주관적인데 구성원들 의지의 표현과 공유된 가치와 다른 한편으로 그것에 반하는 것을 의미한다. 다른 측면에서는 사회문제의 주관성이란 특정한 문제가 객관적으로 피해를 주고 있다고 하더라도 사람들이 그 문제로 인해 피해를 받고 있다고 인식하지 못하는 경우에 사회문제로 인정되지 않는 경우도 있다. 예를 들자면 일탈을 규정하는 것처럼 어떤 현상이 사회문제로 되기 위해서는 그 사회의 성원 전체가 아닐지라도 일부 다수의 사람들이나 사회에 영향을 미칠 수 있는 일부의 사람(권력자)들이 그 현상을 사회문제라고 판단하여 규정되기도 한다는 것이다. 여기서 중요한 사실은 사회문제가 다수에 의해 문제라고 규정되기도 하지만 일부에 의해서도 규정된다는 것이다.

③ 사회문제는 사회적 관심을 야기시킨다.

다양한 사회에서 다양한 구성원들이 공유된 가치들에 대한 인식의 차이는 필연적이다. 그로 인하여 문제들의 발생 또한 필연적이라 할 수 있다. 이런 사적인 문제들은 구성원들 간의 문제에 대한 공유된 인식 속에서 사회적 논점으로 변화가 되었을 때, 그것들에 대한 사회구성원들의 관심 그리고 사회적 고려의 대상을 사회문제라 부를 수 있을 것이다. 또 다른 측면에서 일상적 문제에 대한 주관적 해석으로 영향력 있는 집단이 사회문제라 규정한다면 그것들은 위로부터 발생한 사회문제로 될 수 있다. 그러므로 문제에 대한 사회적 논쟁이나 영향력 있는 집단의 사회적 관심이 사회적 문제의 전제조건이라 할 수 있다.

④ 사회적 관심은 사회문제의 해결을 의미할 수도 있지만, 그렇지 않을 수도 있다.

문제들은 사회의 존재에 있어서 역할의 의미가 고려의 대상이 될 수 있을 것이다. 왜냐하면 한편으로는 문제해결을 원하지 않는 국민이나 세력들이 있기도 하지만, 다른 한편으로는 그 존재가 오히려 사회발전에 이로울 수도 있기 때문이다. 사회문제는 일반적으로 해결될 수 있는 사회문제가 확산되기 시작하면 사람들은 개선을 요구하게 되며, 사회문제는 국가적 개입 또는 자정적 작용과 같은 자발적 사회운동을 통해서 해결되기도 한다.

⑤ 사회문제의 해결은 결과적으로 인간의 삶의 질과 연관이 있다.

인간의 삶은 가장 중요한 생존권으로서 인권인 것이다. 그러므로 인간의 삶의 질적 상승을 위해 무엇을 어떻게 등의 문제제기는 사적인 측면에서 또는 사회적인 측면에서 해결 의지의 표현으로 그 실천은 사회복지적이라 할 수 있다. 그러므로 현대산업사회에서 인간에게는 사회문제의 발생으로 인한 삶의 문제는 사회발전 상황과 사회복지와 연관된 문제들에 종속되어 있다고 볼 수 있다. 그런 산업구조의 변화에 따른 문제의 해결을 위한 노동형태로서 돌봄(care)은 인간의 삶의 근본이라 할 수 있을 것이다. 기대수명의 상승으로 사회의 노령화는 더욱 돌봄의 의미가 강조되고 돌봄에 의존하는 사회의 구조적 문제가 거시적으로 본다면 사회문제이지만 인간의 삶의 측면에서는 사회복지문제라 할 수 있는 것이다.

참고: 사회문제에 대한 두 가지 관점

찰스 라이트 밀즈[1]의 개인적 곤란과 공적 쟁점

사회문제를 아래와 같이 두 가지 측면에서 구분하는데, 하나는 사적인 측면에서 문제의 원인에 접근하는 것이며 다른 하나는 문제의 발생 원인을 사회 자체에 있다고 보는 관점이다.

(1) 개인적 관점(individual perspective)

개인적 관점이란 사회문제의 원인을 개인의 특성에서 찾는 것을 말한다. 예를 들어, 마약복용의 원인을 개인적인 문제로 간주하는 것이다. 이 관점은 일반인들에게 지지를 얻기 쉽다. 그 이유는 사람들은 통상적으로 규범이나 규칙을 지켜야 한다는 경향을 가지고 있으며, 대다수의 사람들은 규범이나 규칙을 지키고 살기 때문에, 이를 어기는 데에 대해서 의구심을 갖는다. 개인적 관점의 문제점으로는 사회문제의 원인을 개인의 결함으로 돌림으로서 사회 구성원들이 사회제도의 결함을 비난하지 않는 결과를 초래하여 사회문제의 해결을 위한 제도적 개선이나 변화를 위한 노력과 시도를 사전에 봉쇄한다. 이는 문제를 일으킨 개인이나 집단을 통제하는 결과를 불러올 수 있다.

(2) 구조적 관점(structural perspective)

구조적 관점은 사회문제의 원인을 사회구조로부터 접근하는 관점을 말한다. 위의 예에서 보는 것처럼 개인의 마약복용을 개인의 건강, 성격 등 사적인 차원에서도 접근할 수 있지만, 마약복용을 개인의 성격이나 성향보다는 인간의 삶과 사회구조와의 관계로부터 분석할 수 있을 것이다. 그것은 개인에게 마약을 사용할 수 없는 상황과 같은 맥락처럼 개인은 구조적으로 억압적이고 강요적인 요인으로 인하여 개인의 스트레스 극복을 위해 개인에게 마약 복용이 강요되고 강제되는 사회적 상황에 복종할 수 있다는 것을 의미한다.

2. 사회문제의 유형

우리들이 살고 있는 사회에서 발생하는 사회문제들에 대한 유형화는 사회의 구조가 단순사회에서 복잡사회로 진행되면서 거시적 측면의 전통적인 유형으로부터 사회문제에 대한 구체적 시각과 연관하여 다양하면서 미시적으로 구성되고 있다. 이러한 사회문제들은 지역적으로 시대적에 따른 상황에 종속되면서 생로병사하고 있다. 그 현상들에 대하여 다양한 사회문제의 이

1) 찰스 라이트 밀즈(Charles Wright Mills, 1916~1962) 미국 사회의 허구성을 고발한 미국의 사회학자로서 지식인의 사회적 의무를 강조한다. 저서로는 파워 엘리트, 사회학적 상상력, 화이트칼라 등이 우리나라에 번역되어 소개되어 있다.

론들은 사회구성원인 개인이 규범을 파괴한다는 입장으로부터 사회구조적인 측면에서 사회문제에 대한 접근을 강조하는 사회구성원이 정신적, 물질적 고통에 빠지게 되는 사회적 조건과 구조를 중시하는 방향으로 전환되고 있다. 여기서는 사회문제에 대한 유형화를 학자들의 관점들을 통하여 소개될 것이다.

1) 전통적 시각에서의 사회문제

미국의 사회학자 로버트 머튼(Robert King Merton, 1910~2003)과 사회심리학자 리차드 니스벳(Richard Eugene Nisbett)에 의해 설명되는 전통적 시각에서는 사회문제를 부정적 측면에서 보수적으로 접근하고 있다. 사회문제에 대한 거시적 측면의 접근은 뒤에 나오는 이론적 토대에서 자세하게 이야기될 것이다. 여기서는 머튼과 니스벳의 사회문제에 대한 접근은 고전적 시각으로, 그들은 사회문제를 개인적 측면에서 일탈행위와 사회해체와 같은 두 가지 형태로 유형화하고 있다.

일탈행위는 사회적 지위와 역할이 규범으로부터 이탈된 행위로서, 예를 들면 범죄, 비행, 정신질환 등이 원인이 되어 발생할 수 있다. 사회해체는 지위와 역할이 상호 갈등관계에 빠진 상태 또는 지위와 역할체계가 붕괴된 상태로서, 예를 들면 인구문제, 불평등, 노령화 현상으로부터 발생할 수 있다.

일탈행위와 사회해체는 규칙과 관련된 문제라는 점에서 상당히 유사하지만, 일탈행위가 다양한 사회적 지위와 역할이 규범으로부터 이탈된 행위인데 비하여, 사회해체는 지위와 역할이 상호 갈등관계에 빠진 상태 또는 지위와 역할체계가 붕괴된 상태라는 점에서 분명한 차이가 있다.

2) 사회적 조건과 구조에 의한 분류

사회문제는 시대적 상황에 종속적일 수 있다. 이런 측면에서 사회문제의 기준에 대한 변화는 시대적 상황, 문제에 대한 인식과 분석에 따라 그리고 분석자에 따라 다양하게 나타나고 있다. 그러나 실질적으로 사회문제들에 대한 이론적 틀에서 근본적인 문제들에 대한 인식은 비슷한 수준으로 전개되고 있다. 우리들이 살고 있는 세계에는 수많은 문제들이 존재하고 지속적으로 새로운 유형의 사회문제들이 발생하고 있다. 아래의 <그림 1-1>은 현대사회에서 발생하고 있는 다양한 사회문제들을 전체적인 측면에서 나열하여 펼쳐놓은 것이다.

〈그림 1-1〉 사회문제의 종류

현대사회에서 사회문제를 자유, 평등, 복지와 같은 인간의 삶의 토대가 가치들을 토대로 하여 하나는 진보적·보수적 이데올로기를 기준으로 다른 하나는 거시적인 측면에서 그리고 미시적인 측면에서 그리고 개인적 차원에서 사회구조적 차원에서 접근할 수 있을 것이다. 예를 든다면 약물남용이나 중독문제는 한편으로는 개인적 미시적 진보적인 측면에서 다른 한편으로는 사회구조적, 거시적, 보수적인 시각으로 분석할 수 있는 것이다. 이와 같은 방식으로 사회문제들을 아래의 유형화된 구조에 다양한 의견들이 제시될 수 있을 것이다.

(1) 개인적인 측면에서 사회문제

① 일탈문제

② 개인의 복지를 위협하는 문제

(2) 사회구조적인 측면에서 사회문제

① 불평등에 관련된 문제

② 제도적 문제

(3) 미시적인 측면에서 사회문제

① 인간의 다양성 문제

② 사회적 평등을 위협하는 문제

(4) 거시적인 측면에서 사회문제

① 체제문제로 부와 권력에 관련된 문제

② 인간·환경·지역문제에 관련된 문제

(5) 진보적인 시각에서 사회문제

① 불평등 문제

② 현대화 문제

③ 글로벌 문제

(6) 보수적인 시각에서 사회문제

① 일탈에 관련된 문제

② 사회제도를 위협하는 문제

사회문제들에 대한 위의 분류를 통하여 인식할 수 있듯이 유형화된 토대와 기준에는 사회구성원들 사이에서도 차이가 나타날 수 있을 것이다. 예를 들어 알코올이나 인종문제에 있어서 개인적인 측면을 강조한다면 이는 복지적인 부분에 속할 것이며, 구조적 문제로서 인식할 때에는 일탈문제로 분류하고 있다. 인종문제도 비판적 인식을 가진 학자는 이를 불평등에 연관된 문제로 인식하는 반면에 보수적인 학자는 사회를 위협하는 문제로 간주하게 될 것이다. 그럼에도 불구하고 시대와 세대를 넘어 사회문제에 대한 핵심적인 공통적 요소가 유사함을 보이고 있다.

아래의 <표 1-1>처럼 국가별 핵심적 사회문제를 시대별로 분석하는 것은 의미가 있다. 왜냐하면 그것을 통하여 시대정신을 읽을 수 있기 때문이다. 이것은 사회적 문제의 논점을 시대정신과 연관하여 국가별로 10년 간격으로 우리나라와 다른 나라를 비교한다는 것이다. 특히 1980년대 이후에는 미국과 영국을 중심으로 세계화라는 그 당시의 지배적인 이데올로기가 긍정·부정이라는 극단적인 대치 속에서 전개되고 있었으며, 2020년에는 말 코로나19의 전염병의 등장으로 사람들의 삶의 구조변화는 전 세계적으로 많은 문제들을 야기시켰다.

<표 1-1> 시대정신과 시대별·국가별 주요 사회문제

	한국	프랑스	미국	일본
1960년대	경제문제	사회변혁문제 (68운동)	인종문제	사회복지문제
1970년대	자원문제 정치문제	자원문제	자원문제	자원문제
1980년대	정치문제 (민주화, 쿠데타)	정치문제 (동거정부: 코아비타시옹 co-habitation)	군사문제 (소련)	경제문제
1990년대	경제문제(IMF) 사회복지문제	정치문제 실업문제	정치문제 (공산주의의 몰락) 군사문제(전쟁)	정치문제 (공산주의의 몰락)
2000년대	탈권위, 남북문제, 경제문제(FTA)	인종문제 (2005)	테러문제, 테러와의 전쟁	노인복지 고령화와 개호보험
2010년대	4대강 개발문제	실업, 노동문제	의료보험 문제	정권교체 (자민당 독재 종식)
2020년대	코로나19	코로나19	코로나19	코로나19

이러한 각국의 사회문제에 대해 좀 더 구체적인 측면에서 그리고 사회복지적인 측면에서 접근하여 공통적인 논점을 찾는다면 그것은 다양한 측면에서 돌봄의 문제인 것이며 사회의 고령화는 돌봄의 재구조화를 의미하다고 할 수 있을 것이다. 이런 현상은 또다시 노동력의 부족으로 이어지고 산업생산력은 자동화로 대체되어 결과적으로 실업의 악순환이 계속될 수 있다. 버나드 쇼(Bernard Shaw, 1856~1959)가 경고한 것처럼 사회복지를 위한 노력들이 사회복지의 실천을 위한 토대를 붕괴시키는 그러한 과정으로 될 수 있다는 것이다. 특별히 복지국가의 도상에 있는 우리 사회에서는 1997년 말 경제위기와 국제통화기금(IMF: International Monetary Fund) 관리체제 하에서 고전적 실업문제로부터 고용 없는 성장으로 인한 실업, 그로 인한 부랑인문제 그리고 정보화 사회의 등장으로 눈에 보이지 않는 세상에서 발생하고 있는 새로운 문제들이 심각하게 고려되어야 할 것이다.

3) 우리사회에서 사회문제

사회문제는 역사 그리고 시대적 상황에 따라 그 범주가 다양하게 나타나고 있다. 특히 18세기 산업혁명 이후 발생하는 사회문제는 그 이전 농업사회와는 다른 형태로 발생하고 있다. 그것은 19세기 이후에 전 세계적으로 자본주의와 사회주의 간의 반목과 갈등이 증가하고 있었다는 것이다. 그것은 두 체제의 이념적 토대인 경쟁과 평등 속에 내재된 모순으로 인한 빈곤의 증가인 것이며 산업사회에 대한 부정적 인식의 증가와 사회복지에 대한 관심으로 인도하였다. 19세기 중반부터는 사회보장이나 사회복지에 대한 국가적 관심으로 생활수준이 향상되면서 기본적인 삶의 문제는 해결되었다. 그러나 자본주의적인 사회제도의 결함과 모순으로 발생하고 있는 교통, 주택, 공해, 청소년 문제 등은 오히려 심각해져 가고 있다. 독일의 사회학자 칼 만하임[2)]

2) 칼 만하임(Karl Mannheim, 1893~1947) 헝가리 출신의 독일 사회학자, 지식사회학이라는 새로운 사회학분야를 개척하였으며, 독일이 나치스의 손아귀에 들어가자 영국으로 망명하여 민주주의의 수호를 위해 시대의 진단학으로서 사회학의 중요성을 역설하였으며, 저서로는 이데올로기와 유토피아, 지식사회학의 문제, 현대의 진단 등이 있다.

은 이것에 대하여 유럽의 산업화가 진행되면서 발생하였던 1900년대 초기 현대사회의 병리적 현상을 산업화, 도시화, 관료제화, 합리화, 스피드(speed)화, 과다경쟁 등으로 갈파하고 있다.

우리나라에서 사회문제는 세계사적 변화와 무관하지 않으나 시대적 흐름에 뒤늦은 출발로 압축적인 산업화와 도시화[3]라는 두 가지 측면에서 접근할 수 있을 것이다. 산업혁명 이후 대부분의 나라에서 도시화는 일반적인 사회적 현상으로 나타났다. 그것은 산업화가 인구의 도시이동이란 등식을 의미한다는 것이다. 인구이동은 농촌이나 어촌으로부터 도시로의 이동이다. 농촌과 어촌이란 단어 그대로의 농업과 어업으로 생계가 유지되는 공동체이다. 반면에 산업화는 농촌이나 어촌에 공장이 건설되면서 도시로 전환되는 과정에 농부나 어부의 전업뿐만 아니라 다른 농촌과 어촌의 농부와 어부들의 공장 취업으로 노동자로의 생계수단의 전환을 야기시켰다. 그 의미로서 도시화란 도시에 농민이나 어민들의 직업을 찾아 도시로의 이동을 통한 인구유입으로 도시인구가 증가하고, 그 결과 도시의 생활 양식이 확대되며 국가 전체의 산업구조에 변화가 나타나는 현상이다.

산업의 발달은 도시화를 더욱 가속화하였으며 나라의 발전정도에 도시화율이란 지표를 적용하였다. 이런 것을 통하여 도시는 정치·경제·사회 활동의 중심으로서 더 많은 인구유입이 진행되었으며 인구가 집단거주하여 가옥이 과도하게 밀집되어 있고 더 많은 도로들이 집중적으로 건설되었다. 이런 도시화에 있어서 예외 없이 발생하고 있는 두드러진 현상의 하나인 수도권으로의 집중이다. 이런 현상은 단순히 인구의 수도 집중만이 아닌 정치·경제·사회·문화의 모든 분야에서의 집중도 의미하고 있다는 것과 다양한 문제가 야기될 수 있는 원인의 내포를 의미하고 있다. 세계 나라들의 수도 인구집중률에 대한 비교를 아래의 <표 1-2>는 대부분의 서구 선진국가들의 수도에 거주하는 시민들의 비율이 총인구의 5% 이하임을 보여주고 있는데 이

3) 도시라는 말에는 도읍(都邑), 곧 정치 또는 행정의 중심지라는 뜻과 시장(市場), 곧 경제의 중심지라는 뜻이 내포되어 있다. 사회학적으로 도시의 의미는 다수의 사람들이 그들의 일상 활동을 좁은 경계를 벗어나서 광범하게 통합 조정하며 살고 있는 공동체를 뜻하며, 행정학적으로 행정구역 중의 하나이다. 이런 도시의 정의나 의미에서 산업혁명 이전에는 도시의 수보다 농촌이나 어촌이 많았으며 농촌이나 어촌의 인구가 도시인구보다 훨씬 많았다.

것은 대부분의 도시들이 경제적으로나 사회문화적으로 균등발전이 이루어지고 있다는 것을 의미한다. 반면에 영국의 런던이나 태국의 방콕, 일본의 동경과 서울과 같은 수도의 인구집중률이 높은 도시들에 속하고 있지만 특별히 방콕, 동경, 서울의 경우 다른 모든 분야에서도 집중이 과도하여 지역별로 삶의 수준의 차이를 야기시키고 있으며, 수도 집중화 현상이 지속적으로 진행되고 있다.

<표 1-2> 도시별 인구집중도 비교

	하노이	방콕	서울	베르린	파리	스톡홀름	동경	런던
수도인구 비율	8%	15%	18%	4%	3%	16%	11%	14%
총인구	9,949만	7,188만	5,175만	8,325만	6,488만	1,067만	12,163만	6,796만

실질적으로 도시화율이란 지표를 통하여 사회의 발전정도에 반영하기도 한다. 이런 이유로 도시화율을 높이기 위해 각 국가들은 많은 노력을 기울이기도 한다. 우리나라는 일반적으로 시부(市部)를 도시라고 하고 군부(郡部)를 농촌으로 규정하여 사용하고 있다.[4] 그러나 대부분의 나라에서는 특정한 인구의 수를 기준으로 하는 일이 많다. 예를 들면 미국은 인구 2,500명, 프랑스는 2,000명, 일본에서는 5만 명 이상이 한 지역에 밀집해 거주하는 곳을 도시라고 간주하고 있다. 일반적으로 도시화율에 있어서 도시에 대한 규정은 인구수가 중요한 요소로 작용하고 있다.

오늘날 사람들이 도시를 젊음이라는 이미지로 인식하고 있는 것과는 다르게 현실적으로 인구구조의 고령화로 인하여 사회의 노령화는 필연적인 현상이며 그것은 농촌의 노령화라는 이미지와 다른 실질적인 도시의 노령화를 의미하고 있는 것이다. 그러므로 과거와는 달리 기존의 이동하였던 인구들의 대부분이 도시에 정착하면서 도시화는 도시의 노령화를 의미하기도 한다. 왜냐하면 산업혁명 이후 농촌인구의 도시이동은 일반적인 현상으로 현재까

4) 우리나라 지방자치법 제10조 제1항에 시는 도시형태를 갖추고 인구 5만 이상이어야 한다고 규정하고 있으며, 제10조의 규정에 의해 우리나라의 인구는 1965년 39.7%, 1970년 53.7%, 1980년 75.1% 2005년 90%를 넘겼으며 2022년 현재 91.2%가 도시에 거주하고 있다.

지도 계속되고 있으며 우리나라의 경우 1960년대 후반부터 도시로 이동한 2~30대들의 대부분이 2024년 현재7~80대의 연령으로 도시에 거주하고 있기 때문이다. 이런 과정속에서 아래의 <표 1-3>은 우리사회에서는 전체 인구의 절반 정도가 서울과 경기도에 거주하고 있으며 광역시를 포함한다면 70% 이상이 대도시에 거주하고 있다는 사실로부터 우리나라의 도시화는 대도시화를 의미하며 도시의 대도시에만 몰리는 현상의 가속화와 도시의 노령화가 동시에 진행되고 있음을 인식할 수 있다.

<표 1-3> 2024년도 광역시별 노령화 비교

	노인인구비율(%)	노인인구	총인구
서울특별시	18.4	1,727,082	9,390,925(경기 : 15.5% : 13,628,135)
광주광역시	16.4	232,893	1,420,822(전남 : 26% : 1,804,875)
부산광역시	22.5	742,125	3,295,496(경남 : 20.5% : 3,253,619)
대전광역시	16.8	243,555	1,443,106
울산광역시	15.8	174,541	1,103,752
대구광역시	19.5	464,186	2,376,044(경북 : 24.6% : 2,556,262)
인천광역시	16.5	494,156	2,993,492

산업화와 도시화는 동전의 양면으로 산업혁명 이후 대부분의 산업국가들은 농촌에서 도시로의 인구이동은 일반적 현상이었다. 그 이동은 산업이 있는 도시로의 이동을 의미하는데 그것은 일자리 있는 곳으로 공장이 건설된 곳이다. 우리의 경우 대부분의 산업이 서울과 특정 지역에 형성되면서 인구이동은 일방적 현상으로 인구 불균형이 초래된 것이다. 결과적으로 산업화 초기에는 도시는 젊고 농촌은 그들의 부모들만 살고 있는 구조로 시작하였으나 50여 년 이후 현재 농촌은 소멸위기에 있으며 도시의 노령화가 우리나라의 인구구조의 특징으로 변화되었다. 이러한 사회구조의 변화로 말미암아 우리나라뿐만 아니라 모든 국가들에서 도시화로 인하여 아래와 같은 다섯 가지의 유형의 사회문제들이 발생하고 있는 것이다.

① 인구증가와 감소, 저출산 그리고 사회의 노령화

② 주택문제
③ 범죄와 비행 증가
④ 마약, 알코올 중독자, 공해병과 직업병
⑤ 심신장애인, 노인, 과부, 슬럼가, 퇴폐문화 등

실질적으로 서구의 산업혁명 이후 200여 년 동안 발생하였던 위의 다섯 가지 유형의 사회문제들이 우리사회에서는 1970년대부터 본격적 산업화가 시작된 이후 50여 년이라는 짧은 기간동안 심각한 도시화와 과도한 도시집중의 부작용으로 발생하였다. 오늘날 이와 같은 사회문제들을 해결하기 위해서는 국가 차원의 정책적 접근뿐만 아니라 사회적 그리고 문화적인 차원에서 일반 시민들의 사회운동이 함께 역할을 수행하여야 한다.

3. 사회문제의 이론적 토대

여기서는 위에서 논의된 사회문제들을 분석하기 위한 이론들에 대한 접근이 시도될 것이다. 그러므로 사회문제 이론[5])이라기보다는 사회문제에 연관된 이론적 접근이라고 할 수 있으며, 그것에 의해 사회문제의 원인이나 발생과정, 해결 등에 연관하여 분석하는 것이다. 프랑스의 사회학자 레이몽 부동(Raymond Boudon, 1934~2013)은 모든 사회 역사현상은 개인들의 기본 행위들의 결합에 의한 구성효과 또는 결속효과로 이해하여야 한다고 주장하였다. 이런 시각은 사회문제의 본질이 개개인의 의지에 의해 행해지는 행위들이 모여 발생한다는 것을 의미한다. 또 다른 한 측면에서는 그 행위들의 모임으로 사회구조가 형성하는 것이며, 한편으로는 인간이 만든 구조로부터 인간의 삶에 대한 억압이나 규제로부터의 저항이 사회문제의 발생이라는 의미는 결국 인간이 인간의 삶에 대한 문제를 야기시키는 것이다. 보편적으로 아래의

5) 이론이란 자연현상이나 사회현상을 규명하기 위하여 다양한 개념을 사용하여 그것의 인과관계 또는 상호관련성을 설명하는 학문적 체계를 말한다.

다섯 유형으로 사회문제의 이론적 접근에 의해 사회문제가 규정될 수 있는 것이다.

1) 생물학적 관점

생물학적 관점은 주로 범죄나 비행에 연관된 사회문제의 원인을 개인적 차원에서 신체적·정신적 측면에서 접근하고 있다. 그것은 사회문제의 원인을 개인의 생물유기체 내적인 부분의 유전인자에서 찾으려는 것을 의미한다. 이 관점에 의하면 유전인자의 기형적 형태인 XYY 구조가 인간의 폭력성을 야기시키며, 그것은 계보학적인 측면에서 범죄가 유전된다는 것을 주장하고 있는 것이다. 오늘날에는 이 이론적 존재 의미는 거의 상실된 상태다.

2) 구조기능주의 관점

구조기능주의(Structural Functionalism)란 사회를 다양한 기능들 간의 조화롭게 결합된 체제로 접근한다는 관점이다. 각각의 기능들은 체제 속에서 역할을 수행하게 되는데, 이 기능들이 지속적인 조화와 균형을 유지한다는 측면에서 보수주의적인(conservative) 이론이라고도 한다. 이 기능주의 이론은 본질적으로 변화나 진보보다는 체제유지의 강조, 잘 통합되어 있고, 사회는 질서정연하다고 본다.

구조기능주의에 있어서 사회문제의 발생원인을 보면, 기본적 사회체제 속에 기능들의 결함 때문에 발생되는 역할의 혼란, 역기능적 갈등상태로부터 사회문제가 발생한다는 것이다. 왜냐하면 이는 사회체계 일부의 기능으로 사회화 기능과 사회통제기능의 실패 때문이다. 그러므로 기능주의에서 사회문제의 원인은 개인과 가족, 일탈적 하위문화, 사회제도, 기회구조 등 일부에 있는 것이지 사회전체에 있다고 보지 않는다. 이 시각에서는 사회에서 개인이 사회적 규범에 따라 적절히 사회화되고 주어진 역할기대에 훌륭하게 충족해야 하지만 부적절한 사회화 과정을 거치거나 주어진 사회적 규범에서 벗어나 문제를 일으키고 급기야는 사회의 순기능을 저해할 때 이것이 사회문제가 된다고 이해한다.

이러한 시각에서 사회문제들은 전체적인 사회의 완전한 변형으로 대응하는 것이 아니라, 부분적으로 사회성원이 자신의 인성을 사회 환경에 잘 적응시키는 것을 통해서 치유된다고 본다. 사회의 사회화 기능과 통제기능을 강화하거나 수정하고, 재사회화와 재활기능을 강화하거나 사회의 물질과 기회의 분배기능을 강화 또는 수정하는 것이 될 수 있다. 즉 사회문제는 사회구조적인 문제가 아니라 개인적인 문제로 보는 것이며, 사회부적응으로 본 것이다[6].

이러한 구조기능주의를 정리하면 아래와 같다.

① 사회는 체계로 구성되어 있으며 체계를 구성하고 있는 부분들은 상호 연관되어 있다.
② 각각의 체계는 생존을 위하여 만족되어야 할 욕구가 있다.
③ 이러한 체계는 성장하고 발전하면서 정상적 상태와 병리적 상태를 가지고 있어 균형과 항상성을 지니고 있으며, 균형과 항상성이 깨지거나 위협받으면 원래대로 돌아가려는 경향이 있다는 것이다.

구조기능주의적인 시각에서 사회문제는 다양한 측면에서 접근하고 있는 이론들이 있으며 그것을 살펴보면 다음과 같다.

(1) 사회병리학(social pathology)

사회병리학적인 시각에서 사회문제는 사회가 질병에 감염되어 있음을 의미한다. 이 이론은 사회를 유기체로 간주하고 사회유기체의 정상적 운용을 방해하는 사람이나 상황을 모두 일종의 질병 또는 병리상태로 간주한다는 것이다. 그러므로 사회문제는 곧 비정상적인 것으로 인식된다. 예를 들어 알

6) 구조기능주의 근간에는 보수주의적의 사고가 자리 잡고 있다. 그러므로 이 이론의 사회복지에 대한 사고는 개인에 대한 것보다는 공공복지에 그 중심을 두고 있다. 왜냐하면 자유주의가 자유라는 것을 중시하는 것에 비하여 보수주의는 사회질서, 공중도덕을 중시하고 있기 때문이다. 이보다 더 나아간 신자유주의(Neo-liberalism)는 자유주의보다도 개인의 자유를 더욱 강조하면서 국가에 대한 의존이 아닌 개인의 자유에 대한 의지에 의해 스스로 통제하여 삶의 부양을 요구한다.

코올중독, 범죄와 비행, 약물중독, 정신질환 등은 마음과 육신 그리고 영혼이 병든 상태, 즉 사회적 질병인 것이다. 문제를 야기하는 개인은 병든 사람이고 문제를 야기하는 사회는 병든 사회다. 그러므로 이 이론은 개인이 독립적 자아를 지닌 주체로 유지 발전하지 못하고, 기능이 결함된 사회구조를 설명한다.

그 대상자는 생활양식 파괴자, 생활기능 장애자, 주위 사람과 생활할 수 없는 자, 사회유기체에서 이상하다고 한 자, 사회에서 소외된 자, 탈선자 등이다. 초기 사회병리학은 사회진보나 변화에 있어서 장애를 개인의 부적응과 제도적 역기능으로만 보았다. 그러나 고도화된 현대사회에서는 사회문제를 단순히 좁은 의미에서가 아닌 병든 사회조건과 같은 사회구조에서 찾으려고 하였다. 그러므로 사회병리학은 사회문제의 해결을 질병치료와 본질적으로 같은 것으로 본다. 사회구성원을 적절히 사회화하고, 도덕적인 교육을 강화하며, 그것을 일차적으로 가족과 학교 그리고 교회와 직장이 그 역할을 수행해야 한다.

(2) 사회해체론(social disorganization theory)

사회해체론적 시각은 사회문제를 개인과 제도의 실패로 보지 않고, 사회규칙 즉, 사회구조와 연결하여 본다. 이것은 사회해체론의 의미가 개별성원에 대한 사회규칙의 영향력이 감소하면서 반사회적 태도의 등장과 그것의 영향력 증가에 대한 이론적 접근인 것이다. 이 이론은 현상적으로 사회질서가 불안전하여 집단성원 간의 기능적 관계가 붕괴하여 집단목표의 수행에 저해되는 사회해체가 발생한다는 것이다. 법과 같은 사회적 규범들의 사회적 영향력의 감소가 사회문제의 발생을 의미한다는 것으로 예를 들어 여기에는 무규범, 문화적 갈등, 붕괴가 해당된다.

(3) 일탈행위론

일탈이란 사전적 의미에서 정해진 영역 또는 목적으로부터 벗어나는 것으로 규정하고 있다. 중요한 사회규범에 대한 위반행위로서 많은 또는 일부의 사람들이 부정적으로 평가하는 행위, 예를 들어 사회적인 규범으로부터 벗어나는 행위로서 청소년 비행, 약물 남용, 성적 탈선행위 등이 속한다. 정리한다면 일탈행위란 한 사회에서 통용되는 사회적 규범에서 벗어난 행동인 것이다.

일탈 행위의 이론이란 사회학과 심리학 등의 학문 분야에서 개발된 이론적인 접근 방법이라고 할 수 있다. 일탈행위론은 사회문제에 대하여 사회해체론과 유사한 시각으로 접근하고 있다. 그것은 이 이론도 사회를 하나의 체계로 보면서, 각 부분으로 구성된 그 체계는 생존과 기능을 유지하기 위하여 필요한 기능을 수행하게 된다는 것이다. 그러므로 이 이론은 일탈 행위의 원인과 동기에 대해 설명하고 이해하기 위하여 사회적·문화적·심리적인 요인들을 고려하여 일탈 행위를 분석하는데 사용되는 이론체계이다. 적절한 기능수행을 위하여 사회는 기대하는 행동규범을 형성한다는 것이다. 이 이론은 이러한 규범으로부터 벗어나는 행위를 일탈행위(deviant behavior)로 접근하는 관점이다.

일탈이론에는 인구통계학적인 접근, 기능적 접근, 커뮤니케이션적인 접근, 문화적 접근, 인지적 접근, 레이블링적인 접근 등 매우 다양한 측면이 속하여 있다. 일탈이론들은 이런 측면에서 일탈행위의 원인과 청소년들 일탈, 사회적 불평등과 사회통제로 인한 일탈에 대해 접근하고 있다.

① 에밀 뒤르껭의 아노미 이론

일탈행동에 있어서 원인적 측면에서 접근하고 있는 아노미 이론에서 아노미(Anomie)란 사회적 분업과정에서 발생하고 있는 병리적 현상들을 의미한다. 예를 들어 사회 부분들 간의 부조화, 사회연대성의 약화, 사회계급 간의 갈등들을 아노미라 규정했다. 즉 사회체계 속의 각 요소들 간의 관계를 규제하는 공통의 규칙이나 규범들이 붕괴된 상태를 말한다.

프랑스 사회학자 에밀 뒤르껭(Emil Dutkheim, 1858~1917)이 1897년에 저술한 자살론(Le suicide)은 그 당시의 프랑스 사회적 상황 속에서 발생하였던 자살현상을 분석하였다. 그는 이 책에서 자살의 유형을 이기적 자살과 이타적 자살 그리고 아노미적 자살을 구별하였다.

ⓐ 이기적 자살(egoistic suicide) : 개인주의 팽배하여 사회적 통합도가 낮을

경우 발생한다. 예를 들어 미혼 남녀의 연애 자살이 있다.

ⓑ 이타적 자살(altruistic suicide) : 국가, 사회, 단체에 대한 애국 충성도가 높은, 사회적 통합도가 높을 때 발생한다. 예를 들어 가미카제 특공대[7]가 있다.

ⓒ 아노미적 자살(anomic suicide) : 규범이 붕괴되어 행위의 규준을 상실했을 때 발생한다. 급격한 계층이동을 경험한 사람이 그것에 좌절하여 자살하는 것으로 파산한 사장의 자살을 그 예로 볼 수 있다.

② 로버트 머튼 일탈 유형

일탈 유형에 있어서 미국의 사회학자 로버트 머튼의 이론은 사회적 역할 이론으로 알려져 있다. 그는 뒤르껭의 이론을 발전시켜 개인들의 사회적 위치나 지위 그리고 그것에 따른 사회적 기대에 의해 주어진 역할을 수행한다는 사회적 역할론을 주장하였다. 이런 역할들은 개인들의 태도나 행동 그리고 타자와의 상호작용을 통하여 형성된다는 것이다.

이와 같은 역할에 대한 사회적 현실과 목표달성 가능성과의 관계의 분석틀은 일탈이란 개념을 도입하여 구성되었다. 그는 개인적인 측면의 일탈만이 아닌 일탈을 문화적 목표(경제적 성공)와 제도적 수단(합법적 성공경로; 교육과 취업) 간의 괴리로 파악하면서 자살뿐만 아니라 대부분의 일탈행위를 설명하고자 했다. 일탈행위의 유형을 일상적으로 사람들이 아노미 상황에 어떻게 적응하는지를 목적과 수단 그리고 그것에 대한 수용방식을 다섯 가지로 구분하여 그 관계성을 아래의 <표 1-4>와 같이 분석하였다.

---

7) 이타적 자살에 대한 극단적인 예로 가미카제 특공대를 들 수 있다. 일본 천왕을 위한 자살특공대라 할 수 있다. 비행기에 폭탄을 싣고 그 자체로 미군함에 들이받아 산화해버리는 것이 이 특공대의 임무였다. 훈련기간 중에 그들이 입고 군 바깥을 활보할 때는 다른 사병들은 입지 못하는 일본 국화인 벚꽃 형상의 단추를 일곱 개나 붙인 제복을 입었다. 많아야 다섯 개 정도의 제복과 비교되지 않았다. 턱 아래까지 받혀 올린 칼라에 금박을 입힌 7개의 단추는 마치 커다란 훈장 같은 역할을 했다. 천황의 이름을 부르며 산화하는 자체가 그들에게는 영광이었던 것이다. 이런 모습에서 제국주의의 한 단면을 읽을 수 있다.

<표 1-4> 로버트 머튼의 일탈행위 유형

적응양식	문화양식	제도적 수단	예
동조형 conformity	+	+	일반인
쇄신형 innovation	+	−	조직범죄, 화이트칼라 범죄
의식형 ritualism	−	+	소시민
도피형 retreatism	−	−	마약, 알코올 중독자
저항형 rebellion	±	±	인권, 여권운동가, 혁명가

ⓐ 동조형(conformity) : 문화적 목표와 제도적 수단 모두를 수용한 경우로서, 일반인이 해당된다.

ⓑ 쇄신형(innovation) : 문화적 목표는 수용, 제도적 수단은 거부하는 경우로서, 조직범죄, 화이트칼라 범죄가 해당된다.

ⓒ 의식형(ritualism) : 제도적 수단은 수용하지만 문화적 목표에는 집착하지 않는 경우로서, 소시민이 해당된다.

ⓓ 도피형(retreatism) : 양자 모두를 거부하는 경우로서, 마약, 알코올 중독자가 해당된다.

ⓔ 저항형(rebellion) : 기존의 문화목표와 제도적 수단을 부정하면서 새로운 문화목표와 제도적 수단을 제시하는 경우로서, 인권, 여권운동가, 혁명가가 해당된다.

③ 차별 교제 이론

차별적 접촉이론(differential association theory)이라도 불리는 이론으로 미국의 범죄학자 에드윈 서덜랜드(Edwin H. Sutherland)가 주장한 이론이다. 이 이론은 일탈이나 비행을 학습이론으로 설명하는 사회학적 이론이다. 이 이론에 의하면 사회구성원들의 사회화는 상호작용을 통해 학습되는 행동들의 내면화를 통하여 진행된다는 것이다. 그러므로 사회구성원들은 일탈행동을 일삼는 사람이나 집단과 접촉으로 일탈행위자가 될 수 있다는 것이다. 특히 감수성이 예민

한 시기인 청소년의 일탈이나 비행을 설명하는데 이론적 토대를 제공하고 있다.

④ 낙인이론

낙인이론[8](labeling theory)이란 어떤 행위에 대한 사회적 반응론이라 할 수 있다. 이는 상징적 상호작용의 과정으로서 인간의 상황에 문제가 있다고 그 문제를 규정하고 있는 사람들의 입장에서 관심을 집중하고 규정하는 것이다. 그래서 재범자의 범법행위를 설명하기 유용한 이론이다. 어떤 현상이나 행위가 일반대중이나 사회통제기관의 반응을 유발할 때(낙인될 때) 사회문제가 되는데, 특히 부정적 의미가 부여된 특정행위자로 규정하는 것이다. 상징적 상호주의의 대표적인 학자인 하워드 벡커[9](Howard S. Becker, 1928~2023)에 의하면 일탈은 한 사람의 행위에 의해서 결정되는 것이 아니라 다른 사람들이 규범을 정하고 그 규범을 위반한 사람에게 제재를 가했기 때문에 생겨난다. 예를 들면 알코올 중독자, 전과자, 불량배 등 그 행위자는 그러한 낙인에 어울리는 행동을 하도록 기대되고, 또한 낙인찍힌 행위자도 그 낙인에 어울리는 행동을 하게 된다. 에드윈 레머트(Edwin Lemert, 1912~1996)는 이런 행위들을 이차적 일탈(secondary deviance)이라고 규정하였다.

⑤ 사회통제론

이 이론에 의하면 사회가 개인의 범죄에 대한 충동과 욕망을 막아주는 것이다. 일탈적 행동은 사회적 유대인 결속력의 정도에 종속될 수 있다는 것이다. 그 결속력이란 사회가 중심으로 여기는 가치를 수용함의 정도로서 개인적으로는 신념이라고 할 수 있을 것이다. 사회의 가치에 대한 동조로서 신념은 그 사회의 통제의 핵심으로 작용하면서 그 사회의 질서 유지를 위한 사회적 결속력을 갖게 되어 비행이나 일탈적 행동을 억제하는 기능을 할 것이다.

---

8) 낙인이론과 유사한 의미를 지닌 골렘 효과(Golem effect)가 있다. 이것은 부정적인 관점을 가지고 누군가를 대하면 점점 그 부정적인 기대에 맞추어 성장하게 되는 것이다. 이와는 반대되는 개념인 피그말리온 효과는 긍정적인 기대와 그로 인한 긍정적인 성장을 한다는 것이다. 유사개념으로 플라세보, 노시보 효과가 있다.

9) 미국 출신의 사회학자로서 어빙 고프만과 함께 사회학의 2세대 시카고학파에 속한다. 그는 일탈, 예술, 음악사회학의 발전에 기여하였으며, 1963년 『아웃사이더(outsiders)』의 저술을 통하여 낙인이론의 토대를 개척하였다.

3) 갈등주의적 관점

갈등이론(conflict theory)란 구조기능주의가 사회적 통합과 균형, 곧 질서와 안정만을 강조하고 있는 점과는 다른 측면에서 사회는 갈등과 변화, 반목 등으로 진화 진보한다는 것이다. 그래서 사회는 사회적 통합과 균형 속에 순기능(positive function)만 있는 것이 아니라 역기능(dysfuntion)적인 무질서와 변화 갈등과 투쟁이 발생하는데, 그런 이해와 인식의 차이는 갈등을 일으키지만 이로 인해 사회발전과 복지를 증진시킨다는 이론이다.[10] 갈등으로 인해 나타나는 사회문제는 사회의 발전의 동력으로 접근하는 이론이 갈등주의인 것이다.

그래서 구조기능주의적인 치료가 필요한 역기능적 갈등을 갈등주의에서는 사회적 과정에서 정상적인 현상으로 접근하고 있는 것이다. 그뿐만 아니라 모든 사회현상은 대립적 모순을 내포하고 모순은 새로운 사회체계를 발생시킨다는 칼 마르크스(Karl Marx 1818~1883)의 개념은 현대의 변증법적 갈등이론의 바탕이 되고, 자본주의 사회에서 계급의 경제적 이해의 차이가 계급적 대립과 갈등을 만든다고 본다. 그래서 사회문제는 부르주아(Bourgeoisie)(유산계급: 자본가)의 지배착취에 대한 프롤레타리아(Proletariat)(무산계급: 노동자)의 투쟁으로부터 발생하는 것으로 본다. 이 갈등은 사회체계의 변혁을 가져오는 변증법적인 갈등이다.

갈등이론의 입장에서 사회문제들의 발생원인을 살펴본다면 칼 마르크스의 변증법적 측면에서 사회문제를 분석하고 있다. 그 핵심으로 사회문제는 경제적인 측면에서 자원의 희소성과 그에 따른 사회적 불균등한 배분에 의해서 발생하는 갈등현상으로 파악되고 있다. 정치적인 측면에서 권력과 자본의 독점적인 지배권을 갖는 사회구도에서 갈등이 발생하고 있다. 그러므로 이런 문제의 해결은 갈등원인으로 규정되는 불평등과 불공평의 해소를 위한 사회제도의 개혁과 사회변혁과정을 통하여(자본주의 사회로부터 공산주의 사회로) 이루어진다는 것이다.

기능적 갈등론의 시각에서 보면 사회문제는 자원의 불평등한 배분으로 인한 사회체계의 통합과 발전에 역기능적 현상일 것이다. 여기서 권력과 자본

---

10) 마르크스주의자들의 이론적 토대도 사회복지에 반대한다. 왜냐하면 자본가와의 시혜나 타협의 산물로 탄생한 사회복지는 노동자들의 투쟁이나 혁명의식의 고취에 방해물이기 때문이다. 그러므로 노동자들의 삶의 행복은 노동자에의 계급투쟁으로 쟁취되어야 할 것이다.

에 독점적인 지배권을 갖는 것은 불평등한 배분의 문제를 만들지만, 그 제도의 모순을 제거하는 방법으로 권력과 부의 균형적인 배분이 일어난다면 사회통합을 이룰 수 있고, 사회문제는 해결될 수 있다고 보는 점에서 전자와는 다르다고 볼 수 있다. 그래서 이들은 해결점으로 사회체계 내에서 갈등은 피할 수 없지만, 이 갈등이 체제의 전면적 붕괴를 촉진하는 것이 아니라 오히려 체제의 개선과 발전을 촉진하는 방향으로 작용한다고 측면을 강조한다. 따라서 사회문제는 전면적 재조직이 아니라 단편적 개혁과 개선, 보완으로 가능하다는 것이다. 기능적 갈등주의는 이런 시각으로 사회문제 해결의 초점을 제도에 두고 자원배분의 평등화, 사회복지프로그램의 제도적 방향으로 강화, 세제의 개선 등으로 나간다. 바로 자본주의 체제하에서 그 경제제도의 모순을 시정하려는 바람직한 이론이다.

갈등의 원인에 대한 시각차는 또 다른 갈등이론의 등장을 예고하였는데, 독일 랄프 다렌도르프(Ralf Darendorf, 1929~2009)의 가치갈등론이 바로 그것이다. 그에 의하면 사회에는 다양한 이해와 관심을 가진 집단들 사이에서 갈등이 존재하는데, 한 집단이 다른 집단을 강제로 복종시키는 사회변동, 다시 말하면 근본적인 갈등은 권위적 관계로 맺어진 집단들 사이에서 발생한다. 이 이론은 네오 마르크스주의자(Neo-Marxist)들의 시각과 연관된 사회문제 이론으로 마르크스 정통이론의 경제결정론과는 다른 시각에서 사회적 불평등, 즉 권력관계와 같은 다양한 토대로 접근한다. 이 시각에서 사회문제는 권력자들, 지배계층에 의해 규정된다. 예를 들자면 범법자들을 처리하는 형법은 국가와 지배계급에 의해 형성된 질서유지의 도구이며, 그것에 의해 피지배계급은 지속적으로 억압된다는 것이다.

이 이론에 의하면 일탈은 자본주의 사회에서 갈등으로 포출된다고 이해할 수 있다. 그러므로 현대 산업사회에서 자본가와 노동자 간의 필연적인 구조적 갈등에 대한 사변이 갈등이론이다. 일탈적 행위의 의미도 사적 갈등이나 사회적 갈등의 결과물로 간주할 수 있을 것이다. 자본가와 노동자의 갈등구조의 해소는 사회적 문제의 해결로서 일탈적 행위로부터의 벗어남을 의미한다.

4) 상징적 상호주의적 관점

구조기능주의나 갈등이론은 사회 전체에 초점을 맞추는 거시적 이론이라면 상호작용론은 인간의 일상생활과 대인관계 및 상호작용에 관심이 있는 미시적 이론이라 할 수 있다. 이 이론들의 토대는 미국의 사회심리학자 조지 허버트 미드(George Herbert Mead, 1863~1931)가 구축하였으며, 그 이론을 상징적 상호작용론이라 부른다.

상징적 상호작용주의(symbolic interactionism)에 따르면 인간의 본성은 타불라 라사(tabula rasa), 곧 백지상태로서 타인과의 상호작용을 통하여 형성되어간다는 것이다. 그래서 개인은 사회와의 상호작용 속에서 끊임없이 재형성되어 사회적 가치와 기준을 내면화하면서 사회화된다는 것이다. 이 이론에서는 사람들이 언어와 같은 상징수단들의 교환을 통하여 상호 밀접한 관계를 맺어 나가는 상황 속에서 사회문제는 어떤 특정 상황이 아닌, 개인과 집단 간에 만들어진 상황이 규정되고 사회구성원들의 행동이 취해질 때, 한 개인과 한 집단이 다른 개인과 다른 집단의 의미를 동의할 수 없는 그리고 그 집단의 의미대로 행동하지 않을 때 발생한다는 것이다.

조지 호만스(George Homans, 1910~1989)의 교환이론(exchange theory)은 상징적 상호작용론의 다른 시각에서 접근하고 있는 이론이다. 교환이론은 개인이나 사회적 관계서 일어나는 인간의 행동들을 타인과의 보수 교환과정으로 보는 이론으로서 사회적 행동은 물질적이거나 심리학적 것들의 개인 대 개인, 개인 대 집단, 집단 대 집단 활동의 상호교환이며 그러한 사회관계는 비용과 보상을 반복적으로 교환하는 것이라고 주장한다. 이 이론의 호혜성의 원리는 사회질서를 유지하는 기반이 된다. 그러므로 교환이론에 의하면 기본적인 교환단계가 단절되거나 불균형을 이루고 있는 상태에서 사회문제가 발생할 수 있다고 한다.

5) 정리

논의된 이론들은 큰 틀에서 두 가지 시각에서 사회문제의 발생과 해결을 위한 고전적이면서 전통적인 관점뿐만 아니라 미시적인 측면에서도 사회문제들에 대하여 접근하고 있다. 사회의 변화 속에서 이러한 이론적 틀을 통한 분석에는 한계가 있을 것이다. 그럼에도 불구하고 거시적 시각에서 제공되는 이론이나 미시적 시각에서 제공되는 이론을 통한 분석은 급변하고 있는 사회에서 발생하고 있는 문제들을 설명할 수 있는 토대의 제공이라는 측면에서 실질적인 의미가 있을 것이다.

구조기능주의적인 입장에 논의된 사회문제 이론들은 영국의 사회학자 허버트 스펜서(Herbert Spencer, 1820~1903)의 사회유기체설[11](Theory of Social Organism)에 의해 기초가 형성되었다. 그 후에 프랑스 사회학자 에밀 뒤르켕, 폴란드 출신의 문화인류학자 브로니슬라브 말리노프스키(Bronislaw Malinowski, 1884~1942) 등에 의해 다양하게 발전되었으며, 미국의 사회학자 탈코트 파슨스(Talcott Parsons, 1902~1979)의 요건적 기능주의에 이르러 매우 포괄적인 사회학 이론으로 정립되었다.

또 다른 시각에서 사회문제에 대한 접근은 갈등론일 것이다. 구조기능주의의 대척점에서 사회를 진보적인(progressive) 시각에서 바라보는 갈등론은 현대 산업사회를 설명하는 틀로 많은 학자들에게 인용되고 있는 이론이라고 할 수 있다. 기능론과 갈등론은 모두 비행이나 범죄, 일탈이 일어나는 이유를 사회 구조에 서 찾는다. 그러나 사회 구조가 일시적으로 문제가 생긴 것으로 보는 기능론과 달리 갈등론은 사회 자체의 불평등 때문이라고 설명한다.

현대사회에서 사회문제에 대한 원인과 해결 등에 대한 이론적 접근은 개인적 측면에서의 접근에서 구조적인 측면에서의 접근으로 진행되고 있는 경향이다. 물론 현대산업사회에서 상징적 상호주의와 같은 미시적인 측면에서 사회문제를 접근하는 것도 매우 중요할 것이다. 이론적인 틀에 대한 접근에 있어서 현대사회문제에 대한 설명과 분석은 과거의 단일적인 이론적 토대를 지양하면서 다양한 각도에서 바라보는 다측면에서의 문제에 대한 분석을 통한 이론의 구축이 지향되고 있는 것이다.

---

11) 사회를 일종의 유기적 생명체로 보는 학설로서 생물학적인 요인을 접목시켜 사회 구조의 과학적 해석을 시도하였던 조류이다. 사회에 속한 개인들은 생명체를 이루는 세포와 같다고 해석하는 것이다. A 오귀스트 콩트, 허버트 스펜서, 에밀 뒤르껭 등의 초기 사회학자들에 의해 발전되었다.

02
Chapter

사회통제, 사회복지 그리고 복지국가

1. 사회통제

사회복지는 인간의 자유[1]와 평등에 대하여 적극적인 사회적 구현을 추구하고 있다. 그러나 복지목적의 구현을 위한 노력들은 소극적인 측면에서 복지병과 같은 사회문제를 발생시키기도 하였다. 이러한 사회문제에 의해 발생하고 있는 사회구성원들의 근심이나 불안을 해소하기 위한 방법으로 사회통제가 진행되는 것이다. 이 장에서는 사회문제의 이론을 토대로 하여 발생하였거나 발생할 수 있는 사회적 현상과 그 결과물에 대한 분석이 이루어질 것이다. 사회문제에 대한 사회적 반응이 추상적 용어로 사회통제이다.

사회통제(social control)란 사회적으로 용인된 행위에서 벗어난 행위에 대해 사회적 규범(social norm)을 통하여 실질적으로 제재(sanction)를 가하는 것을 말한다. 제재의 형태는 파슨스에 의하면 사회통제에는 구속과 회복으로 구분된다고 한다. 구속(containment)은 격리(isolation)와 고립화(insulation)를 의미하며, 회복(restoration)은 범죄자의 재활을 의미하는데, 여기에는 종교적 참회나 약물 중독자의 치료, 정신치료 등이 속하여 있다.

---

1) 자유주의(liberalism)의 자유에 대한 개념이나 정의에 있어서 공리주의자인 영국의 철학자 존 스튜어트 밀(John Stuart Mill, 1806-1873)의 사상은 의미가 있다. 그는 인간의 행복과 복지를 극대화하기 위해서는 자유와 효용이라는 두 가지 원칙을 강조하였다. 그는 이것의 실천적 주체로 합리적 개인이라 개념을 사용하였는데, 합리적 개인이란 자신의 행복을 극대화하면서도 타인의 행복과 복지를 고려하며 사회적 책임을 다하는 개인을 의미한다. 개인의 자유와 복지를 보장하면서도 타인의 권리와 복지를 존중하는 합리적인 개인들로 구성된 사회가 요구된다는 그의 생각은 자유주의와 효용주의의 결합으로 현대 자유민주주의 사상적 토대가 되었다.

1) 사회적 규범

사회적 규범은 사회생활에서 지켜야 하는 사회구성원들 사이의 약속이라고 볼 수 있다. 규범은 매우 다양한데, 내용적으로 풍속과 법률 그리고 원규로 구분된다. 그 밖에 도덕, 종교, 관습, 전통, 예의, 유행 등이 포함된다. 특별히 법은 국가에 의한 강제력이 있다는 점에 다른 규범들과 차이가 있다.

① 풍속(folkways) : 여기에는 예로부터 전해 내려온 사회적 관습(customs)이나 관례(manners)들이 속하여 있으며 법적 제재력은 없다는 것이 특징이다.
② 법(laws) : 모든 국가의 공식적인 규범이며, 사회의 형식적 내용적 권위로서 강제성이 있으며 위반 시 법적 처벌을 받는다.
③ 원규(mores) : 모든 도덕의 기초로서 풍속이나 법이 형성되는 기본 원리로 작용한다. 그러므로 원규는 인간이라면 근본적으로 범해서는 안 되는 것으로, 예를 들어 근친상간, 아동 성학대 등이다.

2) 제재

제재(Sanction)란 규범을 따르거나 규범에 대한 위반을 방지하기 위한 사회적 기제(mechanism)를 의미하고 있다. 제재의 유형은 적극적(positive), 비공식적(informal) 측면에서의 제재와 소극적(negative), 공식적(formal)인 측면에서의 제재로 구분될 수 있다. 전자는 개인이나 집단에 의해 사적으로 행해지는 것으로 보상(reward)의 측면에서, 후자는 법이나 제도와 같은 규정된 절차에 의해 행해지는 처벌(punishment)의 측면에서 접근할 수 있다. 또 다른 측면에서 제재는 보복(retribution)이 있는데, 이것은 법적 책임보다 도덕적 책임을 강조한다. 이러한 처벌의 의미는 제지(deterrence)로서 일벌백계의 의미, 재활 또는 교정(rehabilitation or correction)은 인도주의적 측면을 강조한다. 현대 사회에서 처벌의 유형은 보복이나 제지의 측면보다는 인도주의적인 측면이 강조되는 경향이 있다. 기능적 차원에서 사회통제는 아래의 <표 2-1>처럼 정리할 수 있을 것이다.

<표 2-1> 사회통제의 방식

	특성	주체	방식	
공식적 제재	소극적	법, 제도	처벌	재활 또는 교정 제지
비공식적 제재	적극적	개인이나 단체	칭찬과 같은 보상	

2. 사회복지란

전 세계적으로 복지를 추구하지 않는 사람이나 단체, 국가들은 없다. 이런 측면에서 선사시대 그리고 유사 이래로 복지는 존재하였을 것이다. 복지의 사전적 의미와는 별개로 복지는 잘 사는 것이다. 자본주의 등장으로 인한 구조적 빈곤, 상대적 빈곤 등 빈곤구조의 심화는 더불어 잘사는 의미를 실천하기 위해서 사회복지라는 정책적 토대를 발전시켰다. 이것은 이데올로기적인 측면에서 자유주의자들의 자비심과 공산주의적인 측면에서 인간가치에 대한 윤리적 인식의 깨달음으로 인하여(자본주의가 공익에 기여할 수 있다는 자유주의자들의 신념을 토대로(게리 테일러, 2010: 38)) 이데올로기적인 측면에서 야기되었던 문제들에 대한 정책적 접근의 결과물이라고 할 수 있을 것이다. 그러므로 사회복지는 사회문제를 해결하기 위한 가장 적극적인 정책이나 제도라고 할 수 있을 것이다.

1) 사회문제의 해결 방식

기존 사회문제의 해결 방식은 앞장에서 살펴본 바와 같이 사회통제의 방식으로 이루어졌다. 그 원인은 사회문제의 발생을 개인적인 측면에서 접근하였기 때문이다. 사회문제의 해결방식에는 두 가지 차원이 있는데, 하나는 소극적인 방식과 다른 하나는 적극적인 방식이다. 먼저 소극적 방식은 처벌과 같은 제재의 방식이며, 적극적 방식은 사회복지를 통한 해결이며 오늘날 대부분의 사회에서는 이를 통해 예방적 차원에서 사회문제를 해결하고 있다.

사회복지란 인간을 대상으로 한다. 그러므로 사회문제의 해결을 위한 사회복지란 인간의 삶에 있어서 생존권의 의미와 관계가 있다. 그러므로 사회복지의 소극적인 측면에서 접근하는 국가부조의 적용을 받는 사람, 신체장애인, 아동, 기타 보호 육성이 요구되는 자를 자립시키는 것, 또한 그 능력을 발휘할 수 있도록 필요한 생활지도와 갱생보호 그리고 그 이외의 다른 보호를 하는 것으로서, 즉 인간의 사회적 부적응 문제를 해결하기 위한 조직적 노력이다. 다른 측면에서 적극적인 사회복지는 모든 사회구성원의 삶의 증진을 추구한다.

2) 사회문제와 사회복지

사회문제의 유형은 시대적 상황에 따라 다양하게 나타나고 있다. 많은 나라들에서 공통의 사회문제, 예를 들어 빈곤, 범죄, 노령화, 가족문제 등이 발생할 수 있을 것이다. 또한 사회문제에 대한 사회복지적인 접근은 인간의 삶이 사적문제뿐만 아니라 다양하고 복잡한 구조에 영향을 받고 있다는 사실의 인식일 것이다. 그러므로 사회문제는 개인적의 삶의 질에 연관된 차원뿐만 아니라 도시나 환경에 연관된 문제들 그리고 인간의 보편적 시각으로부터 성차별이나 질병문제 등 매우 다양하게 분석할 수 있을 것이다. 인간의 삶에 직·간접적인 실천적 관계 속에서 사회복지적 시각을 토대로 사회문제들을 유형화한다면 아래와 같이 네 가지로 분류할 수 있을 것이다.

① 개인의 복지를 위협하는 문제(예: 알코올 약물남용, 성적 문제, 범죄, 폭력 테러리즘)
② 사회적 평등을 위협하는 문제(예: 인종문제, 빈곤, 성차별),
③ 사회제도를 위협하는 문제(예: 가족문제, 교육문제, 기업과 노동문제, 보건의료문제)
④ 삶의 질을 위협하는 문제(예: 도시문제, 인구 환경문제)

사회문제와 사회복지의 관계성은 사회문제들의 해결과 사회사업의 실천적 과제에 대한 지식과 기술의 개발이라 하겠다. 왜냐하면 이것이 사회복지라 할 수 있는데, 현대사회에서는 사회문제가 복잡해짐에 따라 사회복지의 역할이 중요하기 때문이다. 결론적으로 사회복지의 수준이 그 나라의 사회의 수준을 결정한다고 볼 수 있으며 그것이 사회문제와 사회복지 간의 관계성이라고 할 수 있을 것이다.

(1) 사회문제의 원인적 분류

사회문제에 대한 그 해결의 양식은 그 원인과 연관되어 있다. 그 원인들은 사회의 변화와 발전을 통하여 사회문제에 대한 접근에도 영향을 미친다는 것이다. 그 원인은 포괄적 의미에서 개인적 측면에서 제도적 측면에 이르기까지 아래의 네 가지로 분류할 수 있으며, 사회복지의 측면에서 그 해결을 위한 전문사회사업의 유형은 아래와 같이 정리할 수 있다.

① 개인적 곤란 → 전문사회사업

현대사회에서 이 문제는 많은 경우 경제적 측면과 연관된 사회문제이다. 산업사회 초기에는 그 문제들을 개인의 능력에 연관된 시각으로 접근하였다. 그러므로 문제의 해결은 개인의 능력에 의해 결정되었다. 그러나 산업사회의 발전은 그런 문제의 원인을 개인의 능력이 아닌 사회구조적인 측면에서 접근하면서 그 해결의 방식도 개인의 능력이 아닌 사회적인 측면에서 전문사회사업이 주도하고 있는 것이다.

② 공적 쟁점 → 사회복지정책

산업사회의 고도화는 개인적 곤란에 연관된 문제들을 사적 차원에서 해결을 주도하기보다는 사회적 쟁점으로 간주하고 있기에 그 해결책도 제도적인 측면에서 고려되고 있다. 그런 문제들의 해결을 위해 정책적으로 제도화된 국가적 개입 형태로서 사회복지정책은 매우 중요한 예라고 할 수 있을 것이다.

③ 일탈행위 → 전문사회사업

일반적으로 사람들은 사회규범에 반하는 사회구성원들의 행위들을 일탈행위로 규정한다. 이런 행위에 대하여 국가기관은 한편으로는 개인에게만 책임을 묻는 범죄적 접근뿐만 아니라 다른 한편으로는 사회구조적인 측면에서 교육적, 치료적, 전문적인 사회사업을 통하여 해결을 시도한다.

④ 제도적 문제 → 사회복지정책

현대산업사회에서 논의되고 있는 개인적 곤란, 공적쟁점, 일탈행위 등 사회문제들의 원인에 대한 사고는 개인적 측면보다는 사회구조적인 측면에서 접근되고 있다. 그러므로 그것은 현대사회에서 사회규범에서도 법과 같은 제도적 접근으로 진행되는 것이며, 예로서 본다면 사회복지적 접근으로 사회복지정책인 것이다.

산업사회의 고도화에 따른 사회의 복잡함과 복합성으로 인하여 다양하고 복잡한 사회문제들이 지속적으로 발생하고 있다. 그러므로 사회문제의 원인에 대한 분석에 있어서도 사회의 발전과정이나 방식이 변화의 정도에 따라 절대적 빈곤과 같은 개인의 능력 측면으로부터 현대사회의 빈곤에 대한 재분석을 통하여 제도적인 측면으로 인식이 전환되고 있는 것이다. 그에 따른 해결의 방식도 개인의 능력에서 원인을 찾아 접근하는 것뿐만 아니라 사회구조적인 측면에서도 적극적인 해결시도가 이루어져야 할 것이다.

(2) 사회문제와 사회복지의 관계성

현대사회의 복잡성은 다양한 사회문제의 발생과 관련되어 있다. 그런 문제들은 미시적인 측면으로부터 거시적인 측면의 사회구조적인 문제로 옮겨가고 있다. 그러므로 그러한 문제의 해결을 위해서는 문제에 대한 다양한 접근들이 시도되어야 한다. 현대사회에서 그것은 국가적으로 사회정책을 형성하고 있으며, 사람을 대상으로 하는 사회복지에서는 사회복지정책으로서, 현대사회는 그것을 사회복지의 제도화로 해결하고 있다. 아래의 <표 2-2>는 오늘날 우리사회에서 발생하고 있는 사회문제들의 유형과 구체화된 현상들의 해결을 위한 제도화된 사회복지와의 관계에 대한 분석의 예를 보여주고 있다.

<표 2-2> 사회문제와 사회복지 관계에 대한 분석

사회문제		사회복지
개인의 복지를 위협하는 문제	범죄	교정복지
	청소년비행	아동 및 청소년복지
	성매매	여성복지
	약물남용	정신보건사회사업
	정신질환	정신보건사회사업
사회적 평등을 위협하는 문제	소득의 불평등	사회보장
	빈곤	공적부조
	성차별	여성복지
사회제도를 위협하는 문제	가족문제	가족복지
	교육문제	교육복지정책
	노동문제	사회보장, 산업복지
	보건의료문제	건강보험, 정신보건사회사업
삶의 질을 위협하는 문제	인구문제	
	노령화	노인복지, 사회보장연금
	식량문제	지역복지, 사회보장
	도시문제	환경복지정책, 건강보험
	환경문제	

그러므로 사회복지는 위의 문제들을 조직적으로 분석하고 정책적으로 제도화하여 한편으로는 인간의 삶의 질적 상승을 위해 다른 한편으로는 사회문제의 해소를 위한 목적을 실천하기 위해 두 가지 측면에서 접근하고 있는 것이다.

① 인간의 욕구와 연관된 문제(사회문제)는 인간의 기본적인 욕구 불충족(개인문제: 차별, 소외, 불평등)

② 자본주의 발달에 따른 사회문제들에 대한 대책으로 법 제정 및 제도의 수립 : 사회복지

사회복지의 목적[2)]을 정리하면 아래의 <그림 2-1>과 같다.

2) 이스라엘 헤브류 대학교(Hebrew University, Jerusalem, Israel)에서 사회복지를 강의하고 있는 데이비드 매카로브(David Macarov)는 1978년도 자신의 책 『The Design of social welfare』에서 사

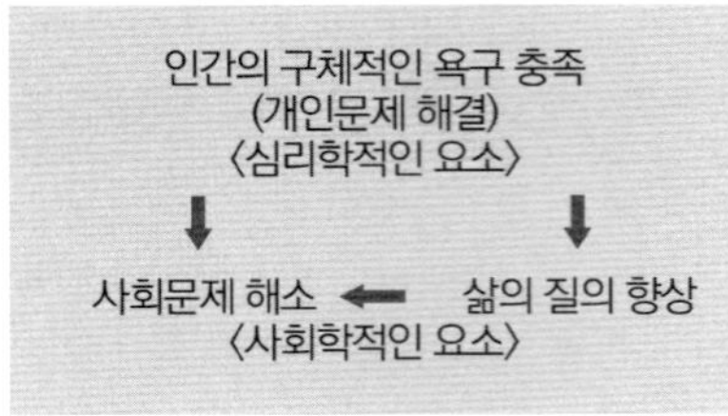

〈그림 2-1〉 사회복지의 목적

즉, 사회복지의 목적이 사회의 모든 인간문제를 해결하고 사회사업의 실천적 과제에 대한 지식과 기술을 개발하는 데 있는 만큼 사회의 문제에 대하여 관심을 갖고 개인의 문제를 해결하여 삶의 질적 향상을 가져다주는 것이다. 이것은 하루아침에 성과가 나타나는 것이 아니기 때문에 과학적인 이론과 사회문제 해결을 위한 올바른 방향 설정이 가장 중요하다. 그러므로 사회복지의 발전은 인간의 미시적인 측면에서의 만족뿐만 아니라 사회구성원들 모두의 삶의 질적 상승을 보장하는 거시적인 틀을 갖추어야 한다.

(3) 복지사회에 관한 새로운 논의

우리사회에서는 1997년 경제환란 이후 사회복지에 대한 관심이 매우 높아졌으며 복지사회라는 단어가 화두로 자주 등장하고 있었다. 이것은 단순히 인간의 생존권을 넘어서는 인간의 생명과 재산을 보호하고 존엄성을 유지하는 인간다운 삶을 지향하는 복지사회의 실현이 우리사회의 목표가 되었다는 것을 의미한다. 그렇다면 오늘날 우리사회에서 복지사회의 의미는 무엇인가? 어떠한 사회가 복지사회인가는 이견이 있을 수 있지만, 오늘날의 사회가 다양한 사회문제들을 해결하기 위해 복지사회를 추구한다는 사실을 부인하는 사람은 없을 것이다. 복지사회는 매우 광범위한 개념으로 그것을 규정하는 것에는 많은 의견이 있겠지만 인간의 삶의 질이 매우 높은 사회라는 점에서 어느 누구도 이것에 대해 이견을 제기하지 않을 것이다. 여기에서 우리사회는 이데올로기적인 측면에서 두 가지의 시각으로 복지사회에 대한 새로운 논의를 시작할 수 있다고 본다.

회복지발달의 동기를 ① 상부상조의 정신, ② 종교적 계명, ③ 정치적 이익 추구, ④ 경제적 고려, ⑤ 이념적 요인으로 설명하고 있다.

하나는 문화적인 수준에서는 1970년대부터 우리사회는 산업사회로서 산업문화가 대중사회(mass society)에서는 대중문화(mass culture)가 그 사회를 주도하였다. 2000년대 들어와서 전 세계는 정보의 중요성을 강조하는 정보화 사회에서 컴퓨터를 비롯하여 휴대폰(cell, mobile, smart phone) 등 사용을 통하여 정보화문화가 주류를 이루고 있다. 그러나 오늘날의 사회는 사회에 대한 규정을 특정하여 어느 한 가지로만은 설명될 수 없으며, 그렇게 주장하여서도 안 될 것이다. 그러므로 이러한 문화들은 시대적으로 그리고 독립적으로 존재하지는 않는다. 이것은 동시적으로 상호 간의 영향으로 주고받으면서 발전한다. 즉 현대사회는 대중사회이면서 후기산업사회이고 정보화 사회인 것이며 복지사회일 수 있는 것이다. 그러므로 이렇게 다원화된 사회에서 문화 간의 상호 합리적인 의사소통을 이룰 수 있는 이론적 토대가 형성되어야 할 것이다. 복지사회의 문화도 그 한 부분을 차지하고 있다. 그렇다면 복지사회의 문화는 어떠한 형태를 갖춘 문화일까? 현실적으로 사람들은 복지사회에서 삶의 여유를 풍요롭게 한다는 측면에서 여가문화를 형성시킬 수 있다고 한다. 풍요로운 사회로서 복지사회의 여가문화와는 다른 측면에서 그것을 사회문제로서 '문화와 병'이라 분석할 수 있는 측면도 있을 것이다. 높은 삶의 질과 사회 통제의 약화가 발생할 수 있는 복지사회에서 여가문화가 오히려 '병'이라는 현상으로 나타날 수 있다는 것이다. 현대산업사회에서 청소년들이 단지 의무에 대한 통제만을 부과 받았던 계층으로 복지사회에서는 그들의 권리를 주장하게 하고 자율적인 행동을 가질 수 있게 한다. 그러나 이러한 정치적, 경제적, 사회적으로 이완된 사회에서 청소년들의 심적 불안은 많은 사회적 문제를 유발할 가능성이 매우 높다고 볼 수 있을 것이다. 이와 연관되어 신자유주의자들에 의한 복지에 대한 접근이 현대사회에서 위의 논의에 대한 문제제기를 하고 있다. 즉 개인들은 자신들의 복지를 스스로 책임져야 하며, 국가는 경제 관리와 사회부조로부터 거리를 유지해야 한다는 것이다.

결론적으로 개인의 의지를 약화시키며 국가자원을 고갈시킨다는 이유로 복지에 적대적인 보수주의자들의 복지에 대한 시각은 이미 서구사회에서 청소년들을 나태와 게으름의 상징으로서 규정하면서, 세대 간 계약의 파기로 사회구조의 붕괴가 발생하고 있다. 그렇다면 우리사회가 추구하는 복지사회에서 청소년, 그들의 삶의 방향은 어디로 지향해야 하는가?에 대한 문제제기는 중요하다. 실질적으로 우리나라 청소년의 범죄율과 그 타락성은 매우 급격히 높아지고 있다. 복지사회의 추구와 여가문화의 확산이 오히려 청소년들의 정신적 나태와 그것으로 인한 지루함의 타개책이 폭력으로 나타날 수 있다는 사실에 주목해야 할 것이다.

3. 복지국가란

복지국가(Welfare State)라는 용어의 사용 시기에 대한 논의는 다양하다. 그러나 일반적으로 영국의 캔터베리 대주교 윌리엄 템플(William Temple, 1881~1944)이 자신의 저서 시민과 성직자(Citzen and Churchman)에서 처음 사용하였다고 한다. 그것은 그 용어와 내용을 국민들의 생존권보장을 국가적인 차원에서 1930년대 독일의 바이마르(Weimar) 헌법[3])에서 사용되었다고 한다. 이 법에 의하면 생존권적인 측면에서 복지국가의 목적은 인간의 출생에서 사망에 이르기까지 온 생애를 인간답고 품위 있게 살 수 있도록 하는 것이다.

1) 복지국가의 역사

사회복지에 대한 이해를 위해서는 역사적인 측면에서 접근은 용이하다. 왜냐하면 복지의 태동과 사회복지의 발전을 역사적인 사건에 의하여 파악될

3) 바이마르 헌법은 1919년 8월 11일에 제정되어 공식적으로 선포된 독일 공화국 헌법이다. 여기서 바이마르란 이 헌법이 만들어진 장소로, 튀링겐주에 있는 인구 6만여명의 도시로서 문화도시로 알려져 있다. 1918년까지는 작센·바이마르·아이제나흐(Sachsen · Weimar · Eisenach)공국의 수도였으며, 1919년 8월에 이곳에서 독일 공화국의 국민의회가 열려 '바이마르 헌법'이 제정되었다. 독일은 왕 또는 황제(독일 제2제국)가 다스리는 정치를 하였으나, 제1차 세계 대전 후에 혁명이 일어나, 민주정치체제로 변화되었다. 즉 국민 의회가 보통·평등·비례 투표에 의한 선거로 국민의 대표로 뽑혔고, 이 의회가 7월 31일에 헌법을 의결하고, 국민에게 인정을 받아 8월 1일에 공식으로 선포되었다.

수 있기 때문이다. 역사의 발전과 변화의 사건은 다양한 사회문제들의 등장을 의미하며 그것에 대한 해결의 방식과 깊은 관련이 있을 것이다. 이러한 현상에 대한 분석을 통하여 복지국가에 대한 정의와 목적들이 정리될 수 있는 것이다.

(1) 서구에서 발현

복지는 인류의 등장과 함께 시작되었다고 볼 수 있지만, 사회복지는 산업화가 시작된 서구사회에서 19세기부터 본격적으로 시작되었다고 볼 수 있다. 20세기 들어서면서 전 유럽의 산업화와 급속한 발전으로 사회복지에 대한 논의는 공론화되기 시작한 것이다. 왜냐하면 산업사회의 발전은 또 다른 부산물이 발생되었기 때문인데, 그것은 바로 자본주의로서, 그것을 통하여 새로운 사회문제로서 빈부의 격차가 심화되고 있었기 때문이다.

그러므로 오늘날의 복지국가는 역사적으로 자본주의 모순 속에서 제1, 2차 세계대전과 경제공황을 경험하면서 그 진정성의 모습들을 나타내기 시작하였다. 복지국가의 모델로는 자유방임주의, 보수주의, 사회주의 모델로 구분할 수 있다. 사회복지 태동기의 형태인 보수주의 모델에서 사회복지의 수혜자들은 농촌 지주 계층이었으며, 이와 비슷한 시기에 등장하였던 자유방임주의 모델에서 사회복지는 당시의 주도적 계층인 신흥 상공업에 종사하는 부르주아들이었다. 그들에 의한 산업사회의 등장으로 사회복지의 수혜자였던 부르주아들에 대한 노동자들의 투쟁의 산물로서 사회주의 모델은 등장하였으며, 그 수혜의 주체는 노동자이다.

사회복지의 등장과 발전의 의미는 보편적 사회복지의 실현이다. 그것은 사회문제로 인식되었던 각 계층별 사회복지의 수혜로부터 보편적 수혜자, 즉 계층별 투쟁 속에서 모든 국민들이 사회복지의 주체로 전환을 의미한다. 이런 과정의 결과물로 형성된 사회를 복지사회 그런 국가를 복지국가라고 한다.

(2) 복지국가의 보편적 의미

앞에서 논의된 세 가지 모델의 주체들 간의 역사 발전 과정 속에서 계층간 타협의 산물로 완전고용, 사회보장이 등장하게 되었으며 그 결과물 중 하나가 복지국가의 의미로서 보편적인 정의라 하겠다. 이것은 다시 세계 양차 대전 속에서 인간의 삶에 대한 근본적 회의와 질적 하락에 대한 회의 속에서 국가 재건과 더불어 사회복지에 대한 열정이 싹트게 되었다.

오늘날 모든 국가는 근본적으로 복지국가의 이념을 추구하고 있다. 복지국가의 이념을 실현하기 위해 제2차 세계대전 이후 영국은 전후 복구를 위하여 당시 노동위원회 의장이었던 윌리엄 헨리 베버리지[4](William Henry Beveridge, 1879~1963)의 베버리지 보고서에 의해 베버리지 제도를 세웠다. 베버리지 보고서(Beveridge Report)는 아래와 같은 세 가지 원칙을 제시하였다.

① 전 국민적 삶에 대한 논의에 있어서는 분파적 이해의 무시
② 전후 국가 재건을 위하여 당시 사회의 5대 악인 결핍(want), 질병(disease), 무지(ignorance), 불결(squalor), 나태(idleness)의 제거
③ 사회보장은 국가와 개인의 협력을 통해 달성

현대적 의미에서 국가는 국민의 행복한 생활을 위하여 사회복지의 수준을 높이는데 많은 관심을 가지고 있다. 그것을 위하여 사회복지는 내용적인 측면에서 개별적인 주관적 만족 상태뿐만 아니라 형식적인 측면에서도 이것을 위한 선택과정은 자유로운 민주적 절차에 따라야 한다. 그런 측면에서 사회복지에는 전자의 경제적 의미의 복지와 후자의 비경제적 의미의 복지로 구분할 수 있을 것이다. 사회복지가 고도화될수록 복지국가들은 경제적 의미의 소득과 연관된 사항들뿐만 아니라 민주주의의 발전, 평등의 증진, 기회의 평등, 선택의 자유와 같은 비경제적 의미를 통하여 전자의 의미를 더욱 발전시킬 수 있는 토대를 제공하는 데 노력하고 있다.

이러한 요인들은 복지국가로 발전하는 과정에서 필수적으로 요구되는 것들이다. 그러므로 복지국가는 사회복지 발전과정을 아래와 같이 정치 경제적 상황에 따라 단계적으로 구분할 수 있을 것이다.

첫째, 아직 경제적인 측면이나 내적으로 정형화되어 있지 않지만 제도적,

4) 영국의 경제학자로서 제1차 세계대전 중에는 군수성과 식량성에 근무하였고, 제2차 세계대전 중에는 처칠 수상 밑에서 노동 차관이 되었으며, 사회보험 및 연합국 전시 근로 위원회 의장에 임명되어 베버리지 보고서를 작성하였다.

법적으로 복지국가를 지향하고 있는 과시형 복지국가로서 우리나라의 경우 1960년대 초기 제3공화국이 여기에 속한다고 볼 수 있다.

둘째로 권리적인 측면에서 실질적인 권리보장인 아닌 사회복지를 정치적으로만 접근하는 복지국가로서 예를 들어 여기에는 우리나라의 제5공화국이나 필리핀, 인도네시아와 같은 국가들이 속한다.

셋째로 행정적으로나 경제적으로 복지를 실천할 수 있는 구조가 형성된 실질적 의미의 복지국가로서 예를 든다면 현재의 우리나라와 일본이나 싱가포르 그리고 서구의 대부분의 선진국들이 여기에 속한다고 볼 수 있다.

이러한 의미를 지닌 복지국가는 초기에는 자본주의 모순으로 인한 통합과 안정을 위협하는 빈곤 계층인 노동자와 저임금 계층에 집중하는 구빈정책을 강조하였으나, 사회복지의 제도화로 확대되면서 예방적 차원의 역할과 기능으로 보편적 복지를 수행하게 되었다.

2) 복지국가의 유형

복지국가를 구분하기 위한 여러 방식 가운데 스웨덴의 경제학자 에스핑안데르센(Gosta Esping-Andersen)은 탈상품화(decommodification) 지수를 이용하여 복지국가를 유형화하였다. 여기서 탈상품화 지수는 사회보험인 연금보험, 의료보험, 실업보험에 대한 상품화 정도를 의미한다. 일반적으로 그 지수가 높을수록 보편주의 복지국가로 간주하고 있다. 이 논의의 대상은 복지국가이며, 그것을 토대로 한 복지국가의 분류를 살펴보면 아래와 같다.

첫째 자유주의적 복지국가(liberal welfare state)로서 선별적 복지국가라고 할 수 있다. 이 모형은 미국, 캐나다, 영국, 호주 등이 속하는데, 현 세계를 풍미하는 신자유주의의 조류에 가장 근접한다. 즉 신자유주의 정책이 강조하는 시장중심의 원리가 사회를 지배하고 있는데, 복지를 제공하는 데 있어 자산

조사를 강조하며, 보편주의적 사회보험은 낮은 수준, 즉 탈상품화 지수가 낮은 수준에 머물러 있다는 것이다. 이 모형에서는 국가 주도의 강제적 사회보험도 발달하지 못하는 경향이 있으며, 다만 국가의 역할은 시장을 활성화하는 것으로, 한계인구의 기초적 생활만 가까스로 보장하고 나머지는 민간부문의 복지 프로그램이나 보험에 책임을 전가한다. 노동의 상품화를 강조하며, 사회권을 위한 노력에는 무관심하다. 따라서 국가로부터 복지급여를 제공받는 계층은 상대적으로 빈곤한 상태에 머물러 있기 쉽다. 국민의 생활수준은 시장에서의 기여나 성취에 따라 분화된 형태로 결정되는데 빈부격차를 시장의 원활한 작동을 위한 긍정적 유인(positive incentive)으로 여기므로 국민적 통합이라는 대의가 시장의 활성화보다 덜 중요한 가치가 된다.

둘째, 조합주의적 복지국가(corporatist welfare state)는 하나의 사회조직 체계모형으로서 그 근거를 자연적 이해관계와 사회적 기능에 따른 일단의 공동체 성원들에게 두며, 국가는 각각의 조합이 기관으로서 노동과 자본을 공동 이익에 맞게 조정하고 계도한다. 조합주의는 결국 최상의 국가 이익을 보장하기 위하여 성원들이 자신에게 부여된 규칙을 지키고 권리를 행사함으로 직능 조합의 기능을 확실하게 발휘할 수 있도록 하자는 것이다. 즉 경제적으로는 수요와 공급을 모두 고려한 경제조절을 예로 들어 이윤과 투자, 임금수준 및 노동시장 조건 등에 관심을 기울이면서 경제 문제 전반에 걸친 합의와 규제를 중요하게 다루었으며, 사회적으로는 복지가 경제 정책으로부터 결코 자율적인 것이 아님을 강조하면서 사회적인 것과 경제적인 것의 상호 의존성 및 상호 관련성에 대해 깊은 관심을 갖는 것이다.

셋째, 사회민주주의 복지국가(social democratic welfare state)의 의미는 보편주의적 복지국가를 지향하고 있으며, 사회복지에 대한 정치적 접근 유형으로 여기에는 스웨덴, 덴마크, 노르웨이, 핀란드 등의 국가들이 속하고 있다. 이들 국가들의 특징은 높은 수준의 평등한 복지혜택을 국가가 중심이 되어 보장하는 것을 국정의 지표로 삼는다는 것이다. 이 유형의 특징은 평등전략의 대상을 최저한에 두지 않고 포괄적으로 보면서, 각종 복지정책을 추진한다. 국민 대다수를 포괄하는 복지정책은 보편적인 프로그램으로 시행되므로 소득하층도 자산조사나 노동조건과 상관없이 복지의 혜택을 기초적인 수준에서 보장받게 된다. 중산층의 경우에는 소득과 기여에 따라 차등적인 혜택의 증가를 보장하므로, 평등과 공평성도 확보하게 된다. 사회민주주의 체제의 또 다른 특징은 복지와 노동의 완벽한 결합인데 이것은 완전고용에 대해 국가가 보증하는 것으로, 노동권의 보장 즉 소득보장을 의미한다. 완전고용을 국가가 적극적으로 보장하는 이유는 규모가 큰 보편적이고 포괄적인 복지시스템을 유지하는 비용은 노동에 따른 소득세에서 얻어지기 때문인 것이다.

위의 내용을 정리하면 아래의 <표 2-3>과 같다.

<표 2-3> 복지국가의 유형

잔여적 복지국가	자유주의 복지국가
제도적 복지국가	조합주의적 복지국가 → 대륙형 복지국가 (독일, 프랑스) 사회 민주주의적 복지국가 → 스칸디나비아형 복지국가(스웨덴, 노르웨이)

사회통제, 사회복지 그리고 복지국가의 그 궁극적인 목적은 인간의 자유에 대한 보장과 보호 그것을 통하여 삶에 대한 질적 상승이다. 복지국가란 결론적으로 국민의 안녕을 추구해야 하며, 경제적으로 선진국에 속하여야 하며, 마지막으로 민주주의를 추구하여야 한다. 그러나 현실적으로 복지국가의 의미는 선진국으로 규정된다. 이런 측면에서 선진국들의 복지국가들 사이에도 아래와 같이 구별될 수 있을 것이다.

① 리더형 복지국가: 독일, 스웨덴, 덴마크, 프랑스
② 중간형 복지국가: 영국, 캐나다
③ 지체형 복지국가: 미국, 호주가 해당된다.

이 장에서 논의된 과거의 사회통제, 사회복지, 복지국가의 목적은 인간의 삶의 질적 상승을 거시적인 측면에서 일관되고 일방적인 정책으로 접근하였다. 그것은 시대적으로 산업화 시기에 복지국가의 추구를 위하여 적극적인 측면에서 인간의 평등에 대한 접근의 중요성이 강조되었다. 그것을 위하여 현대사회에서는 자유와 평등 간의 관계에 있어서 두 가지 측면에서 조화로운 변화를 추구하여야 한다는 것이다. 하나는 평등과 복지에 있어서 각 세대[5]의 특성을 가지고 규정하는 방식의 다양화는 국가에 구속되지 않는 주체적으로 인간들이 바라는 것을 하는 권리의 개인주의적인 측면인 자유에 대한 강조로 변화되었다. 그 예로 1991년 발표된 더글러스 쿠플란드(Douglas Coupland)의 소설 제목인 X-Genneration을 빌려 1965년 이후 출생한 개성과 자기주장이 강하고 성차별을 거부하는 세대를 X세대로 규정되었다. 문제는 인간의 삶의 방식과 욕구는 유기체와 같이 변화하고 있다는 것이며 현대사회에서는 그 속도가 점점 빨라지고 있다는 사실이다. 그것은 각 인간들, 각 세대별 삶에 대한 감정이 아래와 같이 다양하다는 것을 의미한다.

- 13~18세 : 자신의 의견을 적극 개진하는 S세대(Speed-Up)
- 19~24세 : 능동적인 삶을 추구하는 W세대(Why not)
- 25~29세 : 미래지향적인 삶을 추구하는 I세대(Invest)
- 30~39세 : 현실에 대한 삶의 부담으로부터 해방과 자유로운 삶을 추구하는 T세대(Task-Free)
- 40~49세 : 자신의 사회적 삶에 대한 보답의 표현으로 사회책임감을 가지는 C세대(Commitment)
- 50~59세 : 각종 사회생활로부터의 은퇴 그리고 새로운 삶을 시작하기 위해 도움을 필요로 하는 H세대(Handy)

이런 측면에서 사회를 조직하고 사회가 추구하는 정책적 목표도 쌍방향적이면서 구체적이고 미시적으로 개인을 중시하는 방식으로 변화 발전되어야 한다. 다른 하나는 근대사회의 형성으로 중요한 가치로 간주되었던 부의 분배가 그 사회의 동력인 기술발전으로 인한 위험에 인식의 전환과 그런 위험의 분배가 복지의 중요한 가치로 변화이다. 즉, 풍요한 사회 자본주의 사회가 오히려 부의 분배가 요구되는 결핍사회인 것이며, 그에 다른 분배를 위한

5) 세대에 대한 시대적 특징을 통하여 규정하는 방식의 출발점이었던 X세대에서 2020년 우리사회 언론을 통해 갑작스럽게 유행하게 된 MZ세대라는 용어가 널리 회자되고 있다, 다른 측면에서 세대들의 삶의 방식에 대한 특징적 접근으로 욜로(YOLO)족, 딩크(DINK)족, 파이어(FIRE)족, 니트(NEET)족 등의 용어들이 구별되어 사용되고 있다.

부의 추구는 오히려 위험의 증가로 이어져 위험의 분배가 필연적이다. 그러므로 각론에서 논의될 사회문제에 대한 분석의 시각이 사회복지인 것이며, 후기산업사회에서의 사회복지는 부의 분배보다는 사회구조적인 측면에서 위험의 분배라는 패러다임의 전환이라 할 수 있다.

02 PART

사회문제로의 접근

- 계층적 차원의 문제들 -

여기서는 협의의 사회복지의 측면에서 사회문제와 그와 연관된 사회복지를 다룬다. 이것은 잔여적 복지의 측면에서 접근하는 시각을 의미한다. 그러므로 장애인, 청소년, 노인, 여성에 연관된 사회문제로서 사회복지적인 접근은 복지사회에서 돌봄(care)의 매우 주체적 관점에서 사회적으로 연관된 문제들에 대하여 심도 있는 논의의 진행이 요구될 것이다.

장애인과 인권

1. 장애의 개념

일반적으로 사람들은 장애로부터 자유로운 사람은 없다고 이야기한다. 이것은 현대사회에서는 장애에 대한 논의에 있어서 장애의 개념을 신체적인 측면뿐만 아니라 정신적 그리고 사회구조적인 측면의 접근 등으로 매우 포괄적인 의미에서 접근하고 있다는 것이다. 그러므로 실질적으로 장애(Disability : disorder, obstacle, handicap)에 대한 언어적 개념규정과 일반적 정의에 의하면 세 가지 측면에서 접근할 수 있는데, 그것은 아래와 같다.

- 의학적 정의 : 장애를 신체 정신의 구조, 기능 등 해부학적인 측면의 손상이나 결함으로 규정
- 사회적 정의 : 사회적 역할 속에서 장애인의 역할에 대한 사회적 시각
- 법적 정의 : 사회에서 법으로 규정한 정의를 의미

장애가 있는 사람을 장애우, 장애자, 장애인으로 부르고 있다. 우리나라의 관련된 법들에는 장애인으로 규정하고 있다. UN에 의하면 “장애인이란 선천적이든 후천적이든 신체적, 정신적 능력의 불안전으로 인하여 일상의 개인 혹은 사회생활에 필요한 것은 자기 스스로 완전히 혹은 부분적으로 수행할 수 없는 사람”을 말한다. 또한, 우리나라 장애인복지법에 의하면 “지체장애, 시각장애, 청각장애, 언어장애, 정신지체 등 대통령령이 정하는 기준에

해당되는 자"를 말한다고 규정되어 있다.

우리나라에는 2024년 현재 총인구의 5% 정도에 260만여 명의 다양한 유형의 장애인들이 등록되어 있다. 수적으로만 본다면 다른 선진국들과 비교해도 상대적으로 낮다고 볼 수 있다. 그러나 실질적으로 장애인의 수에 대한 것은 우리나라의 법에 규정하는 장애에 대한 유형이 매우 질환의 측면에서 접근하고 있기에 장애로 규정되는 범주가 좁은 원인이라고 할 수 있을 것이다. 이것은 장애를 가진 사람을 특이한 사람으로 인식하는 사회적 분위기를 반영한 것이라 할 수 있다. 그러므로 우리사회에서는 장애가 있는 사람들에게 인권의 의미보다는 사회적 부담의 측면에서 돌보아야 할 대상으로 인식하는 경향이 있는 것이다. 우리사회에서 장애인 문제는 돌봄의 의미에 대한 인식의 전환으로 접근해야 할 것이다. 그것은 우리사회에서의 돌봄이 질환의 측면에서 장애인 문제이기도 하지만 인권의 측면에서 장애인의 문제해결을 위한 매우 중대한 실천적 요소로 인식되어야 함을 의미한다.

2. 인권과 장애인 문제

장애인 문제는 장애인에게 인권을 보장하지 않는 것으로부터 발생하는 인재라고 볼 수 있다. 그러므로 장애인 문제에 대한 해결은 장애인들의 인권보장이라고 할 수 있을 것이다. 장애인 문제에는 두 가지 측면으로 접근할 수 있다. 하나는 장애인들이 제기하고 있는 문제와 다른 하나는 비장애인들이 제기하고 있는 문제이다. 일반적으로 지금까지 장애인 문제의 전형들은 비장애인들이 제기하였던 거시적인 측면에서의 고전적 문제들이라 할 수 있다. 여기에 속하는 문제들에는 장애인들의 교육문제, 직업문제, 재활문제와 같이 크게 세 부분으로 나누어볼 수 있다. 그러나 장애인 스스로 제기하였던 문제들은 자신들이 직접적으로 부딪치고 있는 생활 속에서 발생한 것들로 이동, 거주, 편견과 같은 미시적인 것들이다. 이러한 문제들의 한계는 장애아동 시기부터 성인에 이르는 연령구조 속에서 연계하여 파악되어야 한다.

이러한 측면은 그 동안의 기술이 고도화된 현대 산업사회로 진입하면서 1950년 한국전쟁 이후 구호사업의 일환으로 등장하였던 장애인복지가 시설복지 중심으로부터 인간 중심의 복지로 전환되어야 하며, 따라서 새로운 형태의 문제가 제기되어야 함을 의미한다. 왜냐하면 그것은 장애인 자신의 요구일 뿐만 아니라 장애인 부모의 요구이기도 하며, 그것은 장애유형과 연계하여 아동 시기와 청소년 시기 그리고 성인에 이르기까지 단계적으로 구분하여 문제들을 파악하여야 하며, 특히 이를 위해 중요한 사실은 지적장애인들에 대한 총체적인 배려와 고려가 필수적이라는 것이다.

1) 교육문제

인간의 권리라는 측면에서 교육권은 근대사회에서 시민들이 일구어낸 가장 중요한 권리 중 하나이다. 이런 측면에서 장애인 교육은 돌봄이란 의미에서 장애인의 주체적 사고의 회복에 의해 장애인의 자립으로 인도해야 하는 가장 중요한 역할이라고 할 수 있을 것이다. 그러나 인간은 교육으로부터 차별이 시작되고 있으며 우리사회에서 그 정점에는 장애인 차별로서 그 출발이 교육차별로부터 시작되고 있다고 할 수 있을 것이다. 우리에게 있어서 1960년대 말까지 장애인에 대한 교육적 사고는 격리와 수용만이 교육의 전부였다고 할 수 있다. 시민에 대한 교육권의 배제는 실질적인 시민권의 박탈을 의미하기에 우리나라에서 장애인은 시민으로 기본권을 누리는 데 배제되어 왔다고 볼 수 있다. 그러므로 우리나라의 교육분야에 있어서 평등권에 위배되고 있는 분야는 장애인교육이다. 왜냐하면 누구나 교육을 받을 수 있다고 하지만 장애인에게는, 특히 고등학교 졸업 후 장애인에게 교육의 장벽은 매우 높은 것이 우리의 현실이기 때문이다.

장애인교육은 장애인이 가지고 있는 능력을 최대한 향상시키고 잠재능력을 개발하여 자립적 삶과 적극적 사회생활에 도움을 주기 위한 교육적 접근이다. 현실적으로 장애인들이나 비장애인들에 있어서도 교육 실천의 가능한 시기는 초등학교부터 중·고등학교에 이르는 아동기와 그리고 대학에 해당된다고 볼 수 있다. 왜냐하면 아동과 연관된 법들에 의하면 아동의 연령적 규정은 대개 고등학교 졸업시기의 연령과 일치하고 있기 때문이다.[1] 그런데 교육에 있어서 문제는 아동기까지는 일반적으로 장애인에게 교육적 서비스가 제공되고 있지만, 고등교육으로의 진학에는 또 다른 장애가 기다리고 있다.

장애인들을 위한 특수교육은 역사적으로 16, 17세기에 스페인에서 시작되었으며, 1840년경에 정신지체아동에 대한 현장경험을 토대로 포괄적이며 일반적인 특수교육에 대한 이론적인 토대가 몬테소리[2]교육학으로 구체화되었다. 1840~1860년대에는 독일의 경건주의와 영국의 구빈법 개혁으로 정신지체아동과 정신박약아동으로 구분되었으며, 전자는 시설보호를 후자는 교육을 우선적으로 시행하였다. 1960년대에는 덴마크와 스웨덴 등 북유럽을 중심으로 시설보호에 반대하며 일상생활을 강조하는 탈시설화(Deinstitutionalization) 개념이 등장하면서 장애인의 권리에 대한 새로운 시각 형성되기 시작하였다. 그것을 통하여 독일에서 정신지체 장애인에 대한 새로운 시각을 통하여 재활교육이 등장하였으며, 일반적으로 장애인의 의무교육은 21세까지 제한하고 있지만, 이후의 교육, 즉 대학진학에 있어서는 장애라는 이유로 학생 자신의 선택을 방해하지는 못하며, 장애학생은 학업을 하는 동안 연방교육촉진법에 의하여 그 기간 동안 최고의 급여를 받고 있다.

아마도 우리나라에서 장애인을 보호하고 교육을 한 것은 1894년 평양에서

---

1) 2008년도 순천시 장애아동 전수조사 시 학력 조사에 있어서 조사대상자의 88%가 학교에 재학 중인 것으로 나타났으며, 이러한 사실은 순천시의 취학률이 높은 것을 의미한다. 그것을 통하여 우리나라의 장애인 부모들의 자식들에 교육열은 장애 비장애를 넘어 매우 중대한 사안으로 간주됨을 알 수 있다. 그러므로 교육에 대한 환경 및 제도에서 장애인에 대한 더 많은 관심이 요구된다는 것을 의미한다. 날로 높아지는 장애아동의 외부활동과 교육욕구 해결을 위하여 교육시설에서는 환경개선에 최선을 다해야 할 것이며, 정부에서는 장애아동 교육비용 절감과 체계적인 교육을 통한 교사들의 장애아동 특성과 학업 성취도를 높이기 위한 보조인력 채용 등, 장애 통합교육기관에 운영비 등을 지원하여 장애아동이 비장애인과 동일 시설에서 교육을 받을 수 있도록 교육 인프라를 구축하여야 할 것이다. 이는 장애아동과 일반아동이 함께 생활하며 장애에 대한 인식을 변화시키고 더 나아가 전 국민의 인식 개선으로 우리사회의 비장애인과 장애인이 하나가 되는 변화를 가져다줄 수 있기 때문이다.

2) 마리아 몬테소리(Maria Montessori, 1870~1952), 이탈리아 출신의 교육자이며 정신과 의사로서 교사 또는 어른이 어린이들에게 지식을 가르치는 것이 아니라 어린이들의 흥미와 발달을 존중하고 학습하고자 하는 자연스런 욕망을 길러 주는 것을 목표로 하는 몬테소리 교육과 몬테소리 치료의 창시자이다.

미국인 선교사에 의해 이루어졌다. 로제타 셔우드 헐(Rosseta Sherwood Hall 허을, 1865-1951) 여사는 맹인학생을 자신의 집에서 보호하고 가르쳤으며 이것이 장애인복지의 시초로서, 그 이후 1897년 미국인 선교사 사무엘 오스틴 마펫(Samuel Astin Moffett, 마포삼열, 1864-1939)에 의해 평양에 남자 맹인을 위한 교육시설이 설립되었다

해방 이후에는 1949년에 교육법이 제정되면서 그 속에 특수교육의 목적, 특수학교설치의 의무와 특수교육 대상자들에 대한 무상교육과 의무교육 조항을 삽입하였다. 이러한 조항에 의해 장애인 정책은 교육보다는 소극적 의미의 보호 위주의 교육을 하였으며, 1960년대까지는 맹아, 농아학교가 주로 설립되었으며 1960년 후반부터는 정신적 장애에 대한 시설들이 만들어졌다. 1977년에는 특수교육진흥법이 제정되면서 장애인교육에 대한 법적 근거를 마련하는 동시에 수용 위주의 정책으로부터 교육적 재활을 중심으로 한 정책으로 전환을 시도하였다. 그럼에도 불구하고 그에 따른 실질적인 투자와 지원은 이루어지지 않고 있었으며 1990년대도 그런 상황으로부터 벗어나지 못하고 있었다. 그렇지만 특수교육의 현 상황에 대한 비판적인 목소리가 표출되었고, 이것은 장애인 교권운동과 같은 구체적인 운동[3])으로 표출되기 시작하였다. 그러므로 교육의 중요성에 대한 인식처럼 장애인교육에 대한 인식 또한 동일 선상에서 이해되어야 하며 장애인교육이 장애인문제의 해결의 목적이며 수단인 것이다.

2) 노동문제

노동은 인권의 측면에서 장애인 문제를 해결하기 위한 최종 목적이라고 할 수 있을 것이다. 왜냐하면 현대 산업사회 모든 나라들은 장애인에 연관된 사회복지정책분야로서 노동분야를 가장 중요하게 간주하고 있기 때문이며, 그 실천 형태는 장애인의 고용이라 할 수 있고 이것을 통하여 강한 노동구

3) 장애인복지공대위를 중심으로 주장된 장애인교육은 무상교육이 아닌 의무교육으로 전환을 위한 법 제정에 대한 설명회와 공청회를 개최하였지만, 함께 할 대중적 지지를 확보하지 못하여 후속조치로서 장애인교육을 위한 예산확보가 이루어지지 않아 현실적인 변화를 가져오지는 못하였다.

조를 유지할 수 있을 것이다. 이 부분은 장애인 고용이 실질적으로 작업에 있어서 효율성이 저하되고 그들의 복지에 대한 비용이 추가될 지라도(Bruno Molitior, 1987), 인권의 차원에서 노동 가능한 장애인들은 국가에 의존하여 생존권을 유지하는 것보다 노동을 통한 기술 습득과 그것을 통한 발전적인 행태를 가질 수 있는 정책적 접근이 노동정책으로 반영되어야 한다. 왜냐하면 비장애인들과 마찬가지로 장애인들에 있어서도 고용은 노동을 통한 가장 중요한 소득보장정책이기도 하지만 장애인들의 자존심을 고양시켜 만족과 성취감을 줄 수 있고 스스로 장애를 극복하겠다는 동기가 부여되며 그것을 통하여 재활치료가 될 수 있기 때문이다.

장애인고용정책은 일반적으로 두 가지 측면에서 접근할 수 있다. 하나는 공공부문과 민간부문에서 전 종업원의 일정 비율의 장애인 고용을 의무화하는 고용의무할당제로 이를 처음으로 법제화한 독일[4)]을 비롯하여 일본, 프랑스 한국 등이 이 제도를 실행하고 있다. 다른 하나는 고용할당제가 아닌 반차별법을 통하여 균등한 기회를 보장에 정책적 중심을 두고 있는 미국[5)]이나 영국 스웨덴처럼 장애인의 능력을 개발과 같은 직업재활서비스를 통하여 그리고 장애인차별의 금지를 통하여 장애인고용을 추구하는 것이다. 전자에 있어서는 장애인의 능력손실에 중점을 두어 할당고용률에 미달하는 사업장에는 사업주에 부담금을 부과시키고 있는데, 엄격히 적용하는 독일, 프랑스, 일본과는 달리 부담금제도를 시행하지 않는 나라도 있다.

그러므로 장애인복지정책에서 노동분야는 장애인들의 생존권과 직결되어 있는 것이다. 현재 우리나라의 사회복지에 대한 관심에서 볼 때 현실적으로 장애인에 대한 노동정책에 대한 관심도는 현실과 이상 사이에서 오는 괴리

4) 독일은 제1차 세계대전 후 전쟁상해자들을 위하여 중증상해자고용법을 1920년에 제정하고 3년 뒤에는 중증장애자고용법을 제정하였다. 1999년 말 기준으로 독일은 중증장애의 비율이 전체의 8.1%를 차지하고 있다. 그런 이유로 장애인에 정책은 매우 중요한데, 1986년 이전까지는 장애의 정도를 노동능력의 상실(MdE Minderung der Erwerbfaehigkeit)라는 용어로 표현하였으나 1986년 중증장애인법 개정 후 장애의 정도(GdB Grad der Behinderung)에 따라 장애인을 구분하였다.

5) 미국의 장애인고용은 1850년 시각장애인을 위한 자립작업장의 설립으로 시작되었으며, 종교재단의 조직적 활동을 통하여 직업재활이 이루어졌다. 1918년에 군인재활법이 제정은 물론 전상장애인을 대상으로 하였지만, 장애인 재활을 위한 법적 의미를 가지고 있기에, 그것을 위한 프로그램 개발을 할 수 있는 근거가 제공되었다.

가 크다고 볼 수 있다. 그것은 장애인고용률에 있어서 낮은 목표를 두고 달성한 모습을 보이고 있기 때문이다. 그것은 아래의 <표 3-1>은 장애인 고용할당제를 실행하고 있는 국가별 장애인고용률에 대한 비교분석에서 잘 보여주고 있다. 또한 표는 사회복지체제에서 각 나라들 간의(잔여적 복지국가와 보편적 복지국가) 장애인고용률에 대한 목표설정과 도달율 그리고 고용부담금에 대한 액수 등에 있어서 차이가 있음을 보여주고 있다. 그러므로 장애인을 사회의 새로운 노동력으로 인식하면서 그것을 통하여 장애인의 생존권이 국가에 의존하는 생존권이 아닌 적극적 의미의 자립에 의한 생존권으로 장애인에게 취업기회의 제공은 그들의 소득을 보장할 뿐만 아니라 그것을 통한 사회의 구성원으로서 장애인들의 사회적 기여와 안정된 자립생활은 비장애인과 동반자적 관계로 사회통합에 기여할 수 있을 것이다.

<표 3-1> 고용의무비율의 현실과 국가별 비교

	한국		독일[6]		프랑스[7]		일본[8]	
	할당고용 비율	2022	할당고용 비율	2021	할당고용 비율	2022	할당고용 비율	2023
공공 부문	3.8%	2.93%	6% (연방정부)	6%	6%	4.43%	3.0%	2.6% (2020)
민간 부문	3.1%	2.98%	5%	4.1%	6%		2.5%	2.32%
고용 부담금	1,207,000 (100인 이상)		140~720€ (60인 이상)		20인 이상 최저임금의 400~600배		50,000엔 (100인 이상 사업체)	

6) 독일의 사회법전 제9권 장애인의 재활과 참여에 관한 법에서 중증장애인의 고용에 대한 사항을 규정하고 있다. 이 법 제154조에 따르면 상시노동자 20인 이상을 둔 모든 민간 또는 공공 사업자는 전체 노동자의 5% 이상을 중증장애인으로 고용하여야 하며, 여성 중증장애인을 특별히 고려하여야 한다. 또한 중증장애인 고용의무를 이행하지 않은 사업자는 제160조에 따라 미고용한 장애인 1인당 140유로~720유로(약 20만3천 원~104만7천 원)의 고용부담금을 납부하여야 하며, 기업은 이 부담금을 납부하더라도 중증장애인 고용의무에서 면제되지 않는다라고 규정하고 있다.

7) 인간노동의 존귀성을 가장 잘 구현하고 있는 프랑스의 노동법전 제L5212-1조부터 제L5212-17조에서 장애인노동자 고용의무(오에테아쉬)'(OETH; Obligation d'Emploi des Travailleurs Handicapés)를 규정하고 있다. 이에 따르면 공공부문을 포함하여 20인 이상을 고용하는 모든 사용자는 전체 노동자 수의 6% 이상을 장애인으로 고용해야 하며, 이 비율은 노동시장 상황과 경제활동인구수를 고려하여 매 5년 마다 갱신된다. 장애인 고용의무를 이행하지 않는 사용자는

또 다른 방식으로 관심에 표명은 후자의 측면, 즉 장애인차별을 법제정을 통하여 근본적으로 제거하여 장애인의 능력 개발에 중심을 두고 직업재활 서비스로 장애인 고용을 추진하는 방식으로서 그것을 위하여 미국과 영국에서는 일찍이 장애인 차별을 금지하는 법들을 제정하기 시작했다. 미국에서는 장애인차별금지법을 1990년에 그리고 영국은 1995년 제정하였으며, 우리나라는 전자의 장애인고용할당제를 시행하면서도 장애인차별금지법을 2008년에 제정 시행하고 있다.

앞에서 논의된 선진국들과 비교하여 우리나라에서는 70여 년 후인 1981년에 장애인복지법이 제정된 후 1991년에 장애인고용을 위하여 장애인고용촉진 등에 관한 법률을 제정하게 되었다. 우리나라와 경제적으로나 사회적으로 유사성을 보이고 있는 대만은 1980년대부터 사회복지에 대한 관심을 표명하였다. 장애인복지정책의 목적을 장애인을 위한 사회적 자원들의 통합에 두면서 장애인 취업을 위한 직업훈련을 강조하고 있다. 그리고 장애인 직업 선호도에 관한 조사에서 제조업분야를 가장 희망하는 직종으로 나타났으며 상업, 금융 운송업이 그 뒤를 이었다.[9] 이와 같은 결과는 대만의 장애인 취업촉진 위한 수요자와 공급자 양쪽에 균형 잡힌 접근이 가능한 산업구조인 중소기업 중심으로 되어 있다는 사실이다.

장애인고용촉진 등에 관한 법률은 2000년 1월에 장애인고용촉진 및 직업재활법(이하 장애인고용법)으로 개정되어 더욱 폭넓게 적용되고 있다. 그럼에도 불구하고 통계청에서 사용하는 국제노동기구(International Labor Organization : ILO) 기준을 적용했을 경우 만 15세 이상 장애인 중 실업자는 41.4천 명으로 추정되고 있다. 실업 및 비경제활동 장애인의 현재 일하지 않는 주된 이유는 '장애

고용된 장애인 수에 따라 산정되는 장애인 고용의무 분담금(최저임금의 400배에서 최대 600배)을 매년 납부해야 한다.

8) 일본은 장애인의 고용 촉진 등에 관한 법률에 따라 종업원이 일정 수 이상인 사업주는 종업원 중 신체장애인·지적장애인·정신장애인의 비율을 '법정고용률' 이상으로 할 의무가 있다. 2024년 4월부터 민간기업의 법정고용률은 기존의 2.3%에서 2.5%(국가 및 지방공공단체의 법정고용률은 3.0%, 각 도도부현의 교육위원회의 법정고용률은 2.9%)로 상향 조정되어, 종업원을 40명 이상 고용한 사업주는 장애인을 1명 이상 고용하여야 한다.

9) 1981년에 수정된 장애인복지법에는 장애인 취업과 대우에 대하여 규정하고 있는데, "정부는 작업능력, 자격조건을 가지고 있는 장애인에 대해 취업지도를 해야 한다. 그리고 임금에 있어서도 비장애인과 똑같이 지급하여야 하며, 생산량의 부족 시에는 사정을 참작할 수 있지만, 그것도 70/100보다 낮아서는 안 된다고 규정하고 있다.

로 인해 업무를 제대로 수행할 수 없을 것 같아서'가 39.1%로 가장 많았고, '나이가 너무 어리거나 많아서'가 22.2%, '일하고 싶지 않아서, 일할 필요가 없어서'가 13.1%, '장애 이외의 질병이나 사고로(건강문제)'가 10.1%, '이전에 찾아보았을 때 일자리가 없어서' 4.4%로 조사되었다. 이러한 법적 테두리 내에서도 장애인의 취업에는 어려움이 있지만, 개인적인 측면에서 작용하는 여러 원인들이 영향을 미치고 있는 것이다. 또한 장애인들 내에서 여성장애인들은 여성과 장애라는 이중적 차별을 받고 있다는 현실에 대한 인식은 매우 중요하다. 왜냐하면 가부장적 사회에서 고용주들은 상대적으로 제약이 덜한 남성장애인을 선호하고 있기 때문이다. 실질적으로 2023년도 여성장애인의 경제활동참가율은 남성장애인의 45.7%보다 훨씬 낮은 25.7%로 나타났다. 이것을 극복하기 위해서는 여성장애인에 대한 복지적 접근이 아닌 한 명의 노동자로서 인정하면서 노동과 고용에 있어서 여성장애인의 이중적 차별 문제를 여성정책적 접근이 요구된다.

우리사회에서 장애인에 대한 고용과 취업률의 현실과 현황은 현재까지 장애인 고용형태와 작업장에 있어서 비장애인들과 경쟁 또는 협력구도가 아닌 장애인만의 집단적 생활형태의 결과물이라 할 수 있다. 즉 장애인들의 취업형태는 장애인들만의 협동, 협조, 자조를 할 수 있는 공간 제공의 형태로서 고용의 평등과는 거리가 있다고 볼 수 있다. 그러므로 이것을 극복하기 위해서는 우리사회의 노동구조에 대한 몇 가지 변화가 요구된다. 첫째, 취업부분에 있어서 장애인과 비장애인들 간의 경쟁적 구도가 아닌 상호보완적인 관계 형성이 요구된다. 누구나 할 수 있는 직종에서 건설적이지도 않고 생산적이지도 않은 외모, 외형 그리고 20대 위주의 고용형태를 지양하고 둘째, 장애인에 있어서 취업을 위한 집단적 훈련보다는 전문적 기술이 요구되지 않아서 취업 후 개별적 교육이 가능한 직종에서(배스킨라빈스, 피자헛, 던킨도너츠와 같은 매장에서 일하는 서비스업종) 비장애인과 함께 일할 수 있는 사회적 분위기와 함께 고용정책의 구조적 변화이다. 셋째, 이것의 실현을 위하여 위의 직종분야에서는 비장애인의 취업보다는 장애인에게 우선적 배려를 하는 직종 간의 장애인과 비장애인간의 구별된 고용구조의 건설이 요구된다.

3) 여성장애인과 사회복지

사회복지는 여성장애인의 문제들의 해결을 위한 정책의 근거이다. 그동안 우리사회에서 학문적으로나 사회 전반적으로 여성장애인에 대한 관심과 연구가 소홀히 여겨지는 경향이 있었다. 또한 그것에 연관된 다양한 연구결과들은 한편으로 전문적인 것 같으나, 다른 한편으로는 기본적인 것들을 고려하지 않은 내용들로 인하여 전체적인 연구들을 신뢰할 수 없게 될 것이다. 그것은 여성장애인의 인권이 절대적으로 열악한 상황에 있음을 방증하고 있는 것이다. 여기서는 여성장애인의, 여성장애인에 의한, 여성장애인을 위한 사회적 신뢰를 담보하기 위한 토대로서 여성장애인의 사회적 문제에 대한 세 가지 측면에서 논의가 되어야 할 것이다. 이것을 위하여 사회복지적인 접근은 의미가 있을 것이다.

여성장애인에 있어서 사회복지의 의미는 성차별의 극복이며, 이것을 통하여 새로운 차원의 여성장애인에 대한 사회복지의 문을 열어야 한다. 그것은 한편으로는 여성장애인은 사회참여를 통해 성차별을 극복하면서 다른 한편으로는 그것을 통하여 취업의 길을 확장시켜야 한다는 것을 의미한다. 새로운 세기의 도래는 그것을 가능하게 할 수 있는 틀을 형성하고 있는데, 기존의 육체 위주의 노동에서 창조적 노동으로 전환함으로써 그것이 여성장애인들에게는 기회로 작용할 수 있을 것이다. 20세기가 지나고 21세기에 들어서면서 여성에 대한 새로운 시각과 더불어 과학과 산업의(BT, ET, IT, NT, ST[10]) 발달은 기존의 사회적 요구에 따른 변화가 아닌 새로운 것을 창조하는 방향으로 진행되고 있다. 이러한 경향은 여성장애인에게 커다란 의미를 부여할 수 있을 것이다. 왜냐하면 이것은 현대인의 삶의 틀과는 다른 조용히 홀로 사색과 사변을 통하여 이루어질 수 있기 때문이다. 따라서 비장애인보다는 장애인이 그리고 남성보다는 세심하고 감성적인 여성장애인에게 유리한 시대적 여건의 변화라 할 수 있다. 그러므로 여성장애인에 있어서 복지는 생존을 위한 도움, 비장애인들의 생활구조와 동일한 조건 속에서 생존보다는 그들의 신체적 조건으로 인한 상대적으로 많은 소외, 고립을 건설적이고 생산적인

10) 이는 생명공학(Biology Technology), 환경공학(Environment -), 정보공학(Information -), 나노기술(Nano -), 우주공학(Space -)의 약자로 미래를 선도할 산업이다.

사고와 사변의 조건의 우위로 전환시키는 것에 역할을 하여야 할 것이다.

여성장애인에 대한 사회복지의 역할에 있어서 이러한 전환적 사고는 그동안 문제시되었던 여성장애인의 단순직으로서 사무보조나 단순노동, 저임금 문제, 장애인들에 대한 성적 기회박탈의 연장선상에서 장애여성의 임신과 같은 성에 연관된 문제[11] 등 각종 문제들 속에서 객체적 존재로부터 주체적 존재로 역할의 변화를 가능하게 할 것이다. 그러므로 기존의 약자에 대한 소극적 배려로부터 여성장애인에 대한 사회복지정책은 그들의 존재적 가치에 대한 자부심과 그것을 통한 사회적 기여는 순환적 고리를 이루면서 사회발전과 국가발전이라는 것에 동참이라는 인식을 키워나가는 적극적 방향으로 진행되어야 할 것이다.

물론 전자에서는 여성장애인들은 여성의 한 부분이지만, 후자에서는 장애인복지의 모든 분야에서 주체로서 설명되어야 할 것이다. 여하튼 사회적으로 여성과 장애인의 공통점은 차별의 대상이라는 사실이다. 이러한 사실에 대한 사회적 관심의 결과물이 여성복지, 장애인복지라 할 수 있을 것이다.

3. 장애인복지

장애인복지는 장애인들의 문제와 사회문제들을 해결하여 장애인들의 삶의 질적 양적 증진을 목적으로 한다. 그것을 위하여 장애인 문제들을 해결하기 위한 최고의 정책은 장애인들을 위한 복지정책이다. 우리나라에서 장애인복지는 구한말 선교사들에 의해 시작되었다고 볼 수 있다. 장애인복지에 연관된 법들은 해방 이후 35여 년이 지난 1981년 심신장애자복지법(1989년 전면개정을 통하여 장애인복지법으로 개명)의 제정을 통하여 장애인들의 삶에 대한 사회적 관심이 정책적으로 구현되기 시작하였다. 장애인복지는 장애인과 연관된 문제들을 정책적으로 해결한다. 그것을 위하여 아래에서 논의되는 장애인 문제에 대

11) 장애인운동에서 가장 중요하게 논의가 되었던 문제는 여성장애인의 성폭력에 관한 것으로, 이것은 인권과 깊이 연관되어 있으므로 제3부에서도 일부 다루어질 것이다.

한 인식이 장애인 비장애인 모두에게 장애인복지보다 선행되어야 한다는 것이다.

우리나라에서는 장애인들이 겪는 가장 큰 어려움이 이동이라고 볼 수 있다. 진정한 의미에서 이동권은 장애인들에 대한 다른 차원의 복지가 잘 이루어진 것을 전제하고 있다. 그것은 가시적인 도로망이나 이동수단뿐만 아니라 눈에 보이지 않는 배려와 관심이다. 그럼에도 불구하고 이것을 위하여 우리나라에서는 도로와 같은 주로 하드웨어에만 집중하고 있으며 그 과정에 있어서도 인프라들이 장애인들과 함께할 수 있는 배려 없이 형식적으로 건설되고 있다는 것이다. 장애인들에 대한 배려가 없이 만들어진 도로에서는 장애인에 대한 또 다른 무관심이 존재한다. 장애인들이 대중교통을 이용하려고 할 때 운전기사들은 그들을 기다려 주지 않는다는 사실이다. 장애인들을 위한 전용버스가 필요하기도 하지만, 무엇보다도 도움이 아닌 그들을 기다려 줄 수 있는 배려가 우리 사회에서는 요구되는 것이다. 왜냐하면 이동권에 있어서 장애인들의 이동은 비장애인들의 도움보다는 장애인들과 함께할 때만이 가능하기 때문이다.

언젠가 한 장애인이 국가로부터 나오는 보조금을 거부해 화제가 된 적이 있었다. 국가의 장애인에 대한 신뢰할 수 없는 정책의 집행이 그런 현상을 발생시킨 것이다. 그것은 현실을 무시한 정책들의 실행이 장애인들의 마음에 깊은 상처를 남길 수 있음을 의미한다. 이것을 극복하기 위하여 국가는 장애인들에 대한 물리적·물질적 실천만이 아닌 신뢰를 주어야 한다. 그 신뢰만이 장애인들이 품고 있던 자신들의 조국에서 삶에 대한 모든 의심, 두려움, 문제들의 해결을 위한 대답이 될 수 있을 것이다.

사회복지가 모든 삶들의 삶을 만족시킬 수는 없다. 발달장애인에 연관된 복지정책들뿐만 아니라 많은 장애인복지정책들은 당사자뿐만 아니라 가족들의 삶까지도 고려한 프로그램이어야 한다. 그럼에도 많은 프로그램들이 오히려 가족들에 의해 외면당하기도 하며 외면당할 수도 있다는 것이다. 실질적으로 발달장애인들을 위한 정책들이 당사자들에게 도움이 되기도 하지만 상처를 줄 수 있다는 양면성이 있는 것이다. 그 예로 발달장애인 프로그램명에서 중증장애인이라는 표현으로 인하여 당사자들은 중증으로 낙인될 수 있다는 것이다. 이것이 장애인복지정책에 대한 깊은 성찰의 필요성이다.

위에서 논의된 두 사안은 장애인이건 비장애인이건 모두 인권에 연관된 것들이다. 실질적으로 우리 사회에서 장애인들은 인권의 사각지대에 놓여 있었다. 이것은 장애인들이 하나의 인격체로서 우리나라에서 살기가 매우 어렵다는 것을 의미한다. 그러나 이것을 극복하기 위해 많은 노력들이 이어져 왔다. 그 노력은 주로 기관이나 시설을 통한 대규모적인 집단적 수용을 통하여 진행되어 왔다. 그 원인은 성장 위주의 정책으로 말미암아 장애인들을 효율적으로 가정에서 돌보는 것이 어려웠기 때문이라 볼 수 있을 것이다. 그러나 오히려 이런 현상들이 장애인들의 인권을 잘 돌볼 수 없는 단초를 제공하였다. 장애인들을 위한 현실적인 법, 예산지원이 필요하고 이를 제공하고 있지만, 더욱더 중요한 점은 장애인들에 대한 소규모적이고 가정적인 측면에서 돌봄을 제공할 때 그들의 인권이 지켜질 수 있을 것이다.

우리 사회에서는 그동안 장애인들의 삶을 그들 자신과 그 가족에게만 책임을 한정하였던 사회적 통념으로부터 사회 내지는 국가적 책임이라는 의식의 전환과 더불어 장애인을 동정의 대상으로 바라보는 것이 아닌 비장애인들과 함께하는 사회의 구성원으로서 그리고 그들과 생활을 영위하는 동반자로서 인식하는 사회적 합의가 이루어져야 한다. 그 제도화된 결과물이 장애인복지법이며 그것의 실천적 형태가 장애인복지정책이다. 장애인복지정책은 모든 국민이 가해자가 될 수밖에 없는 사회복지의 현실에 대해 장기적인 안목으로 개선하는 것이며 그것은 장애인들과 우리사회에서 주인의식으로 인권인 것이다.

생각해봅시다

현대사회에서 장애와 장애인에 있어서 개념적으로 사회구성원들은 자유로울 수 없을 것이다. 특히 장애의 의미는 인간의 삶 속에서 누구에게나 일시적으로 또는 장기적으로 겪게 되는 하나의 과정일 수밖에 없을 것이다. 왜냐하면 장애인의 범주가 점점 포괄적으로 넓어지고 있으며 기대수명의 증가는 장애인이 된다는 의미이기 때문이다. 그러므로 의학의 발전이 한편으로는 장애로부터 자유로움을 보장하기도 하지만 다른 한편으로 장애의 발생 가능성의 증가이기도 할 것이다. 장애와 장애인이라는 용어 사용에 있어서 사회구성원들의 구별과 차별이라는 인식으로부터 해방적 관점이 요구되는 사회이다.

04 Chapter

청소년과 인권

1. 청소년의 정의

스탠리 홀[1](Stanley Hall, 1844~1924)은 청소년을 아동도 아니고 성인도 아닌 모호한 위치에서 자아의식과 현실 적응 사이의 갈등, 소외, 혼돈의 시기를 겪어야 하는 계층으로 간주하면서, 문학적인 측면에서 이 시기를 질풍노도의 시기라 불렀다. 에릭 홈부르거 에릭슨[2](E. H. Erikson, 1902~1994)은 인간발달 8단계 중 자아정체성(Ego Identity)이 형성되는 청소년기(11~18세)를 다섯째 단계로 규정하였다.

청소년의 권리 및 책임과 가정·사회·국가·지방자치단체의 청소년에 대한 책임을 정하고 청소년정책에 관한 기본적인 사항에 연관된 1991년에 제정된 청소년기본법에는 청소년을 만 9세에서 만 24세 사이의 사람으로 규정하고 있다. 그러나 일반적으로 우리사회에서 청소년이라 하면 만 13세에서 만 18세 사이의 사춘기를 겪고 있는 사람들, 즉 중·고등학생에 속하는 사람들로 인식되고 있다. 그러므로 청소년이란 성장과정 속에서 아동과 구분되며 성인과 구별되는 계층에 속하는 사람들로서 아래와 같은 특징을 소유하고 있다:

① 성숙(maturation)이란 의미로서 신체적·정신적·사회적 그리고 지적 기능

1) 미국의 심리학자로서 미국 심리학회 초대 회장을 역임하였다. 발달심리학의 창시자로서 아동연구가 새로운 학문으로 시작하는데 아마 가장 결정적인 역할을 한 학자이다. 아동 심리 연구에 질문지를 처음으로 사용하였으며, 청년과 노인을 대상으로 한 심리학의 선구자이다.
2) 인간의 사회성발달 8단계로 알려진 미국의 발달심리학자이며 아동정신분석학자이다.

의 발달하는 시기

② 협의의 의미로 성적 성숙이나 자녀생산이 가능한 시기이지만 광의의 의미는 성적 변화기로서 사춘기(puberty)를 총칭한다.

③ 연령적인 측면에서 10대의 소년·소녀(13~19세, teenager)와 젊은 사람(juvenile man)을 의미

④ 어른도 어린이도 아닌 경우에 따라서는 어른이기도 하고 어린이로 간주되어 정체성 확립에 어려움을 겪는다는 의미에서 쿠르트 체덱 레빈[3](Kurt Zedek Levin, 1890~1947)이 규정한 것처럼 주변인(marginal man)으로 규정되기도 한다.

청소년에 연관된 규정들은 인간의 기대수명 상승과 깊은 연관이 있다. 왜냐하면 산업혁명이 시작되던 1800년대 평균수명은 20세 정도였다고 한다. 논의된 사실을 통해 살펴보면 그 당시의 사람들은 청소년기 이후 몇 년 이내에 대부분의 사람들은 사망한다는 것을 알 수 있을 것이다. 여기서 청소년이라는 의미를 부여한다는 것은 어려울 것이다. 많은 나라에서 기대수명이 80세에 이르는 오늘날 2000년대에 이르기까지 200여 년 동안 청소년에 대해 의미를 부여하기에는 어려움이 있다. 왜냐하면 산업혁명이 진행되면서 과학과 의료기술의 발전은 노동력의 증진에 기여하였다고 볼 수 있기 때문이다. 청소년기에 속하는 연령은 기성세대들에 의해 산업의 노동력 제공 집단으로 오랫동안 간주되고 있었으며 오늘날 급격한 변화가 요동치고 있는 정보화사회에서 가장 주목받고 있는 청소년은 10~20세 또는 10대로 규정되는 13~19세 그리고 18세 미만의 모든 사람들로 규정할 수 있을 것이다. 여기에 속하여 청소년이라 규정되고 있는 사람들은 한편으로는 권력과 연계된 기성세대에도 속하지 않은 연령적인 측면에서 어린이로도 간주되지 않는 현실 세계에서의 과잉보호 세대이다. 다른 한편으로는 청소년은 산업의 발전 속에서 인터넷, 스마트폰 사용에 익숙한 가상 세계에서의 과소보호 세대로서 우리 사회의 청소년들은 소위 낀세대로서 인간으로서 삶이 보장되지 않고 있었다.

3) 독일의 심리학자로서 나치의 압박으로 도미하였던 미국의 게슈탈트(Gestalt) 심리학파의 형태심리학자이다.

이것은 청소년의 삶이 인간으로 간주되지 않았다는 측면에서 우리사회에서는 산업사회 1세대들에 속한 청소년들의 노동력 제공으로부터 대학입시 세대가 현재까지 지속되고 있으며 그에 따른 다양한 문제들이 나타나고 있다. 이러한 청소년들의 상황으로 우리사회에서 청소년들에게 문제들이 발생하고 있다는 측면과 청소년에게 찾으려는 측면이 있다. 그러므로 청소년문제에 대한 접근은 청소년의 삶에 대한 인권적인 접근으로 시작되어야 할 것이다.

2. 청소년문제

청소년기는 인격적·정서적 성숙의 초기 단계이며, 인생관과 세계관이 형성되는 시기이다. 특히 신체적으로 급격한 성장이 나타나는 시기로서 이 시기의 청소년들은 우리사회에서 대부분 중·고등학교에 속하여 학생들이라 할 수 있다. 산업화 이전 우리사회에는 청소년에 대한 인식이 거의 존재하지 않았다고 볼 수 있다. 왜냐하면 기대수명이 매우 낮았기에 연령적으로 청소년이란 계층을 규정하는 데는 무리가 있었기 때문이다. 그러나 기대수명의 증가와 사회구조의 변화는 청소년이란 새로운 계층의 출현을 가능하게 하였으며, 그 계층만의 고유한 특성으로 인하여 나타나고 있는 현상들을 사회적인 문제를 청소년문제로 규정하고 있다. 그 문제들은 한편으로는 청소년 스스로 야기시키고 있는 문제들과 다른 한편으로는 사회구조적으로 발생되고 있는 문제들의 청소년 연관성의 측면에서 접근할 수 있다. 그럼에도 불구하고 우리사회에서 청소년문제는 학교와 분리하여 생각할 수 없을 것이다. 우리에게 있어서 청소년들의 문제의 많은 부분은 학교의 역할에 대한 사회적 인식과 연관하여 고려될 수 있다는 것이다.

1) 학교문제

청소년들은 대부분의 시간을 학교에서 보내게 된다. 특히 우리사회에서 청소년들은 교육체제에 적응의 측면에서 더 많은 시간을 학교나 학원에서 보내고 있다. 1990년대 이전에는 산업사회와 사회구조적으로 부모들의 산업이나 그 밖의 노동현장에서 참여하여 적절성 여부를 떠나 학업이나 삶에 연관된 대부분을 학교에서 해결이 진행되었다. 그 이후에는 사회경제적으로 전인교육 등이 강조되면서 청소년들에게 다양한 활동을 위해 교과목 이외의 교외 활동과 부모들의 자녀와 삶을 함께할 수 있도록 시간을 고려하였다. 그러나 우리사회 가족구성원들과 대부분 부모들의 사회경제적 노동구조로 인하여 부모들은 그 대안책으로 학원을 선택하였다. 오늘날 우리사회는 자녀들에 대한 관심을 가족구성원으로부터가 아닌 학교에서 학원으로 이동하면서 가정보다도 학생들이 가장 많이 생활하는 장소라 할 수 있다.

학교문제란 학업에 연관된 장소에서 발생하는 현상이고 볼 수 있다. 그러므로 그 현상들은 단순히 학생들 간의 문제뿐만 아닌 포괄적인 측면에서 학생, 선생님, 학교행정 등 사이에서 발생하는 문제들을 의미한다. 그럼에도 불구하고 우리사회에서 학교문제의 원인으로 학생들로 간주하는 갑을 관계로 이해하고 있는 것이다. 1차적 원인으로는 우리나라에서 학교는 학생들의 대학입학을 위해 존재하는 것으로 인식되고 있기 때문이다. 전인교육이란 표어가 우리나라 교육기관들의 목표이지만 실질적으로는 학교는 우리사회에서 1차 입시기관인 것이다. 그것은 학교가 학생과 학부모들에게 가장 중요한 의미가 있음을 보여주는 것이다. 또한 우리 학생들은 방과 후 입시학원 또는 피시방 등에서 더 많은 시간을 보내고 있는데, 역설적이지만 이런 현상에도 불구하고 현재 우리사회에서 학부모와 학생들은 전자보다 후자에 더 큰 의미를 부여하고 있는 실정이다. 이와 같은 인터넷이나 스마트폰 사용에 많은 시간적 할애의 증가로 인하여 청소년들에게는 수면박탈, 사회적 박탈, 주의분산, 중독과 같은 문제들이 발생하고 있다는 것이다.

이러한 현상 속에서 청소년들에게 폭력성, 범죄, 우울증 등이 발생할 수 있다고 한다. 특히 서열화된 대학입시로 인한 스트레스가 가장 중요한 원인으로 작용하고 있다고 볼 수 있는 것이다. 또 하나의 새로운 현상은 인터넷과 스마트폰[4]의 등장으로 인한 청소년들의 사고구조에 많은 변화를 가져왔

4) 미국 사회심리학자 조너선 하이트(Jonathan Haidt)는 현재 뉴욕대학교 교수로서 이 시대적 변화

다는 사실이다. 그 기능이나 역할이 우리사회에서 다양한 정보의 제공보다는 인터넷은 게임이라는 공식이 우리사회에서 각인되면서 상대적으로 인터넷 사용에 자유로운 청소년들에게 게임중독과 같은 일탈이란 규정을 하게 되었다.

2) 가정문제

청소년문제에 있어서 가장 근본적인 문제제기는 가정으로부터 비롯된다. 그 가정문제는 가족구성원들의 문제이기도 하지만 그 가족의 목표가 자녀들의 입시와 깊은 관계가 있다. 우리사회에서 가족의 목표는 자녀들의 좋은 대학 입학과 관련되어 있다는 것이며 이것이 청소년문제인 것이다. 그것은 청소년문제가 단순히 가족의 문제만이 아닌 사회구조적 문제임을 의미한다. 즉 현대 산업사회에서는 생산구조의 변화가 한편으로는 가족구성원의 기능을 변화시켜 가족구조까지 변화시켰으며, 다른 한편으로는 그 가족구조는 대가족제도로부터 핵가족으로 변화됨으로써 과거의 가정문제와는 매우 다른 양상을 나타내고 있다. 사회적 기능의 대부분을 가정 내에서 실천되었던 대가족제도가 경제적 토대의 변화, 즉 산업화로 인하여 농업사회의 구성원들의 산업현장으로 이동은 가족해체의 가장 중요한 원인이다. 이것은 아동양육과 교육문제, 특히 우리나라의 입시위주 교육의 원인이 되었다.

사회의 생산구조 변화로서 산업사회로의 전환은 가정을 유지할 수 있는 물적 토대의 불평등한 분배로 인하여 다양한 가족형태를 발생시켰다. 고전적 의미로서 가족은 부모의 사망, 이혼, 별거 등의 원인에 의해 모자가족, 부자가족, 자녀가족과 같은 결손가정이 형성되었다. 또한 사회경제적 변화에 의해 발생한 가정으로는 부모의 취업, 이민, 장기간의 이주, 부모 등의 형 집

와 함께하는 세대를 Z세대로 규정하면서 연령적으로 1996년부터 2010년 사이에 태어난 세대이다. 그는 이 세대를 한편으로 불안 세대(Anxious Generation)로 규정하기도 하지만 다른 한편으로 이 세대의 특징으로 하나는 강하고 튼튼해지기를 원하고 새로운 소통방식에 의한 상호작용 방식으로 인한 열린 태도로서 거부하지 않는 자세로 규정하며 그리고 다른 하나는 더 공정하고 더 배려하는 세계를 추구한다는 것이다. 그들은 다양한 소셜 미디어를 사용하여 체계적인 변화를 워하면서 그것을 위한 새로운 조직을 구성하는데 능숙하다고 하였다.

행으로 장기간의 수용보호로 인하여 가장이 없는 부재가정, 독신가정, 동성가정 등이 있다. 결손가정과 부재가정은 현상적으로 별개로 나타나기도 하지만 실질적으로 중적이라고 할 수 있을 것이다.

청소년문제의 의미에서 이러한 가정형태의 근원은 빈곤이다. 가정의 빈곤은 교육기회의 상실, 불충분한 영양 공급, 불량한 주거환경 등과 직결된다. 그런 환경은 청소년에게 불안, 갈등, 분노를 일으키며, 가출, 비행, 범죄로 이어지는 토대로 작용한다. 그러므로 이러한 현상은 빈곤가정, 결손가정과 부재가정이 청소년문제와 연관되는 선순환적 구조인 것이다. 그리고 그것은 청소년문제로 이어지는 악순환의 반복을 의미하며, 그 근원적 원인은 자본주의적인 불평등한 분배구조로부터 발생한다고 볼 수 있다.

3) 사회적 문제로서 청소년 성문제

청소년들이 성을 호기심의 대상으로만 여기고 있다는 것은 오래전의 사고방식에서 인식되었던 것이다. 왜냐하면 주체적인 측면에서 성은 사회경제적 변화로 인하여 청소년에게도 관심 대상이기 때문이다. 실질적으로 청소년의 성에 연관된 문제들은 전자의 측면에서 호기심의 대상이 아닌 스스로 주체가 되어 문제를 발생시키기도 하며, 후자의 측면에서 성인들의 성에 대한 무분별한 인식에 기인하고 있는 그리고 실질적으로 오늘날 많은 성문제로 제기되고 있는 본질적인 측면은 청소년들의 문제로 치부되기도 하였다. 그러나 현대산업사회에서 그리고 우리사회에서 모든 성에 연관된 문제들은 성인들의 성에 대한 이중적 태도가 청소년들에게 그대로 전해졌기 때문이라고 볼 수 있을 것이다.

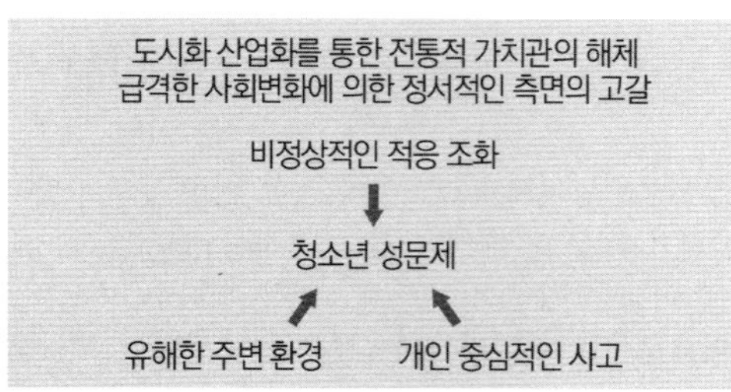

〈그림 4-1〉 청소년문제의 발생과정

그러므로 우리사회에서 청소년들의 성에 연관된 문제들은 구조적인 측면에서 이해되어야 할 것이다. 위의 <그림 4-1>은 우리사회에서 성적인 측면에서 청소년들의 성문제의 발생 원인을 보여주고 있다. 오늘날의 청소년의 성문제는 두 가지 측면에서 접근할 수 있는데, 하나는 주체적인 접근이며, 또 다른 하나는 청소년을 성의 대상인 객체로서 접근하는 것이다. 그것은 청소년의 성문제이기도 하지만 본질적으로 성인들의 성문제라고 볼 수 있을 것이다.

4) 청소년범죄

청소년문제의 하나로 간주되었던 폭력은 오늘날에는 범죄로 전환되는 경우가 자주 발생되고 있다. 그러한 사회적 합의적 현상이 청소년들의 폭력이 즉흥적이고 집단적으로 기성세대에 대해 반항하면서 공격적인 성향을 보이고 있다는 것에서 나타나고 있다는 것이다. 그런 과정에서 그들의 폭력적 현상이 질적으로 흉폭화, 집단화, 저연령화되고 있다는 통계적 사실도 일조하고 있으며, 청소년에 대한 형사적 처벌 강화를 위해 더 많은 청소년들에게 형사적 책임을 위해 소년법의 연령을 아래와 같이 개정되었다.

① 범죄소년: 14세 이상의 19세 미만 소년으로서 형벌법령에 위배되는 행위를 한 자로 형사책임이 있는 자

② 촉법소년: 10세 이상 14세 미만의 소년으로서 형벌법령에 위배되는 행위를 한 자로 형사책임은 없는 자

③ 우범소년: 10세 이상 19세 미만 소년으로서 보호자의 정당한 감독에 복종치 않는 성벽이 있거나, 정당한 이유 없이 가정에서 이탈하거나, 범죄성이 있는 부도덕한 자와 교제하거나, 금전낭비, 부녀유혹, 불건전한 오락 등을 하는 자로서 본인의 성격 또는 환경에 비추어서 장래에 형벌법령을 범할 우려가 있는 자를 말한다.

그동안 청소년들의 비행에 사회적 편견으로 사회적 우려와 근심이 심각하

게 나타났음에도 불구하고 통계적으로는 양적으로 변화가 거의 보이지 않고 있다. 앞에서도 논의되었지만 특별히 우리사회에서 청소년의 성문제에 있어서 범죄의 연결고리는 경제적인 측면에서 항상 성인이 관련되어 있다는 사실에 주목해야 할 것이다. 그러므로 사회구성원들이 불만, 욕구와 욕망의 해결 수단으로 사용되고 있는 청소년에 의해 발생되고 있는 청소년범죄는 단지 청소년문제만이 아닌 사회적 문제로 간주되어야 하는 것이다.

우리사회에서 청소년은 부모들에 종속된 인격체라고 할 수 있다. 청소년은 가정에서는 그들에게 종속적이어야 하면서도 밖에서는 하나의 인격체로 대우받아야 하는 것이다. 이와 같은 구조에서 청소년들은 가장 많은 박탈감을 느끼고 있는 계층이라고 볼 수 있을 것이다. 왜냐하면 아동과 청년의 사이에서 한편으로 책임감의 부재를, 다른 한편으로는 책임감을 강조하고 있기 때문이다. 이런 청소년들이 처한 사회적 환경에서 청소년범죄는 분석할 수 있는데, 사회, 가족 그리고 국가가 경우에 따라서 그것을 주장하면서 구조적으로 청소년들의 내적 갈등의 결과에 대한 외적인 표현으로 범죄로의 규정을 한 것이라 할 수 있다. 이런 근원적인 측면과 함께 첫째, 산업화 도시화, 여성취업의 증가(맞벌이 부부), 결손가정의 증가로 사랑의 부재 그에 따른 가정의 붕괴 원인이 되고 있다. 둘째, 입시교육으로 인한 전인교육의 실패로서 정서적으로 민감한 청소년들의 열등감, 무력감이 증가하고 있다. 셋째, 위의 원인으로 학벌위주의 사회는 취업에 있어서 단기간의 아르바이트 등 불안정한 직업이 유행하고 있어 이는 정신적 육체적 불안이 가중된다.

청소년범죄를 포함하는 청소년문제에는 대부분은 사회구조와 관련이 있다. 특히 우리사회에서 사회의 구조적 형태나 환경이 한편으로 문제들을 규정하기도 하며, 다른 한편으로 직접적으로 청소년문제를 야기시키기도 한다는 것이다. 이것은 청소년범죄뿐만 아니라 청소년문제의 해결을 위해서는 청소년에 대한 관심과 배려가 법적인 접근뿐만 아니라 예방적인 차원에서 건강하고 모범적인 사회적 환경 건설이 우선되어야 할 것이다.

3. 청소년과 인권(Human Rights)

사람이 사람답게 살아가는 것, 이것이 인간으로서 누려야 할 권리로서, 사람들은 이것을 인권이라 부른다. 인권은 하늘이 부여한 권리로서 천부인권(Natural Right, Natural Human Rights)이라고 한다. 그러므로 인권이란 사람이라면 누구나 태어나면서부터 지니게 되는 생명, 자유, 평등 등에 관한 기본적 권리를 말한다. 즉 인간이라는 이유로 당연하게 인정된 기본적 권리이며, 인간다운 삶을 영위하기 위한 필수적인 권리를 말한다. 그것이 인간에게는 인종, 성, 종교, 사상, 장애, 출신, 재산과는 무관하게 누구든지 누려야 할 보편적 권리인 것이다. 여기서는 시대적 상황의 변화에 따른 인권의 측면에서 청소년에 연관된 사회적 현상들에 대하여 논할 것이다.

1) 인권과 청소년

우리사회에서는 인권의 측면에서 청소년은 기성세대나 부모에 의해 보호되고 지켜지는 것이 아니라 오히려 종속되어 있다는 것이다. 그러나 근대 이후 대부분의 국가에서는 인권을 최고 상위법인 헌법에 규정하고 있다.[5] 그럼에도 불구하고 그것은 시대에 따라 몇몇 소수에게만 특권처럼 인정된 사회가 존재하였다. 역사적인 측면에서 인권은 모든 지배계층들이 소유하였던 특권에 대한 도전으로서 그리고 모든 계층 투쟁의 산물이라 할 수 있다.

산업사회의 발전은 사회구성원들의 인권의 중요성을 강화시키고 있다. 인권의 중요성에 대한 강조는 계급과 계층 간의 관계된 구성원들의 상황 속에서 차별적으로 논의되고 있다. 의무와 권리, 책임 주체의 측면에서 장애인 인권, 아동 인권 그리고 최근에는 노인 인권에 대하여 이야기되고 있다. 우리사회에서 아동에 대한 인권의 관심도 청소년의 인권과 마찬가지로 모순적이며

5) 우리나라 헌법도 예외는 아니어서 '제10조에는 모든 국민은 인간으로서 존엄과 가치를 가지며 행복을 추구한 권리를 가진다, 제11조에는 모든 국민은 법 앞에 평등하다, 제12조에는 모든 국민은 신체의 자유를 가진다'라고 규정하고 있다.

이중적이라고 할 수 있을 것이다. 인권은 절대적인 것으로 상대적이거나 정치적이어서는 안 되는데, 왜냐하면 인권은 한결같아야 하기 때문이다. 청소년은 우리사회에서 인권의 사각지대라고 할 수 있다. 청소년과 인권에 있어서 2006년부터 학생인권에 대한 논의가 활발히 진행되면서 2010년에 경기도를 시작으로 학생인권조례[6]를 제정하는 시도들이 다양한 논쟁 속에서도 증가하고 있다.

2) 청소년문제와 청소년복지

복지와 인권은 인간의 삶의 증진이라는 측면에서 하나의 의미를 가지고 있다. 인간의 삶의 질의 향상이라는 복지의 광의적 의미와 인간의 사회적 문제를 해결하여 적응능력 배양이라는 협의적 의미의 복합적 접근을 통하여 청소년복지를 분석할 수 있다. 이런 측면에서 청소년복지란 청소년들의 전반적인 생활에서 발생하는 문제에 관계한다. 그 문제는 청소년들의 성인으로서, 인격체로서의 대우하는 인권, 교육, 봉사활동, 체험활동 등으로 그 목적은 청소년 문제의 해결을 통한 청소년들의 사회에 대한 긍정적 사고와 사회 적응능력을 향상시키는 데 있다.

모든 사회복지의 목적이 사회통합에 있듯이 문제의 본질과 원인에는 차이가 있겠지만 청소년복지의 목적을 아래의 <그림 4-2>와 같이 정리해 볼 수 있다. 청소년문제의 해결은 청소년 정책이며, 그것이 청소년복지인 것이다. 그러므로 청소년정책은 청소년 문제해결의 핵심이다.

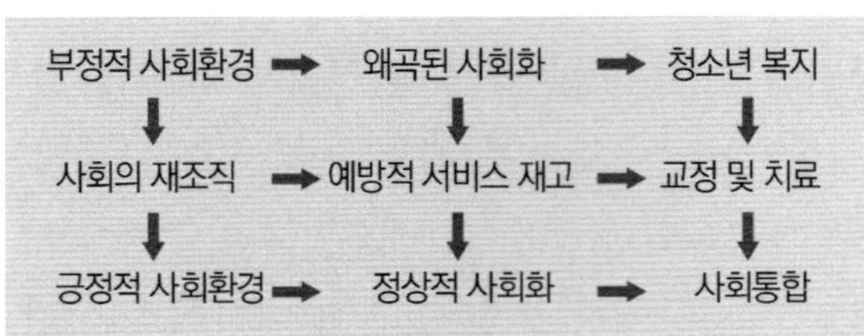

〈그림 4-2〉 사회복지와 사회통합 간의 관계

6) 학생인권조례는 학생의 존엄과 가치 및 자유와 권리를 보장하기 위해 제정된 대한민국의 각 지방자치단체 혹은 시·도교육청들의 조례이며, 현재 경기도, 전라북도, 광주광역시, 제주특별자치도, 인천광역시에서 시행 중에 있으며, 서울특별시는 현재 시행 중인 조례를 서울시의회에서 2024년 4월 16일 조례폐지안이 의결되었지만 교육청의 집행정지가 법원에서 받아들여 시행 중에 있다.

위의 그림에서 보는 것처럼 청소년 문제에 대한 정책적인 고려가 중요하다. 예를 든다면 PC방이다. 그곳은 컴퓨터 사용의 대중화를 위해 만들어져 정보화로부터 소외된 계층이 없도록 하는 것이 그 목적이라 할 수 있다. 그러나 현실적으로 그곳은 정말 다양한 계층이 게임만을 즐기는 곳이다. 그러므로 문제는 기능과 역할에 있어서 방관적인 정책이다. 그런 측면에서 PC방에 있어서 정부나 청소년 관련 단체들의 문제제기는 항상 청소년들의 탈선의 장소라는 것이다. 현실적으로 그곳은 많은 성인들로부터 어린이에 이르기까지 과거의 오락실의 재미를 즐기는 곳이다. 사실 PC방은 하드웨어만이 업그레이드된 과거의 오락실이라 할 수 있을 것이다. 이런 다양한 계층들이 집단적으로 게임만을 즐기는 기존의 PC방을 본래의 목적에 충실하게 기능과 역할에 대한 확충으로 그곳을 마을과 동네의 다양한 계층들이 만나서 대화를 즐기고 휴식을 취할 수 있는 장소로 만든다면 계층 간의 갈등해소와 통합을 가능하게 할 수 있을 것이다. 정보화사회의 부합하는 예산의 투입은 단지 청소년 문제를 해결하기 위한 다양한 프로그램 개발하는 것보다는 기존의 사적 장소를 공적 역할과 기능 강화를 통하여 자연스럽게 인간적 경험과 대화의 장으로 인도할 수 있는 것이다. 이것이 인권과 청소년 인권에 대한 개념적 접근으로 청소년문제를 사회문제로서 간주하는 소극적 접근이 아닌 모든 사회구성원들의 삶의 증진을 가능하게 청소년복지의 발전으로 인도하게 될 것이다. 이와 같은 사고는 인권과 청소년인권의 관계적 분석을 통하여 청소년복지로서 이해의 폭이 넓어질 수 있다.

3) 인권과 청소년복지

인권은 누구의 인권으로 주장되는 것이 아닌 모든 사람들의 권리로서 이해되어야 한다. 그러므로 인권에 연관된 문제들은 인권을 소유의 개념으로 인식하여 인권에 대한 분리적 사고로부터 그리고 차이와 차별로부터 시작된다. 그것은 인간들 사이에서 다르다는 인식이 차이이며 그 차이로부터 차별은 발생한다.

청소년 시기에 이와 같은 삶에 대한 성찰은 매우 중요하며 그것을 위하여 청소년들에게 있어서 인권에 대한 철학적 사고는 매우 중요하다. 그러므로 청소년복지는 청소년의 삶에 대한 물적 토대뿐만 아니라 삶의 진정성으로 인권에 대한 사변과 청소년인권을 증진하는 것이 목적일 것이다.

청소년인권의 중요성은 청소년만의 인권이나 청소년의 독특한 인권을 주장하거나 의미하는 것이 아니라는 사실에 대한 인식이다. 그것은 인권이 분리되지도 분리할 수 없기에 계층적인 측면에서 인권에 대한 접근이 지양되어야 함을 의미한다. 예를 들어 노인인권, 아동인권, 청소년인권 등으로 언어적 표현으로 이야기할 수 있지만 인권과 분리된 별도의 인권으로 이해되어서는 안 된다는 것이다.

인권은 다름에 대한 인정이다. 이것이 인권의 출발을 의미하며 천부인권이라고 할 수 있을 것이다. 세상에는 80억 명 이상의 사람들이 살고 있으며 매일 30여만 명이 출생하고 있다. 그들의 얼굴을 살펴보면 외모적으로 외형적으로 다르다. 인권은 계층이나 계급으로 분할 될 수는 없지만 계급이나 계층들의 고유한 측면에서 인권을 이야기할 수는 있을 것이다. 이런 측면에서 노인인권이나 아동들의 인권이 논해지고 있는 것이며 그 중요성도 강조되고 있다. 인권의 경중은 논할 수 없지만 경시되고 있다는 우리사회의 현실에 대해서 논한다면 청소년의 비주체성에 대하여 이야기할 수 있을 것이다. 왜냐하면 청소년인권이 주장되는 과정에는 반드시 기성세대의 허락이나 개입이 이야기되고 있기 때문이다. 청소년인권에 있어서 청소년복지가 이야기되는 것은 청소년복지가 청소년들의 미래의 삶에 대한 의미나 결정을 출세를 지향하는 기능을 수행하고 있기 때문인 것이다. 그러므로 청소년복지는 청소년을 직접 깎고 다듬으려는 목수의 역할보다는 그들이 배우고 성장할 환경을 만들어주는 정원사의 기능을 수행하여야 하는 것이며, 그것이 청소년들의 인권 보장의 의미인 것이다. 왜냐하면 청소년들에게는 인권을 배우는 그 자체가 하나의 권리이기 때문이다.

인권과 복지는 인간다운 삶을 지향한다는 점에서 같지만 인권이라는 추상적 개념을 위해서는 현실적이고 실천적 실용적 개념인 복지가 필수적이다. 인권과 청소년복지는 청소년들의 인간다운 삶을 우리나라에서 인권과 청소년복지가 청소년의 인간다운 삶을 지향하고 있는지에 대한 깊은 성찰이 요구된다.

생각해봅시다

우리사회에서 대부분의 청소년들은 그 시기를 대학입학을 위해 보내고 있다. 물론 모든 청소년들이 대학입학에 매몰되어 있다고는 볼 수 없지만 이런 사실은 우리나라의 대학진학률과 비교한다면 청소년의 대부분이 어떻게 해서든 대학에 입학하고 있다는 것을 의미하고 있다. 매년 낮아지고 있는 출산율은 대학들의 정원과 대학진학 대상자들의 수와 비슷해지고 있는 상황들은 실질적으로 수도권을 제외한 지역에서 미달이라는 현상으로 자유로운 대학들이 점점 사라질 수도 있을 것이다. 그러므로 이와 같은 불가피한 고학력 현상이 우리사회의 미래를 담보해야 하는 청소년들과 우리사회의 현재와의 소통이 요구되는 이유일 것이다.

05 Chapter

여성과 성차별

1. 여성문제

세상은 절반의 여성과 절반의 남성으로 구성되어 있다. 그렇다면 사회문제들이 특별히 남성들의 문제가 아닌 것처럼 특별히 여성문제라고 할 수도 없을 것이다. 왜냐하면 사람들은 나머지 문제들을 남성문제라고 부르지 않고 있기 때문이다. 그럼에도 불구하고 특정의 문제들을 여성의 문제로 규정하면서까지 논의하는 것은 인류역사에서 여성으로 겪는 차별이 지속적으로 존재하여 왔기 때문이다.

1) 여성문제의 의미

현대사회에서 여성문제는 제3세계 문제와 함께 21세기 인류해방의 가장 중요한 문제로 간주할 수 있을 것이다. 일반적으로 여성문제는 여성에 대한 부당한 대우, 차별, 학대, 착취유형들은 성희롱, 성차별, 성폭력으로 정리될 수 있다. 그러나 많은 나라에서 여성문제는 산업화를 겪으면서 새로운 의미를 갖게 되었는데, 그것은 두 가지 측면에서 접근할 수 있다.

하나는 급속한 산업화는 여성들 간의 갈등 심화를 야기시켰다. 즉 산업화는 여성들을 노동시장에 참여시키고 가족구조를 변화는 시켰으나, 국가들마다 편차는 있지만 완전하게 남성들의 권위나 우위성에 있어서의 변화까지는 도달하지 못하였다. 그것은 남성과 경쟁으로부터 발생하고 있는 일반적인 문제보다는 여성들에게 비주체적인 측면에서 여성과 여성 사이에서 발생하는 여·여 갈등의 발생 가능성을 의미한다. 다른 하나는 여성문제의 증가를 인구형태나 구조와 연관하여 분석하는 것이다. 그것은 현대사회에서 여성문제를 여성인구의 증가 그리고 여성노인의 증가하고 있다는 측면에서 노인문제로 정리할 수도 있을 것이다. 전자의 측면에서 여성문제인 여·여 갈등의 주요 원인은 남성과 근본적으로 경쟁구도가 형성되어 있지 않다는 회의로부터 출발한다. 남성과 경쟁이 아닌 남성이 관여되지 않은 곳에서 여성과 여성 간의 경쟁은 여성과 남성이 점유하고 남은 부분 속에서 경쟁이 발생하기 때문에 그 경쟁은 더욱 치열할 수밖에 없는 것이다. 이는 남성에 대한 양보 또는 포기에 대한 보상을 자신보다 여성들 속에서 약한 여성으로부터 취하면서 강한 여성으로서 여성들 속에서 남성적으로 존재하려는 보상적 심리적 요소가 작용한다고 볼 수 있다. 후자의 측면에서 여성문제의 핵심인 여성인구 증가 원인으로는 남성보다 사고위험성이 노출 정도가 낮다는 사실, 음주, 흡연 가능성이 높다는 것, 직업에 대한 스트레스 등이 지적되고 있는데[7], 이러한 원인들은 유배우자율의 측면에서 남성이 여성보다 크게 나타나는데, 우리나라에서 이러한 현상들은 여성의 기대수명의 상대적 증가로부터 남성보다도 더 많은 문제들의 발생가능성을 추측할 수 있을 것이다.

결론적으로 우리 사회에서 여성문제는 전 지구적인 여성문제와 단순 비교할 수는 없지만 전통적인 관습이나 오랜 가부장적인 문화의 영향으로 서구나 다른 국가들과는 다른 형태를 보이고 있다. 위에서 언급되었지만 이러한 현상들은 한편으로는 여성에 대한 개방적 사고의 확대 측면에서 긍정적으로 보이기도 하지만, 다른 한편으로는 계급적 측면에서 당근과 채찍과 같은 남성들의 전략적 전술적 접근으로 여성에 대한 이중적 태도의 원인으로 볼 수 있다.

---

7) 남성이 여성보다 사망률이 높은 이유로 유전적 결함, 여성의 자궁이 남성에게 불리한 구조, 발달장애에 대한 높은 위험, 생물학적으로 위험한 행동에 있어서 높은 경향, 잦은 관상동맥질환, 우울증, 위험한 직업에 종사, 과다한 흡연과 음주, 비만, 노년 시기의 무력감 등을 설명할 수 있다.

2) 여성인구 비율의 변화

현대사회에서 기대수명의 증가와 더불어 인구구조적으로 여성인구의 지속적인 증가 추세가 있으며, 그에 따른 여성의식의 성장으로 여성의 다양한 욕구가 표출되고 있다. 여성인구의 증가현상에 있어서 문제는 여성인구의 고령화 현상에 따른 성비[8](sex ratio)의 측면에서 연령이 높을수록 여성인구비율이 높다는 의미이다. 그러므로 고령화 현상은 노인문제이기도 하지만 여성문제일 것이다.

<표 5-1> 노인인구의 남·여 인구비율

연도(노인인구비율)	여성노인인구(100명당)	남성노인인구	독거노인
2000(7.2)	100	62	16.0
2008(10.2)	100	68.2	17.9
2018(14.3)	100	74.6	19.3
2023(18.2)	100	78.4	21.1

노인인구에서 성비의 비교는 여성인구 100명과 남성인구와의 비교를 의미한다. 위의 <표 5-1>에서 보여주는 것처럼 노인인구의 증가 속에서 남성노인인구 비중이 증가하고 있지만 여성노인 100명에 비교하여 분석한 남성노인인구는 상대적으로 소수임을 인식할 수 있을 것이다. 이 분석은 노인인구의 증가 속에서 남성노인의 꾸준한 증가가 여성노인의 비율이 감소된다는 것을 의미하는 것이 아니다. 이것은 의학의 발전과 의료기술의 눈부신 발달로 말미암아 여성뿐만 아니라 남성들의 기대수명도 증진됨에 따라 남성노인의 수도 빠른 속도로 증가하고 있다는 사실을 의미하는 것이다.

이런 현상으로 홀로 살고 있는 독거노인의 비중이 노인인구비율보다 높으며 여성인구 100명당 남성노인의 비율과 비교하여 분석한다면 독거노인에 있어서 여성노인의 비중이 매우 높을 것으로 추정할 수 있을 것이다. 전체적

8) 성비는 여성 100명당 남성의 수(남성 인구/여성 인구×100)를 의미하며, 인구의 성별 구조를 나타내는 지표이다. 총인구(외국인 포함)를 기준으로 우리나라 성비는 1971년 102.6으로 최고치를 기록하였다. 이는 남아 선호로 여성 인구보다 남성 인구가 더 많아져 생긴 현상이다. 이후 성비는 차츰 낮아져 2020년 100.1로 기록되면서 거의 균형을 이루게 되었다.

으로 인구구조 변화에 있어서 노인인구의 증가는 독거노인의 증가로서 독거노인은 여성노인으로 결국 초고령사회에서 초고령노인의 증가는 노인문제를 여성노인문제로 인식될 수 있을 것이다.

2. 빈곤의 여성화의 의미

빈곤의 여성화(feminization of poverty)에 있어서 현대사회에서 빈곤의 의미는 절대적 측면보다는 남성과의 비교에 있어서 접근하고 있다. 이것은 단순히 경제적인 측면에서 여성과 남성 간의 차이뿐만 아니라 정치, 사회 그리고 문화적인 측면에서 본질적 문제에 접근을 의미한다.

1) 여성과 경제

세계사적으로 여성은 경제적인 측면에서 종속적이면서 객체적 존재라 할 수 있다. 그것은 여성이 경제적으로 하나의 독립된 개체이지만 동시에 독립적이지 않다는 것이다. 왜냐하면 전자는 여성의 경제와 관계 설정의 어려움, 후자는 여성의 삶이 남성의 경제력에 종속되어 있음을 의미하고 있기 때문이다.

이런 현상은 자본주의의 등장으로 심화되었는데, 실질적으로 자본주의로 인하여 여성들에게도 자본이라는 기회를 사용하여 부의 창출이 가능할 수 있을 것이라는 전망이 오히려 자본주의 사회에서 분업으로 인하여 여성의 잠재적 가능성을 저평가하고 있는 것이 우리의 현실이라고 할 수 있을 것이다. 분업의 등장은 역할의 측면에서 여성과 남성에게 구별 짓게 되었는데, 가정 내에서 여성에게 가사를 담당하게 하고 남성에게는 대외적 활동, 즉 노동을 통하여 가족경제를 책임지는 주체로 간주하였다. 그러므로 이런 역할의 분업체계에서 여성은 자신의 의지와는 관계없이 노동으로부터 격리되어 사회에 참여할 수 있는 기회가 박탈됨으로써 여성의 빈곤은 필연적 현상이라고 할 수 있다.

우리나라 여성들도 예외는 아니어서 정치·경제·사회·문화적인 측면에서 상대적으로 매우 열악한 상태라고 할 수 있다. 역설적이지만 여성들은 현대 산업사회에서 여성의 역할은 전통사회 가족구조의 분업에 있어서 여성의 역할보다 오히려 더 많은 노동을 해야 함에도 불구하고 자본획득에서 소외되고 있는 것이다.

2) 빈곤의 여성화

현대 산업사회에서 사회의 발전이 한편으로는 경제적으로 부의 양극화로 확장되기도 하지만, 다른 한편으로는 빈곤이 매우 심화되어간다는 사실이다. 더욱 중요한 사실은 후자의 측면에서 여성의 비율은 매우 많은 비중을 차지하고 있다. 앞에서 언급되었지만 여성인구의 증가는 새로운 여성문제의 발생을 의미하고 있는데, 특히 경제문제는 우리나라에 있어서 여성에 대한 사회참여의 불평등 구조 속에서 노인층에 대한 빈곤화를 더욱 심화시킬 것이며, 미래에 이러한 구조는 세대 간의 갈등을 야기시킬 수 있을 것이다. 실질적으로 미국의 여성 경제학자 다이아나 피어스(Diana Pearce)의 1976년 조사에 의하면 성인 빈곤층의 66%, 노인빈곤층의 70%, 그리고 빈곤가구의 50% 이상에서 여성이 가구주라는 점을 발견하였다. 결과적으로 이것은 16세 이상 빈민의 2/3, 성인의 70%가 여성이라는 것이며, 이런 상황을 그녀는 빈곤의 여성화란 표현으로 주장하였다. 여성빈곤의 일반적 원인들을 다음과 같이 제시되고 있으며, 그것들은 아래처럼 정리될 수 있다.

① 노동시장에서 여성의 주변화 : 남성과 여성간의 임금 차별과 취업률의 차별
② 가계소득의 불평등한 지배권 : 재정적으로 남성의존
③ 여성들을 위한 사회보장제도의 미비
④ 결혼

이러한 요소들은 한편으로 개인적 차원의 문제라 볼 수도 있지만, 다른 한편으로는 사회구조적인 차원에서 노동시장에서 여성차별과 그에 따른 여성의 재정적 종속과 여성에 대한 사회적 배려의 감소는 결국 여성은 자신의 신분변동을 주체적인 해결이 아닌 종속적 방식인 결혼을 선택하게 된다는 것이다. 특히 결혼은 우리나라에서 여성에게 사회적 신분을 변화시키는 중요한 수단으로 작용하고 있었다. 그런 이유로 아직도 여성들은 결혼을 삶의 필수과목으로 간주하는 현상이 정치·경제·사회·문화적으로 일상화된 것이다. 빈곤의 여성화는 우리사회의 사회경제적 변화로 말미암아 여성의 주체의식과 남성의 경제적 불확실성이 우리의 가족구조에서 전통적인 사고에 의해 발생할 수 있는 현상들로 인하여 오히려 역행되면서 강화될 수 있을 것이다.

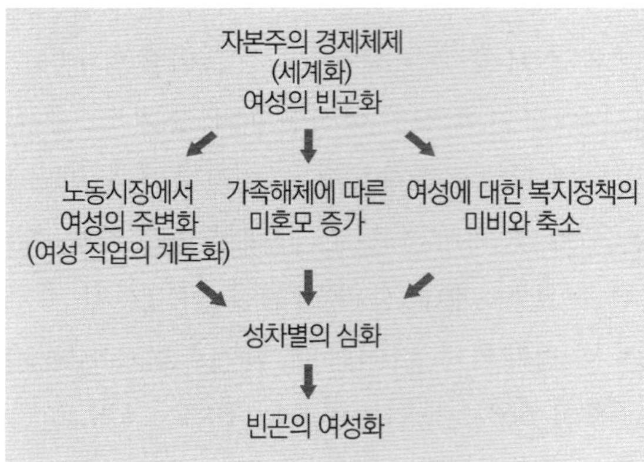

〈그림 5-1〉 세계화 속에서 여성의 빈곤화 과정

위의 <그림 5-1>은 여성의 빈곤화에 있어서 자본주의 경제체제의 세 가지 분야들이 성차별적 요소들과 상호작용을 보여주고 있다. 여성의 빈곤화는 결과적으로 여성의 직업선택에 있어서 차별, 불평등적인 결혼구조, 여성의 삶에 대한 사회적 관심 결여 등 여성과 남성 간의 차별적 사회구조로부터 빈곤의 여성화로 강화되고 있다는 것이다.

3) 보론

• 낙태(abortion)

낙태에 대한 문제제기는 임신 후 언제부터 태아를 인간으로 간주하느냐에 대한 논쟁으로 이어져 왔다. 그러므로 이런 입장에서 중립이란 존재할 틈이 없는 것이다. 우리나라에서 원칙적으로 낙태는 불법이지만, 예외적으로 모자보건법 제14조에 의하면 유전학적, 신체적, 정신적 질환이나 전염성 질환이 있는 경우, 강간에 의한 임신, 근친상간에 의한 임신, 임산부의 건강이 심하게 위협을 받는 경우에는 임신 20주(우생학적 원인) 또는 24주(윤리적 동기) 이내에 낙태(인공임신중절수술)를 허용하고 있다. 우리사회에서 문제는 이러한 사항들을 남용 또는 오용하여 많은 낙태가 다양한 사유로 합법적인 듯이 행해지고 있다는 사실이다. 우리사회에서 낙태가 사회적으로 매우 중요한 문제인 이유는 현상적으로 아래와 같은 모습을 보이고 있기 때문이다.

① 2011년도 낙태 건수 : 미혼모 낙태건수 72,452(42.9%)
기혼자 낙태건수 96,286(57.1%)
보건복지부 통계 168,738만 건

② 낙태원인의 부적절성(여: 남아선호사상, 낙태에 대한 도덕적 불감증, 국가의 느슨한 법 적용)

③ 낙태가 95% 이상이 임신 12주 이내에 발생해 낙태에 관련된 법(형법, 모자보건법)에 의하면 불법

<표 5-2> 낙태에 대한 시각 비교

	미성년자 임신		기혼여성 임신		임신여성의 요청		경제적 상황		자녀를 그만 낳기 원할 때		자녀 터울 조정	
	2005	2024	2005	2024	2005	2024	2005	2024	2005	2024	2005	2024
법조계	33	73	21	60	21	60	21	34	16	62	8	62
여성계	46	70	29	67	34	86	24	59	35	67	13	29
종교계	5	11	2.6	4	2.6	36	0	5	2.6	13	5	4

위의 <표 5-2>로부터 우리사회의 낙태에 대한 관점의 차이를 인식할 수

있지만, 20여 년간의 시간이 지난 2024년 현재 우리사회에서 낙태에 대한 시각의 변화가 두드러짐을 볼 수 있다. 이런 변화에 있어서 논의의 쟁점은 세 가지 관점으로 정리할 수 있을 것이다.

① 여성의 자기결정권 : 태아는 어머니의 자궁 없이는 살 수 없기에 독립된 생명체라 할 수 없다는 관점에서 여성의 선택을 중시하는 입장이다.
② 불법낙태 : 생명을 중시하는 입장으로 인간의 생명은 수태로부터 출발한다는 시각으로 임신 3개월 이후의 수술로 제거하는 행위를 살인행위로 간주한다.
③ 낙태의 합법화 : 이것은 한편으로는 여성의 자기결정권을 존중하면서, 다른 한편으로는 낙태의 음성화로 인한 임산부의 건강을 보호하는 차원에서 접근한다.

결론적으로 낙태는 우리에게 있어서 도덕적인 관점, 관습적인 관점, 법적인 관점에서 매우 이중적이다. 왜냐하면 관습적인 측면에서 태아에 대한 입장은 서구의 경우 연령적으로 0살인 반면에 우리나라의 경우는 어머니 배 속부터 1살로 간주하고 있다. 그것은 생명에 존중사상이 매우 크다는 것인데, 우리사회에서 낙태에 대하여 법조계 특히 여성계의 입장은 낙태에 대하여 종교적 윤리적인 입장보다는 적극적인 입장을 취하고 있다. 이는 전통적 가부장적 사회구조 속에서 성평등에 대한 역작용으로 볼 수도 있을 것이다.

3. 성차별의 의미

성차별(Sexism)이란 보편적으로 남성과 여성 간의 생물학적인 성을 토대로 양성적인 측면에 대한 사회적인 편견이나 차별을 의미한다. 그러므로 성차별은 제도적으로 사회나 국가가 여성에게 가하고 있는 성폭력도 포함되어 있을 것이다. 보편적인 측면에서 이것은 여성들에게는 여성이기 때문에 여성들만이 겪는 독특한 성차별인 사회적 억압이 존재하고 있다는 것을 의미한다. 그 원인에 있어서 우리사회에는 보편적인 것이기도 하지만 우리만의 독특한 두 가지 측면에서 살펴볼 수 있다. 하나는 남성이 여성보다 중요한 사회적 존재라는 것과 다른 하나는 여성들은 남성들의 즐거움의 대상으로 남성들의 보조자들로 보는 것이다. 여기서 중요한 사실은 도덕, 성적인 측면에서 도덕을 강조하는 우리사회에서 성평등의 모럴해저드(Moral Hazard, 도덕적 해이)는 지위고하를 막론하고 내로남불이라는 것이다.

1) 성차별의 원인

성차별에 대한 논의는 매우 다양하게 진행되고 있지만, 위의 두 가지 시각을 토대로 하여 성차별에 대한 보편적인 이론적 접근을 살펴본다면 아래와 같이 세 가지로 구분하여 설명할 수 있을 것이다.

(1) 생물학적인 접근

생물학적 접근은 양성적인 측면에서 성차별에 대한 접근은 가장 기본적이고 근원적인 접근이다. 성적 정체성은 선천적인 것으로 자신이 남성(남성다움)인지 여성(여성다움)인가에 대한 자각 그리고 그것으로 인한 성역할 차이가 존재한다. 그것이 정치·경제·사회·문화적으로 표출되었을 때 성차별로 발현되고 있는 것이다.

(2) 심리학적인 접근

심리학적 접근은 양성적인 측면뿐만 아니라 성에 대한 정체성을 토대로 하여 성차별의 원인을 개인적인 차원에서 접근한다. 왜냐하면 각 개인들의 성적 정체성은 남성과 여성이라는 생물학적 규정뿐만 아니라 다양한 성에 대한 인식을 토대로 하기 때문이다. 개별인간의 성역할에 대한 고정관념에 의한 사회화, 즉 여성은 순종적인 여성다움과 남성은 씩씩하고 권위적이며 남성다워야 한다는 준거틀의 형성을 가져오게 되었다. 이러한 준거틀에서 성격, 가치관, 대인관계, 역할분담, 직업선택의 성차별이 발생한다는 것이다.

(3) 사회문화적인 접근

사회문화적인 접근은 성차별의 근본 원인을 거시적인 측면에서 접근한다. 사회문화적인 측면에서 성정체성은 고정된 성에 대한 인식으로부터 전환을 의미한다. 생물학적인 성으로부터 개인적인 측면과 사회문화적인 전통, 변화와 발전 속에서 사회적 인식의 정도가 그 사회 구성원들의 보편적인 의식구조나 그 사회의 문화적 상징구조, 그리고 사회구조적 원인이 성차별의 형성에 중요한 영향을 미치고 있다는 것이다.

여성의 빈곤화와 연관하여 성차별적 접근은 의미가 있을 것이다. 왜냐하면 우리사회의 노동현장에서 여성의 일자리가 개선되고 있지만 오히려 노동의 젠더(gender)화가 더 강화되고 있기 때문이다. 여기서 여성노동의 게토[9](ghetto)화의 측면에서 젠더화의 의미는 노동구조의 성차별을 의미할 것이다. 그것은 여성의 노동에 대한 구조적인 소외가 잉여노동으로 축적되면서 착취 가능성으로서 노동의 양적인 측면에서 고려될 수 있을 것이다. 일자리에서 소외된 여성의 잉여노동에 대한 성차별이 노동의 젠더화로 구조화되는 것이다. 그러므로 오늘날 우리사회에서 보여 지고 있는 여성 일자리의 개선의 의미는 여성의 노동현장에 있어서 정책적인 측면보다는 사적인 삶의 질적 상승을 위한 여성들의 치열함으로 차별 극복을 위한 피상적인 성과라고 보아야 할 것이다.

2) 여성해방적 관점에서 본 성차별 원인에 대한 이론적 접근

전통적인 측면에서 여성해방은 남성으로부터 해방을 의미한다고 볼 수 있다. 이것은 역사적인 측면에서 제도화된 성차별 원인으로 고착되었으며, 그

9) 유대인이 모여 살도록 법으로 강제한 도시의 거리나 구역을 가리킨다. 유대인 게토라는 명칭은 1516년경 베네치아에서 처음 등장했다고 한다. 일반적으로 사람들은 게토를 나치 게토로 인식되고 있다. 게토는 제2차 세계 대전 당시 나치 독일이 폴란드 총독부를 비롯한 동유럽 점령지의 도시들에서 부활시켜 유대인을 몰아넣을 수용구역으로 이용하였다.

것으로부터 변화의 지향점을 추구하는 여성해방론적 관점이 있다. 여성해방론적 관점은 성차별에 대한 이론들은 차별의 극복에 초점을 두고 있기에 생물학적인 측면보다는 여성과 남성 간에 있어서 사회적으로 규정되고 구조화된 차이에 중심을 두고 아래의 <표 5-3>와 같은 다양한 방식으로 접근하고 있다.

<표 5-3> 빈곤의 여성화에 대한 이론적 비교

구분	자유주의적 관점	마르크스주의 관점	급진주의적 관점	사회주의 관점
성차별의 원인	기회불평등	계급불평등	가부장제	성별분업
분석의 초점	법적 제도적 문제	자본주의 논리와 성차별 기제와 연관성	생물학적 차이에 의한 남성에 대한 여성종속	자본주의와 가부장제의 결합구조에서 성차별 형성
성차별의 해결방법	제도적 개선에 의해	계급혁명을 통해	가부장제 타파	자본주의 극복과 가부장제 타파

여성해방을 분석하기 위한 위의 이론적 접근 방식의 차이의 핵심은 표에서 보는 것처럼 성차별의 원인에 대한 시각이다. 물론 여성 해방이란 측면은 근본적으로 진보적인 사고를 토대로 하고 있지만, 그 틀 속에서도 그 원인들에 대한 인식의 차이, 즉 성차별의 원인으로 제도적인 틀 속에서 해결하려는 보수적 시각으로부터, 제도보다는 사회구조의 변화를 통한 근원적인 해결을 주장하는 진보적인 시각으로 나누어 볼 수 있다.

3) 우리나라 성차별 상황

성차별을 위한 척도로는 남녀평등지수와 여성권한척도가 있다. 첫째, 남녀평등지수로는 교육수준, 국민소득, 기대수명 등에 있어서 남녀평등 정도를 측정한다. 둘째, 여성권한척도로는 남녀평등지수와는 달리 주로 고위직에 관계하고 있는데 여성국회의원수, 행정관리직, 전문기술직 남녀소득차를 기준으로 여성의 정치 경제활동과 정책과정에서 참여도를 측정하는 것이다.

우리나라에서 성차별에 대한 인식은 일관적이지 않고 매우 이중적이다. 한편으로는 성차별에 대한 매우 부정적이고 사라져야 할 것으로 간주하지만, 다른 한편으로는 스스로가 그것에 익숙해 자신의 성차별적 행위에 대해서는 정당성을 부여한다는 사실이다. 아래에서 분석되는 두 가지 측면에서 우리사회에서의 독특한 성차별의 의미가 부여되고 있다.

(1) 교육적인 측면

출산율의 저하와 학령인구의 감소 속에서 교육적인 측면에서 여성과 남성의 성차별은 유의미하지 않을 수도 있으며 우리에게 있어서 현상적으로 남아선호사상과 연관성이 없다는 것에 의외성이 있다. 1950년 초등학교 의무교육의 실시와 2002년 중학교의 의무교육 실시 그리고 부분적이지만 고등학교에 대한 무상교육의 시도하는 가운데 교육에 있어서 성차별은 대학진학이 유의미가 있다고 볼 수 있을 것이다. 그러나 우리사회에서 자녀들에 대한 교육의 목적에 있어서 성차별보다는 진학의 목적에 있어서 부모의 자녀에 대한 자부심과 성취감뿐만 아니라 성차별은 실질적으로 존재하고 있으며 작용하고 있다고 볼 수 있다.

남성은 취업을 위해서 여성은 자신은 능력의 발휘보다는 결혼과 같은 그 외의 조건으로 작용하고 있는 것이다. 물론 우리사회 구조적으로 취업에 있어서 여성에 대한 문제가 제기되기도 하지만 문화적으로 여성에 대한 사회적 역할과 기대에 있어서 차이가 존재하고 있다. 일본의 경우 2023년 현재 50%가 넘는 대학진학률 속에 60.7%의 남학생 54.5% 여학생이 대학에 진학하고 있으며 우리의 경우 2021년도 대학진학은 79.2%로 남학생 76.8%, 여학생 81.6%로 나타나고 있다.

(2) 경제적인 측면

우리사회의 구성원으로 여성과 남성의 차별 없는 고등교육의 결과는 매우 비관적이다. 그것은 경제적인 측면에서 성차별로 현실화되고 있다. 사회에 진출이 80년 후반까지 고등학교 졸업에서 시작되었다면 위에서 논해진 우리사회 대학진학률이 80% 이상이라는 사실은 우리사회에 두 가지 시사점을 부여하고 있다. 하나는 질 높은 풍부한 인적자원의 공급이며 다른 하나는 취업연령이 높아졌다는 것이다. 이런 현상은 취업률과 직업의 질적 수준에서 살펴볼 수 있다. 취업에 있어서도 위에서 언급되었지만 질적인 측면은 또 하나의 차별적 요소이다. 아래의 <표 5-4>에서 보여주는 것처럼 산업발달과 경제 수준의 상승에 의한 노동력의 필요성은 여성의 사회참여를 증가시켰지만, 내용적인 측면에서 사회에서 여성노동력 채용의 유형은 대부분 임시직이거나 하위 직종들이다. 이러한 사실은 여성의 취업 진출 가능성이 남성과 비교하여 매우 제한적임을 보여주고 있다.

<표 5-4> 경제활동참여인구 남·여 비교

	1999		2002		2007		2012		2017		2021		2024	
	경제활동참가율	고용률	경제활동참가율	고용률	경제활동참가율	고용률	경제활동참가율	고용률	경제활동참가율	고용률	경제활동참가율	고용률	경제활동참가율	고용률
계	61.8	57.6	62.9	61.0	63.1	61.1	62.7	60.7	63.9	61.5	63.7	61.3	65.3	63.5
여성	49.6	46.2	50.9	49.7	51.5	50.2	51.5	50.0	53.4	51.5	54.4	52.3	57.2	55.6
남성	75.5	69.8	75.6	73.1	75.2	72.5	74.4	71.9	74.8	71.9	73.4	70.6	55.6	71.6

또 다른 측면인 임금차별에 있어서 남성 직장인 41.3%가 '고임금' 노동자인 것에 반해, 여성 직장인 37.6%가 저임금 노동자였다. 그 중에서 상용직 저임금 노동자는 여성이 37.6%, 남성은 18.3%였는데, 이 사실은 상용직 여성 노동자 10명 중 4명가량이 저임금을 받는 반면에 고임금은 1.5명 정도였다. 1980년 상용직 여성의 저임금 노동자 비율이 59.5%에 달했으나 노동조합이 활성화됐던 1990년에는 44.1%까지 감소하는 등 꾸준히 개선되고 있다. 그럼에도 불구하고 여전히 그 비율은 남성보다 높은데, 그 이유의 하나로 여성들이 임신 및 출산으로 노동시장을 이탈했다가 재취업할 때 저임금 직종에 취업하였기 때문이다.

취업에 있어서 성차별의 핵심은 임금차별이라고 할 수 있다. 여성이 종사하고 있는 직종과 남성이 종사하고 있는 직종 간에 임금 차이뿐만 아니라 동일노동 동일임금이라 원칙이 있음에도 불구하고 남성과 여성 간의 차별로 나타나고 있다. 그것은 직종에 따라 다르지만 일반적으로 동일직종인 경우 여성임금은 남성임금의 70% 정도에 불과하며, 전체적으로 50% 정도 나타나고 있어서 성별 직업분리 현상이 뚜렷하게 보이고 있다. 또한 여성 직종에는 남성의 3.7%, 여성의 46.1%가 종사하고 있지만, 남성 직종에는 남성의 82.9%, 여성의 15.8%에 불과해 직종 간에서도 남성의 취업이 여성보다 우월함을 볼 수 있다. 이것은 과거보다 여성 고임금 노동자가 증가했지만 여전히 저임금 노동자는 여성에 집중돼 있음을 그리고 남성보다 상대적으로 여성 비정규직이 많은데, 왜냐하면 여성들이 출산이나 육아에 따른 경력단절과 직업분리 현상이 중첩되어 나타나기 때문이다. 이러한 문제들을 해결하기 위하여 옥상옥과 같은 새로운 법 제정이 아닌 기존의 남녀고용평등법 등 여성 노동 관련법과 제도의 실효성을 증진시켜야 한다.

4. 여성문제에 대한 정책적 접근

모든 여성문제에는 성차별이라는 원인이 존재하며. 그것은 여성에 대한 인권 침해를 의미한다. 전통적으로 남존여비나 가부장적 구조가 아직도 현존하고 있는 우리사회에서 가장 어려운 현상은 여성문제에 대한 진보 또는 보수적 접근이 아닌 그 문제에 대한 이중적 사고를 토대로 하고 있다는 것이다. 이런 사고 구조들이 여성들의 인권침해의 근원인 것이다. 그러므로 여성문제의 해결의 중심에는 여성의 인권을 보장하는 것이며 정책적 접근은 여성복지를 의미하며, 그것은 여성의 삶의 질적 상승을 추구하는 것이다. 그것을 위하여 아래와 같은 것들이 필수적이다.

1) 여성복지 증진

여성복지란 좁은 의미에서는 미혼모, 성매매 여성, 가출여성, 여성노동자, 저소득 여성 등과 같은 요보호 여성들에 대한 인간다운 삶의 질적 상승을 위해 정부 및 민간이 행하는 조직적 활동을 의미하며, 넓은 의미로는 모든 여성들의 인간의 존엄성과 인간다운 삶을 영위할 수 있는 권리에 대한 보장을 의미한다. 그러므로 여성복지의 증진은 여성인권의 보장과 같은 맥락이다. 그것을 위하여 아래와 같은 실천이 지속적으로 요구된다.

① 현존하는 여성 억압적이고 성차별적인 법적 요소들을 제거한다.
② 양성 평등적 사회를 넘어 성평등적 사회를 구현한다.
③ 여성복지 증진을 위해 사회보장제도 및 사회복지서비스에 관련된 제도들을 정비하고 마련한다.

실질적으로 여성이나 남성 모두는 복지사회 건설을 위해 매진하고 있다. 그러나 성차별적인 요소들은 여성들의 노력에 의하여 특별법의 제정으로 결실을 맺고 있지만, 기존의 법들 속에 존재하고 있는 많은 독소 조항들에 대한 삭제 및 개정 작업이 필수적이다. 왜냐하면 외형적인 변화와 새로운 법의 제정은 내적인 측면에서 현존하고 있는 제도와 법속에 잔존하고 있는 독소들의 제거가 선행되어야 그 의미가 있기 때문이다.

2) 우리나라 여성과 관련된 기관

1990년대 이전에 제정된 여성에 관련된 법이나 만들어진 기관들은 형식적이거나 권고적인 성격을 지니고 있었다. 그러나 그 동안 민주화 과정과 정권교체는 여성들에게도 많은 변화가 나타났으며, 그에 따르는 아래와 같은 법적 제도적 장치들이 실천적 토대를 형성하게 되었다.

① 윤락행위등방지법 제정[10](1961)
② 한국여성개발원(1981)
③ 모자복지법(1989) → 모·부자복지법의 개정(2006)
④ 성폭력 범죄의 처벌 및 피해자 보호 등에 관한 법률 제정(1994)
⑤ 여성발전 기본법 제정(1995)
⑥ 가정폭력방지 및 피해자 보호 등에 관한 법률의 제정(1997)
⑦ 가정폭력범죄의 처벌 등에 관한 특례법 제정(1997)
⑧ 성매매 특별법 제정(2004)

위의 기관과 제도들은 모두 여성들의 인권 증진을 통한 인류의 진보와 인간 소외의 극복을 위한 노력의 결실이라 할 수 있다. 1950년대부터 국제사회에서는 성매매문제를 인권문제로 접근하고 있었다. 우리나라에서도 1960년대 제정된 인신매매 및 매춘행위에 의한 착취를 금지하기 위한 매춘 개념의 윤락행위등방지법이 여성의 인권을 고려하지 않고 있다는 문제들이 꾸준히 제기되고 있다. 그런 과정 속에서 30여 년 지나 1990년대 이르러 성매매 개념으로 전환되어 2004년 성매매 특별법의 제정으로 범죄로서 인정되는 변화가 나타났다. 이와 같은 노력들이 한편으로는 여성들의 인권을 보호하는 소극적 측면뿐만 아니라 다른 한편으로는 여성들의 사회적 기능을 증진시킬 수 있는 사회복지의 중요한 분야인 여성복지를 발전시키는 토대인 것이다.

10) 이 법의 제1조 제2조에 의하면 윤락행위(淪落行爲)라 함은 불특정인을 상대로 하여 금품 기타 재산상의 이익을 받거나 받을 것을 약속하고 성행위를 하는 것을 말한다. 이 법 제정 당시 한국 정부는 미군 위안부들은 법률을 적용 제외로 했다. 2004년 성매매 특별법이 제정됨에 따라 윤락행위 등 방지법은 폐지되었다.

생각해봅시다

경제권과 여성은 우리사회에서 매우 논쟁적이다. 왜냐하면 기혼여성들 대부분이 가족 내의 경제권에 대한 소유를 여성 자신에게 있다고 답하고 있기 때문이다. 이것이 논쟁적인 이유는 이런 답을 하고 있는 여성들의 경우 대부분이 전업주부이기 때문이다. 많은 경우 우리사회에서 경제주체는 노동의 주체와 일치하고 있다. 이것은 남성에 의한 소득이 가족 경제의 중심이라는 의미이다. 우리사회에서 여성들의 경제권의 주장에 대한 확신은 가족구성원들과 배우자에 대한 신뢰일 것이다. 사회의 급변으로 인한 약화되고 있는 가족 결속력 그리고 이혼이나 결혼에 대한 사회적 통념의 변화로 인한 우리사회에서 여성들의 경제권 의미에 대한 사변은 매우 중요하다.

06
Chapter

아동 그리고 저출산, 보육

2023년 현재 합계출산율[1]은 0.72명이라는 세계 최저를 나타내는 상황이다. 합계출산율에 있어서 세계적 현상은 증진을 위해 오래전부터 정책적인 추진의 결과물들이 몇몇 특정 국가를 제외하고는 서서히 나타나고 있다. 반면에 출산아수 600,000명 정도의 2004년경부터 출산에 대한 정책적 추진이 시작된 지 20년이 지난 2023년 현재 우리나라 출산아수는 230,000명으로 현저히 감소되었다. 출산을 위한 조건에서 경제적, 과학적 의료기술의 향상과 정치적 관심의 조화로서 정책적 집행의 오류에 검토가 필요할 것이다. 이 장에서는 이것에 연관된 정책들을 분석하고 문제제기를 통하여 우리나라 출산율 증진을 위한 정책적 인식 전환의 필요성을 제기할 것이다.

1. 아동문제

아날로그시대에서 디지털시대로의 전환으로 인한 아동문제에 대한 접근은 새로운 시각을 필요로 한다. 아날로그적인 측면에서 출산율의 저하는 당연히 아동수의 감소를 의미하며 그것은 국가와 사회의 문제일 것이다. 이러한 문제들은 특별히 우리나라 교육정책과 구조의 근간을 어렵게 만들고 있다. 이런 현상으로 우리의 교육현장은 1990년대 후반까지도 학급 수뿐만 아니라

1) 합계출산율은 임신이 가능한 여성(15~49세) 1명이 평생 출산하는 자녀의 수를 의미한다.

학급인원이 너무 많아서 콩나물교실로 불려졌지만 2010년부터 본격적인 학생수의 감소가 지속되면서 학생지도에 어려움을 호소한 선생님들의 문제가 자연스럽게 해소되었다. 그 속도는 매우 빠르게 진행되어 실질적으로 지방의 초등학교의 폐교에 대한 고민은 선생님들의 어려움은 또 다른 어려움을 야기시키면서 어느새 서울을 비롯한 대도시에서도 학급수의 감소가 현실화 되는 전국적 아동들의 급격한 감소로 이어졌다. 그러므로 우리사회에서 이것은 단순히 가족 내의 출산 저하에 따른 아동의 수적 감소문제가 아닌 국가적 사회적 문제로서 간주되고 있는 것이다.

1) 아동에 대한 시각

아동복지법 제3조에 아동은 18세 미만으로 규정되어 있으며 실질적으로 우리사회에서는 그들은 연령적으로는 고등학교 1학년에 해당되며, 법적인 측면에서 청소년들도 포함된다고 볼 수 있을 것이다. 실질적으로 아동은 0~12세에 디지털을 시작하는 시기에 해당되며 우리사회에서 장애인과 더불어 사회적·국가적 배려가 가장 필요로 하는 분야이다. 왜냐하면 이 계층에 속하는 아동들은 스스로의 삶을 위해 목소리를 내거나 주장을 알리는데 가장 많은 한계를 가지고 있기 때문이다.

현대사회에서는 아동은 법적으로나 사회적으로 하나의 인격체로 간주하고 있으며, 그러므로 아동문제를 그 가족만의 문제가 아닌 국가와 사회의 문제로 인식해야 한다는 것이다. 위의 동법 제2조에서 아동의 권리는 아동 학대, 아동의 노동, 학교폭력, 이혼가정의 아동양육, 장애아동의 교육권 등이 아동의 권리적 차원에서 접근 가능하고, 아동에 대한 인식의 전환 필요하다고 규정하고 있는 것이다. 농업이나 산업시대에서 노동하는 아동기를 살았던 아동이나 오늘날 산업 정보화시대의 스마트폰을 자유롭게 사용하고 있는 아동기의 아동은 어른의 소유물이 아닌 보호의 대상으로부터 권리의 주체로 인정을 해 주어야 한다. 아래의 <표 6-1>은 우리나라에서 보편적으로 아동으로 인정하는 신생아에서 초등학교 시기의 아동의 수와 생산가능인구를 비교분석한 것이다.

<표 6-1> 우리나라 아동의 수와 생산가능인구 비교분석 (단위 : 천)

	2000. 1	2010. 1	2018. 1	2023. 1
15~19	3,849	3,337	2,832	2,259
20~29	7,499	6,457	6,380	6,230
30~39	8,459	8,245	7,431	6,805
40~49	6,734	8,541	8,492	8,022
50~59	4,323	6,568	8,407	8,584
60~64	1,799	2,168	3,288	4,197
계	32,663	35,316	36,830	36,097
0~4	3,259	2,271	2,038	1,387
5~9	3,521	2,497	2,288	2,027
10~14	3,129	3,209	2,267	2,289
계	9,909	7,977	6,593	5,883

이 표는 우리나라 아동의 수가 전반적으로 감소하고 있음을 보여주고 있으며, 특히 0~4세의 인구가 급감하고 있다는 것이다. 중요한 사실은 15년 이후 생산가능인구의 감소과정에서 출산율 저하 시기와 맞물리고 있다는 것으로 2000년 이래로 생산가능인구 인구 중에서 30~39세의 감소과정과 40~64세의 폭발적 상승과 0~4세 연령의 급격한 감소는 매우 위험한 구조인 것이다. 아동인구와 생산가능인구의 공통점은 위로 갈수록 그리고 2023년도로 진행할수록 증가하고 있다는 사실이다. 이것은 인구구조의 미래가 마름모꼴 구조에서 역삼각형 구조로 변화된다는 것으로 출산율과 사망률의 격차가 빠른 속도로 증가하고 있음을 의미한다.

2) 아동복지법

우리나라는 1957년 5월 5일에 어린이 헌장을 제정하였는데, 어린이 헌장은 아동 육성에 대한 어른의 약속에 관한 내용들이 포함된 11개 항목으로 구성되어 있다. 1962년 전문 29조의 아동복리법이 제정되었고, 1981년에 전문 7장 75조로 구성된 아동복지법으로 개명하여 현재에 이르고 있다. 아동의 권리[2)]의 보장을 위한 국제협약은 1989년 11월 29일 UN총회에서 만장일치로 채택되었다. 이후 그 협약은 세계 아동을 보호하고 아동의 권리를 인정해 주는 기본적인 규정이 되었다.

아동문제는 아동과 그 가족만의 문제가 아닌 국가 사회 전체가 책임져야 할 문제로 파악해야 하는 것이다. 이것을 해결하는 아동복지란 아동이라 규정한 연령층에 속하는 사람들에게 영양, 교육, 보호의 과정을 통하여 신체적, 정신적, 도덕적 발전을 기하는 것으로, 협의의 의미에서 빈곤, 방치, 유기, 질병, 결함 등을 지닌 아동, 환경에 적응하지 못하는 아동들뿐만 아니라, 오늘날 디지털 시대에 모든 아동이 신체적, 지적, 정서적 발달에 있어서 안전하며 행복할 수 있도록 변화된 위험으로부터 보호하는 것을 의미한다. 이것을 실천하기 위한 법적 토대가 아동복지법이다.

아동에 대한 법적 규정은 매우 포괄적이다. 청소년은 아동의 법적 규정에 포함되어 있다. 실질적으로 아동복지법에 들어가 있는 청소년에 연관된 법들이 오히려 다양하다고 할 수 있다.[3)] 이것은 청소년기에 대한 기성세대들의 의견의 중요성을 대변한다고 볼 수 있다. 그러므로 현실의 법과 우리의 청소년들의 현실은 매우 모순적이다. 그 핵심은 법을 만든 우리사회의 어른들의 청소년에 대한 신뢰의 결핍이다. 즉 청소년에 대한 신뢰의 표시는 청소년에 연관된 법의 주체가 청소년이어야 하는 것이다. 오늘날 Z세대의 중심세대로서 청소년은 기성세대가 만든 디지털시대를 선도하고 있는 적응세대이다. 그럼에도 불구하고 법에 규정된 각종 시설이나 기관에 대한 참여나 운영에 있어서 청소년들은 객체로 존재한다는 것이다. 그것을 극복하기 위하여 우리에게는 소통이 필요하다. 청소년들과 학부모로 구성된 가족에서만

---

2) 1916년 아일랜드 공화국 선언문에는 "아일랜드 공화국은 모든 아일랜드 남성과 여성으로부터 충성을 받을 권리가 있고 이에 이를 요구한다. 공화국은 모든 국민에게 종교적·시민적 자유, 평등한 권리와 평등한 기회를 보장하며, 국가 전체와 모든 부분의 행복과 번영을 추구하고 모든 아동을 똑같이 소중히 여기겠다는 결의를 천명한다"고 적혀 있다.

3) 연령적으로 아동과 청소년은 서로 겹치는 부분이 있는데 10세에서 12세의 아동과 청소년에게는 아이들처럼 장난기도 많지만 청소년의 사회적 심리적 복잡성이 발달하기 시작한다. 이런 이유로 이 사이의 영역을 트윈(tween) 또는 초기 청소년기(early adolescence)로 부른다.

소통이 필요한 것이 아닌 우리사회 모두가 청소년들과의 소통이 필요하다. 그들과의 소통을 위해 이야기를 하는 것이 아닌 그들의 이야기를 잘 들어야 한다는 것이다. 그동안 많은 대화가 있었지만 정작 그들에 대한 이해나 소통이 안 됐다는 이야기는 전달이나 지시만이 있었다는 것이다. 대화란 듣는 것에서 출발한다는 것이며, 청소년과의 소통의 토대는 청소년에 대한 신뢰이다.

2. 저출산

오늘날 저출산은 우리만의 문제가 아닌 전 세계적인 흐름이라고 볼 수 있다. 왜냐하면 대부분 나라들의 합계 출산율은 2.00 이하이며 그 중에서 다수 국가들이 1.00 이하로 나타나고 있기 때문이다. 그러므로 출산에 연관된 문제의식을 위하여 그 과정에 대한 고찰은 의미가 있다. 우리나라에서 저출산에 문제의식은 20여 년 전으로 2004년에 시작되었다고 볼 수 있다. 왜냐하면 2005년에 그에 연관된 법인 저출산·고령사회기본법의 제정에 의해 그에 따른 각종 정책들의 실행되었기 때문이다. 그것을 위해 2023년 현재까지 280조 원의 예산이 투입되었음에도 불구하고 그 정책 기조로서 보육정책은 2004년 600,000여 명의 출산이 230,000명으로 감소되었고 그 결과는 매우 참담하다고 볼 수 있다.

1) 저출산에 대한 문제의식

실질적으로 우리나라 출산율에 대한 문제는 1990년 후반부터 인식되었다고 볼 수 있다. 그것은 두 가지 측면에서 접근할 수 있는데, 하나는 1970년대 인구 과잉과 그에 따른 식량위기의 세계적인 흐름으로부터 시작되었다.[4)]

4) 토마스 로버트 맬서스(Thomas Robert Malthus, 1766~1834)는 영국의 경제학자로 인구에 대해 최초로 문제를 제기하였다. 인구는 기하급수적으로 증가하지만 식량은 산술급적으로 증가하여

둘은 국내적인 측면에서 접근된 정책으로 둘만 낳아 잘 기르자는 슬로건과 의료적인 측면에서 산아제한 정책은 인구감소를 위해 1980년대 후반까지 의료적인 측면뿐만 아니라 더 강한 슬로건인 하나만 낳아 잘 기르자는 정책적 기조가 계속되었다. 그 결과로서 출산율의 감소라는 성과가 나타났지만 그에 따른 부작용이 발생하였는데, 그 현상을 지나친 남아선호사상에 따른 일시적이라는 문제의식 그리고 노인인구 증가에 대한 노인에 집중으로 아이들에 대한 관심은 1990년 초로 국가적으로 뒤늦은 인지였다.

1990년대에 들어서면서 우리나라의 출산정책은 전면적으로 변화가 나타나기 시작하였다. 왜냐하면 그것은 이미 1980년대부터 출산율의 둔화현상과 저하현상이 발생하고 있었기 때문이다. 그러나 그 당시의 관계자들은 전통적인 남아선호를 이유로 그 현상에 대하여 신뢰를 갖지 못하였다. 그런 이유로 1996년부터 인구정책의 목표 전환이 산아제한으로부터 남아 일변도 출산으로 인한 인구 편중현상을 개선하는 인구의 질적 향상으로 진행되었던 것이다. 그러므로 저출산에 대한 문제의식에 대한 문제의식은 매우 중요하다. 그것은 출산정책에 대한 문제의식의 문제의식이다. 저출산의 원인을 주택, 사교육비 등으로 규정지어 그것의 해결이 출산율 증진의 정책적 요건으로 주장되었다. 그러나 아파트 건설, 사교육비 억제를 위한 학교의 교육 질적 상승 등 정책을 실천하였으나 출산율은 개선되지 않았다. 오히려 경제적인 측면에서 물가상승으로 이어져 아파트가격, 사교육비 상승으로 이어졌다. 정부의 저출산 정책은 오히려 자녀들의 삶의 질적 상승을 위해 대출을 통한 아파트 구입과 사교육비를 위한 더 많은 소득의 필요성으로 부모들을 노동현장으로 인도하면서 취업이 다시 저출산으로 이어졌다고 볼 수 있다.

저출산의 논의는 노인인구 증가에 따른 선거 때마다 다가오는 정치적 논의가 아니다. 우리사회에서 저출산은 단순히 정치적 이슈가 아닌 미래를 담보할 세대의 부재가 다가옴을 의미한다. 단순히 국민의 세금으로 저출산 정책을 시행하여 국민에게 세금을 낼 미래 세대의 출산을 이야기하는 저출산 정책은 국가적 백년지대계로서 과거 출산율이 높았던 할머니 할아버지 어머

인구와 식량 사이의 불균형이 초래하여 기근, 빈곤과 악이 발생할 것이라는 예언을 하였다. 결과적으로 과학기술의 발달로 그의 예언은 발생하지 않았다.

니 아버지 형 누나 등 모든 세대가 함께 생활하였던 시기처럼 전 국민을 담보해야하는 것이다.

2) 저출산과 보육정책

현대 산업사회에서 돌봄의 의미로 보육정책은 사회복지적으로 매우 중요한 분야라고 할 수 있다. 이런 이유로 우리나라에서 저출산문제를 해결하기 위한 핵심적 정책으로 보육을 선택하였다고 볼 수 있다.

본래적으로 보육의 정책적 의미는 부족한 노동력문제 해결로서 여성의 사회참여를 위해 여성의 양육에 대한 제도적 해결이다. 그러나 이 정책은 여성 노동력에 대한 사회적 진출이었으나 저출산 문제해결의 중심에 위치하게 되었다. 여성 노동력을 위한 보육정책은 보육의 중심을 부모로부터 어린이집으로 이전시켰던 것이다. 실질적으로 우리나라도 1991년에 영유아보육법의 제정됨으로 부모에 의한 양육의 많은 부분이 어린이집으로 이전되었다. 그러나 보육이 저출산에 대한 정책으로는 오히려 저출산을 가속화시킨 정책이라고 할 수 있다. 보육정책의 핵심은 부모의 세금으로 국가가 그들의 자녀를 보육하는 것을 통하여 출산을 증진시킬 수 있다는 것이다. 그것을 위하여 수많은 보육시설들이 만들어졌다. 이런 상황에서 저출산문제 해결을 위한 정책으로 전환된 보육정책은 여성에게 노동과 출산이라는 이중의 임무를 수행하도록 하는 정책이라고 할 수 있을 것이다. 보육정책이 여성들의 경제활동을 위하여 보육으로부터 해방이 목적인 것인지 출산율을 증진시키려는 정책인지 결과적으로는 여성의 경제활동 참여도 약간의 변화는 감지되었지만 보육의 중요 목표인 출산율은 대폭 감소되었다.

<표 6-2> 여성사회참여와 출산율과 상호관계 분석

	1990	1995	2000	2004	2010	2015	2018	2022
여성경영활동 참가율	46.68	48.11	49.15	50.56	49.94	52.30	53.15	54.61
합계출산율	1.57	1.63	1.48	1.16	1.23	1.24	0.98	0.78

저출산 문제의식에 대한 대책은 보육정책으로 출산의욕 고취라고 규정할 수 있다. 낳기만 하면 국가가 키워준다는 의미의 보육을 지원하기 위해 많은 예산을 투자하고 있다. 그런데 중요한 것은 보육은 보육 대상을 전제하고 있다. 이런 측면에서 출산율에 대한 정책은 세 가지 점에서 문제를 제기할 수 있다.

하나는 현 보육정책은 보육대상들의 출산을 위한 정책이라기보다는 현 보육대상을 위한 정책이다. 출산의 증가를 위한 정책이라기보다 출생아 보호자들을 위한 정책이라고 할 수 있다.

둘은 출산에 정책적 관심은 여성에 연관된 문제 해결이 출산의 가능성을 증대시킬 수 있다는 것에 중심을 두고 있다. 출산에 있어서 여성의 역할은 매우 중요하지만 단순히 여성에 연관된 문제의 해결이 출산으로 연결되지 않는다는 것이다.

셋은 저출산 극복에 연관된 보육정책은 대부분 법적 혼인 남녀들에만 국한되어 있다. 이것은 문화적인 측면에서 출산에 연관된 세대들의 결혼과 이성관계에 인식 그리고 섹슈얼리티에 인식의 변화를 전혀 인식하지 않고 있다는 것을 의미한다.

위의 세 가지의 문제제기로부터 <표 6-2>는 여성의 경제활동참여와 출산율 관계가 반비례하고 있음을 보여주고 있다. 보육정책을 통하여 한편으로는 여성의 경제활동참여가 완만한 증가로 이어졌지만, 다른 한편으로는 출산율은 오히려 급격히 감소하고 있다는 것이다. 그러므로 출산에 있어서 여성과 사회참여라는 측면에서 양육이라는 일률적인 보육정책은 여성에 있어 혹을 제거하려다 오히려 혹을 하나 더 붙여준 결과로 인하여 출산율이 오히려 감소할 수밖에 없었다고 볼 수 있을 것이다.

3) 저출산정책에 대한 제고

출산율 증진을 위한 정책이 20여 년 동안 행해졌지만 출산율의 급격한 감소라는 정반대의 결과가 나타났다. 출산율 증진을 위한 예산의 많은 부분이 어린이들의 보육에 연관된 분야에 사용되었다. 출산율에 대한 정책은 출산을 할 수 있는 사람에 대한 정책이 우선되어야 한다.

노인인구의 폭발적 증가와는 반대로 출산율의 급격한 감소이다. 이것은 노인인구는 매우 많고 가임여성이나 결혼적령기 남성의 수가 적다는 것을 의미하는 것이 아니다. 중요한 사실은 후자에 속한 여성이나 남성들이 출산에 대하여 긍정적이지 않다는 것이다. 우리사회에서 현재 출산하고 있는 사람들은 기혼, 미혼 남녀들, 특히 15세에서 49세에 이르는 여성들로 2023년 출생아는 23만 명이며 합계출산율은 0.72이다. 이것을 극복하기 위하여 출산을 하기 위한 그리고 출산 전 부모들에 연관된 정책들이 필요한 것이다.

우리사회에서 저출산 원인에 대한 국가적인 인식은 부모들의 자녀들에 대한 주택, 교육비 등 양육의 어려움에 대한 것들이다. 대부분의 매체들도 다양한 자료들을 그런 측면에서 접근하여 제시하고 있다. 그 진단은 결혼을 통한 부모들이 자녀들의 출산 이후 관련된 정책들이라고 할 수 있다. 출산을 하기 위한 여성과 남성의 출산할 수 있는 노동구조, 소득구조 등의 근본적인 구조로서 환경적 요건에 대신에 출산 이후 하나하나 해결할 문제로서 주택이나 사교육비와 같은 양육에 연관된 구조에만 집중하였다. 그들의 노동으로 낸 세금을 통하여 출산정책 자금으로 사용된 것이다. 진정한 출산을 위한 투자는 출산을 하기 위한 그들의 노동에 대한 기업들의 존중이다.

3. 보육

보육은 保育, Childcare로 모두 보호하여 양육하는 것을 의미한다. 가르쳐서 양육하는 교육이 아니라 보호하면서 잘 기르는 것이다. 경제적으로 어려웠던 1960, 70년대에 보육은 가정보육을 의미하며 그 단어의 의미가 잘 실천되었다. 우량아 선발대회는 그 시대 보육의 상징이라고 볼 수 있을 것이다. 이런 보육의 의미는 산업화 과정에서 변화가 진행되고 있었다.

1) 보육의 역사적 의미 : 돌봄의 시작

한국전쟁 이후 우리사회에는 수많은 전쟁고아들이 발생하였다. 그러므로 우리사회에서 보육의 의미는 한편으로 1950년대 이후 전쟁고아에 대한 양육에서 비롯되었다고 볼 수 있을 것이다. 다른 한편으로 우리나라에의 역사적인 측면에서 보육은 입양과 연결하여 분석할 수 있다.

그러므로 그런 문제들의 해결을 위한 보육은 국내 상황하에서 한편으로는 사회사업의 일환으로 많은 고아원들이 설립되었으며, 다른 한편으로는 해외입양이다. 해외입양이라는 현상은 1990년대 이르기까지 자연스럽게 확대되고 있었다. 해외입양은 사업의 측면에서 지속적으로 확장되었다. 실질적으로 해외입양은 서서히 증가하였지만, 한국전쟁 직후보다는 시대적 또는 정치적 영향으로 오히려 70년대와 80년대 정점에 도달하였다. 이것은 그 당시의 경제적 성장에도 불구하고 그들이 국가적 사회적 관심으로부터 소외되었음을 보여주는 것이다. 그런 현상은 1990년대 이후 사회적으로 민주화가 이루어지면서부터 2004년 참여정부의 관계법령의 개정을 통하여 감소하기 시작하였다.[5] 아래의 <표 6-3>에서 보여주는 것처럼 2008년도에는 국내입양이 해외입양보다 많아지는 역전현상이 나타났음은 출산율 저하와 연관하여 국가적으로나 사회적으로 시사하는 바가 크다고 할 수 있을 것이다.[6]

<표 6-3> 우리나라 입양아 변화 추이

	2004	2007	2008	2010	2018	2022
국내입양	1,641	1,388	1,306	1,462	378	182
국외입양	2,258	1,264	1,250	1,013	303	142
계	3,899	2,652	2,556	2,475	681	324

5) 이 현상은 아동입양으로 인한 경제적 부담을 경감시켜줌으로써 국내입양을 촉진하기 위하여 입양아동에 대하여 양육수당, 중개수수료 기타 양육보조금을 지급할 수 있는 근거를 마련함으로써 발생한 것으로 볼 수 있을 것이다.

6) 2009년도 통계에 의하면 국내입양은 1,314명, 해외입양은 1,125명으로 국내입양의 수가 많아졌다. 그런데 해외입양은 남아가 여아보다 많이 입양되었는데, 전통적으로 남아선호사상이 현존하는 가운데 국내입양은 남아가 459명인 반면에 그 두 배에 가까운 855명으로 여아가 선호되었다.

보육이라는 어려움은 경제적 성장과 2000년대 국내입양에 대한 증가 그리고 가족에 대한 인식의 변화로 해외입양의 감소 등으로 어느 정도 해결되는 가운데 새로운 보육에 대한 문제가 제기되고 있었다. 이런 측면에서 여기서는 보육에 있어서 국가적 정책의 방향은 그것이 내포하고 있는 의미와 문제 그리고 해결책을 논의해야 할 것이다. 즉 저출산에 따른 출산을 위한 보육정책에 있어서 진정한 의미의 의도된 출산도 중요하지만, 미혼모라든지 그 이외의 임신과 같은 의도되지 않은 상황하에서의 출산하려는 여성 그리고 이미 출산한 여성과 아이에 대해 가족을 만들어주는 국가적·사회적 보호와 배려, 보육이 선행되어야 한다.[7] 그러므로 보육정책의 근본은 가족 구성원들에 의한 최소한 양육권에 대한 보장을 전제로 해야 한다.

2) 산업사회에서 보육

사회의 동력의 변화, 즉 농업으로부터 산업사회로의 전환은 임금노동자의 탄생을 가져왔다. 그것은 사회나 가족의 유지를 위하여 자신의 노동력을 타인, 자본가에게 제공하여야 한다는 것을 의미한다. 노동자들은 더 많은 임금을 그리고 자본가는 값싼 노동력의 추구에 의해 심화되는 자본주의 모순은 가족 구성원들을 최대한 노동시장에 끌어들이면서 보육의 문제는 산업사회에서 본격적으로 제기되었다고 볼 수 있다.

그러므로 역사적인 측면에서 보육제도는 산업혁명 초기에 노동력의 부족에 대한 보존을 위하여 여성의 사회참여를 끌어내기 위하여 등장하였다. 현대 우리사회에서 보육문제는 경제적인 측면에서 해결, 즉 일과 노동의 양립 가능성 증진으로만 접근되었다. 직설적으로 말한다면 그것은 자본주의 구조를 지원하는 정책의 실천을 의미한다고 볼 수 있다. 예를 들어 저출산 극복을 위한 정년연장, 아이와 함께 출근하기와 같은 정책이다. 여성에게 아이를

7) 2023년 현재 우리나라의 미혼모 수는 20,000여 명 정도로 추정되고 있다고 한다. 그 중에서도 16세에서 18세 사이의 여성이 미혼모의 대부분을 차지하고 있다고 한다. 국가는 그들을 학교로부터 쫓아내 는 것과 같은 사회적 편견으로부터 그들을 보호하고 배려하여 오히려 자신의 행위에 책임을 질 수 있도록 학업을 마치게 하여 사회인으로 성장시킨다면 국가는 훌륭한 인적자원을 얻게 되는 것이며, 이러한 사회에 대한 신뢰는 자연스럽게 출산으로 이어질 것이다.

출산하지 않고 일생을 마친다는 것을 인생의 주요한 부분을 놓치는 일이라고 엄마로서 역할을 강조하면서 엄마의 역할을 할 수 없게 하는 보육정책과 제도를 양산하고 있음을 인식 못 하는 것은 여성을 자본주의 도구로만 간주하려는 것이다. 우리사회에서 보육은 여성과 아이를 위한 것이 아닌 여성노동에 대한 경제적 고려로부터 벗어나지 않고 있다. 따라서 그것은 보육의 부분적인 해결을 위한 정책만을 생산하고 있다. 이런 구조 속에서 보육에 대한 문제제기는 더 이상 사회참여라는 이름으로 노동력 착취라는 오명으로부터 벗어나야 한다는 것이다. 이것에 대한 논의가 보육에 대한 올바른 지향점을 제시할 수 있을 것이다.

산업사회에서 보육은 정책적으로 사회의 통합을 의미하며 통합의 주체는 사회의 구성원, 즉 가족이다. 그러므로 보육의 주체는 가족이다. 보육문제의 해결에 오류는 근원적 해결 없는 정책만을 생산하고 있기 때문이다. 보육예산의 증가가 저출산을 해결할 수 있다는 식의 사고라든지 예산의 증가 없이 예산의 효과적 사용이라는 논쟁은 보육의 주체에 대한 배려가 아니다. 왜냐하면 그것들을 통하여서는 가족이 보육할 수 없기 때문이다. 다시 말한다면 출산이 전제되어야 보육이 필요한 것이지, 출산을 위하여 보육이 요구되는 것은 아니다. 출산은 보육의 전제이기도 하지만 돌봄을 전제로 한 미래와의 약속으로[8] 그 토대는 가족이라는 사실은 지속가능한 사회 건설의 근원이라 할 수 있다.

3) 보육정책 · 제도에 있어서 문제

우리사회에서 보육에 대한 정책적 고려는 재정적 지원으로 일관되어 있다. 한편으로 장기간의 노동을 통한 수입은 세금과 부분적으로 보육에 관련된 비용으로 지출되고 있다면 국가와 정부의 정책적 보육에 대한 지원은 세금의 일부를 보육비용으로 사용되는 있는 것이다.

8) 이것은 식량과 인구와 관계에 대하여 부정적으로 논하였던 맬서스주의의 고전적 의미로부터 보육제도의 개선을 통한 다자녀 출산장려정책으로 출산율의 증가는 사망률의 저하 그리고 수명연장으로 이어져 오히려 삶의 질의 저하를 가져올 수 있을 것이라는 신맬서스주의 공포를 의미한다.

이러한 보육의 현황은 보육을 위해 소득을 온전히 사용하지 못하고 있음을 보여주고 있다. 이러한 의미에서의 보육은 노동을 통한 것이며, 더 좋은 보육을 원하면 더욱 강도 높은 노동을 하여야 한다는 것이다. 다른 한편으로 남성육아휴직제 또는 출산여성에 대한 우대 기업에 대한 인센티브 제공과 같은 정책은 양성평등에 위배된다. 당연한 것에 대한 정책실행은 역차별의 논란을 불러일으킬 수 있을 것이다.

과거 보육의 주체는 가족, 그 중에서도 부모, 또 그 중에서도 어머니라 할 수 있다. 비판적인 측면에서 본다면 정책적으로 제시되고 있는 보육정책은 부모의 역할을 사회적으로 배제시키고 있는, 그것은 여성에 대한 배려가 아닌 앞에서 이야기하였던 여성노동력에 착취의 반복인 것이며, 우리의 여성들을 나쁜 엄마로 만드는 정책이라 할 수 있다. 왜냐하면 보육정책이 여성에게 노동현장만을 강요하면서 육아로부터 배제시키고 있기 때문이다. 그러므로 보육문제의 근본적 해결은 가족 전통적 기능의 활성화를 고려할 필요가 있을 것이다. 그런 이유로 출근 시간과 퇴근 시간을 맞추기 위하여 조기 보육이나 24시간 보육정책은 진정한 의미에서 반보육적인 정책이라고 할 수 있을 것이다. 산업사회에서 여성의 사회참여는 최소한 보육의 전제하에서 추구되어야 하며, 그것은 퇴근 후 아이들과 8시간 이상은 같이하여야 한다는 것이다. 가족구성원들의, 특히 여성의 장시간 노동은 육체적 노력으로 물질적 풍요를 이루었지만 가족기능의 상실과 그것을 통한 가족의 붕괴는 심리적 안정감의 상실로 이어져 오히려 노동생산성의 감소를 가져올 것임을 인식하여야 한다.

그러므로 보육문제가 여성문제라는 의미는 보육의 사회적 책임에 대한 오해에서 출발한다. 그 의미의 진정성은 여성의 사회참여 증가를 위한 수단으로서 보육을 국가나 정부가 부담하는 것이 아닌 여성의 노동력 보호와 보육에 대한 가족구성원들의 공동책임의 강조인 것이다. 그러므로 여성 노동력과 출산율이라는 두 가지의 목적에 도달하기 위해서는 위에서 논의된 정책 토대에 위에 임신으로 인한 여성에게 발생하고 있는 경력단절이나 불합리한 불이익과 같은 것으로부터 인식의 대전환이 요구된다. 오히려 취업 중의 여성에게 임신기간 중의 노동으로 몸에 대한 부담에 대하여 인센티브의 제공이 형평성의 제고일 것이다.

다른 한편에서 사회의 고령화는 보육과 매우 밀접한데 노인문제의 해결을 위해 결자해지의 측면에서 노인의 역할이 매우 중요하다고 볼 수 있을 것이다. 이것을 위하여 아래의 <표 6-4>는 출생아의 수와 노인인구의 수를 다양한 변수를 통하여 분석한 것으로 1970년의 구조가 현재의 경제력으로 노인인구를 지탱할 수 있는 결과를 가져왔다고 볼 수 있을 것이다.

<표 6-4> 총인구 대비 출산율과 노인인구 분석

	총인구	혼인건수	출생아	합계출산율	노인인구	노인인구 비율
1970	30,883,386	295,137	1,006,386	4.530	991,000	3.1
1980	37,436,315	403,031	862,835	2.82	1,456,000	3.8
1990	43,410,899	399,312	649,783	1.570	2,195,000	5.1
2000	46,136,101	332,090	640,089	1.480	3,395,000	7.2
2010	48,580,293	326,104	470,171	1.226	5,366,000	10.8
2023	51,712,619	193,657	230,000	0.720	9,436,000	18.2

1980년대 400,000건의 우리 사회에서 혼인이 1990년에는 300,000건으로 2016년에는 200,000건 2021년에는 100,000건으로 급격히 감소되었다. 총인구 3천만 시대에는 혼인건수의 증가와 출생률 등은 동반상승하다가 지속적으로 감소하는 경향은 미래의 인구구조를 예측하지 못한 국가의 강력한 산아정책이 1990년대 초까지 지속된 결과라고 볼 수 있을 것이다. 1990년대 후반부터 산아정책의 무의미성과 총인구 4천만 시대에서 10년 만에 5천만 돌파했음에도 혼인건수와 출산율의 급격한 동반감소가 진행되고 있다.

<표 6-5> 선진국의 기대수명과 합계출산율 비교(2023)

국가	기대수명(2023년)		합계출산율	
	여성	남성	1993년	2023년
일본	88.0	81.9	1.46	1.32
홍콩	88.7	83.0	1.35	0.77
스페인	86.7	81.4	1.26	1.29
프랑스	86.1	80.5	1.66	1.79
호주	85.6	81.9	1.87	1.60
한국	87.2	80.8	1.67	0.72

위의 <표 6-5>는 노인인구 증가와 기대수명의 증가와 저출산의 관계에서 인구구조적으로 가임여성의 감소를 의미한다. 다음 장에서 논의되는 노인인구의 증가에 있어서 합계출산율 감소가 사회의 노령화로 인한 가임여성의 감소와 노령화 간의 악순환 속에서 우리나라의 인구구조 회복을 어렵게 하고 있는 것이다.

생각해봅시다

1990년대 컴퓨터의 폭발적 발달과 보급으로 인터넷의 활성화 등의 정보화, 디지털 시대의 도래하면서 우리사회에서 아동의 수는 빠른 속도로 감소하고 있었다. 이것은 단순히 아동 수의 감소가 아닌 정치·경제·사회·문화적인 측면에서 중대한 변화를 의미하고 있다. 경제 활성화를 위해 추구한 여성의 노동력 그리고 사회참여 정책적 결과에 있어서 한편으로 가족 경제의 긍정적 현상이 있었는지에 대한 회의와 다른 한편으로 그동안 그것에 연관되어 설립되었던 많은 어린이집의 폐원 현상뿐만 아니라 초등학교, 중학교 고등학교의 폐교가 현실화되는 것에 깊은 성찰이 있어야 할 것이다. 이것은 미래를 담보할 세력들이 사라짐을 의미하며 현재 사회를 유지시키는 계층들의 미래에 대한 불안을 의미하는 것이다. 실질적으로 우리사회의 지속가능한 사회의 유지를 위하여 이런 실존적 위험에 대한 깊은 성찰이 노인계층에게 요구되는 것이다. 왜냐하면 노인계층의 실존을 위해서는 아동이나 청소년 청년과 같은 부양계층의 적정 수의 존재가 매우 중요하기 때문이다. 그것을 위하여 그들의 사회적 관심과 배려가 아동복지와 연계됨이 많은 사람들이 우려하고 있는 그들의 실존을 위협하는 저출산 문제를 해결의 토대로 작용할 수 있을 것이다.

07
Chapter

인구문제로서 노령화와 사회정책

1. 현대사회의 노인인구의 특성

영국의 인구학자 데이비드 콜먼[1](David Coleman) 교수는 우리나라가 현재와 같은 저출산 고령화사회가 지속될 때 경우 지금부터 300년 후면 단일민족으로서 한국인은 소멸될 것이라고 예측하고 있다. 노령화사회는 저출산과 상관성이 매우 높은데, 왜냐하면 노인인구비율의 증가는 전체 인구의 감소, 출산율의 감소에 직접적인 영향을 받고 있기 때문이다. 그것은 보육뿐만이 아닌 사회 모든 분야에서 정책적인 측면뿐만 아니라 삶에 대한 인식 전환의 중요성을 필자는 이미 제6장을 마무리하면서 언급하였다.

1) 고령화 시대의 도래에 따른 노인인구의 증가

국제연합(UN)이 정한 바에 의하면, 65세 이상 노인인구 비율이 전체 인구의 7% 이상을 차지하는 사회를 고령화 사회, 65세 이상 노인인구 비율이 14% 이상이면 고령 사회, 20% 이상이면 초고령 사회로 구분하고 있다.

1) 영국 옥스퍼드 대학 인구학 명예교수로서 데이비드 콜먼은 2024년 SDF(SBS D Forum, 서울디지털 포럼) 기조강연을 통하여 우리나라는 2006년부터 2022년까지 저출산 대응을 위해 332조원을 투입했으나 출산율은 더 떨어졌다면서 정책으로 출산율이 오른 나라는 없다고 강조하였다. 그는 근본적으로 문화가 바뀌어야 한다면서 그 예로 여성이 남성처럼 공부하고 일하게 됐으니 이제는 남성들도 여성처럼 육아와 돌봄에 더 기여할 수 있게 법과 규범이 바뀌어야 한다고 했다.

1980년 이후 사회의 고령화는 전 세계적인 현상이 되고 있었다. 우리나라는 2000년 7월 1일을 기준으로 65세 이상의 인구 332만여 명으로 전체 인구의 7.2%를 차지해 고령화 사회에 진입했으며 고령사회는 2018년 14.3%로 2018년에 도달하였으며 2024년 현재 19.2%로 아래의 <표 7-1>에서 보여주는 것처럼 사회의 노령화가 지속되고 있다.

<표 7-1> 노인인구증가에 따른 사회노령화의 의미분석

	1970	1980	1990	2000	2002	2005	2010	2020	2024
총인구	32,241	38,124	42,869	47,008	47,640	48,294	49,594	50,650	51,750
노인인구 비율	991 (3.1)	1,456 (3.9)	2,195 (5.1)	3,395 (7.2)	3,772 (7.9)	4,383 (9.1)	5,302 (10.7)	7,667 (15.7)	10,650 (19.2)
노인 부양비	5.7 (1/17.5)	6.1 (1/16.4)	7.4 (1/13.5)	10.1 (1/9.9)	10.6 (1/9.4)	12.6 (1/7.9)	14.8 (1/6.7)	21.3 (1/4.7)	27 (1/3.7)
노령화 지수	7.2	11.2	20.0	34.3	38.5	45.3	62.9	109	181

제2차 세계대전 이후 기대수명의 높아지면서 노인인구가 증가하고 있다. OECD[2] 가입 선진국의 경우 1990년 무렵 65세 이상 인구가 전체 인구에서 차지하는 비율이 12~15%에 이르렀으며, 2023년 현재 대부분의 선진국의 노인인구 비율은 평균 20%를 넘어서고 있다. 기대수명에 있어서도 현대사회에서는 의학기술의 비약적 발달에 따라 빠르게 증가하고 있으며 우리나라의 2024년도 여성은 87.1세 남성은 81.4세로 평균 84.3세이다. 이와 같은 노인인구와 기대수명의 증가는 우리나라에서뿐만 아니라 세계적 현상으로 나타나고 있다.

선진국의 경우 고령화 사회에서 고령 사회로 변하는 데 상당 기간이 소요되어 그에 대한 준비도 체계적이고 점진적으로 이루어졌다. 하지만 우리나라의 경우 경제성장 속도만큼이나 빠르게 고령화 사회가 이루어져 고령사회와 초고령사회로의 도달기간이 다른 나라들보다 매우 짧은 기간 내에서 진

2) 프랑스 파리에 본부를 두고 1961년에 창설된 경제협력개발기구(Organization for Economic Co-operation and Development)이다. 현재 1997년에 가입한 우리나라를 비롯하여 37개국이 가입되어 있다.

행되고 있다. 따라서 급격한 변화에 따른 해결책 마련에 어려움을 겪고 있는데, 고령 사회에 대비해 국가적인 차원에서 제도와 의식을 재정립하고, 무엇보다 선진국형 노인복지체계를 마련하는 것이 시급한 과제라 할 수 있다.

실질적으로 우리나라는 2000년 고령화사회에 진입한 후 18년이 지난 2018년에 노인인구 738만 명 14.3%로 고령사회에 도달하였다. 2023년 현재 우리나라 노인인구는 950만 명으로 전체 인구의 18.5%로 2025년에는 20.3% 노인인구 천만 시대의 초고령사회가 될 것으로 예상되고 있다. 아래의 <표 7-2>는 우리나라의 기대수명이 1950년 한국전쟁 시기를 제외하고 이후부터는 세계의 기대수명보다 높음을 보여주고 있다.

<표 7-2> 한국과 세계평균 기대수명 분석표

	1800	1900	1950	2000	2005	2010	2015	2020
한국	-	-	21.3	76.5	78.5	80.8	82.6	83.6
세계	26	31	49	66	67	69	71	73

사회의 노령화 현상은 의학이 발달하고 생활환경이 개선되면서 기대수명이 늘어나면서 나타나고 있는 선진국형 사회이지만 전 세계적으로 노인인구의 폭발적으로 증가하고 있다는 사실에서 많은 문제들을 야기시킬 수 있다. 고령화 사회에서 발생하는 대표적인 노인문제는 빈곤·질병·고독감 등이다. 이런 문제적 해결을 위하여 노인에 관한 최초의 국제문서로 알려진 고령화에 관한 빈(Wien) 활동 계획이 1982년 UN 빈회의에서 채택되었다. 이후 1991년 12월 16일 UN총회에서는 노인을 위한 아래와 같은 결의를 하였다.

- 독립(Independence)
- 참여(Participation)
- 돌봄(Care)
- 자기실현(Self-fulfillment)
- 위엄(Dignity)

2) 노인인구의 여성화

대부분의 국가들에서 사회의 고령화현상은 여성노인의 증가하고 있음을 의미하고 있다. 특히 우리사회에서 연령적으로 노령화될수록 여성화현상이 뚜렷이 나타나고 있다. 그 원인으로는 현대사회에서 사고에 의한 손상 및 중독(교통사고, 작업 중 부상, 전쟁 등) 사망에 있어서 여자보다 남자가 현저히 높고, 음주와 흡연에 관련된 사망에 있어서도 여자보다 남자가 현저히 높으며, 여자에 비해 남자가 직업과 관련된 건강악화 가능성이 현저히 높기 때문이라고도 한다.

우리사회에서 특이한 사실은 전통적으로 남아선호사상으로 남성의 수가 여성의 수보다 우월함에도 불구하고 노년기로 오면서는 여성의 수가 남성의 수를 크게 능가하고 있다는 것이다. 우리사회에서 전통적으로 남자의 주도적인 성비는 노년기에 접어들면서 역전되는 현상이 두드러지게 나타나고 있다. 사회의 고령화 현상은 여성 주도로 진행되고 있다는 것이다. 여기서 중요한 사실은 아래의 <표 7-3>에서 보여주는 것처럼 의학기술과 경제수준의 증진으로 양호한 영양상태로 1980년 1990년 여성 100명당 남성 60여 명에서 2000년 고령화사회 그리고 2018년 고령사회부터 100 : 78.4로 성비의 급격한 불균형이 해소되고 있음을 보여주고 있다. 이런 사회적 변화에 따른 또 다른 사실은 기대수명의 상승으로 국가별로 차이는 있지만 앞에서 논의된 이유 등으로 우리사회의 여성들이 남성보다 7살 정도 오래 산다는 것이다.

<표 7-3> **연도별 성비 분석**

연도	1970	1980	1990	2000	2005	2010	2015	2018	2023
성비	70	59.7	59.8	62	66.2	69.2	72.5	74.6	78.4

노인인구의 성비불균형은 또 다른 현상을 발생시키고 있는데, 그것은 유배우자율에 관한 것이다. 실질적으로 성비의 변화에 따라 한편으로는 남성 노인의 유배우율은 높아지면서 혼자 살고 있는 여성노인의 수가 증가하고 있다는 것이다. 그것은 경제적으로나 사회적으로나 남성노인에 비해 여성노인이 더욱 열악한 처우를 받게 되는 경향이 강하기 때문에 현대사회에서 독신

여성노인이 많다는 사실은 그만큼 노인문제가 심각해짐을 의미한다.

3) 노인인구의 도시화

우리사회에서는 노년기에 접어들수록 도시에 거주해야 한다는 이야기가 있다. 그 이유는 노년기에 발생할 수 있는 질병이나 효율적인 삶을 보낼 수 있는 기회가 많기 때문일 것이다. 산업화가 진행되면서 인구가 도시로 이동이 증가되면서 도시인구가 지속적으로 증가하고 있다. 이런 현상은 사회의 노령화로 인하여 도시에 거주하는 노인의 수의 증가로 인도하고 있다. 아래의 <표 7-4>는 우리나라가 산업화가 시작되면서 도시화와 더불어 노인인구의 증가하고 있는 현상을 광역시를 중심으로 분석하고 있다. 이러한 현상은 1990년대 후반기부터 급격히 증가하고 있음이 나타나고 있다. 그것은 1960, 70년대 산업화로 도시로 이동했던 1930, 40년대 출생하였던 20, 30대 세대들이 60세에 이른 1990, 2000년 이후 현재 은퇴하여 노인이 된 자연스러운 결과물임을 알 수 있을 것이다.

<표 7-4> 광역시 거주 노인인구 변화추이

	1970	1980	1990	2000	2005	2010	2018	2023
서울	95,538	209,787	368,112	615,922	809,787	1,067,352	1,590,618	2,064,776
광주	16,913	26,736	46,595	87,072	115,751	152,394	225,800	290,012
인천	17,363	35,954	75,641	156,479	204,630	270,044	425,862	590,961
울산	9,780	15,617	24,999	47,168	64,101	85,912	146,610	201,080
부산	36,308	75,785	132,724	253,566	340,452	448,156	673,414	884,674
대구	26,778	51,101	90,245	148,084	194,511	247,383	353,567	445,329
대전	12,362	24,421	42,824	86,120	115,363	150,510	225,125	298,301
계	215,042	439,601	781,140	1,394,411	1,815,352	2,421,751	3,640,996	4,775,332
노인인구	991,308	1,456천	2,195천	3,394천	4,320천	5,366천	7,366천	9,499천

그런 측면에서는 실질적으로 노인인구의 도시화율은 우리나라에서 그 의미는 없다고 볼 수 있다. 그러나 이것은 또 다른 이유로는 두 가지로 설명할 수 있다. 하나는 노인들이 도시로 이동하는 자녀와 함께 이동하고, 다른 하나는 1990년대 초에 도시율을 높이기 위해 실행된 도농통합이라는 행정구역 개편으로 도시로의 승격이 도시노인인구의 증가에 기여하였다고 볼 수도 있다. 그리고 1997년 경제환란 이후 불경기의 지속으로 일용직 등의 돈벌이를 위해 노인부부가 도시로 이동하였던 현상도 도시거주 노인인구 증가의 원인으로 볼 수 있을 것이다. 노인인구의 도시화 현상과는 다르게 그들의 고향에 머물러 있는 부모들의 초고령화 현상 그리고 충원되지 않는 지방도시들이 소멸의 과정으로 진행되고 있다는 것이다.

2. 현대사회와 노인문제

1) 현대사회에서 노인문제가 발생하는 이유

현대사회에서 노인과 관련된 문제의 발생원인은 근본적으로 사회의 고도산업화와 밀접한 관계가 있으며, 그것은 보건 및 의료기술의 발전, 생산기술의 발전, 대중교육의 확대, 도시화 등을 의미한다. 그리고 이러한 변화요인들이 인과적으로 다른 요인들을 유발시켜 산업사회에서 노인의 지위를 약화시키고 있기 때문에 근대화의 정도가 높을수록 노인의 지위는 낮아지게 된다는 것이 핵심적 내용이다. 그 변인들의 주요 내용을 소개하자면 다음과 같다.

① 근대 보건의료기술(medical technology)의 발달 → 사망률 감소/노인인구 증가 → 직업경쟁에서 젊은이에게 밀려 퇴직하는 노인 증가 → 문제발생

② 근대 생산기술(industrial technology)의 발전 → 노동력에 대한 수요 감소 → 직업기술 측면에서 경쟁에 불리한 노인들의 생산현장으로부터 대량 퇴

직 → 문제발생

③ 보건의료기술과 생산기술 발전의 복합작용 → 출생률 감소 → 노인부양지수(젊은층이 부양해야 할 노인층의 비율) 증가 → 노인에 대한 보호에 있어서 문제발생

④ 근대 대중교육의 확대 → 선세대에 비한 후세대의 교육수준 증가 → 선세대의 지식과 기술의 가치 하락 → 문제발생

2) 현대사회의 주요 노인문제

현대사회에서 노인들이 겪는 가장 어려운 문제는 사회적 은퇴에 따른 경제적 문제이다. 특히 산업화의 역사가 짧은 우리나라에서 사회보험과 같은 사회보장제도 체계화의 역사도 짧아 노년기의 경제적 보장에 어려움이 따르고 있다고 볼 수 있다. 보편적 노인문제에 있어서 남성과 여성 간의 차이가 특별한 것이 나타나고 있지 않으나, 고독이란 부분에서는 여성노인에게는 상대적으로 낮다고 알려져 있다.

(1) 노인빈곤문제: 수입감소 및 경제적 의존성 강화의 문제

현대사회에서 노인들은 특정 연령이 되면 대부분 경제활동을 그만두게 된다. 이러한 경우 노인들은 소득이 급감하게 되고 따라서 자녀 등에게 경제적으로 의존하게 됨으로써 경제적·심리적·사회적으로 위축되게 마련이다. 이런 문제를 노인빈곤문제라고 하며 노인빈곤율[3]로서 그 정도를 나타내고 있으며, 아래의 <표 7-5> 점점 증가하고 있는 우리나라의 노인빈곤율을 보여주고 있다.

---

3) 노인빈곤율이란 그 사회 전체 노인인구 수에서 빈곤선 이하의 소득을 가진 노인의 비율을 말한다. 그 빈곤선은 65세 이상 노인의 상대적 빈곤율로서 중위소득의 50%가 기준이다.

<표 7-5> 연도별 노인빈곤율 추이

		2006	2007	2008	2011	2016	2021	2022
노인 빈곤율	시장소득 기준	52.3	53.7	52.3	60.2	65.5	57.9	57.1
	처분가능소득 기준	42.8	43.6	44.1	46.5	47.6	37.6	38.1

특정 연령에 도달한 사람이 경제활동을 중단하는 경향은 특히 현대 산업사회에서 뚜렷이 나타나는데, 그 이유는 정년제도의 도입과 같은 아래와 같은 산업사회의 특징으로부터 기인한다.

① 생산의 기계화 및 자동화로 인한 노동수요의 감소
② 생산기술과 지식의 발전속도가 빠르기 때문에 고령자의 기술과 지식이 무용화되기 쉬운 경향
③ 생산조직이 관료화됨으로써 개인차가 무시되고 퇴직의 기준이 일괄적으로 적용되는 특성
④ 노후에 대한 경제적 보장제도가 발달함으로 인해 퇴직을 수용하기가 용이

현재 우리나라 노인에 대한 소득보장 구조는 연금제도, 공공부조, 사회수당 등이 있으며 노인 개인의 최소한의 소득을 보장하기 위한 제도들이라고 할 수 있다. 그러므로 이러한 우리나라 노인들의 소득보장체계는 빈곤을 해결하기 위한 공적부조 그리고 공적연금, 개인의 연금과 저축을 조합한 3층구조로 형성되어 있다. 그럼에도 불구하고 이와 같은 노년기의 경제적 보장을 위한 소득보장체계에서 기초연금수급자를 제외한 3/4 이상의 노인들의 공적소득보장급여의 혜택으로부터 배제된 한계가 있다는 것이다. 이런 한계의 극복을 위한 한편으로는 공적연금에서 국민연금의 지속성과 안정성을 통한 노년기 소득에서 비중을 높이면서 다른 한편으로는 세금의 효율적 운영으로 기초연금의 수급자의 적정 수의 유지와 수급액의 증액을 통한 노인들의 노년기 삶의 질적 상승에 도달할 수 있을 것이다.

(2) 건강·의료상의 문제

인간의 건강은 환경의 영향, 질병, 사고 및 스트레스 등 다양한 요인에 의해 결정된다. 현대사회에서는 의학발달과 의료체계구축으로 인간의 건강 및 의료여건이 나아졌지만, 환경오염과 새로운 질병의 출현, 위험한 작업여건, 각종 재해 및 사고 등의 증가로 개인 스스로 건강을 지킨다는 것이 더욱 어렵게 되고 있다.

인간의 건강상태는 연령·계층·성별·지역 등의 사회적 변수에 의해 크게 좌우된다. 일반적으로 젊은층에 비해 노년층이, 고소득층에 비해 저소득층이, 남성에 비해 여성이, 도시지역 거주자에 비해 농촌지역 거주자가 건강과 의료에 있어서 불이익을 받는다. 따라서 농촌지역에 거주하는 노령의 저소득층 여성이 건강과 의료 여건상 불이익에 노출될 위험이 가장 크다고 할 수 있으며, 때문에 의료보장이 이들에게 상대적으로 집중될 필요가 있다.

현대사회에서 노인의 건강과 관련하여 특히 중요한 것이 치매이다. 과거에는 치매(dementia)를 노망(senility)이라 하면서 대부분의 노인이 늙어감에 따라 당연히 겪게 되는 것으로 생각했다. 어원적으로 치매는 de(이탈)+mentality(정신), 즉 정신이 육체에서 벗어난 상태를 말한다. 과거에는 치매를 주로 노인에게 관련되는 질병의 하나로 인식하고 있었다. 그러나 현대사회에서는 삶에 대한 스트레스로 인하여 젊은 나이에도 치매가 발생하고 있다. 이러한 치매는 그 당사자의 개인적 비복지상태를 유발한다는 점에서도 문제이지만, 당사자의 가족 등에게도 엄청난 정신적·경제적 부담을 안겨준다는 점에서 노인복지와 관련하여 주목되고 있다. 먼저 치매의 종류에 대해 알아보면 다음과 같다.

① 알츠하이머성 치매

주로 50세를 전후하여 발병하는데 아직까지 정확한 발병원인이 파악되지 못하였기 때문에 완치방법도 개발되지 못했다. 알츠하이머성 치매는 초기에는 매우 경미하게 시작하여 지속적으로 악화된다는 특징이 있으며, 유전적인 영향이 있는 것으로 알려져 있다.

초기: 가끔 기운이 없다. 어떤 일을 하고 싶지만 기분이 나지 않는다.
말을 알아듣기 힘들다

중기: 기억능력이 심각하게 감퇴된다. 시간과 장소를 잘 잃어버린다.
간혹 망상, 환상, 흥분하는 상태가 나타난다.

말기: 모든 일상생활에 타인의 도움이 필요하다. 방향감각이 없어진다.
가족과 자신을 알아보지 못한다.

② 혈관성 치매

고혈압, 당뇨, 고지혈증, 흡연, 심장병, 비만증을 가진 사람에게 주로 발생한다. 초기 증세를 인지하기가 어렵지만 조기에 발견만 하면 치료가능하다.

③ 파킨슨병

알츠하이머성 치매와는 달리 기억장애나 언어장애가 초기에는 두드러지지 않지만 여러 가지 운동장애를 수반한다. 파킨슨병에 의한 치매환자에게 L-DOPA[4]를 투여하면 증상뿐만 아니라 인지기능도 함께 호전된다고 한다.

가족주의(Familism)가 여전한 한국사회에서는 급격한 사회의 고령화와 기대수명의 증가로 치매를 질병으로 간주하는 시간적 여유가 부족한 이유로 치매환자를 대부분 가족 내에서 돌보는 상황이다. 그러나 치매환자를 돌보는 일은 엄청난 정신적 육체적 스트레스를 수반하기 때문에 환자가족에게 큰 부담이 아닐 수 없다. 사실 치매는 24시간 돌봐야 하기 때문에 특히 중증인 경우에 가족이 자체적으로 돌보기란 불가능에 가깝다. 따라서 치매환자에 대한 간병에는 사회적 차원의 대책이 절실하지만 일반인을 위한 치매시설은 전무한 형편이다. 그나마 몇몇 전문병원이 있기는 하지만 치매에 대한 의료보험이 제대로 적용되지 않아 병원비가 월 수백만 원에 이르는 실정이다. 치매를 가족 내 문제로 인식하는 것을 지양하고 사회적 대책이 필요한 질병으로 인식하는 것이 절실하다.

4) 뇌 안에 부족한 도파민을 보충해주는 역할을 한다. 이것은 음식으로부터 자연스럽게 아미노산으로 발생하며 인체에서 엘-티로신(L-Thyrosine)으로부터 만들어진다. 엘-도파민은 뇌와 신체에서 도파민으로 변화된다.

일반적으로 치매 하면 노인성 치매를 이야기한다. 우리나라에서 치매노인의 증가는 단순히 숫자상의 증가가 아닌 경로사상을 최고의 미덕으로 간주하는 기본적 사고 틀로 인하여 가족 간의 갈등이 매우 크다는 것이다. 왜냐하면 그것은 부양문제로 이어지기 때문이다. 실질적으로 2008년도 치매를 앓고 있는 노인의 수는 42만 명으로 집계되었다. 2018년 대한민국 치매현황 2018에 의하면 2018년에 치매환자수는 75만여 명 치매유병율 10.15%, 2024년 100만여 명에 10.37%으로 조사되었다. 그 보고서에 의하면 치매환자수는 2039년 200만여 명으로 12.30% 2050년에는 300만여 명의 16.09%로 예측하고 있다. 이것은 미래의 고령사회의 인구구조가 후기노인(Old-Old)로 구성될 가능성으로 치매의 증가를 보여주고 있는 것이다.

치매노인 부양문제에 있어서 우리나라 치매노인의 대부분은 가족에 의해 부양되고 있으며 많은 부양부담이 나타나고 있다. 여기서 부양부담은 환자를 보호, 수발 간병 등으로 주부양자가 전체 생활에서 겪는 어려움이나 불편함을 의미한다. 가부장적이고 유교적인 문화권의 우리나라에서 많은 경우 여성들이 부양부담을 지고 있으며, 그 순서는 며느리, 딸, 부인, 아들, 손자녀, 형제의 순으로 정리할 수 있다. 부양부담의 내용으로는 경제적 부담, 경제활동 및 사회활동의 제약 그리고 육체적·심리적 부담으로 특히 경제적 부담은 장기간의 비용으로 부부갈등과 가족해체의 원인으로 작용하기도 한다.

(3) 가족생활의 문제

현대사회에서 가족구조는 매우 빠르게 변화하고 있으며, 그로 인하여 새로운 문제들이 발생하고 있다. 그것의 원인 중 가장 중요한 원인의 하나가 노인의 증가이다. 그것은 과거 존경의 대상이고 효도해야 할 대상이었던 노인의 지위를 가족 내에서도 변화시켰다. 이러한 변화로 인한 가족생활에 있어서의 문제는 두 가지 측면에서 찾아볼 수 있다.

하나는 현대 산업화와 맞물려 우리사회에서도 핵가족화가 급속히 진행되고 있는 데 따른 노인의 가족 내에서 위치의 변화이다. 핵가족화란 단순히 가족의 모습이 변화한다는 점만을 의미하지 않는다. 노인부양, 아동양육 등 광범위한 문제와 핵가족화 현상은 연관되어 있다. 특별히 사회의 노령화 속에서 노인의 가족생활 문제와 관련하여 핵가족화는 가족 내에서 노인의 지위와 위상, 가족구성원들과의 관계 등에 심대한 영향을 미치고 있다. 무위, 소외, 고독으로 가족 내에서의 노인의 지위는 고정돼 있지 않고 거주형태에 따라 다양하게 설정되기 때문에 가족 내에서의 노인의 위상과 역할이 불안정하다. 이러한 이유로 그 위상과 역할의 불안정은 곧 노인 자신이 모델로 삼고 있었던 가족 내에서의 지위·역할과 자신의 실제 지위·역할 간의 괴리가 커짐을 의미하는데, 이러한 괴리에서 노인 자신의 심리적 불만족과 여타 가족구성원과의 관계 면에서 문제가 발생하게 될 소지가 커지게 된다. 따라서 이러한 변화된 상황에 적절히 대처하는 방안들이 마련되지 않으면 노인들의 가족 내 생활은 수많은 갈등에 처하게 될 위험성이 증가할 것이다. 이런 현상과 연관하여 다른 하나는 전통적 자녀와의 동거형태의 가족구조로부터 부부거주 또는 단독구조 형태로 노인의 거주형태 변화를 가져오고 있다.

핵가족화가 진행되면서 한국의 노인들은 장남부부와 함께 살던 전통적 방식에서 벗어나 차남 이하 부부와 거주하거나 시집간 딸부부와 거주하는 형태가 많이 나타난다. 심지어 노인부부만의 단독가구 구성비율도 꾸준히 늘어나고 있는 추세이다. 이런 현상은 인구구조의 노령화로 인하여 자연스럽게 발생하고 있으며, 그러므로 사회의 거주 형태의 변화도 결국은 아래의 참고 표에서 보여주고 있는 다양한 노인의 거주형태 변화로 이해되어야 할 것이다.

참고: 현대 한국 노인들의 가족형태

① 독신노인: 배우자와의 이혼 혹은 사별 후 홀로 거주하는 형태
② 1세대 노인핵가족: 자녀와 거주하지 않고 노인부부끼리만 거주하는 형태
③ 2세대 노인핵가족: 노인부부와 그들의 미혼 자녀가 함께 거주하는 형태
④ 2세대 복합가족: 노부부와 기혼자녀부부, 미혼자녀가 함께 거주하는 형태
⑤ 3세대 복합가족: 노인부부와 기혼자녀부부, 기혼자녀부부의 미혼자녀, 노부부의 미혼자녀가 함께 거주하는 형태
⑥ 3세대 직계가족: 노인부부와 기혼자녀, 기혼자녀의 미혼 자녀가 함께 거주하는 형태

노인의 가족 내 위상과 역할 변화로 더 이상 전통적인 가장으로서의 역할과 위상을 노인에게 기대하기는 힘들다. 따라서 노인이 가장으로서의 역할

과 위상을 고수할 경우 여러 가지 가족 내적으로 문제가 발생하기 때문에, 노인이 변화된 가족에 적응하여 여타 사회생활이나 여가생활 등을 통해 노후의 새로운 역할과 위상을 찾을 수 있도록 돕는 방안이 마련돼야 한다.

현대 우리사회에서 노인들은 아동양육이나 가사처리 등에서 여전히 중요한 역할을 수행하고 있다. 그러나 새로운 가족형태에서 노인이 담당하는 아동양육이나 가사처리는 가족을 돌본다거나 가족을 이끈다거나 하는 전통적인 의미를 갖지 못하고 오히려 부정적인 의미를 갖게 된다. 실제로 많은 노인들이 아동양육과 가사부담을 못마땅하게 생각하며 부담스러워한다. 그러나 노후의 안정적 가족생활을 위해서는 특히 아동양육과 같은 문제에 대해 사회적 차원의 적극적 대처가 필요하며 노인들의 적극적인 사회생활을 보장할 수 있는 여건 마련이 시급하다. 그러므로 젊은 시절 전체를 노동으로 일관하여 노인 시절의 풍요로움을 즐길 것인지, 그것을 위하여 노인인구를 어떻게 생산적으로 배치할 것인지가 고령화 사회에서 라이프 스타일(Life Style)의 선택과 결정 그리고 정책적 고려가 중요한 문제이다.

(4) 여가생활문제

현대산업사회에서 노후생활과 관련하여 중요한 점으로 규정할 수 있는 것이 정년이라는 은퇴의 제도화이다. 즉, 대개의 노인들은 특정 연령이 되면 제도적으로 퇴직을 하게 마련인데, 이 경우 퇴직 전 생활리듬이 직장생활 위주로 짜여져 있다가 급격하게 변화하게 되므로 많은 노인들이 혼란을 겪게 된다는 것이다. 또한 은퇴 후에는 하루 중 대부분의 시간이 자유시간이라 할 수 있는데, 대부분의 노인들은 절대적 자유시간을 자유롭게 활용하는 것이 아니라 무료하게 소일해야 하는 시간으로 받아들인다. 따라서 퇴직 후 주어지는 자유시간을 충실히 채워나갈 수 있는 다양한 여가활동이 사회적으로 갖추어져 있지 않으면 노인들은 무료한 노후생활을 영위할 수밖에 없으며 따라서 노후생활을 행복하게 보내기 곤란한 상황에 처하게 된다. 여기서 중요한 사실은 여가는 문화이므로 갑작스러운 정책적 수단으로 이루어지는 것이 아니라는 것이다. 그러므로 노인들을 위한 각종 시설보다는 서서히 사회의 노령화 속에서 인생에 있어서 유년시절부터 노년에 이르기까지 여가의 의미를 부여할 수 있는 노동구조, 사회구조의 변화가 우선되어야 한다.

여가와 관련된 인간의 일반적 욕구를 홀스트 오파숍스키[5](H. W. Opaschowski)는 보상, 레크리에이션, 교육, 명상, 의사소통, 통합, 참여, 문화적 성향 등의 8가지로 분류하였다.

① 보상 : 기분전환 및 오락에 대한 욕구로써 주로 취미생활, 휴가여행, 사교, 모임 행사방문 등의 활동이 여기에 속한다.

② 레크리에이션 : 휴양, 건강 및 안녕에 대한 욕구로써 건강상의 문제의 가능성이 큰 노인에게 두드러지는 욕구이다.

③ 교육 : 지식습득, 재교육 및 평생교육에 대한 욕구이다. 이 욕구는 반드시 제도권 교육을 통해서만 충족되는 것은 아니며 일반적 인간관계 전반을 통해 충족된다.

④ 명상 : 자기결정, 자기체험 및 자기발견에 대한 욕구이다.

⑤ 의사소통 : 대화, 친교 및 사교에 대한 욕구로써 의사소통이 한정되어 고립감, 고독이 큰 노인에게 두드러진 욕구이다.

⑥ 통합 : 공동생활, 소속감, 단체생활 등에 대한 욕구로써 새로운 집단에 소속됨으로써 자신의 정체성을 찾고자 하는 노인들에게 두드러진 욕구이다.

⑦ 참여 : 공동의사결정 및 사회참여활동 등에 관한 욕구이다.

⑧ 문화적 성향 : 창의성, 생산성 및 문화적 자기개발에 관련된 욕구를 말한다.

노인들의 경우 개인의 성격이나 과거의 생활습관, 학력수준, 경제수준 등에 따라 여가를 보내는 유형이 상이하게 나타나고 있다. 그러므로 여가생활 프로그램은 위에서 논의된 여가욕구를 충족시키는 방향으로 개발되어야 한다. 바람직한 노후 여가생활을 위해서 여가의 유형에 대한 고려를 통하여 노인여가생활은 노인들에게 두드러진 여가욕구를 충족시키는 방향으로 프로그램이 개발 시행돼야 한다.

---

5) 독일 레크리에이션 업계의 가장 영향력 있는 여가사회학자의 한 사람으로 현재 여가연구소(Freizeit-Forschungsinstitut) 교수로 재직하고 있다.

(5) 독거노인문제

현대사회의 노인문제에서 중요한 부분은 여성노인의 증가이며, 그 대부분이 독거노인이다. 이 문제는 단지 우리나라에서만의 독특한 문제는 아니다. 이미 서구사회에서는 이 문제가 개인주의와 핵가족의 증가로 인하여 임대주택에서 연금에 의해 혼자서 삶을 유지하는 노인들이 사망한 지 한 달 후에나 발견되는 사례가 등장하면서 사회적으로 쟁점화되었다. 그 이후 홀로 살고 있는 노인들의 집에 화장실과 같은 곳에 벨을 설치하여 응급상황을 해결할 수 있는 조치들을 취하게 되었다.

우리나라에서 독거노인 수는 지속적으로 증가할 수밖에 없다. 왜냐하면 잠재적 독거노인으로 될 수 있는 부부노인가족이 전체의 30% 정도에 이르기 때문이다. 우리나라는 2010년에 독거노인의 수가 100만 명을 넘었으며 2024년 현재 독거노인 수는 전체 노인인구의 22.1%에 해당되는 219만 6738명으로 두 배 이상 증가하였다. 여기서 더욱 중요한 문제는 이 독거노인들이 경제적으로 능력이 거의 없다는 사실이다. 이것과 연관하여 우리나라 노인들이 OECD 국가들 중에서 노인빈곤율 1위라는 사실은 그들이 경제적으로 매우 취약하다는 사실을 증명하고 있는 것이다. 그 원인으로는 두 가지 측면에서 접근할 수 있다. 하나는 노인인구 중에서 독거노인 수가 매우 많은데, 그 중에서 연령적으로 70대 독거노인이 56%를 차지하고 있다. 이 세대는 광복과 한국전쟁을 겪으면서 베이비붐[6](Baby boom)을 일으켰고 산업화에 중심이었으며, 자녀교육에 힘을 써서 국가의 인적자원 육성에 앞장섰지만, 가족구조의 변화로서 그들은 핵가족의 중심에 위치하게 되었다. 그런 이유로 그들은 자녀들의 부모에 대한 부양의식의 과도기에 위치하여 새로운 시대적 흐름에 신속하게 적응하지 못하였다. 다른 하나는 경제적인 측면으로 전자에 대한 노력으로 정작 자신에 대한 노후 대책에 무관심하였던 이 세대는 한편으로는 이촌향도로 고향을 떠난 자녀들부터 부양을 받지 못하였으며, 다른 한편으로는 국가도 그들의 기여에 대한 배려도 받지 못하였다. 그러므로 독거노인문제는 단순히 노인 그 자신들만의 문제가 아닌 사회문제로 다루어져 할

6) 출생율이 급상승하는 시기로 많은 경우 전쟁 이후에 발생하곤 한다. 세계 2차대전 이후 유럽이나 미국 일본에서 태어나 세대, 우리나라의 경우 한국전쟁 이후 1955년부터 1963년 사이에 700만여 명이 출생하였는데 이를 베이붐 세대라고 부르고 있다.

것이다.

결론적으로 이와 같은 사회적 문제들을 해결하기 위해서 일차적으로는 기초연금제도에 대한 정책적 세밀한 설계뿐만 아니라 이것을 위한 재정적 확충이 필요할 것이다. 그것은 노인일자리 창출이 아닌 일자리 창출을 노인과 함께 진행하여야 한다. 노인의 사회참여가 주체적으로 이루어질 수 있도록 노인의 존재감을 사회에 인식하도록 하여야 할 것이다. 다른 하나는 노인 관련 서비스의 효율성 제고를 위하여 복지관들 간의 연계이다. 각종 복지관들의 중복된 서비스를 정리하여 선택과 집중으로 노인들에 대한 서비스가 다양한 계층들에 의하여 실행될 수 있도록 하여 사회복지의 목적인 사회통합이 노인들로 인하여 각 계층들 간에 이루어질 수 있을 것이다.

(6) 노인학대(Elder abuse)

노인학대란 두 가지 측면에서 살펴볼 수 있다. 하나는 노인 스스로 자신을 돌보지 않는 것, 다른 하나는 노인의 부양을 담당하고 있는 사람이 의도적 또는 비의도적으로 노인에게 정서적, 신체적, 성적, 재정적 손상을 가하거나 소홀히 하는 것을 노인학대라 한다. 아래와 같은 노인학대의 유형에서 가장 가혹한 형태는 방임으로 국가나 개인의 경제상황의 어려움은 바로 방임으로 연결된다. 아래의 <표 7-6>은 유형별로 노인학대 발생 건수의 변화를 분석한 것이다.

① 신체적 학대(physical abuse)
② 정서적·심리적 학대(emotional·psychological abuse) : 모멸감, 겁주기, 비웃기, 위협 등
③ 재정적/물질적 학대(financial/material abuse)
④ 성적 학대(sexual abuse)
⑤ 언어적 학대(verbal abuse) : 욕설, 놀림, 비난 등
⑥ 소극적 방임(passive abuse) : 비의도적
⑦ 적극적 방임(active abuse) : 의도적

<표 7-6> 노인학대 유형

	2000(7.2%)	2005(9.0)	2010(10.8)	2018(14.3)	2022(17.3)
신체적 학대	-	665	1,304	3,046	4,431
정서적 학대	-	1,499	1,981	3,508	4,561
경제적 학대	-	425	574	381	397
성적 학대	-	18	39	228	259
방임	-	816	891	891	689
자기방임	-	36	196	196	169
계	-	3,481	5,076	8,176	10,542

위의 표에 볼 수 있는 것처럼 노인학대가 유형에 관계없이 전체적으로 증가하고 있음을 알 수 있다. 이런 현상에 대한 학대행위에 대한 분석은 사회적으로 노인에 대한 인식에 따르른 존경, 차별, 효와 같은 사회문화적 요인 그리고 학습의 측면에서 억압, 폭력과 같은 가족 및 관계적 요인, 능력이나 장애 등 개인의 성격적 요인과 같은 세 가지 측면에서 살펴볼 수 있다. 실질적으로 노인학대는 아들, 딸, 며느리와 배우자 등에 의해 발생하는 것으로 나타났다. 이것을 통하여 노인학대는 주로 자녀들에 의해 학대가 이루어지고 있음을 알 수 있다. 이러한 요인들은 개별적으로 발생하는 것이 아닌 복합적으로 작용하여 노인학대가 발생하며, 그것의 양적인 차이는 노인에 대한 사회적 상황에 종속한다.

3) 보론

기대수명의 상승은 노인인구의 증가로 이어졌으며 저출산과 맞물리면서 산업화가 시작된 지 50여 년 만에 우리사회는 노령화된 사회가 되었다. 그 당시 우리나라 산업화의 주역들은 연령적으로 현재 70~80대에 이르게 되었다. 이런 사회적 현상의 중요한 의미를 부여한다면 그 연령대의 높은 출산율과 산업발달과 의학기술의 혜택으로 높은 생존율을 보이고 있다는 것이다. 이런 사실이 여기서 안락사에 대한 문제제기는 의미가 있을 것이며 또한 우리사회의 노인문제에 있어서 웰빙(Well-Being)과 웰다잉(Well-Dying)에 대한 인식을 제시하고 있는 것이다.

• 안락사(Euthanasia, mercy killing)

안락사에 대한 논의, 즉 합법화에 대한 논의는 매우 논쟁적으로 진행되어 왔다. 2002년 4월에 네덜란드가 안락사를 최초로 합법화하였다. 그 이후 우리나라에서도 그 논쟁이 매우 치열하게 전개되었다. 2009년 한 대학병원에서 기계에 의존하여 생명을 유지하여 오던 환자에 대하여 의미가 없음을 발표하였으며, 그 이후 그 환자는 6개월 이상 생명을 유지하여 아래와 같은 세 가지 상황하에서도 안락사에 대한 논쟁에 문제제기가 필요하다.

① 환자가 치유될 수 없는 경우
② 환자가 정신을 잃지 않은 상황에서 안락사에 동의한 경우
③ 환자의 고통이 견딜 수 없을 정도로 심한 경우

안락사에는 두 가지 입장이 있는데, 하나는 식물인간이라도 생명체에 대한 안락사는 살인행위라는 입장과 다른 하나는 의미 없는 식물인간으로 사는 것보다 안락사에 의미를 부여하는 입장이다. 이런 관점으로부터 안락사는 두 가지로 구분하여 설명할 수 있다

① 적극적 안락사 : 약물 투여와 같은 방법으로 자연적 사망 시기보다 앞당겨 사망하게 하는 행위
② 소극적 안락사 : 일명 존엄사라고 하며, 회생 불가능한 환자를 치료를 하지 않으면서 자연적 사망 시기보다 앞당겨 사망에 이르게 하는 행위

3. 사회정책으로서 노인복지: 돌봄

본질적으로 돌봄은 사랑을 의미하고 있다. 그러나 현대 고령사회에서 사회정책으로서 노인복지의 의미는 돌봄이며 그것은 노동이다. 하나는 스스로의 돌봄이며 다른 하나는 돌봄에 대한 제도적 보장이다. 전자의 측면에서 왜 우리의 할아버지와 할머니, 즉 노인들에게는 취미생활이 가능하지 않을까? 노인복지(The aged welfare)는 이러한 문제들을 해결하기 위하여 많은 프로그램을 제공하고 있지만 역부족인 것 같다. 노인복지의 목적이 노인이 인간다운 생활을 영위하면서 자신이 속한 가족과 사회에 적응하고 통합하는 것에 있다면, 그것은 한편으로는 필요한 자원과 서비스를 제공하는 공적·사적 행위가 사회의 한 객체인 노인에게 복리적인 상태를 유지하도록 실천하는 것이며, 다른 한편으로는 노인이 사회를 주체적으로 사회의 구성원으로 존재하기 위한 토대를 건설하는 것이다. 우리에게 있어서 노인복지정책은 대부분은 전자를 중심으로 실천되고 있기에 개별적 노인이나 노인 단체들이 종속적 모습을 보이고 있다.

돌봄에 대한 전자의 측면에서 인생과정의 숙명인 노인들을 위한 현대적 의미의 노인복지는 단순히 노인의 부양이나 보호의 측면만이 아닌 합리적이고 보람된 노년기의 생활을 영위할 수 있게 하는데 그 의의가 있다. 협의의 노인복지는 생활곤궁, 고독, 욕구, 불만이나 삶의 보람을 상실한 노인을 대상으로 공적부조나 사회적 서비스이며, 광의의 노인복지에는 노인 생활상의 안정, 의료, 주택, 교육, 레크리에이션 등의 아래와 같은 사회적 서비스에 관한 정책이 해당된다.

- 노인의 욕구에 맞는 복지정책 수립
- 저소득층 노인의 소득 강화
- 노인취업 기회 확대
- 보건의료 서비스 체계의 확립
- 노인의 주거환경 개선
- 노인보호시설 개선 및 보호수준의 향상

- 재가노인 서비스의 확대
- 노인 여가활동 기회 확충
- 노인복지자원의 다원화
- 새로운 노인상의 정립

결론적으로 고령화 사회에서 노인복지는 우리들이 자손으로서 또는 국민으로서 해야 할 도리면서 의무이다. 가족과 국가의 발전을 위한 노인들의 노고에 대해 국가의 책임을 확대해야 한다. 민간, 기업 종교단체, 사회단체의 노인복지에 대한 참여는 필수적이다. 다른 측면에서 현대사회에서 노인복지는 앞에서 언급한 것처럼 노인 스스로 주체가 되어 정립되어야 한다. 고대 로마 시대 철학자 루키우스 안나이우스 세네카(Lucius Annaeus Seneca, BC4-AD65)는 은퇴 후 60이 넘은 나이에 그의 대부분의 저작을 저술하였다고 한다. 그는 노년의 시기를 자신을 돌보고 자기 자신에 몰두하여야 하는 때라고 말하였다. 이런 측면에서 다가오는 사회보험 연금세대는 경제적으로 사회에 종속되지는 않을 것이며, 그들은 우리들이 인식하고 있는 노인이 아닌 창조적으로 사회를 인도할 노인인 것이다.

생각해봅시다

노인된다는 것은 돌봄의 객체가 된다는 것을 의미한다. 그런데 우리사회에서 사회의 노령화와 저출산은 한편으로 노인을 돌봄의 대상으로 간주하고 있지만 다른 한편으로 주체로서 노인 스스로의 돌봄 기능을 강조하는 경향이 있는 것이다. 이와 같은 현상들은 인구구조의 변화로부터 우리사회가 두 가지 측면에서 부양문제에 대하여 심오한 정책적 사고를 인식하고 있음을 알 수 있을 것이다. 하나는 현재적 의미에서 돌봄인 보육이며, 다른 하나는 우리사회의 전통적 측면에서 부양으로 본질적 접근이다. 전자는 실존적 차원의 사회경제적 접근을 위한 여성 노동력의 참여 확대를 의미하며, 후자는 우리사회의 전통적이고 유교적인 그리고 도덕적 차원에서 부모 부양이 사회구조의 변화에 따른 정책적 제도적 차원의 접근의 필연성에 대한 국가적 부담과 노노케어의 문제제기로서 어느 하나 소홀히 할 수 없을 것이다. 그러므로 사회구성원들이 도덕적으로 부양을 위해 역할을 해야 하는 것에 대한 그리고 사회복지적으로 부양을 정책적 토대로서 제도화에 대한 그들의 생각은 매우 중요하다.

– 보편적 차원의 문제들 –

현대사회에서 보편적 차원에서 발생할 수 있고 고려되어야 하며 해결되어야 할 사회문제들이 다루어질 것이다. 보편적 차원의 문제들이 계층적인 측면에서 접근된 사회문제들과 독립적이라기 보다는 상호적인 관계 속에서 한편으로는 해결되기도 하고 다른 한편으로는 더욱 복잡하게 발생하기도 할 것이다.

사회문제로서 성폭력과 성매매

오늘날 성폭력이나 성매매를 단순히 여성들에게만 해당되는 사회문제로 간주될 수 없다. 왜냐하면 성폭력이나 성매매는 인간의 가장 근원적이고 원초적인 측면에서 발생하고 문제이기 때문이다. 그러므로 여기서 논의될 사회문제들은 물질만능주의가 만연하고 있는 현대 산업사회의 근본적인 모순의 측면에서 더욱 구체적으로 분석될 것이다. 실질적으로 이 문제들은 자본주의의 모순된 사회구조 속에서 인간의 본능적인 욕구들을 추구함에 있어서 잘못된 접근으로 오히려 인권, 인간의 삶에 대한 질적 상승을 가로막는 가장 근본적인 원인을 제공하고 있다.

1. 성폭력

고전적 측면에서 성폭력은 일반적으로 강간을 의미한다. 그러나 현대사회에서 성폭력은 포괄적인 의미에서 강간, 강간미수, 성추행뿐만 아니라 성희롱도 포함하고 있다. 즉, 강간이란 강압에 의한 성관계를 맺는 것이며, 강간미수란 성관계를 시도하다 실패한 경우이다. 또한 성추행이란 성관계를 제외한 성적 행위를 "가슴, 성기를 만지거나 키스 등의 행위"를 말한다. 그러나 정보화사회의 도래는 개인정보의 강화를 위한 익명성의 법적 토대로 인간의 성에 연관 문제들의 복잡함이 야기되고 있다.

1) 성폭력의 원인

성폭력의 원인은 개인적인 원인과 사회·문화적인 원인으로 살펴볼 수 있다. 오늘날 우리사회는 한편으로는 정보에 대한 중요성이, 다른 한편으로 정보의 홍수로 인하여 모든 분야에서 긍정적이기도 하지만 부정적 현상도 많이 발생하고 있다. 경제의 발전으로 인한 소득의 증가는 사회적 배려와 관심으로 인권에 대한 관심 증진과 성평등과 같은 성에 대한 인식의 긍정적 변화로 이어지고 있는 것도 사실이다. 그것은 다른 한편으로 현대사회에서 오히려 소통매체의 다양화와 양방향 소통의 활성화 등으로 인간의 이성을 억압하는 사회구조를 양산하고 있는 것이다. 그것은 오늘날 정보화사회에서 수많은 정보의 양산으로 풍요로운 삶의 보장보다는 수많은 정보의 많은 부분이 성에 연관되어 있음은 성폭력의 가해가 정보라는 뒤에 은밀함의 무기로 작동하고 있는 것이다. 그러므로 성폭력에 관한 사회구조적인 문제에 대한 문제제기가 의미가 있는 것이다.

개인적인 원인에는 일탈적인 성적 기호, 아동기의 성적 학대의 경험 그리고 구애능력에 대한 결핍 등이 있을 것이다. 또한 사회문화적 요인으로 가부장적 이데올로기는 남성중심 사회임을 나타내고 전형적인 요소라 할 수도 있다. 과거에는 전자의 측면에서 성적 일탈자를 감옥에 가두어 고문하여 사회로부터 격리하는 것과 같은 마녀사냥이 나타나기도 하였지만, 후자의 측면에서 가해자보다는 피해자가 평생 낙인 고통 속에서 삶을 살았다. 이와 같이 성폭력에 대한 여러 접근과 비판적 분석에도 불구하고 과거 그리고 현재에도 성폭력이 피해자에게 미치는 영향은 매우 가혹하게 나타났으며 나타나고 있는 것이다. 실질적으로 성폭력의 무서움은 피해자에게 미치는 영향, 즉 남성이 아닌 여성에게 매우 심각하게 나타나고 있다. 그것은 두 가지 측면에서 살펴볼 수 있는데, 하나는 정신적인 측면에서 수치심, 정신적 충격, 분노, 증오심, 기억장애, 우울증 등과 같은 정신적 피해이며, 다른 하나는 두통, 구토, 수면장애, 악몽, 성병, 임신 등의 신체적 피해이다.

그러므로 오늘날 현대사회에서는 사회문제적 요인이 강조되면서 이런 현상에 대한 해결책이 남성우위의 사회로부터 성소수자뿐만 아니라 모든 성의 정체성의 측면에서 차별이 없는 평등한 사회를 위하여 성폭력을 예방하는 중요한 요소로 강조되는 사회의 건설인 것이다. 우리사회에서 권위적인 사회구조의 변화와 고착화된 성에 대한 인식의 전환을 통하여 성폭력과 같은 성문제가 건설적으로 해결이 가능하다. 이와 같은 성적인 측면에서 예방적 차원은 그러한 결과로부터 자유로울 수 있을 것이다.

2) 성폭력 현상

우리사회뿐만 아니라 전 세계적으로 성폭력은 지속적으로 증가 추세에 있다. 정보화 사회의 도래로 성에 보편적 인식을 가져온 것이라 믿었던 인터넷의 발달은 오히려 은밀하게 성을 왜곡시키면서 성의 남용과 오용이 증가하고 있다. 또한 2차 가해라는 측면에서 사이버공간에서 성폭력 피해자에 대한 사회적 비난과 비판이 거세지는 현상에 대하여 한편으로는 반성적 사고가 뒤따르고 있다.

사회구조의 변화는 성폭력의 형태와 가해자들에 있어서도 많은 변화를 가져왔다. 그것은 직접적인 가해자뿐만 아니라 다양한 SNS를 통한 불특정 다수에 의한 2차 가해로서 성폭력을 의미한다. 이미 알려진 사실처럼 성폭력의 직접적인 가해자에 있어서 근친, 친척 그리고 모르는 사람이 지난 10여 년 동안 50% 이상을 차지하고 있으며, 그 중에서 주변인에 의해 범해지는 성폭력이 증가하고 있다. 이것은 한편으로는 가해자에 대한 피해자의 방심 그리고 가해자와의 관계로 인하여 그런 행태에 대한 거부와 성폭력으로 인식의 어려움으로 발생할 수도 있지만, 다른 한편으로는 이에 대한 가해자의 의도적인 접근으로 발생하기도 한다. 이런 상황 속에서 많은 정보의 흐름을 가능하게 한 정보화사회의 등장은 성폭력에 대한 개념적 변화를 요구하였다. 왜냐하면 텔레그램 등 가상공간[7] 내에서 불특정가해자에 의해 특정피해자 또

7) 2020년에 박사방, 목사방을 가상공간에 설치하여 성폭력 성착취를 한 사건이다. 전자는 미성년자와 성인 피해자들을 협박해 만든 성착취물을 공유하여 42년의 징역형을 선고받았다. 비슷한 시기의 성착취 성폭력 사건인 후자는 텔레그램에서 피라미드형 성폭력 범죄집단으로 10대 미성년자 159명을 포함한 남녀 피해자 234명을 상대로 성착취물을 제작하거나, 협박・심리적 지배 등을 통해 성폭행한 혐의 받고 있다.

는 불특정피해자 등 다양한 형태의 성폭력이 등장하는 심각한 사회적 현상이 발생하고 있기 때문이다.

상호 간의 익명성이 보장되는 구조 속에서 현상적으로 성폭력의 증가는 불특정 다수들 사이에서 일방적 또는 상호 간의 정보의 취득으로부터 나타나고 있다. 그것은 새로운 형태의 성폭력으로서 사이버 공간에 서의 채팅이나 이메일 등을 통해서 발생하고 있는 것이다. 그것은 원하지 않는 이야기를 하거나 장면을 보게 함으로써 성적 수치심이나 위협을 느끼게 하는 행위를 의미한다. 이와 같은 현상들의 빠른 변화 속에서 정확한 치밀한 법적 토대를 통한 신속한 대응이 형성되지 않는다면 인터넷상에서 발생하고 있는 사이버 성폭력은 익명성으로 인하여 가해자에 대한 처벌에 더 많은 어려움뿐만 아니라 불특정 다수의 성폭력 피해자들 그리고 그들에 대한 2, 3차 피해로 이어질 수 있을 것이다.

3) 성폭력 현황

우리나라에서도 성폭력은 직접적인 물리적 폭력뿐만 아니라 매우 다양한 형태로 등장하고 있는데, 그 이유는 성희롱을 성폭력으로 간주하려고 하지 않는 사회적 분위기 때문이기도 하다. 그것은 남성 위주의, 전통적 가부장적인 사회에서 여성에 대한 성적 행위에 대한 관대함이 그 원인으로 작동하고 있음을 의미한다. 그 원인들이 우리사회에 정보화의 도래로 인하여 행위에 있어서 더욱 익명성을 보장되는 사회구조가 형성되면서 성에 대한 도덕적 이중성의 은밀함은 더욱 심각한 수준에 도달하였다고 볼 수 있을 것이다.

이와 같은 현상에 있어서 오늘날 우리나라 성폭력의 의미는 전체적으로 성범죄의 증가와 함께 인터넷 발달로 페이스북이나 인스타그램 등 다양한 소통매체와 소통방식의 발달로부터 인식할 수 있다. 이런 변화현상은 하드웨어적인 집단적인 성현상으로부터 성에 대한 이중적 형태의 개별적이고 은밀함을 강화시키고 있는 것이다. 이런 현상은 특정 계층이나 성인들의 보수적인 성에 대한 인식으로부터 거의 모든 사회 구성원들까지 개방이란 이름으로 퇴폐적으로 변화되었음을 보여주고 있다.

소통매체와 소통방식의 변화 속에서도 오늘날 성폭력은 SNS를 통해 2차 가해와 연결되면서 매우 잔악하고 잔인해지고 있다. 그러나 성폭행(sexual assault)으로서 강간이 역사적으로 사회문제로 등장한 것은 문제의 심각성, 즉 강간이 가장 심각한 성폭력임에도 불구하고 인권이라는 측면에서 인간 존재 자체에 위협을 가하는 범죄로 인식되기까지는 많은 시간이 필요하였다. 왜냐하면 그것은 사회문제로서 성폭력과 성매매가 인간에게 반인권적이고 성차별적인 행태에 대한 여성운동가(페미니스트: Feminist)들의 끊임없는 노력이 오랜 기간 요구되었기 때문일 것이다.

성폭력 피해자에게는 정신적·육체적 고통으로 인한 심각한 정신적 외상(트라우마: Trauma)이 발생할 수 있다. 이런 측면에서 합의 또는 상호 간 암묵적 동의에도 불구하고 성적표현은 때와 장소에 따라 상대방에게는 성희롱으로 또는 특히 주변인에게는 성폭력이 될 수도 있을 것이다. 왜냐하면 그것은 주변인에게 동의를 구한 것도 아니며 공공장소에서의 성적표현으로 인한 불쾌감이 불특정 다수에게는 성폭력으로 간주될 수 있기 때문이다. 그러므로 오늘날 타락된 성문화 속에서 강간은 폐쇄된 공간에서 강제적인 것만이 아닌 개방된 공간에서 즐기는 것이 아닌 보여주기 위한 성적 표현은 주관적으로 성희롱일 수 있으며, 객관적으로 성폭력인 것이다(조류쥬 비가엘로, 2002). 일반적으로 성폭력을 유형화한다면 아래와 같이 정리될 수 있을 것이다.

① 분노에 의한 강간(anger rape) : 가해자의 목적은 피해자에게 상해를 입히고 품위를 손상시키는 것이다.
② 힘에 의한 강간(power rape) : 피해자로부터 성적 만족을 얻는 것이 목적이다.
③ 가학성 강간(sadistic rape) : 공격적 행위로 성적 만족감을 얻는 것이다.
④ 부부강간 : 상대방이 연인이나 배우자라 할지라도 동의를 얻지 않고 강제로 행한 성관계(우리나라는 2008년부터 부부강간을 인정하지 않았으나, 그 가능성에 논의하고 있는 수준이다)

결론적으로 성폭력의 유형에서 볼 수 있는 것처럼 성폭력은 일방적인 행위에 의해 범해지는 것이다. 그러므로 성폭력을 더 이상 인간의 방탕이나 쾌락의 관점에서 접근할 수 없다. 왜냐하면 그것은 인간에 대한 정신적 살해인 것이며 인간 내면에 대한 공격이기 때문이다. 그러므로 모든 성폭력은 범죄적인 측면에서 접근하여야 할 것이다.

2. 성매매

성매매의 역사는 인류의 역사만큼 길다고 한다. 그러므로 성매매를 세상으로부터 완전 격리나 소멸에 대하여 논하는 자체는 무의미하다. 왜냐하면 성매매로부터 자유로운 국가는 정도의 차이는 있겠지만 세상의 어디에도 존재하지 않기 때문이다. 물론 우리사회에서도 성매매는 아주 오래전부터 존재하였지만 여성에 대한 제한된 사회적 역할로 인하여 특이한 또는 특별한 여성들에 의한 아주 부분적인 현상으로 간주하고 있다. 그럼에도 불구하고 성매매는 대부분의 국가에서 불법으로 간주되고 있으며 아주 제한적으로 허용되고 있는 것이다.[8)]

1) 성매매에 대한 인식의 변화

자본주의 구조와 연계된 남성 권위주의 사회에서 금전을 매개로 이루어지는 성행위를 종래에는 윤락[9)] 혹은 매춘행위라고 불렀다. 우리들이 매춘과

8) 성매매가 불법이어야 하는 이유를 독일의 철학자 임마누엘 칸트(Immanuel Kant, 1724-1804)는 그것이 도덕적인가 비도덕적인가라는 문제로 접근한다. 그는 남자가 여자에게 끌리는 이유는 상대가 인간이어서가 아니라 여자이기 때문이라고 한다. 여자를 수단으로 본다는 것이다. 인간은 물건이 아니며 따라서 재산도 아니다. 인간 그 자체는 목적이기에 자신의 몸을 마음대로 처분할 수 없다는 것이다. 그러므로 성매매는 비도덕적인 행위인 것이다.

9) 윤락을 직역한다면 빠지고 떨어지다의 의미로서 돈을 받고 몸을 파는 행위를 뜻한다. 오늘날에

매매춘으로 부르고 있는 성매매는 돈을 매개로 성을 사고파는, 남성이나 여성이 상업화된 사회적 성적 행위나 현상을 포괄적으로 접근한다. 일반적으로 매춘은 성을 사는 행위는 무시한 채 성을 파는 행위에 대한 강조와 비난만을 함축하고 있어, 남성에게는 관대하고 여성에게만 엄격한, 남녀차별의 성윤리를 반영하고 있다. 여성운동가들은 성을 파는 행위와 책임을 포함하는 매춘이라 용어로부터 성을 파는 쪽만이 아닌 사는 쪽도 동시에 강조하는 매매춘(Prostitution)이란 개념을 통하여 성에 대한 남성권위주의적인 사회구조에 문제를 제기를 시도하였다.

매매춘이란 용어 사용은 그 용어가 일본식 표기라는 것이 문제이기도 하려니와 사고파는 행위의 대상인 성을 자연적인 현상을 암시하는 봄에 비유하여 성욕을 필연적이고 고정적인 것으로 포장함으로써 성을 사고파는 행위로부터 발생할 수 있는 문제들을 감추게 될 위험이 있다. 이 모든 용어들이 성을 사는 사람 또는 가부장제 성문화에서 남성의 관점만을 반영하고 성을 파는 사람 혹은 여성의 입장은 간과하고 있다는 점에서 성차별적일 뿐 아니라 여성비하적인 표현이라 할 수 있다. 이러한 현상은 성매매와 관련된 용어의 변화와 맥을 같이하고 있는데, 윤락 → 매춘 → 매매춘 → 성매매로 변화된 것이다. 윤락행위 등의 방지법에 의하면 윤락, 매춘, 매매춘은 그 의미를 성기접촉에 한정하고 있으며, 성매매는 성의 상품화로서 문화적인 측면을 강조하고 있다. 이 개념은 성을 사고파는 행위 자체를 말하는 종래의 보수적 관점에서 벗어나 이런 행위가 일어나는 구조와 여성의 인권이 고려되지 않는 다층적 구조에 초점을 맞춤으로써 성매매 현상의 복잡함과 여성 억압성을 부각하는 효용성을 지니고 있다.[10]

우리나라 성매매에 있어서 중요한 사실은 1960년대 산업화가 시작되면서 성과 연관된 산업들은 그보다 20여 년 늦게 1980년부터 나타났음에도 불구하고 매우 빠른 속도로 확산되었다는 것이다. 1970년대 이전에는 강력한 도

는 남성권위주의적 이 용어를 거의 사용하고 있지 않지만 아이러니하게도 윤락의 행위자는 대부분 남성이기에 남성들은 불법을 저지르고 여성을 윤락이라는 처량한 신세로 전락시킨 것이다.

10) 인권의 측면에서 성매매 여성 지위의 변화로서 성매매방지 및 피해자보호 등에 관한 법률에 의하면 성매매에 종사한 여성들의 피의자가 아닌 피해자 신분으로서 대우받게 된다. 또한 도덕적 타락의 의미를 가지 윤락, 윤락녀 등의 단어가 아닌 가치중립적 용어인 성매매가 사용된다.

덕적 규범과 제도에 있어서 이중성으로 성에 연관된 것들이 현상적으로 드러나지 않고 있었다. 1980년대 이후 우리사회는 의도적이든 비의도적이든 성개방에 대한 잘못된 정책실행으로 성매매 그리고 남성들의 성개방에 대한 몰이해를 통한 방종은 강간과 같은 고전적 성폭력보다 더 심각한 사회문제를 야기시켰다. 이러한 사실은 21세기 정보화시대가 도래하면서 우리나라의 정책적인 정보화사회의 신속한 대응으로 세계적으로 정보화를 선도하는 국가가 되었다. 그러나 정보화를 통한 성매매의 새로운 형태들이 발생하고 있으며 그것에 연관된 문제들이 파생되면서 양적인 측면에서뿐만 아니라 질적인 측면에서도 훨씬 심각하다는 것이다. 통계적으로 본다면 성매매와 같은 성에 연관된 형태에서 사용되는 비용이 연간 20조가 넘는다는 것이다.[11)]

(1) 성매매의 동기와 과정

성매매에 대한 동기와 그 속으로 빠져드는 과정을 파릴리오(V. N. Parrillo)와 스팀슨(A. Stimson)은 성매매 동기에 대한 고전적인 분석은 시기적으로 청소년기를 중요하게 파악하고 있다. 1960, 70년대 우리사회의 산업화와 2000년대 정보화사회와 연관하여 성매매의 특성 변화를 살펴본다면 경제적 측면과 저연령화라는 특징을 통한 그 내용으로는 아래와 같은 여섯 가지로 정리할 수 있을 것이다.

① 빈곤
② 아동기의 성학대 경험 유무
③ 외로움(social isolation)
④ 청소년 비행
⑤ 접촉차이
⑥ 약물복용

위의 여섯 가지 이유가 성매매의 동기로 구분되고 있는데, 이것들은 시대

11) 영국의 BBC 방송이 발행하는 2010년 2월 잡지 포커스(Focus)에 의하면 우리나라는 세계에서 포르노에 가장 많은 돈을 쓰는 나라로 조사되었다. 즉 1인당 포르노에 지출하는 비용이 가장 많아서 색욕 부문서 1위에 올랐다.

변화에 따라 우선순위의 변화는 있지만 국가를 초월한 보편적인 원인으로 간주될 수 있다. 과거에는 빈곤이 주요 원인으로 되었지만 오늘날에는 외로움이나 약물복용 등의 원인이 더 강조되는 경향이 있다. 이런 현상들은 아래의 보편적 과정을 겪게 된다고 볼 수 있다.

① 성에 대한 모험의 단계로서 남자 친구와 가끔 성관계를 맺는다.
② 과도기적 단계로서 원인의 다양성은 있다. 예를 들어 돈, 고독, 친구 등이 해당된다.
③ 직업으로서 인식 단계로 일부는 성매매를 일시적인 일로 간주하기도 하지만, 대부분은 풀타임의 일자리로 생각한다.

특히 위의 동기들에 대한 적용 대상들이 저연령화 되면서 청소년들이 위에서 설명된 일상적 과정을 통하여 성매매를 시작하고 있다. 이러한 현상은 업소에서 성관계만을 목적으로 이루어지는 전통형 성매매로부터 본래의 목적과 다르게 성매매가 행해지거나 성매매 등 알선하거나 그것에 대한 단속을 피하면서 매출을 증대하는 산업형 성매매, 오늘날에는 단속의 강화와 인터넷 등의 발달로 인하여 업주나 매개자 없이 직거래를 통하여 자영형 성매매나 새로운 형식의 성매매들이 나타나고 있다.[12)]

(2) 청소년성매매

우리사회가 서구사회와는 다르게 산업화를 급격히 겪으면서 기형적인 자본주의 발달로 인한 이성적 사고의 부재 속에서 정보화시대가 도래하면서 왜곡된 정보화 기기의 확장과 그로 인한 왜곡된 정보접근의 확산 그리고 무분별한 오용이 급격히 전개되었다. 그러는 가운데 원조교제 용어는 1990년대 초 일본에서 발생하였지만, 우리나라에는 1997년경부터 나타나기 시작하

12) 여기서 간과해서는 안 될 것은 이러한 분야에 종사하는 여성의 수가 50만에서 200만에 정도에 이른다고 한다. 남성의 수를 감안하면 그 수는 엄청나게 증가할 것이다. 단순 비교분석이지만 여성의 측면에서 이 분야에 종사 가능한 연령대에 분석하면 20에서 29세의 여성의 인구의 수(2005년 현재 350만 명)와 종사자의 인구수와 비교한다면, 그 결과는 매우 기형적이고 비생산적 구조를 보이고 있음을 알 수 있다.

면서 신종 성매매의 다양한 형태로 성에 대한 도덕성을 청소년들에게 무감각하게 인도하였다. 이는 미성년 여성이 성인 남성과 금전을 매개로 발생하는 것으로, 원조를 받는 대신 그 대가로 교제를 해주는 것을 의미한다. 그러므로 원조의 의미는 용돈이나 선물의 형태를 띠고 있다. 이 용어보다 이를 대신할 수 있는 용어로 청소년성매매로 선정하여 그 대상을 성인뿐만이 아닌 성을 파는 청소년의 행위까지 포괄적으로 규정하였다.

(3) 청소년성매매의 실태

교제는 술좌석이나 놀이에 동행하기, 신체접촉, 성관계 등을 의미하며, 미성년 여성과 성인 남성 간의 성거래, 즉 실질적으로 청소년성매매는 새로운 현상은 아닌 것이다. 청소년성매매의 형태와 원인은 사회적으로 소비풍조의 만연에서 찾을 수 있다. 우리나라에서 성매매는 성에 대한 오랜 억압적 사회구조 속에서 기성세대들에게 학습된 성적이중성과 성에 대한 사회적 인식변화로 인해 증가되고 있었다. 성매매에 대한 접근의 용이함과 같은 사회적 변화를 성개방으로 오인시키는 사회 분위기는 성매매에 있어서 피해자나 가해자라는 인식으로부터 성매매자들의 성도덕에 대한 부정이라 할 수 있을 것이다.

오늘날 우리사회에서 청소년성매매의 증가는 다양한 소통매체를 가능하게 한 인터넷 발전의 결과물이라 할 수 있다. 즉 통신매체의 발달로 인하여 이러한 현상은 더욱 심화되고 있었는데, 왜냐하면 청소년들은 컴퓨터와 인터넷에 능하여 그것을 통한 접근 가능성이 매우 높기 때문이다. 그러므로 원조를 전제로 하는 청소년성매매는 경제력이 있는 성인 남성을 통한 경제적인 약자로서 소비에 대한 열망을 자체적으로 해결할 수 없는 미성년 청소년들에게는 매우 유혹적일 밖에 없을 것이다.

우리나라에 있어서 1990년대는 성매매에 있어서 심각한 문제가 발생한 시기라 할 수 있다. 왜냐하면 컴퓨터와 인터넷의 보급으로 새로운 형태의 성매매 형태가 다양하게 등장하고 있기 때문이다. 원조교재에 있어서 그 원인이 경제적 문제가 아닌 유흥비 마련을 위한 성적 거래라는 것과, 기존의 성매매와 다른 점은 익명성을 보장할 수 있는 사이버 공간을 통하여 접촉한다는 것이다. 또한 그 대상들이 미성년 학생들이며, 그것을 경험한 성인들이 지속적이고 상습적이라는 사실 그리고 돈이 매개체이기에 범죄의 원인이 된다는 점이다.

이러한 현상을 사회문제로 간주한다는 것은 한편으로는 개인적인 측면에서 윤리 또는 도덕성에 대한 문제를 제기하면서 다른 한편으로는 법적인 제재 또는 처벌로서 해결이 요구된다는 것이다. 왜냐하면 청소년성매매의 근본원인은 사회의 물질만능주의, 가족해체와 같은 사회구조적 문제이기 때문이다. 그러므로 문제의 해결을 위해서는 사회구조의 건전성을 담보하여 청소년들의 정신적 육체적으로 희망을 품을 수 있는 성인들에 대한 신뢰가 요구된다.

2) 성폭력으로서 성매매에 대한 이해

오늘날 우리사회에서는 성적인 측면에서 정보에 대한 오해와 편식으로 성에 대한 부적절한 양상은 모든 사회구성원들에게 성에 연관된 성폭력이나 성매매에 대한 매우 다양한 방식으로의 접근을 가능하게 하였다. 이것은 성폭력에 대한 새로운 형태를 야기시키고 있다. 이런 측면에서 성매매의 존재는 불법적인 행위에 대한 비의도적인 인정으로 남성에 의한 여성에게 가해진 성폭력이기에 여성문제이기도 하지만 사회의 보편적 문제이기도 하다. 인간이기에 금기적인 것으로 인간의 성매매는 인간이 인간에게 가하는 가장 폭력적 행태라고 할 수 있다.

우리사회에서 성에 연관된 사회문제적인 시각은 1980년대 정치적인 측면에서 국민들에 대한 사회적 무관심을 유도하기 위한 스포츠(Sports), 스크린(Screen), 섹스(Sex) 3S정책의 일환으로 성에 대한 규제를 풀어주는 것으로부터 발생한 사회적 현상이다. 그것은 성에 대한 사회적 엄격성이 존재하는 우리사회에서 그 희소성을 감소시켜 호기심으로부터 해방시킬 수 있다는 인식으로부터 출발하였다. 다른 하나의 시각으로 그것은 결과적으로 성개방이 아닌 성타락이라는 관점에서 접근하는 논리로서 사회구성원들의 소비에서 성매매에 연관된 분야에 천문학적인 비용의 발생을 의미한다. 왜냐하면 성에 대한 호기심으로부터 제공된 성은 모두 상품으로서 매매의 대상이 되었기 때문이다. 오히려 그것은 또 다른 의미에서 한편으로 성폭력으로부터 다른 한편으로 성적 호기심으로부터 해방시키기 위한 정책이 우리사회의 정치·경제·사회·문화적 측면에서 성산업으로부터 자유로운 곳이 사라졌다는 것이다. 이것은 우리의 성의식에 있어서 한편으로는 성의 상품화에 대한 소비자로서, 다른 한편으로는 공급자로서 상품화된 성에 대한 도덕적인 척도를 제시하는 성에 대한 이중구조로부터 기인하는 것이다.

그러므로 우리사회에서 성문화는 하나의 사회문제로 인식되어야 한다. 그것은 열린 성문화를 의미한다. 그동안의 폐쇄적인 성에 대한 사고는 의도적인 성의 공개를 개방이라는 오해 속에서 많은 문제들을 파생시켰던 것이다. 그 중에서도 성매매는 우리 사회에서 가장 흔히 이야기되는 성폭력의 하나라 할 수 있다.

생각해봅시다

성매매와 성폭력은 인권의 측면에서 모든 국가들로부터 반인권적인 것으로 간주되고 있다. 아날로그 시대에서 우리나라 성폭력과 성매매가 전통적 남성가부장적 구조에서 일상적이지는 않았지만 부정도 긍정도 아닌 모호한 도덕적 이중적 잣대로 경제적 측면에서 의도적이든 비의도적이든 특정 여성들에게 성매매에 대한 종사를 강요하였던 사회라고 할 수 있다. 그러나 디지털 시대로의 전환으로 인한 정보화사회의 등장은 성폭력과 성매매에 있어서 대부분 불특정 가해자를 통한 성적 범죄가 불특정 피해자들에게 지속적으로 정신적·신체적인 잔혹한 피해를 야기시키고 있다고 볼 수 있다. 결과적으로 이 시대적 변화는 성문화에 있어서 가상공간에서 가해자의 익명성은 더욱 강해지고 현실에서 피해자에게는 2, 3차의 가해가 더욱 가혹한 구조로 형성되는 것이 가능하게 되었기에 이것에 대한 깊은 성찰을 위한 사회복지적 접근이 필요할 것이다.

보건문제와 의료복지

의학의 발달에 따른 보건의료제도의 정비는 현대사회에서 인간의 건강문제에 매우 중요한 영향을 미쳤다고 볼 수 있다. 왜냐하면 그것이 과거에 개인적 차원의 문제로 간주되었던 인간의 건강문제를 산업사회의 등장과 산업의 고도화로 인한 환경의 변화와 오염을 통하여 새로운 질병들이 발생하면서 사회적 차원의 문제라는 인식의 변화 때문이다. 결국 인간들은 국가와 사회의 발전을 위한 노력의 주체들뿐만 아니라 그 사회의 구성원들로서 오히려 그 부작용의 피해자가 되었기에 현대 산업사회에서 인간의 건강문제의 해결을 위해서는 더 이상 개인적인 문제가 아닌 사회적 차원으로 접근하여야 한다는 시각의 전환을 의미하는 것이다.

1. 질병문제

인류의 역사는 질병과의 투쟁의 역사라고 할 수 있을 것이다. 왜냐하면 산업화 이전에는 전염병과 기생충에 의한 질병이 인간의 생명을 위협하였기 때문이다. 그런 이유로 지금으로부터 200여 년 전인 1800년대 그 당시 인간의 기대수명은 25~35세 정도였다. 산업화 이후 질병에 대한 의학기술의 발전 및 영양상태가 개선되어 인간의 사망률이 감소되면서 기대수명은 급속히 증가하게 되었다.

<표 9-1> 각 국의 사망률 비교

구분	인구 십만 명당 사망율					
	1960	1980	1997	2007	2017	2022
한국	1300.0	730.0	806.9	501.7	557.3	727.6
일본	750.9	622.9	724.6	868.9	1055.7	1255.4
프랑스	1088.4	804.3	579.2	833.9	903.3	980.7
캐나다	1060.8	793.8	616.4	713.4	772.8	829.5
영국	1098.8	940.6	706.1	840.0	920.0	960.0
독일	1223.6	923.9	687.5	1010.0	1130.0	1230.0
미국	1104.7	843.2	705.6	800.0	860.0	1010.0
이탈리아	1122.9	863.6	605.6	967.5	1071.0	1208.7

사망률의 감소로 인한 인간의 기대수명 증가는 새로운 질병에 대한 노출의 증가로 인식될 수 있다. 즉 그것은 감염의 가능성이 높아질 수 있다는 것을 의미한다. 그럼에도 불구하고 위의 표에서 보는 것처럼 선진국의 낮은 사망률은 질병의 감염에 대한 대처와 응급상황에서의 체계적인 대처능력 등에서 비롯된다.

선진 산업국가들의 사망률을 기대수명과 연계하여 비교분석한 위의 <표 9-1>에서 볼 수 있는 것처럼 의학기술의 발전과 경제상황 그에 따른 영양상태 호전으로 기대수명의 증가하였으나 고령화와 인간 수명의 한계와의 충돌은 오늘날 사망률의 증가로 이어지고 있음을 알 수 있을 것이다. 우리사회의 사망률은 비교대상국가들 중에서 제일 높다. 그것은 급속한 경제발전에 의한 풍요로움으로 인하여 한편으로는 기대수명이 높아졌지만, 다른 한편으로는 우리 구성원들의 식습관 변화로 인하여(과식과 육식의 증가) 각종 동물에 기생하고 있던 바이러스에 노출되었으며 환경오염 등으로 면역성의 약화는 질병에 대한 새로운 국면으로 접어들고 있다는 것을 의미한다. 그것은 1980년대 이후부터 각종 바이러스의 인간에 대한 공격으로 나타나고 있다. 아래에서는 인간의 생명을 위협하고 있는 몇 가지 질병의 발생에 대한 상황을 연도순으로 정리한 것이다.[1)]

1) 중앙아시아에서 발생하여 유럽으로 전파되어 14세기 중반에 유럽에서 유행하였던 흑사병은

1) 에이즈

에이즈에 관한 일반적인 것으로서 에이즈는 이미 현대사회에서 가장 심각한 질병인 제2의 흑사병으로 알려져 있는 에이즈는 이미 현대사회에서 가장 심각한 질병으로 간주되고 있다. 에이즈 AIDS(Acquired Immune Deficiency Syndrome)는 HIV(Human Immune Virus)가 야기시키는 질병이다. 에이즈에 관한 최초의 예는 1981년 미국 로스앤젤레스의 한 동성애자에게서 발생되었다. 그런 이유로 초기에는 에이즈 발생 원인이 동성 간의 성관계로 간주되었으나, 나중에 이성 간의 성관계에서 발생됨이 밝혀졌다.

이것은 에이즈 발생 예방에 대한 연구의 중요성을 제기하게 되었는데, 왜냐하면 앞에서 논의된 에이즈의 감염경로에 대한 오해가 만연되어 있었기 때문이다. 그 이외에 몇 가지의 오해에 대하여 이야기한다면 에이즈 환자와 통상적인 접촉이나 그들과 연관된 음식물, 공기, 대변, 곤충으로부터는 전염된다는 것과 같은 것들이다. 실질적으로 에이즈의 전염은 직접적인 접촉으로 감염된 사람과의 성적 접촉과 감염된 사람의 장기나 조직을 이식받거나 오염된 주삿바늘을 사용하는 경우 그리고 감염된 산모의 신생아에게 나타난다.

에이즈의 전염양식에 따른 세계보건기구(WHO : World Health Organization)의 에이즈의 지역별 유형을 살펴보면, 패턴 I은 에이즈 최초 발생지역으로 동성애, 양성애 남성들과 약물사용자들에게 전염률이 높은 반면 여성들이나 이성 간의 전염률은 낮다. 주로 산업화된 국가들이 이 유형에 속한다. 패턴 II는 이성 간의 상대적으로 감염률이 높으며, 어머니로부터 감염되는 경우와 사하라 사막 이남의 아프리카와 카리브해역 국가들이 속한다. 패턴 III는 패턴 I, II 지역 사람들과의 성관계를 통해 전염되며, 비교적 전염률이 낮다. 하지만 태국과 인도의 성매매 여성 남성들, 이성 간의 감염률이 매우 높은 예외지역이다. 이러한 사실을 전 세계적으로 분류한다면 아래의 <표 9-2>와 같다.

1347년부터 1351년 약 3년 동안 2천만 명에 가까운 사람이 사망하게 하였다. 이런 이유로 흑사병은 그 당시의 사람들에게 천벌이라고 생각할 수밖에 없을 정도로 무시무시하고 불가항력적인 재앙으로 간주되었다. 유럽 각지에서는 흑사병이 인간의 죄에 대한 신의 벌이라고 생각한 사람들은 종교적인 측면에서 기도와 금식하는 현상이 나타나기도 하였다.

<표 9-2> 지역별 성인 에이즈 감염 방식

지역	패턴
사하라 사막 이남 아프리카	II
동남아시아	III
라틴 아메리카, 카리브해 국가	I/III
북아메리카	I
서유럽	I
동아시아	III
북아프리카, 중동	III
동유럽, 중앙아시아	III
호주, 뉴질랜드	I

우리나라 에이즈 감염자 현황을 살펴보면, 2022년 신규 에이즈 환자로 1066명으로 지난해보다 91명이 증가했다. 감염자들은 92.3%가 남성으로 그리고 20, 30대의 점은 세대가 66.4%로 나타났으며 현재 전체 감염자는 15,880명으로 보고되고 있다. 질병관리청에 따르면 에이즈는 당뇨·고혈압과 같이 만성질환으로 되었기에, 조기에 발견해서 적절하게 치료·관리하면 건강인과 같은 일상생활을 유지할 수 있다고 한다. 그런 이유로 에이즈는 조기 검진과 치료가 중요하다.

에이즈는 이성애 동성애 구분 구별과는 관계없이 누구나 걸릴 수가 있다. 흔히 말하면 재수 없으면 걸릴 수도 있다는 말이다. 열에 아홉은 성 접촉에 의한 것이지만 수혈 과정에서 에이즈에 걸리는 사람도 있다. 또 남성이나 여성의 무분별한 성관계를 통하여 특정 또는 불특정 상대방이 에이즈에 감염되기도 한다. 또한 에이즈 환자를 적대시하는 우리 사회의 편견과 차별이 에이즈 환자를 키우고 있는 것은 아닐까? 하는 측면을 고려할 수 있다. 아래의 <표 9-3>은 다른 국가들과 에이즈에 대한 인식을 비교분석한 것이다. 국가마다 조사된 시기가 다르지만, 그럼에도 불구하고 내용적으로 우리에게 많은 시사를 하고 있음을 알 수 있다. 우리나라는 시기적으로 2007년 2008년 임에도 불구하고 미국이나 영국과 같은 상대적으로 보수적인 선진국의 10여 년 전보다도 그 편견의 도가 지나침을 알 수 있다. 특히 미국과 영국보다 10

여 년 전에 조사된 프랑스는 인권의 측면에서 접근하여 차별 없는 사회임을 보여주고 있다. 반면에 우리나라는 10년 이상 이전 조사임에도 불구하고 그 편견의 정도가 오히려 증가하고 있음은 사회복지와 복지국가를 지향하고 있는 우리로서는 우선적으로 세계화에 대한 올바른 이해가 요구된다.

<표 9-3> 에이즈 감염자에 대한 국가별 차이 비교

	미국(1999)	영국(2006)	프랑스(1992)	한국	
				2007	2008
가족에서 추방	—	—	—	23.3	23.7
직장에서 추방	18.6	8.0	—	26.7	30.3
자녀와 같은 학교 불가	14.9	—	20.7	44.4	44.6
사회로부터 격리	—	—	5.6	36.0	41.5

아래의 네 가지는 위의 차별과 차이를 강요하는 사회로부터 해방된 사회의 건설을 위한 정책들이라 할 수 있다. 에이즈에 관한 정책으로 보건복지부에서는 에이즈 예방홍보, 유흥업소 종사자에 대한 성병 검진, 국내체류 외국인 등에 대한 조사, 수입혈액에 대한 조사 등을 아래와 같이 실시하고 있다.

① 홍보사업 실시 : 유흥업소, 동성연애자 등을 대상으로 에이즈 예방 홍보물과 교육자료 공급
② 특수접대부, 유흥접객원 등에 대한 성병 검진대상자에 대한 6개월마다 에이즈 검사 실시
③ 국내 체류 외국인 중 연예, 흥행에 종사하는 사람에 대한 에이즈 항체 음성확인서 소지의무와 입국 후 72시간 내 검사 의무화
④ 수입혈액에 대한 HIV 항체검사 의무화

2) 중증 급성 호흡기 증후군(사스: SARS, severe acute respiratory syndrome)

사스-코로나바이러스(SARS coronavirus)가 인간의 호흡기에 침범하여 발생시키는 질병으로 2002년부터 2003년까지 유행하여 800여 명의 감염자와 그 중 700여 명의 사망자를 발생시켰다.

3) 조류독감(조류 인플루엔자 바이러스: A, Avian influenza A virus H5N1)

조류독감은 우리사회에서 과거에 인식하지 못하였던 질병 중 하나이다. 전 지구적인 가금류와 같은 육류 사육과 접촉, 소비의 증가 현상이 원인으로 작용할 수 있을 것이다. 이 질병은 전 지구적으로 2003년부터 2008년까지 유행하였던 전염병으로 조류 인플루엔자 바이러스에 감염된 조류에 의해 전염된다. 그 감염의 매개체는 조류의 배설물이다. 증상으로는 기침, 호흡곤란 등 주로 호흡기 증상이며, 발열, 오한, 두통 그리고 설사와 같은 위장관계 증상, 중추신경계 관련된 신체 전반에 걸쳐 다양한 증상들이 나타나고 있다. 질병의 위험성은 인체에 감염된 경우 높은 사망률을 보이고 있다는 것이다.

4) 신종 인플루엔자 A(Influenza A virus subtype H1N1)

2009년도에 전 지구적으로 대유행하였으며 인류를 죽음의 공포로 몰아넣었던 질병이다. 이 질병의 원인은 인간, 돼지, 조류 인플루엔자 바이러스의 유전물질이 혼합된 새로운 형태의 바이러스이기에 신종 인플루엔자로 불리고 있으며 짧은 시기에 전 세계로 확산되었다.

5) 코로나 19

코로나바이러스 감염증-19(COVID-19) 일명 코비드 19는 2019년 말에 중국 우한에서 발생하였다. 코로나19는 전 세계로 확산되면서 거의 모든 나라에서 많은 사람들이 감염되었으며, 새로운 정치적 사회적 경제적 문화적 변화와 현상들이 발생하고 있었기에 팬데믹(Pandemic)[2]이라는 용어가 사용되었다. 발생한 지 3년이 지난 2023년 현재에 이르기까지 그 영향력은 약화의 경향은 보이고 있지만 완전히 소멸되었다는 모습은 전 세계적으로 보이지 않고 있다.

위의 질병들의 특징으로부터 우리들은 그런 질병의 등장이 인간의 자연에 대한 과도한 도전으로부터 발생되었다는 것을 인식할 수 있을 것이다. 도전은 환경에 대한 개발과 발전 그리고 파괴라는 담론 속에서 인간의 삶의 질적 상승을 위한 환경 개발이 오히려 인간의 생명을 위협하는 결과로 나타나고 있다. 그러므로 그 도전의 문제는 생존을 위한 최소한의 것이 아닌 인간의 최대한의 욕망을 채우기 위한 최대한의 욕심이라는 것이며, 수많은 질병들이 그 결과물인 것이다. 현대 산업사회에서 질병의 발생으로부터 치료와 예방에 이르기까지 건강하게 잘살기 위한 인간의 노력은 환경보존과의 균형적인 발전이 요구된다.

2. 정신건강문제

정신건강문제에 있어서 우리나라는 1960년대 이전에 수적으로나 질적으

2) 팬데믹(Pandemic)은 새로운 질병이 전 세계적으로 유행하는 것을 의미한다. 팬데믹은 그리스어인 판데모스(pandemos)에서 따온말로 판(pan)은 모두(everyone)를 의미하고 데모스(deoms)는 인구(population)를 뜻한다. WHO가 설정한 팬데믹 기준은 강력한 전염성, 사람 대 사람 간 전염, 동일한 전염병이 2개 대륙 이상에서 발생할 것 등이다. 세계보건기구(WHO)의 전염병 경보 단계 중 최고 위험 등급에 해당한다. 최근 WHO는 1918년 스페인 독감 이후 코로나19에 대해서 팬데믹을 선언했다.

로 차이가 있었지만 정신질환자들에 대하여 관심의 대상으로 간주되고 있지 않았다. 그들은 한두 명씩 마을을 돌아다녔지만 그리고 가끔 손가락질을 받았으며 당시의 생활수준이나 거주지의 공간적 상황으로 집안에 가두어 두는 그런 일들이 일상화되지는 않은 것 같다. 왜냐하면 하나는 정확히 알 수는 없지만 그 수가 그리 많지 않았다는 것, 그리고 다른 하나는 그 당시 그들을 집안에 가두어 둘 만한 공간적 여유들이 없었던 것으로 생각해 볼 수 있을 것이다. 1970년대 우리나라 국내적 상황이 정치·경제·사회적으로 통제가 강화되면서 그들에 대한 잘못된 사회적 국가적 관심은 질서라는 이름으로 어느 순간 마을에서 그들은 사라져버렸다. 이것은 그들에 대한 서구사회에서 300여 년 전에 발생하였던 격리 · 구별이라는 현상이 우리사회에서 산업화와 더불어 급격하게 나타나면서 정신질환을 사회문제로 간주하게 되었다. 또 이런 현상은 사회경제적 변화와 발전 속에서 정신적으로 새로운 어려움이 등장하였다.

1) 정신질환의 원인

현대사회에는 수많은 질병들이 인간을 육체적으로 괴롭히고 있지만 급속한 사회발전과 산업발전의 결과물로 수많은 생산물을 통하여 우리사회에서도 인간의 욕망은 탐닉(addiction)의 시대로 빠져들고 있었다. 급속한 산업발전과 경제적 풍요로 인한 사회적 기여에 있어서 국내적·국외적 변화는 오랫동안 결핍의 공간이었던 우리사회에 중독성 물질, 음식 정보, 도박, 쇼핑, 게임 채팅 등 넘쳐나게 되었다. 이것들은 결핍의 극복을 위한 노력에 대한 대가를 의미하면서 그들에게 보상을 약속하는 자극들로 작용하고 있었다. 2000년 밀레니엄 시대에 성장 위주의 경제정책 기조의 변화로 인하여 분배적 측면에서 욕구분출이 급속한 산업발전에 대한 억압된 사회구성원들의 노동력 기여에 대한 스스로의 보상심리의 대가로서 발생하고 있었다. 그것은 오랜 기간 성장 위주의 정책으로 쌓여 있었던 것이기에 사회적 비용이 양적인 측면에서나 질적 수준에서도 과거와는 비교할 수 없을 만큼 급격한 사회적 현상들을 야기하고 있었다. 특히 컴퓨터, 스마트폰, AI 등 디지털과 같은 전혀 새로운 문명 기기가 등장함으로써 삶의 방식 전환의 요구와 충돌하고 있다.

그러므로 오늘날 선진국에서는 이미 육체적 질환보다 인간에게 그리고 사회에 대하여 많은 영향을 미치고 있는 것은 정신질환이라 할 수 있다. 급속한 산업화와 경제성장은 정신질환의 증가를 가져왔음에도 불구하고 우리사회에서 정신질환에 대한 근본적 문제는 정신질환에 대한 사회적 편견으로서, 이것이 정신건강문제의 해결과 발전을 저해하고 있었다고 볼 수 있을 것이다. 일반적으로 정신질환의 원인으로는 다양한 문제가 제기되고 있는데 일반적으로 아래와 같은 원인들을 살펴볼 수 있을 것이다.

① 뇌의 병리적 현상의 일종인 유전·신경학적 요인
② 빈곤, 성장기의 학대 경험, 정서적 충격 등과 같은 사회·환경적 요인
③ 사회의 고령화로 인한 알츠하이머 병, 치매와 같은 노인성질환
④ 전쟁에 의한 것으로, 국가 간 전쟁의 충격으로 인한 스트레스로서 정신질환
⑤ 기술발전, 가족기능의 변화와 같은 급격한 사회변동

위의 논의된 원인들과 현대 산업사회에서 급격한 자본주의의 발달과 상업화는 인간을 사회적으로 무력한 존재로 만들고 있다. 그것이 인간을 사회적으로 왜곡시키면서 사회에서는 정신질환으로 규정하고 있다. 그러나 정신질환은 단 한 가지 원인으로 발생한다고 할 수 없으며, 위에서 논의된 여러 요인들이 복합적으로 작용하여 인간의 정신을 나약하게 하는 정신적 과정 또는 현상이라 할 수 있다.

2) 정신질환의 모델

정신질환의 모델이란 정신질환의 발생에 있어서 그 원인과 형태를 규정하는 방식이다. 여기에는 개인적인 측면에서 접근하는 메디컬 모델과 사회적인 측면에서 바라보는 상호작용 모델이 있다. 그러나 정신질환을 설명하기 위해서는 단선적인 측면에서 한 가지 모델만으로 설명하는 것보다는 이 모델들의 상호작용을 통하여 복합적으로 규정하는 것이 효율적 접근이라 할 수 있다.

(1) 의료적 모델

의료적 모델은 정신질환을 하나의 질환으로 인정하면서, 아래와 같은 알 수 없는 인간의 내적 요인들이 - 의료적 심리적 모델 - 인간의 마음을 병들게 한다고 설명하고 있다. 그러므로 이 모델은 정신질환을 앓고 있는 사람에 대하여 그 원인을 규명하여 그 장애를 토대로 정신질환자의 장애를 유형화한다.

① 불안장애로서, 공황장애, 공포증, 강박장애, 외상에 의한 스트레스 장애
② 정신분열증으로, 사고장애, 지각장애, 운동성 증상, 정서적 증상, 생활기능 손상
③ 성격장애로서, 편집성 장애, 정신분열성 성격장애, 반사회적 성격장애, 경계선적 성격장애, 자아도취적 성격장애, 의존적 성격장애, 강박적 성격장애
④ 기분장애로서, 우울증, 양극성 장애
⑤ 약물 관련 장애로서, 약물 복용으로 나타나는 현상
⑥ 신체형장애로서, 생리적 원인을 알 수 없는 증상

(2) 상호작용 모델

상호작용 모델은 위의 의료적·심리적 모델의 내적인 요인과는 다른 타인과의 관계 속에서 사회적응과정, 즉 상호작용 속에서 나타나는 증세로서 다

음과 같은 것들을 제시하고 있다.

① 개인장애로서, 과도한 불안, 억압, 공포, 상실감의 증대
② 엽기적인 살인과 같은 반사회적 행동, 일탈행위
③ 사고로 인한 심각한 두뇌손상으로 성격변화를 발생시키는 두뇌기능 저하, 동맥 경화, 알츠하이머병, 에이즈, 전신마비

전통적인 입장에서 상호작용 모델은 정신질환자와 상호작용에 대하여 부정적 시각으로 가지고 있기에 그 접촉 자체에 문제제기를 하고 있다. 왜냐하면 그 접촉이 새로운 정신질환을 야기시킬 수 있다고 생각하기 때문이다. 그런 이유로 국가나 사회에서 그들을 격리나 구별이라는 조치를 시행하였다. 오늘날에도 그런 인식이 아직 남아있지만, 일반적으로 사회적으로 정신질환을 앓고 있는 사람은 상호작용 모델에 의해 정신질환자로 낙인되고 있는데, 그 과정은 아래와 같다.

① 일탈행동
② 가족이나 지역사회에서 일탈행동에 대한 전문가에게 의뢰
③ 메디컬 모델에 의해 정신질환자로 분류

3) 정신질환의 현황과 대책

현대사회에서 정신질환의 증가현상은 사회의 고령화로 인한 치매와 함께 마약, 약물남용 등으로 산업사회의 고속 성장과 함께 발생한 신종 사회문제라 할 수 있다. 그러므로 인간의 정신건강은 사회를 유지시키는 데 매우 중요한 요소일 것이다. 왜냐하면 사회의 건전성은 인간의 건전한 정신을 통하여 담보될 수 있기 때문이다. 일반적으로 정신질환(mental illness)은 정신장애(mental disorder)를 총칭하는 말이다. 정신장애에는 생각, 기분, 행동상의 장애와 기능이상이 속한다. 이와 같은 정신장애로 인한 정신질환도 개인적인 측면

에서의 접근이 아닌 사회구조적인 측면에서 접근해야 하는 사회적인 문제로 전환된 것이다. 이런 측면에서 이래와 같은 법적인 토대를 통하여 구체적 사실에 접근해야 할 것이다.

① 정신건강복지법

우리나라에는 사회구성원들의 정신건강에 연관된 다양한 법들이 제정되어 있다. 그중에서도 우리나라 정신질환에 관한 대책은 정신건강증진 및 정신질환자 복지서비스 지원에 관한 법률(이하 정신건강복지법)을 토대로 하고 있다. 이 법은 이미 1985년에 정신보건법으로 입법 예고되었고 그 후 10여 년이 지난 1995년 12월이 돼서야 제정되었지만, 1997년 1월에야 실질적으로 시행될 수 있었다. 왜냐하면 이는 역사적으로 인간이면서 가장 비인간적인 취급을 받았던 그리고 받을 수 있는 정신질환자들의 인권에 대한 보호에 있어서 문제제기가 계속되었기 때문이다. 이런 인식으로부터 정신질환자에 대한 사회복지적인 접근을 통한 의학적 진단을 통하여 삶을 보장하는 인식을 강조하는 정신건강복지법으로 2017년 전면개정 되면서 시행되고 있는 것이다. 그것의 중요한 부분이 정신질환자의 입원이다.

정신질환자의 입원 형태는 본인의 입원, 보호의무자에 의한 입원, 시·도지사에 의한 입원으로 구분한다. 이 법에서는 정신보건위원회를 두어 환자의 퇴원, 재입원 등을 심사하며, 정신과 전문의, 법조인, 정신보건 분야 전문가 등 5-15인으로 구성된다. 정신질환자는 정신보건법 이외에도 사회복지사업법, 의료법, 지역보건법, 장애인복지법 등 여러 법에 적용을 받는다.

② 정신보건기관 현황

우리나라의 정신보건기관에는 의료법에 규정되어 있다. 그 법에 의하면 정신병원으로서 정신요양시설은 정신의료기관, 정신의료기관에서 의뢰한 정신질환자를 사회복귀를 위한 요양과 훈련을 목적으로 운영되고 있다. 또 하나는 정신질환자 사회복지시설로서 입원이나 입소 없이 사회복귀를 위한 훈련만을 실행하는 시설로 구분되어 있다.

우리나라에는 정신질환 수 2001년 150여만 명에서 자가 2021년 현재 410

여만 명으로 알려져 있다. 중요한 사실은 해마다 증가하는 환자 수에 비해 치료할 만한 재활시설이나 의료기관이 크게 부족하다는 것이다. 보건복지부에 의하면 정신재활시설이 전국에 100여 개 정도가 더 필요하다고 하였다. 기존의 정신보건정책은 주로 장기간 격리수용 방식이었으나 1997년 1월에 시행된 정신보건법의 제정 이후 정신질환자 조기발견, 재활 치료 중심으로 전환되었다.

3. 약물남용

정신질환에 연관된 약물남용에 있어서 2000년대 이후 마약이 사회문제로서 발생하였다. 마약청정국이었던 우리나라는 2000년대 이후 해외교류의 급증으로 마약의 국내 유입이 증가되었다. 그것은 한편으로 현대산업사회에서 몸과 마음을 상하게 되었던 사회구성원들이 개인적인 위로를 위하여 남용의 증가를 가져왔다고 볼 수 있으며 그 결과 가정과 사회에 많은 문제들을 야기시키고 있다. 다른 한편으로 우리사회의 구조적으로 마약에 대한 관리에 있어서 체계화가 되어 있지 않다는 사실로부터 찾을 수도 있을 것이다. 여기서 향정신성약물이란 사용자의 기분, 정서 및 인지에 영향을 주면서 뇌의 기능을 바꾸는 작용을 한다. 예를 들어 코카인, 헤로인, 마리화나, 신경안정제, 흥분제, 본드, 알코올, 니코틴 등이 이에 속한다.

1) 약물남용의 개념과 이론

우리사회에서 약물에 대한 남용의 의미를 매우 심각하게 다루고 있다. 왜냐하면 환자나 의사 모두 병에 대한 신속한 해결을 위한 처치의 결과로 약물남용으로 이어질 수 있기 때문이다. 그 예로서 마약처럼 항생제도 남용하면 중독과 같은 증상인 항생제에 대한 내성이다. 이런 이유로 식약청에서는 항생제 처방이나 사용에 있어서 철저한 검증을 하고 있는 것이다.

(1) 약물남용의 개념

약물남용은 향정신성 약물을 잘못 사용하거나 다른 목적으로 사용하는 것을 의미한다. 그러므로 약물의 사용 또는 남용이라 할 때 약물은 향정신성(psychoactive)약물에 집중되어 있다. 향정신성약물이란 사용자의 기분, 정서 및 인지에 영향을 주면서 뇌의 기능을 바꾸는데, 코카인, 헤로인, 마리화나 등의 마약은 물론 신경안정제, 흥분제, 환각제, 본드나 가스 등 마약의 효과를 가진 물질과 기호품인 술과 담배의 주성분인 알코올과 니코틴까지 포함한다.

약물남용(drug abuse)은 약물사용에 대한 사회적 기준을 위반(예: 의사의 처방 없이 정신적 쾌락을 위해 약물을 사용하는 것)하여 향정신성약물을 지속적으로 사용하는 것을 말한다. 약물남용은 약물사용자에게 신체적·심리적·사회적 악영향을 주어 개인적으로는 이혼이나 체포되어 정신병원과 같은 곳에 강제 입원이 이루어진다. 약물의존(drug dependence)은 약물에 대한 정신적·신체적 갈망(craving) 상태에 빠지는 것을 말한다. 약물의존이 발생한 경우에 약물투여가 중단된다면 금단증상(withdrawal symptom)이 발생하는데, 금단증상이란 약물이 부족해지면서 생기는 신체적·심리적 증상을 말한다. 예를 들어 알코올을 말하면, 신체적 증상으로는 경련, 환청, 불면증 등이, 심리적 증상으로는 불안, 초조, 자기경멸 등이 있다. 다시 약물을 복용하면 이런 증상이 사라진다. 이와 같은 과정이 반복되면 약물의존은 내성(tolerance)을 동반하는데, 내성이란 자신이 원하는 상태(환각상태)가 되기 위해 점점 더 많은 양의 약물이 필요하게 되는 상태를 말한다. 일반적으로 같은 약물을 지속적으로 사용하면 그 약물에 대한 내성이 나타나기도 한다.

약물남용이 약물의존으로 진행될 수는 있지만 반드시 그런 과정으로 진행되는 것은 아니다. 예컨대, 심각한 우울증환자의 경우 의사가 처방한 항우울증 약물에 의존하게 된다. 그러나 이를 약물남용이라고 하지는 않는다. 왜냐하면 의사의 진단과 처방에 의해 투여되는 약물은 사회적으로 용인되기 때문이다. 약물중독(drug addiction)은 중독성 물질에 대한 신체적 반응, 즉 신체적 의존상태(physical dependence on a drug) 또는 화학적 의존상태(chemical dependency)로서 약물에 대한 의존성 때문에 약물의 사용을 중단할 수 없는 상태를 말한다. 약물중독은 또한 약물로 인해 자신의 행위에 대한 통제력을 상실한 상태를 지칭하기도 한다. 대부분의 약물이 신체적 중독성을 갖고 있지만, 환각제는 그렇지 않다. 환각제는 심리적 중독성은 있지만, 신체적 중독성은 없다. 약물은 종류가 다양하고, 약물의 종류별로 주된 사용자층도 다르기 때문에 그 원인을 일률적으로 말하기는 어렵지만, 실업, 가정불화, 학교성적, 친구, 지역사회, 신념집단(faith group)과 관련이 깊다고 한다. 다시 말해서, 실업자일수록, 가정불화를 겪는 사람일수록, 학교성적이 낮을수록, 약물남용 친구가 있을수록, 이웃에 약물을 거래하는 사람이 있거나 약물남용을 하는 사람이 있을수록, 약물에 덜 엄격한 신념을 가진 집단에 속할수록 약물남용을 할 가능성이 크다는 것이다.

(2) 약물남용의 이론

약물남용의 근거나 원인을 어디에서 가져오느냐에 따라서 구분하여 설명할 수 있다. 하나는 개인적인 측면에서 접근하는 방식과 다른 하나는 좀 더 포괄적인 측면에서 개인이 속한 사회나 환경으로부터 그 원인을 추구한다. 전자에는 약물남용의 근본 원인을 비정상적인 성격으로 간주하면서, 성격장애나 정서발달에 문제가 있는 경우에 나타나는 증상으로 파악하는 정신역동이론, 인간의 행동은 학습된다는 전제하에서 약물 효용성의 증가에 대한 경험이 약물추구현상으로 나타나게 된다는 행동주의 이론, 유전적인 측면을 강조하는 이론으로 가족 중에 특정 약물에 대한 중독된 구성원이 있었다면, 후손들도 그럴 가능성이 매우 높다는 가족병 이론 등이 속하며, 후자에는 개인과 환경 간의 상호작용 관계로 환경에 의한 개인의 변화에 중심을 둔 이론으로 공동중독(coaddiction) 현상이 나타날 수 있다는 사회환경이론과 각각의 약물에는 신경전달물질 또는 신경전달 물질수용체가 있어서 특정 약물의복용으로 인한 중독은 그 약물에 의해 신경전달이 조정된다는 신경화학적 이론이 여기에 속한다.

2) 약물의 종류

약물남용에 있어서 그것에 해당되는 약물의 종류는 매우 다양하다. 그리고 산업사회가 고도화될수록 그 사회 구성원들의 삶에 대한 고통 해결의 욕구는 그 종류와 더불어 그 효과도 매우 강력해짐을 요구하고 있다. 이러한 현상으로 아래와 같이 남용될 수 있는 약물을 마약류와 흡입제 그리고 기타의 품목으로 술과 담배로 크게 구분할 수 있다.

의학적인 측면에서 뇌신경세포를 흥분시키는 약물로서, 예를 들어 필로폰, 카페인, 코카인, 니코틴 등의 중추신경 흥분제, 뇌신경세포의 기능을 억제하는 약물로써, 예를 들어 아편, 모르핀, 헤로인, 본드, 수면제, 신경안정제 등의 중추신경 억제제 그리고 흥분작용과 억제작용을 동시에 일으키기도 하는 변칙적인 약물로서, 예를 들어 LSD[3)], 대마초 등의 환각제로 구분되기도 한다.

3) 약물남용의 실태

일반적으로 약물남용은 습관적으로 특정약물을 복용하면서 몸에 위해를 입히는 것을 의미한다. 여기서는 우리나라에서 약물남용 실태로서 음주와 흡연 그리고 마약으로 분류하여 살펴볼 수 있다.

(1) 음주와 흡연

일반적으로 술과 담배에 대한 인식은 마약으로 간주하지는 않지만, 오늘날에는 신체에 위해를 가하는 것에는 동의하고 있는 편이다. 이런 측면에서 우리나라 성인들의 음주와 흡연은 전반적으로 감소하는 추세인 반면에 청소년들의 경향은 증가하는 추세를 보이고 있다. 이것은 아마도 우리나라의 남성, 성인 위주의 전통적 사회적 분위기를 반영하는 것일 수 있을 것이다.

우리나라의 음주에 있어서 문제는 전체적인 측면에서 음주인구비율은 감소하고 있음에도 불구하고, 질적 측면에서 음주 시작 연령이 낮아지면서 청소년 계층의 음주비율이 증가하고 있다는 사실이다. 또 하나의 문제는 음주를 습관적으로 하는 알코올 중독의 증가로서 여기에는 알코올 남용과 알코

3) 정식 명칭은 리세르그산디에틸아미드(lysergic acid diethylamide)이며 lysergide라고도 한다. 이는 맥각(麥角) 알칼로이드에서 유도된 강한 환각작용을 가진 합성물질이다.

올 의존으로 구분된다. 이러한 증상은 다른 정신질환과 마찬가지로 한 가지 원인으로 설명할 수 없으며 심리사회적, 유전적 요인들의 복합적으로 작용하여 나타난다고 볼 수 있다. 음주에 있어서 알코올리즘(alcoholism)은 직업 사회적 기능저하를 통한 음주운전[4] 등 각종 문제 그리고 가족 구성원들과 마찰을 야기시키고 있다.

흡연에 있어서 문제는 흡연자의 건강과 흡연연령이 점점 낮아지고 있다는 사실이다. 그 원인으로는 또래집단과 같이하기 위해, 호기심, 스트레스 해소 등으로 나타나고 있다. 전자에 있어서는 흡연으로 인한 각종 질병의 발생과 그로 인한 사망자의 증가를 의미한다. 세계보건기구 보건증진국장 수잔 머커드(Susan Mercado)에 의하면 매년 흡연으로 인한 사망자가 전 세계적으로 600만 명 정도에 이르고 있다고 보고하였다. 후자에 있어서는 그럼에도 불구하고 청소년과 여성흡연자는 미국이나 일본과 같은 선진국에서는 감소하고 있음에도 불구하고 우리나라에서는 오히려 증가하고 있다는 사실은 우리나라 청소년들이 선진국의 청소년들보다 더 집단적인 성향이 강하고 그런 분위기 강요하고 있는 사회에서 살고 있음을 보여주고 있다.

음주와 흡연에 있어서 그 관계가 매우 밀접함을 알 수 있다. 2006년도 공히 음주인구비율과 흡연율은 감소하는 경향을 보이고 있다. 그러나 여성과 남성 간의 음주와 흡연에 있어서 전체적으로 흡연은 줄어들고 있지만, 여성의 사회참여 증가와 양성평등 의식의 증진이 남성에게 있어서는 음주 흡연 모두 감소하는 반면에 오히려 여성에 있어서는 모두 증가하는 추세를 보이고 있다.

(2) 마약

통계적으로 2000년 우리나라 마약사범은 지속적으로 증가하고 있는 가운데 특별히 1997년 경제환란 이후 세계화라는 거대한 흐름은 우리사회를 다양한 측면에서 노출시키고 있었다. 그것은 상호 간의 왕래를 빈번하게 함으로써 한편으로는 긍정적인 측면으로 물질적으로나 정신적으로 선진적인 요

---

4) 음주 연령대의 저연령화는 음주로 인한 각종 사고에 있어서 연령이 낮아지는 것과 연관이 있을 것이다. 특히 음주운전의 적발 현황 통계에 의하면 20-30대에서 높은 비중(55%)을 차지하고 있다는 것은 우리사회에서 이 계층의 음주비율이 높다는 사실을 이야기하고 있는 것이다.

소들에 대한 학습을 통하여 발전의 토대를 마련할 수 있었다. 그러나 다른 한편으로는 선진국의 부정적 요소들이 여과 없이 들어오게 되었다. 아래의 <표 9-4>는 마약사범 단속현황을 분석한 것으로 양적 변화가 시대적 그리고 사회경제적 상황과 관계가 있음을 보여주고 있다. 코로나 19 상황 속에서 양적 증가뿐만 아니라 사회문화적 개방 현상으로 말미암아 마약의 질적 다양화뿐만 아니라 마약의 모든 유형에 있어서 많은 증가가 나타났다고 볼 수 있다.

<표 9-4> 연도별 마약사범의 증감

	2019			2020			2021			2022			2023		
마약 유형	향정의	마약	대마류	향정의	마약	대마류	향정의	마약	대마류	향정의	마약	대마류	향정의	마약	대마류
마약 사범 단속 현황	42	128	3	77	247	88	235	168	115	734	213	15	232	324	516

내용적으로는 기존의 마약밀수와 같은 특수한 과정으로부터 유통뿐만 아니라 마약 유통이 상대적으로 빈번한 미국이나 유럽에서 공부하고 있는 유학생과 교포들의 방문을 통해 국내로 반입되어 유통되면서 그 관련 사범은 12.6%로 증가하게 되었다. 즉 그동안 마약청정국으로서 인식된 우리사회에서도 마약복용, 유통, 중독 등 마약에 연관된 사람들이 과거의 특정 업종 종사자들의 마약사범으로부터 학생이나 회사원 다양한 직업군 등으로 확산되고 있는 실정인 것이다.

4) 약물남용의 결과와 대책

약물남용의 피해는 개인에게 내성을 증가시켜 사망에 이르게 하며, 또한 면역기능의 약화로 다른 질병의 발생위험성의 증가와 자아통제력의 상실을 가져오게 된다. 결과적으로 우리사회에서 그것은 범죄로 이어져 가족과 친구로부터 외면당하는 등의 사회·경제적으로 막대한 피해를 가져오고 있다는 것이 일반적인 사회적 규정이다. 즉, 약물남용은 사회적으로 당사자에 대한 문제일 뿐만 아니라 이차적 문제들을 발생시키기에, 약물남용자에 대한 대처방식은 약물남용자 개인보다는 집단이나 사회를 우선시하고 있으며, 그들에 대한 생각을 아래처럼 정책적 사고순위로 정리할 수 있다.

① 가족의 피해
② 범죄
③ 경제적 비용
④ 보건의료
⑤ 공급차단
⑥ 수요억제로서 예방과 치료에 중점을 두고 있다.

우리나라의 약물과 마약에 대한 대책들은 마약법, 대마관리법, 향정신성의약품관리법, 유해화학물질관리법 등 다양한 법들을 토대로 집행되고 있다. 즉 예방과 치료보다는 단속과 감시 위주로 되어있다. 그것은 이러한 관리정책들은 약물남용자를 환자라기보다는 우선적으로 범죄자로 간주하는 경향으로 되어있다는 사실이다.

4. 건강문제

건강5)의 사전적 의미로는 신체적, 정신적으로 질병이 없는 상태를 말한다. 세계보건기구는 건강은 단순히 질병이 없는 상태가 아니라 신체적·정신적·사회적으로 양호(well-being)한 상태라고 규정하고 있다. 즉 건강은 질병, 장애,

5) 세계보건기구(WHO) 헌장에는 건강이란 인종, 종교, 정치적 신념, 경제적 사회적 지위와 관계없이 모든 인간이 누려야 할 권리로서 질병이 없거나 허약하지 않은 것만 말하는 것이 아니라, 신체적·정신적·사회적으로 완전히 안녕한 상태에 있는 놓여 있는 것이라 정의하고 있다. 우리나라 헌법에도 건강을 모든 국민이 누려야 할 기본적 권리라 명시하고 있다. 이러한 건강의 접근에는 과거의 건강에 대한 개인적 책임, 즉 단순히 질병으로부터 벗어나는 수동적 건강만을 의미하는 것이 아니라, 금주, 금연 등 생활습관의 변화나 운동을 통한 적극적 건강에 도달하려는 능동적 태도를 포함한다.

신체활동, 정신건강, 사회적 안녕의 측면을 종합적으로 고려하는 개념이다. 건강문제란 인간에게 신체적, 정신적으로 질병이 발생한 상태로서 사회발전의 장애물이다. 또한 한 나라에 대한 건강상태는 그 나라의 질병과 사망을 기준으로 삼는 것이 일반적이다.

1) 건강의 의미

현대사회에서 인간의 건강은 개인문제가 아닌 사회문제이다. 전자의 측면에서 개인은 자신의 건강을 해치는 행동에 대한 대가를 지불한다는 의미로서 책임을 져야 한다. 후자의 측면에서는 산업화로 인하여 건강이 나빠지는 것에 대한 책임은 구조적인 문제라는 것이다. 왜냐하면 인간의 삶에 질적 상승을 위해 노력한 결과가 다른 한편으로 인간의 건강을 위해하는 요소[6]로 나타나고 있기 때문이다. 이러한 동전의 양면과 같은 현상은 오늘날 기대수명의 증가라는 결과를 가져왔다.

우리나라도 고령화 사회에 접어들었다. 기대수명의 증가(2024년 현재 남자: 81.4, 여자: 87.1세로 평균 84.3세)가 이를 뒷받침하고 있다. 우리나라 기대수명 증가의 문제는 여전히 유병장수에 있다. 86.9% 노인이 요통, 고혈압(3개월 이상의 만성질환) 등 질환을 앓고 있으며, 일상생활의 어려움을 호소하는 노인층 43.4%로서 버스·전철 타기, 전화 걸기 등을 혼자 수행하지 못하는 경우가 많다. 또한 기본적인 생활의 어려움을 호소하는 3.5%는 목욕하기, 식사하기, 화장실 가기 등의 일상생활이 불가능한 경우에 해당된다.

이러한 측면에서 문제는 우리나라 기대수명의 증가가 건강수명과는 거리가 멀다는 것이다. 여기서 건강수명이란 질병 없이 사는 기간을 말한다. 우리나라 국민들의 건강수명은 2022년에 평균 65.80세이다. 그 당시 우리나라 국민의 기대수명이 82.70세와의 차이는 대략 17세로 이것은 우리나라 대부분의 노인들이 17년 동안 질병에 고통을 받으며 살고 있다는 것을 의미한다. 아래의 <표 9-5>는 선진국들의 건강수명을 비교한 것이다.

---

6) 현대사회의 산업의 고도화는 사회적 위험인 실업, 주택부족, 불평등한 교육 등에 의해 빈곤이 건강결핍으로 인도되기도 한다.

<표 9-5> 건강수명에 대한 각 국의 비교

국가	건강수명		
	연령	순위	
		191개국	OECD 국가
일본	74.5	1	1
프랑스	73.1	3	3
독일	70.4	22	18
미국	70.0	24	19
한국	65.0	51	26

2) 건강정책

우리나라에는 건강에 관련된 부분들로서 공중위생, 환경보호와 같은 국가적 건강보호, 보험제도, 노동력 보호, 그리고 공장에서 운영하는 진료소의 간호 등과 같은 다양한 건강정책들이 있다. 이러한 건강정책은 건강을 위해하는 것을 제거하고 질병이 야기하는 부정적인 사회적 경제적 결과들을 완화하려는 국가의 행위로서 첫째, 전략적인 측면으로 직접적인 위기, 위험 요인에 대한 예방, 둘째로 건강시스템의 개입시기, 방식, 범위 규정, 셋째 재정적 보상의 규모, 기술의 규정이 이에 속한다. 이와 같은 우리나라의 건강정책에도 불구하고 정책적 후진성을 담보하고 있는 이유로는 아래의 세 가지 정도로 규정할 수 있을 것이다. 이러한 매년 전염병 발생 추이로서 우리나라 보건위생문제의 심각성을 인식할 수 있다.

① 결핵환자의 줄지 않는 증가추세
② 급성 전염병(매년 콜레라, 장티푸스)
③ 해외유입 전염병(열대 말라리아, 콜레라)

복지국가를 추구하는 국가에서 건강정책의 중요한 축의 하나로서 사회보험은 매우 중요한 역할을 하며, 특히 건강에 있어서 보험은 개인적인 질병의 위험으로부터 보호할 수 있다는 점에서 평가받을 수 있다.

독일에서는 사보험과 국가에 의해 법적으로 규정된 건강보험들이 광범위하게 상호 간의 밀접한 관계를 맺고 있다. 정리한다면 이러한 체계적인 국가의 건강보호는 아래의 <그림 9-1>처럼 기업, 개인 그리고 보험 간의 관계로 이루어진다고 볼 수 있다.

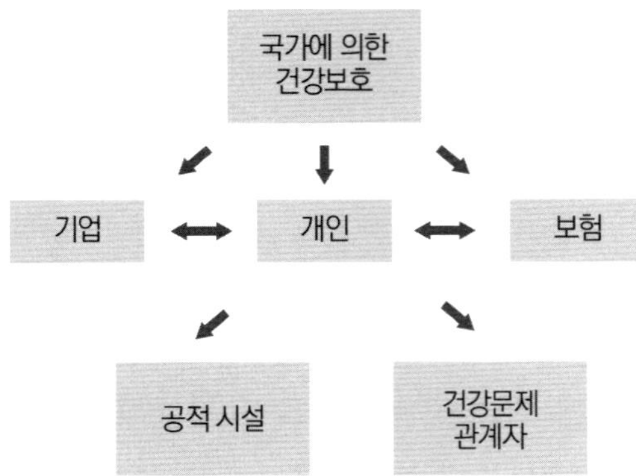

〈그림 9-1〉 국가 건강보호 체계

오늘날 이와 같은 건강보험시스템은 일반적으로 심각한 재정문제에 어려움을 겪고 있다. 왜냐하면 그 원인이 건강급부에 있어서 지속적인 비용[7]의 증가와 수입의 감소 경향이 뚜렷하게 발생하고 있기 때문이다. 그 요인의 하나는 노인 스스로가 건강보험의 높은 비중을 차지하고 있기 때문이다. 또한 인구구조의 변화(출생률 감소와 기대수명의 증가)와 다양한 유행병의 출현으로 다양한 원인에 의해 고통을 겪는 환자의 증가와 만성질환자들의 발생은 부가적으로 건강보험체계의 위기를 야기시키고 있다. 이와 같은 사회적 현상들은 보건의료체계에 대한 정책적 변화를 가져오게 되었다.

제도적인 측면에서 보건의료는 치료와 예방으로 구분할 수 있을 것이다. 전자의 의미는 사회적으로 발생한 다양한 질병에 대한 문제들을 해결하기 위해 의학적인 측면에서 치료를 강조하는 것이다. 후자는 사회복지적인 측면에서 의학적인 요소와 결합된 예방의학은 질병의 발생을 사전에 차단하여

7) 비용 상승의 원동력으로서 진단과 치료에 대한 기술적인 진보를 들 수 있다. 실질적으로 의학기술의 발전은 치료방법을 지속적으로 변화시키고 있다.

문화적으로 생활양식의 변화나 기타 조치를 취하는 것을 의미한다.

20세기 초에는 주로 의학기술 발달에 따른 질병의 치료에 중점을 두었으나, 사회의 복잡화와 산업의 고도화에 따른 환경오염은 새로운 질병들의 발생으로 치료보다는 다른 방식이 요구되었다. 예를 들어 비용의 측면에서 고혈압이나 당뇨병과 같은 만성질환 그리고 에이즈나 암과 같은 질환에 집중되고 있기에 사회보험의 과다한 지출은 치료보다는 예방으로 전환, 즉 생활양식의 변화와 같은 것으로 그 무게 중심이 이동하게 되었다.

3) 보론

건강에 연관된 사회복지는 의료복지이다. 의료복지는 사회구성원들의 건강문제를 해결하는 분야이다. 사람들은 의료복지의 수준이 사회구성원들의 건강수준을 담보할 수 있다고 한다. 우리사회에서 산업의 빠른 발전은 그들의 물질적인 측면에서 건강을 위한 치료와 예방에 많은 기여를 하였지만 사회적으로 급속한 변화는 적응의 측면에서 육체적으로뿐만 아니라 정신적인 피로에 의한 사회문제가 발생하고 있다. 이런 측면에서 의료복지의 심도 있는 사회적 고려가 요구되는 것이다.

건강한 정신(sound mind)에서 건강한 육체(sound body)가 나온다. 또는 건강한 신체에서 건강한 정신이 발현한다라는 구호가 한때 우리사회에서 울려 퍼진 적이 있었다. 실질적으로 그것은 우리의 산업발전의 토대가 되었으며 의학기술의 발전으로 이어졌다고 볼 수 있다. 의학기술의 빠른 발전은 우리에게 신체적인 건강의 측면에서 인간의 삶의 연장과 건강을 보장하기도 하였으며 이것은 급격한 기대수명의 증진으로 나타났다. 의료복지적인 측면에서 연관된 중요한 것은 사회적인 측면에서 건강수명에 대한 관심이다. 예를 들어 의료복지정책은 시간적으로 운동이 어려운 청소년에게 시행되면서 그들의 건강과 운동의 기회를 박탈할 수 있을 100원 버스와 같은 복지정책에 대해 이의를 제기하거나 논의를 해야 할 것이다. 또한 사소한 것처럼 보이지만 의료복지정책은 이동이 어려운 노인계층뿐만 아니라 모든 국민들의 건강증진에 연관된 문제들의 해결을 위하여 지하철 이용시 계단을 올라가는 것은 걸어서 그리고 내려오는 것은 에스컬레이터의 이용 등과 같은 의학적인 측면에서 노인복지의 세심한 정책적 접근과 사회적인 측면에서 관심을 가져야 할 것이다. 건강한 정신의 측면에서도 우리사회에 인간의 생명을 경시하는 등 사회적 문제들이 발생하고 있다. 이런 사회적 현상으로 낙태와 안락사에 대한 논쟁은 생명존중이라는 측면에서 현대사회의 중요한 사회문제로 간주할 수 있다. 또한 도파민네이션(dopamine nation)이란 별칭으로 알려진 우리사회의 약물이나 건강보존식품에 대한 의존현상은 사회적 건강뿐만 아니라 정신건강도 위해하고 있는 매우 중대한 사회문제라고 할 수 있을 것이다. 그러므로 우리사회의 건강수준은 우리 사회구성원들의 건강수준인 것이며, 그것을 위하여 의료복지의 수준이 우리나라 건강수준을 담보해야 할 것이다.

위에서 인간의 건강에 연관된 사항을 다양하게 다루었다. 결론적으로 건강은 인간의 생명과 연관되어 있고, 인간의 생명은 신의 영역임에도 불구하고 현대사회에서 사회구성원들의 건강한 삶은 자신들의 경제적 능력에 종속되고 있다는 사실이다. 그리고 그것이 오늘날 더욱 심화되고 있다는 사실이다. 그러므로 사회구성원들의 건강은 이제 개인문제가 아닌 사회문제라는 관점에서 바라보아야 한다. 그들의 건강한 삶을 담보하는 것은 개인적 노력뿐만 아니라 국가적인 책임이 수반되어야 하며, 그런 문제를 정책적이고 조직적으로 해결하는 분야가 의료복지라 할 수 있다.

생각해봅시다

농업사회 이전에는 인간의 건강이 개인적 차원의 문제였다. 왜냐하면 건강에 대한 문제는 질환들이 외적인 측면에서 야기되기도 하지만 많은 경우 그것을 극복할 수 있는 영양상태와 면역력 등과 같은 개인적 능력이나 상황 등에 영향을 받을 수 있기 때문이다. 그러나 산업혁명 이후 산업사회에서는 환경오염 등 각종 사회적 위험들의 발생함으로 그에 따른 인간의 건강을 위협하는 요소들이 증가하고 있었다. 사회의 발전을 변화로 인식하면서 그에 따른 건강에 대한 위험 수준의 상승에 대한 책임이 개인으로부터 국가나 사회로 전이되고 있다는 것이다. 그 책임을 담보할 수 있는 국민건강보험과 같은 의료에 연관된 제도적 결과물은 나라에 따라 다양하게 운영되고 있다.

10
Chapter

가족문제로서 가정폭력

1. 가족의 개념

가족은 사회의 기본단위라고 할 수 있다. 다양한 형태의 가족들이 모여 사회를 이루고 있다. 가족의 역할과 기능에 있어서 역사적으로 가족이란 개념은 현대사회에서 가족과는 전혀 다른 의미를 지니고 있었다. 어원적으로 가족은 영어표현인 family는 라틴어 파물루스(famulus)에서 파생된 것으로 그 의미 속에는 부인과 자녀 그리고 노예를 지배하는 절대적 권력으로서 논, 밭 집 가내노예, 가축 등을 포함하고 있었다. 그것은 서구 고대사회에서 한 사람에게만 종속된 생산도구들을 의미하였다. 이후 이 단어는 파밀리아(familia)라는 라틴어 명사로 사용되면서 가족과 혈통을 의미하는 유사한 형태의 단어로 발전하였다. 이런 어원의 변화와 함께 현대사회에서 의미하는 가족의 개념으로 진화되었다.

1) 가족의 의미

한 사회를 구성하는 가장 기본적인 조직으로서 가족은 사회를 유지하는 가장 본질적인 기능을 수행하고 있다. 가족문제에 있어서 근본적 원인은 역사적으로 가족에 대한 전통적 개념에 기초한다고 볼 수 있다. 즉 가족이 남성의 지배에 기초한 가부장제의 성격을 띠고 등장하였다는 것이다. 그러므로 생물학적 단위가 아닌 사회적 단위로서 가족, 그 속에 이미 현대사회에서 발생하고 있는 근원적인 문제들을 내포하고 있는 것이다. 가족은 사회구성원으로 산업의 발달과 사회의 변화에 최전선에 위치하고 있으며 가족의 기능과 역할은 매우 중요하다.

우리사회에서 산업화 이전 농업사회에서는 기본적으로 노동력을 토대로 한 대가족 사회였다. 급격한 산업화, 도시화에 따른 시장모형으로서 가족형태는 가족구성원들의 일자리를 찾아 이동하면서 적응할 수 있는 가족제도로서 핵가족이 등장하였다. 이러한 현상은 대가족 구성원의 이동으로 부모들은 자연스럽게 소규모가족으로 기존 거주지에 잔존하게 되었다. 또한 각 개인들의 경제적 실존을 확고히 하기 위하여 이동한 사회구성원으로서 자녀들은 모든 사람들이 독립적이고 자유로운 시장의 요구에 따라 새로운 지역에 거주하면서 핵가족이라는 제도가 자리 잡게 되었던 것이다.

산업화과정 속에서 이와 같은 기존의 혈연가족만이 아닌 독신가족, 입양가족 등 다양한 유형의 가족들이 사회적으로 받아들여지고 있다. 그런 현상은 한편으로는 긍정적인 면도 있지만, 다른 한편으로는 현대사회의 물질만능주의 속에서 가족 구성원들 간의 관계성에 대한 불신, 즉 아버지는 돈 버는 기계로, 어머니는 교육마마로, 자식은 공부벌레로서 가족이 해체되는 가운데 새로운 가족형태의 대안으로서 보충적 기능으로 설명할 수 있다. 그러한 현상은 농업사회에서의 가족기능과 역할로부터 산업화 과정 속에서 적응 가능한 가족제도의 기능적 변화로서 아래와 같은 것의 결과물이라 할 수 있다.

① 가족기능의 쇠퇴
② 가족규모의 축소 : 부부가족, 핵가족화로 인위적인 출산조절을 통한 출생률 감소와 가족 구성원들의 가족으로부터 독립이다.
③ 가족주기의 변화

가족의 의미는 우리사회에서 노인인구 증가, 저출산 등과 같은 시대적 상황에 따라 빠른 속도로 변화하고 있다. 이와 연관하여 시기별 가족주기에 대한 분석을 통하여 우리사회의 가족의 현주소뿐만 아니라 현재 우리사회 인구문제와 가족문제의 원인들에 대하여 알 수 있을 것이다.

2) 가족주기의 변화

가족도 하나의 유기체처럼 생노병사의 과정으로 설명할 수 있다. 그 과정에서 결혼이란 제도는 가족형성의 중요한 제도적 규정으로 작용하고 있다. 그러나 서구사회에서는 이미 결혼에 대한 의미를 중요하게 여기지 않는 경향이 존재하면서 가족에 대한 인식도 변화되었다. 이런 현상으로 인하여 우리나라에서도 1960년대 산업화 이전과 그 이후의 가족에 대한 형성과정과 인식 그리고 그 의미가 급격하게 약화되고 있으며 그 결과 우리사회에서는 결혼의 감소뿐만 아니라 결혼과 출산의 관계에 있어서 의미가 축소되고 있는 경향이 있다.

<표 10-1> 산업화 전후 가족주기 비교

	결혼	확대기	완료기	해체기
1970년대	20대 초 결혼	이른 출산으로 30대 초에 이미 가족형성 완료	40대 초에 자녀들의 성장과 결혼	50대 초 자녀들의 분가와 사망으로 가족해체
1980년대	20대 후반으로 초혼이 늦어짐	30대 초 만혼으로 40대 중반에야 가족형성	50대 중반에 자녀들의 성장과 결혼	기대수명의 증가와 늦은 가족해체, 노인부부가족의 등장
2000년대	30대 후반	40대 초	60대 중후반	노인부부가족 독거노인

위의 <표 10-1>은 시대적 변화에 따른 가족의 형성과 소멸로서 가족의 주기를 통하여 분석하고 있다. 이것은 가족의 형성과 소멸의 시기적 변화에 있어서 1950년 전후 가족을 형성하였던 1930년에 출생자와 한 세대 후 출생하여 1990년 초중반에 결혼한 1960년생들 그리고 2000년 밀레니엄(Millennium) 세대들 간의 가족 형성의 쟁점인 결혼과 이혼에 대한 인식의 차이를 보여주는 것이다. 산업화로 인한 가족의 시대적 변화를 통하여 산업화 시기에는 이전보다 사회참여의 증가로 인한 상대적으로 늦게 가족이 형성되는 경향이 있다. 그것으로 인하여 앞의 두 세대에게는 가족형성이나 결혼은 인생의 필수적인 요소로 간주되었다. 특히 1960년 이후 출생자들은 특히 사회복지적

인 측면에서 낀세대라고 볼 수 있다. 그들은 저출산의 토대라고 할 수 있는 정책적 핵가족으로 출발 선상에 있는 세대이다. 이런 가족구조로 인하여 그들은 현재 한편으로 산업화 이전시대의 세대와 저출산시대의 출생자들에 대한 부양의 책임을 수행하고 있지만, 다른 한편으로 저출산으로 인한 그들의 미래의 삶이 담보되지 않는 세대이기도 한 것이다. 오늘날 우리사회의 가족형성에 있어서 늦은 완료로 인하여 자식들에 대한 양육과 교육이 늦어지며, 자녀들의 결혼시기가 늦어져 부모의 곁을 떠나는 가족 해체기 또한 늦어지게 된다. 특히 우리사회에서 2000년대 이후 출산율의 저하로 이 시기에는 사회보장제도의 강화가 필요하며 우리나라 전통적 효에 대한 인식의 변화와 더불어 기대수명의 증가는 각 세대들의 상호 독립적인 삶을 위한 노력으로 진행될 것이다.

2. 현대사회에서 가족문제

가족문제를 분석하는 방법으로는 두 가지 측면에서 접근할 수 있다. 하나는 문제가족을 중심으로 접근하는 방법과 다른 하나는 일반 가정생활 과정에서 발생하는 문제를 중심으로 접근하는 관점에서 살펴볼 수 있다. 특히 이 장에서 살펴보려고 하는 가족문제는 일상적 가족문제만이 아니라 가족에서 발생하고 있는 폭력과 연관된 문제들이다. 현대사회에서 가족문제의 발생과정은 아래의 <그림 10-1>로 정리할 수 있을 것이다. 아래의 그림은 전통사회가 산업화되면서 가족 내외에서 발생하고 사회경제적 현상들을 정리한 것이다.

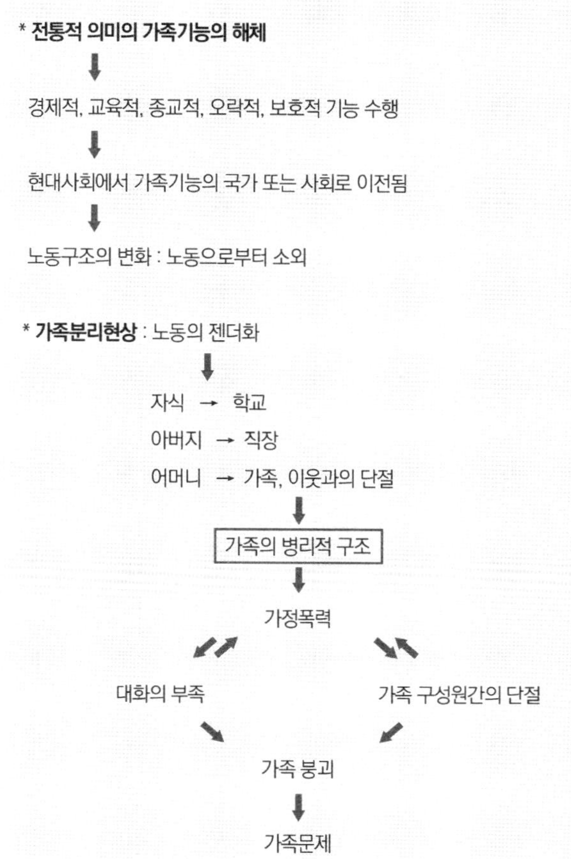

〈그림 10-1〉 현대사회에서 가족문제 발생과정

1) 가정폭력

현실적으로 가정 내의 가장 현실적인 문제는 가족 간의 폭력일 것이며, 그것은 과거에나 현재에나 미래에도 존재할 것이다. 가정폭력은 가정 내에서 발생하는 폭력을 말한다. 가정폭력이란 가정폭력범죄의 처벌 등에 관한 특례법에 의하면 가족 구성원들 간의 폭력행위라고 포괄적으로 규정되어 있다. 이런 폭력들이 가정에서 발생하게 하는 원인은 시대에 따라 규정될 수 있을 것이다.

가정폭력은 농업사회 이후 오늘날 현대 산업사회에서 여성에 대한 폭력의 의미로서 아내구타뿐만 아니라 폭력으로 인정되지 않았던 아동학대와 구타, 조부모 학대 등 더 포괄적인 다양한 형태로 규정되고 있다. 그럼에도 불구하고 가정폭력의 의미는 피해자의 대부분이 여성이라는 것이며, 이런 측면에서 가정폭력은 여성에게 많은 정신적·신체적 고통을 주어 이혼율을 증가시키는 등 현대사회에서 매우 중요한 사회문제라 할 수 있다.

우리사회에서 가정폭력 현상은 한편으로는 가족이란 전통적 남성 가부장적 권위구조의 역사적 형태로서 역사 속에서 내면화된 것이라 할 수 있다. 또한 다른 한편으로는 가정폭력은 산업혁명이 이후 급격한 산업화를 통한 모순적 노동구조와 초기 자본주의의 폭력적인 사회구조로부터 젠더화된 착취가 나타나기 시작하였다고도 볼 수 있다. 이와 같은 젠더화된 폭력은 노동의 젠더화를 야기시켰고 지속시켰다고 볼 수 있을 것이다.

(1) 가정폭력의 개념

우리나라 가정에서 발생하는 폭력은 훈육의 측면이 강조됨으로써 손윗사람이 손아랫 사람, 남성이 여성에게 물리적 강압의 행위를 권리로 인정하는 전통적인 태도로서 존재해 왔다. 이런 이유로 우리 사회에서는 가정 폭력에 대해 허용(관대)적이라고 볼 수 있을 것이다. 아내구타와 같은 가정폭력은 있을 수 있는 일로서, 과거의 좁은 의미에서 가정폭력은 대부분 아내폭력(wife violence)을 의미하고 있었다. 즉 아내구타는 부부싸움으로, 사랑하기 때문에 때린다, 맞을 짓을 하니까 때린다는 말이 존재할 수 있었던 것이다.

가정폭력의 원인으로는 여성의 소외와 폭력을 부추기는 문화와 대중매체, 아내구타에 대해 관대한 사회적 분위기 등 매우 다양하게 존재한다. 이것 이외에도 가정폭력에는 부모의 자녀에 대한 폭력(아동학대), 형제자매 간의 폭력, 자녀의 부모에 대한 폭력(노인학대)이 포함된다. 그러므로 가정폭력의 증가와 확장은 사회의 폭력화를 의미한다. 여기서는 부부간의 폭력인 아내구타와 아동학대에 대하여 다루게 되며, 노인학대에 대해서는 이미 제7장에서 노인문제의 장에서 분석되었다.

(2) 가족폭력의 유형

가족폭력은 가족 내 구성원들 사이에서 발생하고 있는 폭력이다. 논의된 것처럼 현대사회에서 가족 구성원들 간에 다양한 형태의 가족폭력 형태가 발생하기도 하지만, 일반적으로 아래와 같이 유형으로 살펴볼 수 있을 것이다.

① 배우자 간의 폭력

일반적으로 가정폭력은 배우자 간의 폭력을 의미하며, 그 대부분은 아내구타로 인식되고 있다. 왜냐하면 오늘날에는 여성에 의한 남성에 대한 폭력이 발생되고는 있으나 흔히들 회자되고 있는 맞고 산다는 남편의 경우는 매우 드문 일이며, 그것은 일종의 사건(event)으로 인식되고 있기 때문이다. 오늘날 현대사회에서 부부간의 폭력에 있어서 사회적으로 법적으로 다양한 해결책이 제시되어 있다.

그럼에도 불구하고 산업화를 통한 경제발전으로 아내구타의 제일 원인은 과거와는 다르게 빈곤이라고 논의되고 있다. 왜냐하면 가정의 경제적 곤란은 바로 가정불화로 이어질 수 있는 개연성이 매우 크기 때문이다. 그 근저에는 성장기에 가정 내에서 폭력에 대한 경험이 내재하고 있을 것이다.

② 부모의 자녀에 대한 폭력

과거에는 이러한 류의 폭력이 장유유서(長幼有序)의 개념으로 부모의 자녀에 대한 사랑 그리고 잘 되라는 의미에서 사랑의 매 등으로 인정되는 것이 보편적 인식으로 간주되었다. 그러나 오늘날 현대사회에서는 인권의 측면에서 아동의 권리가 강조되면서 아동에게 행해지는 모든 폭력은 아동학대를 의미하면서 우리나라는 2018년 24,604건에서 2021년 35,605건을 정점으로 점점 감소하고 있으며 2022년에는 27,971건이 발생하였다.

ⓐ 아동학대의 개념

아동학대는 아내구타와 같이 우리사회에서 전통적인 유교 문화에서 용인되어왔는데, 귀한 자식일수록 매를 아껴서는 안 된다는 식의 사고가 이를 증명하고 있다. 현대적 의미에서 아동학대의 개념은 협의로는 아동보다 연장자인 사람이 자신의 이익을 위해 의도적으로 아동의 신체영역에 손상을 가하는 행위를 말하며, 광의로는 협의 개념뿐만 아니라 양육의 소홀, 태만 및 부적절한 대우, 방치, 방임적인 것까지 포함한 행위를 말한다.

아동복지법 2조 4항에 의해 이를 정리한다면 아동학대를 보호자를 포함한 성인에 의하여 아동의 건강, 복지를 해치거나 정상적인 발달을 저해할 수 있는 신체적, 정신적, 성적 폭력, 가혹행위 및 아동의 보호자에 의하여 이루어지는 유기와 방임을 말한다.

ⓑ 아동학대의 유형

아동학대는 아동에게 폭력을 행사하는 것으로 일반적으로 부모나 친척들에 의해 발생하고 있다. 그 폭력의 양상은 개념적으로 정의된 다양한 형태들로 나타나고 있으며, 그것의 외연화를 아래와 같이 정리할 수 있을 것이다.

• 신체적 학대

신체적 학대는 아동학대의 가장 기본적인 형태이다. 그것은 우발적 사고가 아닌 의도적으로 아동에게 신체적 손상을 입히거나 신체적 손상을 입도록 허용한 모든 행위를 의미한다.

• 정서적 학대

부모나 친척이 포함된 성인에 의해 아동에게 가해진 신체적 구속, 감금, 언어적 위협 등을 포함한다. 그것은 환경적인 부분도 무시할 수 없기에 국가나 사회의 책임회피로 인한 아동의 인격이나 권리, 존재, 감정이 무시되거나 모욕당하는 현상을 말한다.

• 성학대

일반적으로 성학대의 의미는 아동강간이라고 할 수 있다. 부모나 친척이 포함된 성인에 의해 가해지는 아동의 성기나 다른 신체적 접촉을 포함한 강간, 성기 노출, 자위행위 등의 성적 유희를 통하여 성인의 성적 욕구를 만족시키려는 행위를 말한다. 학문적으로 이를 소아성애(pedophilia)라고 하며, 이것은 어린이를 대상으로 하는 성도착의 일종이라 할 수 있다.

• 방임

아동폭력에 대한 가장 극단적인 형태를 방임이라고 할 수 있을 것이다. 아동에 대한 방임은 아동의 보호자가 고의로 아동에 대한 보호나 양육을 소홀함으로 인하여 아동의 건강이나 복지를 해치는 행위를 말한다.

위에서 분류된 다양한 학대유형들로부터 아동을 보호하기 위하여 소극적 측면에서 형법의 적용보다는 적극적인 측면에서 아동복지법은 의미가 있다. 아동복지법 제1조에 의하면 이 법은 아동이 건강하게 출생하여 행복하고 안전하게 자라나도록 그 복지를 보장함을 목적으로 한다"고 규정하고 있다. 아동복지법 제2조에 의하면 아동을 18세 미만의 자로 정의하면서, 아동의 영양, 교육, 보호의 과정을 통하여 적절한 신체적·정신적 및 도덕적인 발전을 기하도록 하는 데 있다. 좁은 의미에서 아동복지의 개념은 빈곤, 방치, 질병, 결함 등으로부터 해방시키는 것이라 할 수 있고, 넓은 의미에서는 모든 아동의 신체적, 지적, 정서적 발달에 안전과 행복을 추구하는 것이다.

2) 가족구조의 변화

2020년 발생하였던 코로나 19가 우리사회뿐만 아니라 전 세계의 삶의 구조에 변화를 가져온 것처럼 1997년 경제환란도 우리사회 전체 구조적 변화를 야기시켰다. 특히 가족해체와 가족 붕괴가 연이어 발생하면서 한편으로는 혼인건수의 감소와 이혼의 증가와 같은 가족형성에 영향을 주는 문제들이 야기되고, 다른 한편으로는 우리나라 가족구조뿐만 아니라 현재 노인문제 저출산 보육문제 등 인구구조에 부정적 영향을 미치고 있다.

그것은 결혼과 이혼에 대한 인식의 변화로서 그 결과는 결혼건수와 이혼건수를 통하여 분석할 수 있다. 혼인건수는 매년 감소하고 있으며, 혼인건수는 2023년 현재 190,000여 건으로 지난해 200,000여 건이 붕괴되었다. 2020년 이전에는 남성은 30대 여성은 20대 후반이 유지되었으나 2020년 여성 남성 모두 30대에 결혼하는 것으로 혼인연령이 상승되었으며 성별 간의 결혼 연령차이도 3세 정도 남성이 높은 것으로 나타났다. 혼인지속기간별로 이혼의 구성비를 살펴보면 지속기간 0~4년은 18.8%, 30년 이상 17.6%, 5~9년까지는 17.1% 순이다. 특이한 사항은 혼인지속기간이 30년 이상에서 이혼은 증가하고 있다는 사실로 이것은 노년층의 진입이 삶의 불안으로 이어진다는 것이다. 이혼은 평균 연령 남성 49.92 여성 46.58로 3세 차이가 있으며, 연령별 이혼율은 남자는 40대 후반에서 7.4건, 여자는 40대 초반에서 7.8건으로 가장 높은 것으로 나타나고 있다.

<표 10-2> 연도별 결혼과 이혼의 비교분석

	1970	1977	1980	1984	1996	2012	2016	2023
혼인건수	297,137	303,156	403,031	385,188	433,911	327,073	281,635	193,657
	1970	1971	1992	1997	1998	2003	2021	2023
이혼건수	11,615	11,361	53,539	91,160	116,294	166,617	101,673	92,394

현대사회에서 결혼의 감소와 이혼의 증가는 가족 구성원들의 결합관계와 공동체를 해체시키는 사회의 병리적 현상이다. 실질적으로 우리사회에서 가족에 대한 이해가 급변하면서 결혼 이후 발생하고 있는 저출산, 이혼과 별거, 가출을 통한 가족 해체현상이 가속화되고 있는데, 연령별 이혼의 형태도 변화하고 있다. 위의 <표 10-2>에서 1970년 총인구 3천만 시대, 1984년 4천만 시대 2012년 5천만 시대 거의 1/30, 1/4, 1/2 이혼건수와 혼인건수의 비교를 통하여 우리사회에서 1980년대 이전까지 유지되어 왔던 인구구조에 상관관계가 붕괴되고 있음을 알 수 있다. 이혼건수에 대한 지표에서 1984년 이후 100,000여 건에서 150,000건으로 증가된 이후 서서히 감소하고 있는 상황을 가족의 안정화라기보다 혼인건수의 감소와 연관이 있다고 보는 것이 타당할 것으로 보인다.

그러므로 우리사회에서 가족문제는 가족 내·외적인 문제뿐만 아니라 가족문제의 주체인 가족이 사라지고 있다는 근원적인 것이다. 가족이 사라지면 가족문제가 사라질 수도 있지만 세분화된 더 많은 다른 문제들로 파생될 수 있을 것이다. 그것은 현재까지 가족형성 그리고 그것으로 인한 가족문제 발생의 원인을 제공하였던 결혼과 이혼에 있어서 당사자보다 부모가 주도권을 행사하였던 기성세대와는 달리 오늘날 결혼에 대한 부모와 자녀 간의 인식 차이의 증가는 갈등으로 나타나고 있으며 이혼에 있어서 독립된 가족으로서 부모의 영향력이 감소하고 독자적인 당사자의 결정이 강화되고 있다는 것이다. 이런 현상은 그동안 결혼과 이혼뿐만 아니라 가족에 관련된 전반적인 소통구조로서 역할 수행하였던 중재자로서 가족구성원들의 부재로서 정치·경제·사회적 상황의 변화에 따라 증감에 대한 급변을 예상할 수 있을 것이다.

3. 현대사회에서 가족의 의미

가족은 기본적으로 사회의 최소 구성단위는 가족이라 할 수 있다. 물론 개인이 가족을 구성하고 있지만 우리 대부분은 가족 안에서 태어나 결혼을 통하여 가족을 형성하여 사회관계와 문화 규범 등의 사회화되는 것이다. 그러므로 가족이란 개인의 생애에서 생활의 단위가 되는 중요한 사회집단이라 할 수 있는 것이다. 그러한 가족이 모여 사회를 이룬다. 건전한 정신이 건강한 몸과 마음을 만들 듯이 건강한 가족이 건강한 사회를 만든다. 현대사회에서 가족문제의 발생은 가족 내뿐만 아니라 외부와도 관계가 있다. 그것은 가족문제에 접근은 가족구성원들의 문제일 뿐만 아니라 사회구조적인 측면에서 접근에 대한 필요성의 인식으로 출발한다고 볼 수 있다.[8)]

논의된 가족문제의 근원은 두 가지 측면에서 살펴볼 수 있을 것이다. 하나

8) 우리사회에서 여러 원인들로 인하여 가족이 해체되고 붕괴의 시점에서 건강가정기본법의 제정은 의미가 있다. 이 법은 시대의 변화에 따른 가족의 개념을 정리하고 있다. 이 법 제3조에는 가족을 혼인·혈연·입양으로 이루어진 사회의 기본단위로서 그리고 가정은 가족구성원이 생계 또는 주거를 함께 하는 생활공동체로서 구성원의 일상적인 부양·양육·보호·교육 등이 이루어지는 생활단위로 규정하고 있다. 이것이 현대사회에서 가족은 진정한 의미에서 가정이라야 한다는 것을 의미하는 것이다.

는 기능적인 측면에서 다른 하나는 역사적인 측면에서 가족구조의 변화이다. 첫째로 기능적인 측면에서 과거의 가족은 단순히 의식주를 해결하기 위한 토대로 역할을 하였다. 그 중에서 농업사회에서 먹는 것에 대한 해결은 어느 것보다 중요하게 여겨졌다.9) 낮은 단계의 욕구와 욕망의 해결을 위하여 가족은 한 곳에 그리고 좁은 곳에 모여 살아야 했다. 그것은 한편으로는 가족 구성원들 간의 결집력을 강화시켰지만, 다른 한편으로는 개인, 인간의 근원적 폭력성의 표출을 완화 또는 억압시키고 있었다. 그런 측면에서 개인의 폭력성은 일차적으로 가족의 구성원인 개인과 그 사회의 관계성에 기인한다고 볼 수 있다. 개인들 간이나, 부부간의 친밀도를 붕괴시키는 사회의 구조, 사회의 경쟁체계와 가족 구성원들 간의 대화 상실은 가족의 해체를 넘어 붕괴를 의미한다. 그러므로 우리사회의 가족의 급격한 해체는 사회구성원 상호간의 구속력의 상실인 것이다. 다른 하나인 역사적인 측면에서 가족구조의 변화이다. 기존의 가족에 대한 정의는 혈연 중심으로 이루어졌다. 그러나 현대사회에서 가족구조는 혈연뿐만이 아니라 그 이상의 의미를 담고 있으며 그런 이유로 입양, 독신, 동성까지도 포괄하는 매우 다양한 가정의 형성 가능성을 확장하고 있다. 이것은 가족의 형성이 결혼이나 혈연으로만 이루지는 것뿐만 아니라 과거에 가족으로 인정되지 않았던 형태들이 인정되고 있으며, 사회적 요구나 필요에 의해서도 다양한 형태의 가정들이 등장할 수 있다는 현실에 대한 이해를 의미하는 것이다.

현대사회에서 가족문제는 표면적으로는 가정폭력으로 드러나고 있지만 근본적으로 가족의 붕괴이다. 폭력이 붕괴를 만들기도 하지만 이미 가족이라는 의미의 상실, 즉 붕괴된 상태가 가정의 폭력적 구조를 생산한다는 것이다. 가족문제는 가정폭력→가족붕괴→가족문제로 진행하는 방식이 아닌 가족붕괴→가정폭력→가족문제로 발생하는 것이다. 즉 가정폭력이 가족붕괴로 이어지는 것보다는 가족붕괴가 가정폭력으로 나타난다는 것이다. 가족

9) 칼 마르크스의 사상을 토대로 전개되는 갈등주의적인 측면에서 가족에 대한 생각은 부정적이지만 단정적으로 규정하기에는 애매모호한 입장을 취하는 것 같다. 단지 가족에 대한 개념에 있어서 그 토대는 남편과 아내 사이의 불평등을 핵심적으로 이야기하고 있으며, 이런 이유로 공산당 선언에서 가족의 소멸을 주장하기도 한다. 그러나 그러한 주장은 노동자계급적, 즉 사회주의적 가족을 옹호하고 시민계급적 가족을 폐기한다고 하는 훨씬 빈약한 구상으로 바뀌는 정도의 것이었다.

붕괴는 앞에서도 논의가 되었지만 의사소통의 부재가 이미 가족의 붕괴를 의미하며, 그런 현상은 물리적인 폭력만이 아닌 폭력적인 분위기를 야기시킨 것이다. 그러므로 문제의 해결을 위해서는 이것은 중요하고 저것은 틀렸다라는 이분법적인 접근이 아닌 우선순위의 문제인 것이다.

가족에 대한 의미와 가족구조는 지속적으로 변화하고 있다. 가족 형성의 측면에서 전통적 요소인 혈연관계로부터 산업의 발달로 인한 정치·경제·사회·문화적 가족형성 요인들이 다양화되었다. 이것으로부터 해외입양으로부터 국내입양의 증가 현상은 독신가족을 가능하게 하였으며, 성에 대한 개방적 사고는 성소수자와 동성가족에도 의미를 부여하게 되었다. 또한 이혼의 증가와 미혼모의 증가는 편부모나 미혼모 가족이 아닌 한부모 가족이라는 명칭이 주어졌다. 여기에는 그들에게 단지 명칭의 부여만이 아닌 실질적으로 과거의 사회문제라는 시각보다는 가족이라는 측면에서 그리고 성평등의 측면에서 진정한 가족을 만들어 나가는데 국가나 사회가 사회의 구성원으로서 인정하여야 한다. 특별히 후자의 미혼모에 대한 사회적 인식의 변화와(퇴학과 같은 교육기회의 단절을 통한 경제력 상실 그리고 사회로부터의 소외) 국가적 관심의 증가가 요구된다. 왜냐하면 청소년들의 신체적 발달과 성에 인식의 변화에 의해 나타나는 미혼모나 미혼부의 증가를 단지 성에 대한 교육의 부족이 아닌 성인들의 타락된 성으로부터 발생하고 있기 때문이다. 그러므로 그들에게 가족을 형성시켜 교육의 기회를 계속 부여한다면, 그것은 한편으로 사회의 구성원으로서 스스로를 간주하면서 가족을 부양하게 하려고 노력하게 될 것이고, 그들은 사회적 관심과 배려에 감사하면서 다른 한편으로는 사회에 기여할 수 있는 사회 구성원으로서 성장할 수 있을 것이다. 이러한 가족에 대한 인식의 선순환구조는 사회구조의 건전성을 담보할 수 있는 토대가 될 수 있다.

가족의 의미와 형태는 사회의 발전과 함께 빠르게 변화하고 있다. 여기서 중요한 사실은 가족의 구성원들이 오히려 가족의 변화에 부적응하거나 인정하지 않는다는 것이다. 이러한 미시적 변화에 대한 국가, 사회, 정부 그리고 가족구성원들의 인식의 전환만이 오늘날 우리사회의 저출산, 노인인구 증가 문제만 아닌 노인의 문제 등의 해결의 실마리를 제시할 수 있을 것이다.

생각해봅시다

법적인 측면에서 가정폭력은 우리사회에서도 중대한 범죄에 속한다. 그럼에도 불구하고 가정폭력이 사회적 문제로서 작동하기 어려운 이유는 불행하지만 우리사회에서 오랫동안 지속된 가장 중심의 가부장적 제도와 같은 사회적 관습이나 풍습과 같은 전래적인 측면 때문이었다고 볼 수 있다. 우리 사회는 가정 내에서 발생하고 있는 문제들의 해결에 가장 중심의 결자해지 측면을 강권하였던 것이다. 가정 내에서 발생하는 것에 대한 이와 같은 소극적 접근방식은 국가권력의 개입을 간섭으로 간주하는 남성 가부장적 구조라는 관습을 토대로 하고 있는 것이다. 그런데 1990년부터 점차적으로 시작된 범죄의 피해자 기타 법률이 정한 자의 고소가 있어야 공소를 제기할 수 있는 범죄로써 친고죄의 폐지는 가족폭력에 대한 새로운 전기를 마련하였다고 볼 수 있을 것이다. 왜냐하면 우리 사회는 가정 내에서 발생하는 문제들에 대하여 해결에 결자해지의 측면을 강권하고 있기 때문이다. 가정 내에서 발생하는 것에 대한 것은 국가권력의 개입을 간섭으로 간주하는 가부장적 구조라는 관습이 강하게 작용하고 있다. 이런 이유로 가정폭력은 남성이 여성에게 가해지는 것으로 이해되는 것이 우리사회의 현실이었다.

주거의 의미와 주택문제

인간의 기본 욕구로서 주거는 입고 먹는 것 다음으로 중요한 존재이다. 그만큼 주거는 인간의 삶에 매우 중요한 요소이다. 영국의 사회학자 토마스 험프리 마샬(T. H. Mashall, 1893~1981)은 주택을 현대사회에서 인간의 기본적인 삶의 세 가지 목표인 건강(health), 생활보장(security), 복지(welfare)의 필수 요건으로 간주하고 있다(Mashall, 1964). 그러나 많은 나라에서 주택문제가 발생하고 있는데, 그 원인의 대부분은 주택부족에 있다. 주택부족 원인에는 나라마다 다양하지만, 여기서는 우리사회에서 발생하고 있는 문제들에 대한 분석을 시도한다.

1990년대까지 우리사회에서 모든 국민들은 어떠한 형태이든 집이라는 구조에서 살고 있었다. 우리나라 주택문제의 출발은 아주 단순하다. 그것은 주택(House)을 거주할 수 있는 곳이 아닌 소유의 의미로서 거주지를 인정할 수 있다는 1가구 1주택이라는 정부의 주택정책에서 비롯되었다고 볼 수 있다.

그러나 일반적으로 주택문제는 급격한 도시화, 산업화에 따른 도시의 인구증가, 주택보급의 부족, 임대주택의 부족, 불량주택의 증가, 주택금융의 비현실성, 택지난, 지가상승 등의 요인으로 발생한다. 이데올로기 측면에서 주택에 대한 정책 방향은 국가마다 다양하게 나타난다. 그럼에도 불구하고 그런 환경 속에서 우리나라에서 주택의 의미는 매매의 단위만이 강조되면서 거주가 중요시되는 것이 아닌 재산으로서 주택이 되는 현상이 등장하였다. 그것은 지가상승을 초래하였으며, 그것으로 인한 우리나라의 주택문제는 거주지라기보다는 소유할 주택으로 주택금융의 비현실성 시작되었다고 볼 수 있으

며 현재에도 진행 중이다.[1)]

1. 주거와 주택

현대사회에서 주택의 역할과 기능은 단순히 비바람만을 막아주는 것만 의미하고 있는 것은 아니다. 왜냐하면 주택은 인간의 삶의 1/3 이상을 소비하는 곳이기 때문이다. 주택은 인간에게 노동을 통해 재충전의 일상을 보장해주는 곳이기에 편안하게 휴식을 취하면서 건강하게 보낼 수 있는 곳이어야 한다.

1) 주거의 의미

모든 사람은 살만한 집에서 살 권리가 있다. 이런 전제하에서 주거권(Housing Rights)이란 모든 국민이 인간다운 주거생활을 누릴 수 있는 권리로서, 그래서 그렇지 않을 경우 국가에 책임을 물을 수 있는 것이다. 그래서 집은 인권과 통한다고 볼 수 있다. 세계보건기구에 의하면 주거(Inhabitation)의 조건으로 아래와 같은 네 가지 요소를 강조하고 있다.

- 안전(safety)
- 건강(health)

---

1) 주택문제에 대한 이데올로기적인 접근에 있어서 주택을 극히 개인적인 문제로 간주하여 그 관리와 소유에 있어서 국가의 개입에 반대하고 있는 자유주의만을 제외하고는 사회민주주의 보수주의 등 모두 정도의 차이는 있지만 국가개입의 필요성을 강조하고 있다. 특히 사회민주주의는 주택문제에 있어서 관리와 제공에 있어서 국가가 적극적으로 개입하여야 한다고 주장한다. 1가구 1주택을 주장하면서 그것을 위해 국가주도형 주택정책을 실시하고 있는 우리나라의 이데올로기는 거의 사회민주주의 주택정책과 같다고 볼 수 있다. 그러나 차이점은 사회주의 주택정책은 국가를 주택에 대한 소유나 재산이 아닌 관리로서 적절한 가격수준으로 임대주택을 제공하는 주체로서의 역할을 수행하지만 우리나라의 경우 외형적으로 주택정책은 사회주의적이지만 내용적으로 국가가 주택시장에서 은행이나 건설사와 마찬가지로 자본가 역할을 수행하고 있기에 자본주의적이다.

- 효율성(efficiency)
- 안락(comfort)

그런 주거의 권리의 토대로서 우리나라 통계청에서도 위의 요소들을 충족시키기 위한 몇 가지 구성요소를 제시하고 있다. 주택은 영구적인 의미를 가져야 하며, 적어도 1개 이상의 방으로 구성되고 별도의 출입구를 가진 매매의 한 단위로 존재하는 것이 주택이라고 규정하고 있다.

2) 주택의 의미

주택은 일반적으로 두 가지 요소로 구성된다. 하나는 건물과 같은 외형의 하드웨어, 다른 하나는 주택의 기능적인 측면에서 인공지능과 같은 소프트웨어이다. 주택에 있어서 과거에는 전자의 의미가 후자의 기능도 포괄하고 있었지만, 오늘날에는 후자에 더 많은 의미를 부여하고 있다. 왜냐하면 현대사회에서는 바람이나 비와 같은 자연적 피해를 막아주거나 도난이나 파괴와 같은 사회적 침해로부터 보호하는 그런 기능은 주택의 기본으로 간주되면서 내적인 것들, 즉 내부설계(interior design)를 통한 편의성으로 그 중심이 이동하고 있기 때문이다. 그로 인하여 우리 사회에서 주택과 연관된 영역도 과거와 다르게 매우 포괄적인 의미(하우징, Housing)를 띠고 있다.

그러므로 현대사회에서 주택은 질적인 측면에서 주택 공간의 규모, 주택의 외부 환경, 주택의 내부 시설과 같은 세 가지 측면을 고려하여야 한다. 그런데 문제는 핵가족화로 인한 가족형태의 소형화에도 불구하고 거주가 아닌 재산으로서 주택은 오히려 대형화라는 모순을 보이고 있었다. 또한 인구의 증가와 도시규모의 확대는 이러한 변화에 신속한 적응을 위해 아파트와 같은 주택 유형이 일반화되고 있다. 여기서 우리나라의 주택문제가 구조화되고 있는 것이다.

2. 우리나라의 주택문제

주택문제의 출발은 우리 국민들이 바라는 집은 어떤 모습을 지닌 집인가 하는 것이다. 우리나라에서 주택문제를 논할 때에는 세 가지 측면에서 접근이 필요하다. 하나는 일반적으로 대부분 주택부족에 관한 관점이다. 다른 하나는 주택부족 해결을 위한 건설의 관점이다. 셋은 우리나라 주택공급정책의 후분양제도는 아파트 투기를 불러일으킬 수 있다는 것이다. 기본적으로 후분양제도는 건설사들이 자금이 없어도 아파트를 공급할 수 있는 구조이다. 또한 후분양제도의 문제점은 아파트 가격이 매우 고가로 매매되고 있음에도 불구하고 거주자의 의지와 관계없이 나무로 만든 똑같은 구조의 모델하우스를 보고 돈을 지불해야 한다는 것이다. 이와 같은 아파트 구매과정에 대하여 우리의 현실은 어떤 모습을 지닌 집인지에는 정부, 건설업자, 주택을 소유하려는 자 모두 관심이 없다는 것이다. 이것이 우리나라 주택문제가 개인 문제이기도 하지만 사회문제인 것이다.

그러나 관점에 따라 다를 수 있지만 거주의 의미에서 우리나라에서 주택은 아래의 <표 11-1>에서 보여주는 것처럼 절대적으로 부족하지 않다. 왜냐하면 실질적으로 우리나라 국민들 개개인의 사정이 다르겠지만 대부분의 국민들은 자가는 아닐지라도 전세나 월세의 형태로 주택에서 거주하고 있기 때문이다. 주택 소유의 측면에서 국가는 주택을 가지고 있지 않은 국민들에게 정책적으로(강제적인 측면에서) 소유를 할 수 있게 부족한 주택 그리고 좁은 국토에 적절한 주택으로 아파트 건설에 대한 집중하고 있는 것이다. 좁은 국토에서 모든 국민의 주택 소유를 강조하는 아파트 건설 정책에 있어서 더 심각한 문제는 기존의 합법적인 거주자들의 주거지에 아파트 건설을 위해 법을 이용한 아파트 구매를 강제하고 있다는 것이다. 이러한 부동산 정책을 지나치게 추구함으로써 국민들의 주택 선택권 상실, 주택구조의 단일화와 소규모 건설회사의 소멸로 인한 대규모 건설회사 위주의 아파트 공화국 그리고 항상 도시는 공사 중이라는 건설공화국이라는 구조가 형성되었다.

<표 11-1> 우리나라 주택현황 분석

구분	2008	2012	2017	2021	2022
주택보급률	100.7	102.7	103.3	102.2	102.1
주택 수	16,733,900	18,414,400	20,313,400	21,917,200	22,236,900
가구수	16,618,800	18,209,200	19,673,900	21,448,500	21,773,500

2008년 현재 우리나라의 주택보급률은 100%가 넘고 있다. 그러나 문제는 수도권과 서울을 중심으로 아직도 주택의 부족한 현상을 보이고 있지만 대부분의 지방도시들은 100%가 넘는 주택보급률을 보이고 있다. 이러한 사실은 앞에서 논의된 우리사회에서 주택에 관련된 문제가 거주의 의미에서의 주택부족이 아닌 소유의 의미에서의 주택부족을 의미한다는 것을 증명하고 있는 것이다. 또한 그것으로 인하여 파생된 다른 중요한 사회문제들이 존재하고 있는데, 그 문제 해결의 핵심은 건설이 아닌 분배이며 거주에 대한 의미의 제고이다. 주택부족인 우리사회의 문제가 아닌 이것의 해결방식에 연관된 것들이 우리사회 주택문제인 것이다.

1) 주택과 가계지출

우리나라는 오래전부터 토지에 대한 애착이 강한 농경사회, 즉 땅이 유산으로서 가장 큰 비중으로 간주되었다. 그러나 농업을 위한 재산이었기에, 농사를 전제로 하지 않는 토지는 의미가 없었다. 그러나 1960년대 이후 산업화의 출발과 왜곡된 산업발전은 토지 자체에 대한 생각을 변화시켰다. 우리나라에서 토지는 농사를 짓거나 삶에 필요한 수단이 아니라 그 자체가 목적이 되는 가장 중요한 재산으로서 그리고 주택은 거주의 개념이 아닌 소유의 개념, 즉 재산으로 국민들 머릿속에 각인되었다.

이런 인식의 변화는 국민들에게 주택의 소유를 평생의 목표로 설정하도록 만들었다. 또한 경제적인 측면에서 경제성장이 주택이나 토지가격보다 뒤쳐지면서 투기라는 형태가 등장하여 노동을 통한 부의 축적이 아닌 부동산을 통한 부의 축적으로 경제성장의 축이 이동하였다. 그것은 노동에 의한 주택

소유의 불가능함을 인식하였던 국민들은 은행의 대출을 통하여 주택 마련을 시도하였으며 투기로 변질되었다.[2] 기업들도 마찬가지로 제조업분야에 의한 이익보다 부동산에 많은 투자를 하였다. 그런 이유로 현재 우리나라의 많은 기업들과 대부분 가정들은 많은 이자에 대한 부담을 지게 되었고, 가계부채의 많은 부분이 부동산 관련 대출인 상황에 놓여 있다. 서울시의 주택 소유자 30% 이상이 빚에 어려움을 겪고 있는 상황이 이를 보여주고 있으며 그들 대부분은 아파트에 거주하고 있다.[3]

결론적으로 주택의 소유를 우선적으로 고려하고 있는 이러한 현실 속에서 우리나라 국가의 역할은 매우 중요함에도 불구하고 우리 국민들이 주택소유 시스템에 의해서 어떠한 형태로든 빚을 지게 되어있다는 사실에는 관심을 두고 있지 않다는 것이다. 우리의 주택구조와 상황 속에서 에스핑 앤더슨의 주택정책에 대한 시각은 우리에게 시사점을 보여주고 있는데, 그동안 우리나라 국민들의 주택 소유문제는 정부와 관계 속에서 민간건설회사들에 의해 좌지우지되면서 왜곡된 주택문제와 가계경제구조가 형성되었다고 볼 수 있다.

2) 주택과 건강

현대사회에서 건강에 대한 관심이 매우 고조되고 있다. 이런 이유로 주택건설의 측면에서 거주하는 장소로서 주택도 거주자의 건강을 위한 다양한 형태의 주택구조가 등장하고 있다. 본질적으로 주택의 소프트웨어적인 측면, 즉 거주의 개념으로서 주택의 건강에 대한 기능은 매우 중요하다. 기능적인 측면에서 과거에는 주택이 단순하게 잠만 자는 공간으로서 비나 눈, 추위를 막아주는 곳이었지만 오늘날에는 일터에서 돌아와 휴식을 취하는 곳이며, 내일을 위해 힘을 재충전하는 곳으로 인식이 전환되고 있다.

---

2) 최근 미국에서는 100만 달러(10억 이상) 이상의 고가의 집을 소유하였지만 빚에 허덕이는 사람들을 지칭하고 있는 Millionaire Poor(밀리어네어 푸어)라는 신조어가 등장하였다. 우리나라에서도 2008년 미국 서브프라임 모기지 사태(Subprime Mortgage Crisis) 이후 그 영향으로 인하여 집값 하락이 이어져 은행대출 이자를 갚느라고 생계가 어려운 하우스 푸어들이 발생하고 있다.

3) 2023년도 서울 주택소유자에 대한 조사에 의하면 서울 전체 가구의 83%가 집을 소유하고 있는 것으로 나타났다.

그러나 우리사회에서 소유의 개념으로서의 주택은 하나의 상품으로서 건강이라든지 안락함보다는 재산증식의 수단으로 이용되는 경우가 많아지면서 주택문제는 사회문제로 인식되게 되었다.[4] 상품으로서의 주택은 우리사회에서 한편으로서 인간에게 요구되는 모든 것들, 건강에 연관된 부분들을 연구하고 실천하고 있으며, 참살이(웰빙, well-being)라는 시대적 경향은 이를 더욱 기업화되고 있다. 그러나 다른 한편으로는 주택에 있어서 건강에 연관된 문제는 인간의 다양한, 신체적 구조나 특성의 다름을 고려하지 않고 공장에서 찍어내듯이 단기간에 똑같은 형태의 주택을 생산하는 데 있다. 이것은 주택에 있어서 개인적인 선택이나 취향을 누리지 못하게 원천적 봉쇄와 같은 것이다.

여하튼 우리사회에서 주택은 단일품목으로 아파트와 일치되면서 많은 사회적 문제들을 담고 있다. 주택과 건강문제의 관계에 있어서 논의된 사실 이외에도 노동구조로 인하여 잘 갖추어진 주택에서 안락한 삶을 누릴 여유도 없이 다시 고된 노동현장으로 돌아가야 하기에 어렵게 장만한 좋은 집은 빈집으로 머물게 되는 것이 우리나라 주택정책의 핵심인 것이다.

3) 주택과 고용

현대사회에서 주택은 재산으로 간주되면서 우리나라의 좁은 땅에 많은 아파트들이 건설되었다. 그것을 위하여 많은 건설회사들과 수많은 인원들과 장비들이 요구되었다. 그것은 1970년대 초 중동 건설 붐으로 오일달러를 벌기 위하여 수많은 건설사들이 설립되었는데, 중동사태와 중동 건설 붐의 종식으로 중동으로부터 수많은 건설사와 장비들이 철수하였다. 그것은 정책적인 측면에서 추진된 건설회사들에 대한 또 한 측면의 정책적인 국내 건설,

4) 그것은 빈집이다. 언제부터인가 우리사회에서는 빈집이 증가하고 있다. 도시로의 이동으로부터 발생한 빈집도 있지만, 다른 원인에 의한 빈집도 증가하고 있다. 후자의 측면에서 우리사회에서 빈집에 대한 사회적 현상은 다음과 같다. 집은 투기적 현상과 결합되면서 잦은 이사, 그리고 대출로 거주자가 주체가 아닌 집 자체가 홀로 존재하는 모습인 빈집이다. 그리고 거주복지의 측면에서 과거에는 집에 방이 없어서 한 방에 모여 잠을 자고 공부하였던 시절을 극복하여 어렵게 장만한 집은 그 순간부터 거주의 주체들은 사라지고 오히려 객체인 집에 종속되어 휴식의 여유를 상실하게 되고 자식들은 집에 방이 있음에도 불구하고 독서실을 찾는 모순적 현상과 학원에서 밤늦게 귀가하면서 가족이 모여야 하는 집은 또다시 빈집으로 존재하고 있다.

주택 건설, 즉 아파트 건설로 이어져 국내 고용을 창출하게 되었다.

아파트는 좁은 땅에 대규모 주택건설을 가능하기에, 국민들에게 주택의 소유를 가능하게 하였다. 이러한 사실은 아파트가 땅도 좁고 인구밀도도 높은 우리사회에서 가장 적합한 주택으로 간주되면서 주택양식의 변화도 동반하였다. 또한 고용의 측면에서 그것은 주택건설 기간인 최소한 3년 이상 고용도 보장해주는 고용창출을 위한 최고의 정책적인 경기부양책으로 간주되었다. 그러나 건설장비의 발전은 건설기간의 단축과 그에 따른 고용인원소 감소하게 되어 주택과 고용의 의미는 경제적인 측면에서 그 효용성이 축소되었다고 볼 수 있다.

그러나 이러한 현상의 장기화는 건설시장의 대형화를 가져왔지만, 반면에 중소 건설업체의 사장시켰으며, 그것은 주택형태의 다양성 소멸을 의미하였다. 또한 건설회사들의 서열화와 하청화는 정치와 결합으로 인도되면서 많은 부실 공사들이 발생하게 되는 원인을 제공하기도 하였다.

4) 주택과 교육

우리사회에서 주택은 교육을 위한 하나의 수단으로 존재하였다. 실질적으로 주택은 학습을 위한 하나의 훌륭한 교육 장소로서 기능한다. 그것은 좋은 환경에서 학습이 이루어져야 한다는 것을 의미한다. 그러나 주택에 대한 목적과 수단이 전도되면서 우리사회에서 주택은 하나의 소유재산으로서 간주되었으며, 결과적으로 아무도 살지 않는 단지 잠만 자는 빈집으로 존재하게 되었다. 왜냐하면 우리사회의 학부모들에게 주택과 교육에 있어서 좋은 환경이란 주택 그 자체가 아니라 학군과 같은 거주지의 좋은 환경을 의미하고 있기 때문이다. 그런 측면에서 우리사회에서 주택과 교육 간의 관계성을 논한다는 것은 의미가 있으며 그것은 두 가지 측면에서 접근할 수 있을 것이다. 하나는 1960년대에서 1980년대에 이르기까지 그 의미는 자식들을 위한, 공부를 위한 방을 제공하는 목적으로 주택을 마련하는 것이다. 그러므로 이 시기의 부모들의 주택 소유의 목적은 자녀들의 공부를 위한 방을 마련해주는 것이었다. 경제의 급속한 성장으로 주택의 보급은 빠르게 이루어졌으며, 그 과정 속에서 부모들의 목적은 달성되어갔다. 그러나 이런 주택마련은 대부분 정부정책에 의한 은행의 대출로 이루어졌는데, 입시의 과열현상과 주택마련으로 인한 대출금의 상환을 위해 부모들의 노동시간 연장은 가족구성원들이 함께 식사하는 꿈으로 이어지지 못하였다. 이런 두 가지의 상관관계 속에서 자녀들은 어렵게 마련된 주택공간으로부터 사교육기관으로 이동하여 주택은 빈집으로, 단지 잠만 자는 공간으로 전락하였다.

다른 하나는 교육의 질적 수준이 주택의 위치에 의해 결정되고 있다는 것이다.[5] 즉 거주하고 있는 동네에 교육의 수준이 종속되고 있다. 이런 이유로 주택의 위치가 교육과 밀접한 연관을 맺고 있다. 단순한 주거가 목적이 아닌 좋은 학군, 입시교육을 위하여 주택은 하나의 수단인 것이며, 실질적으로 주택의 가격도 위의 요소에 영향을 받고 있다.

우리사회에서는 주택과 교육과의 관계에 있어서 전자로부터 후자로의 전환이 급속도로 이루어지고 있다. 이런 현상들도 우리 부모들에게 주택의 의미를 우리의 자녀들을 위한 좋은 환경을 통한 학습의 효율성에 두는 것이 아니라 재산증식의 수단으로 인식하게 하는 데 일조하였다.

3. 결론: 주택정책, 재건축과 재개발

우리나라 주택정책의 목표는 1가구 1주택이며 이것을 위해 주택가격의 적절성보다는 저렴하게 국민에게 주택을 보급한다는 것이다. 이것에 대한 실행방법으로 재개발과 재건축은 현재까지 주택으로 수많은 아파트 사업의 이유로 사용되고 있다. 수많은 아파트를 건설하였음에도 불구하고 아파트 가격은 오히려 천정부지로 오르고 있는 것이 현실이다. 재개발과 재건축을 통한 30여 년간 지속적인 아파트 공급에도 불구하고 아파트 가격의 폭발적 상

5) 실질적으로 서울시 2010 조사에 의하면 조사 대상가구 1000가구 중 35.5%가 3년 내에 이사할 계획이 있다고 답하였으며, 고등학생 이하의 자녀를 둔 가구 중 16.7%가 자녀 교육과 관련하여 이사계획이 있다고 하였다.

승요인은 우리나라의 국민의 1가구 1주택에 도달하지 못한 원인과 연관된 기존 거주자들의 주택 상실자들의 증가가 크기 때문일 것이다.

국가는 국민들의 주거권을 보호·보장할 의무를 가지고 있다. 여기서 주거권은 개인의 사유재산권의 하나로서 주거지역을 선택하여 거주한다는 의미를 포함하고 있는 것이다. 역대 우리나라의 모든 정권들은 한편으로는 서구사회처럼 100년 200년의 아름답고 전통 있는 유서 깊은 마을 보호하고 조성한다고 하면서도, 재개발 재건축에 연관된 법들을 토대로 다른 한편으로 불특정 주민동의를 토대로 오래된 마을들을 노후주택에 대한 안전문제를 이유로 아파트단지로 만들고 있는 것이 우리나라 주택정책이다.

범정부적인 아파트 건설은 멈추지 않고 수도권 주변의 그린벨트를 해제해서라도 아파트를 짓는다고 한다.[6] 그러므로 아파트 건설에 관한 정부의 주택에 의미를 논한다는 것 자체가 무의미할 수도 있을 것이다. 왜냐하면 정부의 아파트건설은 국민의 안락한 거주도 국민의 아파트 소유도 아닌 단지 아파트 가격상승만을 야기시킨 부동산정책이기 때문이다. 우리들이 이 단어들에 대한 의미를 논한다는 것 자체가 무의미할 수도 있을 것이다. 그럼에도 불구하고 우리나라에서 이 말들에 대한 오해와 그것으로 인한 우리의 집 문제를 우리의 삶의 방식과 연관시켜 생각해 본다면 우리 국민들의 주거형태와 양식에 대한 선택권의 상실에 어느 누구에도 이의가 제기되지 않고 있기에 여기서 이 논의는 의미가 있을 것이다. 또한 주택 소유여부는 국민의 선택이지 1가구 1주택은 국가의 의무가 아니다. 왜냐하면 주택은 소유의 의미가 아닌 거주의 의미가 강조되어야 하기 때문이다. 이데올로기적 측면에서 사회민주주의가 주택의 공공성으로 국가 개입에 의한 제공이 중시되고 있지만 소유의 개념은 아니며, 개인의 자유의지를 중시하는 신자유주의도 국가에 의한 직접적인 주택제공이 아닌 그것은 자발적 부분으로서 임대나 구입을 위한 선택권이 주어져야 한다는 것이다.

우리나라에서 시행되는 재개발 재건축은 두 가지 점이 중요하다. 하나는 해서는 안 되어야 하는 주택정책이라 것이다. 우리나라에서 어떠한 형태의

6) 프랑스 지리학자 발레리 줄레조(Valerie Gelezeau)의 저서 아파트 공화국에는 우리 중산층의 희망과 개발독재의 획일성의 결과물인 아파트 공화국이라는 테제를 사라져야 할 우리의 왜곡된 문화로 적혀 있다.

재개발 재건축은 투기적 성격으로 그 결과는 아파트 건설이다. 재개발과 재건축은 아파트와 동의어이며 얼마 전부터 우리에게 주택의 의미는 아파트로 인식되고 있다.7) 아담한 주택에 살다가도 불특정 다수인의 동의라는 조건으로 거주자들이 공권력에 의해 거주지인 마을을 잃고 아파트로 아니면 그보다 못한 곳으로 이사하는 것이 재개발이며 재건축의 결과라고 할 수 있다. 재개발과 재건축은 아파트 투기와 동의어로 사용되면서 새로운 용어도 탄생시켰다. 그래서 그 지역 주민의 일반적 의지와는 관계없이 재개발과 재건축이 일방적으로 지정되면 개발업자에 의한 조합이 형성되면서 이권이 오가게 되고 개발이 아닌 투기가 조장되고 그 결과는 대부분은 관계자의 구속이다. 정부에 의해 시작된 재개발 재건축은 지역 주민 간의 갈등, 투기꾼들의 농간 등 우리의 주택정책은 여기서 한 치도 벗어나지 않고 있다.

다른 하나는 재건축에 있어서 집의 노후 등은 사유재산 소유자의 사적인 문제이지만, 재개발은 좋은 주거환경의 측면에서 생존권적이기 때문에 주민 동의를 통하여 실천해야 하는 국가의 과제라고 할 수 있다. 그런 측면에서 재개발은 국가의 의무이다. 국가는 모든 국민에게 깨끗한 물과 깨끗한 거리, 하수도, 전기 등 마을이나 동네의 인프라를 갖추어주는 것까지가 임무이다. 그래서 국민들은 그것을 위하여 세금을 내는 것이다. 그 다음 문제인 주거양식은 국민의 선택이다. 노후 주택이나 불량 주택인 경우 국가의 지원이나 은행으로부터의 대출 등으로 해결해야 하는 개별적인 선택의 문제인 것이다. 사유재산에 대한 집단적인 개발 방식으로 조합설립에 의한 다수결을 민주주의 원칙에 부합한다는 것은 어불성설일 뿐만 아니라 끊임없이 많은 문제제기가 발생하는 이유일 것이다. 그 동안 수많은 사례, 아닌 모든 재개발은 대형건설사와 그에 동조하는 조합 그리고 돈으로부터 혜택으로부터 소외된 자들 간의 싸움으로 점철되어 왔다. 왜냐하면 앞에서도 이야기한 것처럼 모든 관련자들은 아파트를 돈으로 투기의 대상으로만 간주하고 있기 때문이다. 아래의 <그림 11-1>은 1990년대 이후 우리나라 주거양식으로 아파트로 정리되는 과정을 보여주고 있다. 특히 수도권지역에서 이런 과정을 통하여 기존

7) 우리나라 주택의 비율 중 아파트가 차지하고 비율이 70%에 육박한다고 한다. 실질적으로 서울시의 위의 1000가구 조사가구 중 54.6%가 아파트에, 21.7%는 연립이나 다가구 주택에 그리고 20.7%만이 단독주택에 거주하는 것으로 조사되었다.

거주자들은 한편으로 좀 더 저렴한 주변지역의 아파트로 이사하게 되고 다른 한편으로 그들의 거주지에 건설된 아파트에 거주를 원할 경우 투기적 현상으로 아파트 거주를 위해서는 은행대출을 해야 하는 왜곡된 아파트 건설이 반복적으로 매년 재생되고 있는 것이다.

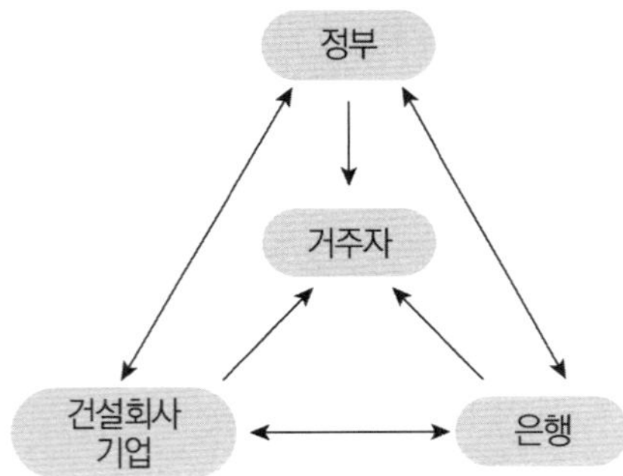

〈그림 11-1〉 주거양식 결정과정

주택정책에 대한 문제제기로서 재개발, 재건축은 국가가 관련되어서는 안 된다. 대표적으로 토지개발공사는 아파트부지를 찾는 것은 업무가 아니다. 2007년도 아파트는 476,462호가 만들어졌으나, 단독주택은 51,450호가 건설되었는데, 다가구 주택을 제외하면 우리나라에서 주택의 선택은 오직 하나일 뿐이며 이런 방식은 현재에도 진행 중이다.[8] 주택개발공사는 대형건설사에 아파트 건설을 도와주는 것이 임무가 아니다. 은행들은 국민들이 저축한 돈으로 아파트 투기를 위한 대출이 임무가 아니다. 토지공사는 우리국토를 아름답게 유지시키는 것이 임무이며 주공은 주택이 없는 자들에게 임대해 줄 국가 소유의 주택을 건설하여 운영하는 것이 임무인 것이고 은행들도 국민의 돈을 투기를 위한 것이 아닌 건설적으로 국가의 부을 확충하는데 투자하여야 한다. 국민들의 주택에 관련된 부서의 명칭도 – 주공과 토공도 통합이 내용적인 것이 아닌 영문 표기인 LH공사로 명칭 변경은 세계화와 영어선호 – 정권에 따라 많이 변했지만 하는 행태는 변하지 않았다. 명칭을 변경

8) 우리나라에서 주택정책은 아파트 건설 계획을 의미한다고 할 수 있다. 2010년 이래로 2020년까지 매년 평균 100,000호가 건설되었다. 경기침체로 인하여 아파트 건설에도 영향을 미쳐서 2022년에 180,000호에서 2023년에는 130,000호로 건설이 감소되었으며, 2024년 120,000호가 건설된 것으로 예측되고 있다.

하는 것보다 중요한 것은 아파트 한 채를 건설하여 우스꽝스럽게 마을이란 명칭을 부치지 말고 진정한 의미에서 국민들의 생활 토대로서 마을의 주택 양식의 선택권을 보장 보호하면서 질적 상승을 위한 인프라 구축에 노력해야 한다. 결국은 주거권은 우리 국민들 스스로가 찾아야 할 인권인 것이다.

결론적으로 국가의 주택정책은 국민들의 건강과 교육 그리고 노동에 연관된 측면에서 관심을 가져야 한다. 앞에서 언급된 것처럼 건설회사의 건축만을 위한 것이 아닌 국민의 건강과 교육 그리고 노동친화적이고 사회친화적인 주택의 구조와 형태를 위한 관련성을 연구하여 좋은 주택을 지을 수 있도록 국가가 도움을 주는 역할이 우리사회에는 필요하고 할 것이다.

생각해봅시다

우리나라의 주택에 연관된 전반적인 것을 관장하고 있는 부서는 국토교통부이며 얼마 전 아파트에 연관된 비리로 사회적 물의의 당사자이기도 한 토지주택공사(LH공사)가 우리나라 아파트 건설정책을 실천하는 국영기업이다. 사실 LH는 우리나라 국토를 효율적이고 아름답게 그리고 국민들의 안락한 거주를 목적으로 하고 있지만 실질적으로 그동안의 그들의 일은 아파트 가격 상승을 저지하기 위해 아파트를 건설과 중개업무 등을 하는 아파트 전문건설회사라고 해도 될 것이다. 왜냐하면 국토교통부와 연계하여 매년 주택보급이란 명목으로 재개발 지역이나 재건축을 위한 지역을 찾아 아파트 건설계획을 발표하고 있기 때문이다.

노동문제와 노동복지

1. 노동문제

역사적으로 노동은 인간의 생존수단으로 존재하고 있지만, 산업사회에 있어서 노동(Arbeit · Labor)은 인간에게 있어서 가장 중요한 생존의 수단일 것이다. 노동문제의 발생원인은 인간의 생존 수단인 노동력이 누군가에게 착취되고 있다는 사실의 의식함으로부터 출발한다. 노동문제 그 자체에 대한 보편적인 정의와 함께 노동에 관련되어 파생되고 있는 사회문제들로는 실업, 노동현장에서의 성차별이나 임금차별, 노동착취, 노동시간, 산업재해 등이 있을 것이다. 이런 측면에서 노동복지는 산업사회의 노동의 사유화에 따른 문제들의 해결에 매우 중요하다. 왜냐하면 오늘날 많은 사회문제들의 해결은 결국 노동문제의 해결과 연결되기 때문이다. 저출산과 보육문제 해결의 실마리도 앞에서 나열된 노동문제의 해결이 선결되어야 한다. 우리나라에서 저출산과 보육 문제에 대한 기업의 역할에 대한 부정적 견해가 82%에 도달한다는 사실은 노동문제의 중요성을 보여주는 대목이라 할 수 있다.

1) 노동의 개념

개념적으로 노동이란 자연 상태의 물질을 인간에 필요한 것으로 변화시키는 것을 말한다. 이런 개념은 인간에게 있어서 노동의 신성함을 보여주고 있지만, 고대사회에서 노동은 하찮은 것으로 간주되었으며, 노예들이나 해야 하는 것으로(노예제 사회) 간주되었다. 이후, 초기 기독교 사회에서는 노동은 부분적 가치실현의 기회로 간주되기도 하였다. 여기서 노동은 원죄의 속죄행위, 그러나 생계를 위해서는 필요한 것이라고 보았다.

후기 기독교 사회이었던 16세기 종교개혁 이후에 개신교의 등장은 노동에 대한 긍정적인 평가와 함께 노동을 신성시하였다. 특히 신학자 존 캘빈(John Calvin, 1509~1564)은 자신의 직업소명설(Theory of Vocation)로서 노동을 신에 대한 봉사와 계시로 받아들였지만[1], 반면에 게으름과 나태는 죄로 간주하게 되었다. 이런 이유에서 독일의 사회학자 막스 베버(Max Weber, 1864~1920)는 자신의 책 프로테스탄트 윤리와 자본주의 정신에서 자본주의 발생 원인을 기독교 정신으로부터 찾았다.

그러나 18세기에 시작된 산업화(Industrialization)는 노동의 본질을 변화시켰는데, 산업화는 수공업을 기계로 대치시키면서 가족 중심의 노동에서 임금노동으로 전환시켜준 중요한 계기가 되었다. 20세기 후반 후기산업화(Postindustrialization)의 등장은 제조업 중심의 산업에서 서비스 산업 그리고 정보산업 중심으로 전환시켰다. 산업 노동을 콜린 클라크(Colin Grant Clark, 1905~1989)는 아래와 같이 세 종류로 분류하고 있으며, 산업의 고도화는 1차 산업으로부터 3차 산업으로 전환을 의미한다고 하였다.

① 제1차 산업 노동 : 농업이나 광업과 같은 원료 생산에 투입되는 노동
② 제2차 산업 노동 : 제조업 분야에 투입되는 노동
③ 제3차 산업 노동 : 전문적, 관리직 분야의 노동

그는 산업에 있어서 고도화된 후기 산업사회의 특징은 고학력 중심의 노동력을 중심으로 자동화, 전산체계에 의한 생산방법, 경제에 대한 정부개입의 확대로 높은 생활수준의 유지라고 보았다.

---

1) 이런 의미는 직업(Beruf 베루프)이라는 독일어 단어로부터 분석될 수 있을 것이다. Beruf는 신이라는 의미의 Be(베)와 부르다라는 의미의 ruf(루프)가 결합된 단어로서 직업은 신이라 부여한 것이므로 한 번 부여된 직업은 자신의 의지대로 바꿀 수가 없으며 죽을 때까지 성실하게 그 일에 종사하여야 한다는 것이다.

2) 노동의 일반적인 문제들

역사적으로 자본주의는 다른 어떤 이데올로기보다 인류의 역사에 거대한 영향을 미친 이데올로기라 할 수 있다. 자본주의 발달과정에서 노동문제는 고용과 깊은 관계를 갖고 있지만 기계화와 자동화를 통하여 지속적으로 실업이 발생하게 된다는 것이다. 예를 들어 봉건사회에서 자본주의사회로 이행하던 산업혁명 시기, 영국사회에서는 한편으로는 자본주의체제에 대항하는 러다이트(Ruddite)운동[2]이, 다른 한편으로는 자본주의 체제의 강화와 농민들을 도시빈민으로 내몰았던 인클로저(Enclosure)운동[3]이 발생하였다. 오늘날의 현대사회에서 대량생산의 핵심인 분업과 전문화, 생산시설의 자동화가 더욱 심화되어 경제가 성장하여도 일자리가 발생하지 않는 고용 없는 성장으로 인한 신러다이트가 발생할 수도 있을 것이다.

(1) 실업(unemployment)

실업은 불완전 고용 상태를 의미하지 않는다. 왜냐하면 불완전고용이란 파트타임 노동이나, 일하기를 원하지만 일자리가 없어 취업을 포기한 상태를 의미하기 때문이다. 그러므로 이론적인 측면에서 실업이란 해고(fire)가 아닌 구조조정(lay off)의 의미로서 일자리와 일하기를 원하며, 일할 능력을 소유하였지만, 일을 하지 않고 있는 상태를 의미한다. 여기에는 주어진 임금에 일할 의사가 없는, 실업에는 포함되지 않는 자발적 실업과 일할 의사가 있는 비자발적 실업이 있다. 그러므로 본질적으로 실업은 후자의 비자발적 실업을 의미할 것이다.

---

2) 19세기 초 영국 섬유산업에서 발생하였던 반자본주의 운동으로, 노동자들은 산업혁명 이후 실업의 원인이 섬유기계에 있다고 규정하면서, 기계의 파괴를 통하여 일자리를 보존할 수 있다고 생각하였다. 그래서 기계파괴운동이라고 부르기도 한다.

3) 16세기 영국의 상황은 농노들의 비참한 생활 속에서 지주들의 농사보다 모직산업의 수익성을 인식하여 농토에 울타리를 만들어 양을 치는 목양지로 전환하는 일이 나타났다. 후에 이 상황은 산업혁명의 원동력이 되었으나 농민이 노동자로 전락하여 도시 빈민으로 되는 사회문제가 발생하였다. 농토 → 목양지 → 농민이동 → 노동자 → 도시 빈민

① 실업의 유형

실업의 개념규정에 의해 실업의 유형에는 일반적으로 아래와 같이 주기적 실업, 기술적 실업, 구조적 실업, 마찰적 실업, 계절적 실업으로 구분할 수 있다. 산업화가 고도화되면 될수록 계절적 실업으로부터 기술이나 산업구조의 변화에 의해 발생하는 실업으로 전환될 것이다.

• 계절적 실업(seasonal unemployment)

계절적 경기변동으로 인한 실업으로서 농업이나 건설업이 그 예이다. 그러나 현대사회에서는 기술의 발달로 계절실업을 극복하는 대안이 등장하였다. 겨울철 일이 없어 많은 농촌문제들이 발생하였지만, 농촌의 가내공업이나 비닐하우스나 품종개량으로 오늘날에는 농한기 없이 일 년 내내 농사를 짓게 되었다. 건설 분야에서도 공공사업과 같은 겨울철에도 공사할 수 있게 되어 점점 계절적 실업에 대한 의미는 상실되어 가고 있다.

• 주기적 실업(cyclical unemployment)

경제적인 측면에서 국내 또는 국제 경기는 상호 간에 영향력을 미치고 있다. 그러므로 상호 간의 경기변동에 따라 경제적으로 호황과 불황이 주기적으로 발생하여 총수요(가계지출, 기업과 정부의 투자)의 부족으로 발생하는 실업이다. 주기적 실업을 해결하기 위하여 공공사업과 같은 투자의 활성화가 중요하다고 한다.

• 구조적 실업(structural unemployment)

구조적 실업은 일할 의욕은 있지만 유효수요의 부족으로 인하여 일자리의 부족으로 발생하는 실업이다. 그러므로 구조적 실업은 단순한 경기변동으로 발생하는 일시적인 실업이 아닌 경제구조 변화로 인하여 나타나는 장기적이고 만성적인 실업을 의미한다. 이런 이유로 비자발적 실업이라고도 한다. 이 문제가 해결되기 위해서는 인력개발이나 기술교육에 대한 투자가 이루어져야 한다.

• 마찰적 실업(frictional unemployment)

마찰적 실업은 일자리에 변화를 원할 때 노동시장의 불완전성으로 인해 발생하는 실업이다. 즉 노동환경이나 기술적인 변화가 발생하였을 때 노동자가 그 상황에 적응하는 기간 동안에 발생하는 실업을 의미한다. 이 문제를 해결하기 위해서는 다양한 취업정보들이 제공되어야 한다.

• 기술적 실업(technological unemployment)

기술적 실업이란 인간의 노동을 대치할 수 있는 기계의 발명으로 인한 실업이다. 예를 들자면 1960년대 초기의 컨베이어 시스템의 도입 그리고 산업로봇 등장으로 인한 실업의 발생하였다. 이런 현상 속에서 사회 안정화를 위한 복지제도의 하나인 실업보험이 등장하게 된 것이다.

② 실업의 영향

일반적으로 실업의 영향에 대하여 논할 때는 한편으로는 국내 총생산의 감소로 인하여 발생하는 경제성장의 둔화와 그로부터 초래되는 경제적 비용(economic costs) 또는 손실만을 중요하게 여기는 경향이 있었다. 그러나 다른 한편으로 현대사회에서는 그것만큼이나 장기간의 실업은 노동자의 숙련도 감소와 자존심을 상하게 하며, 가족 간의 불화, 알코올 중독 등 많은 문제를 발생시켜 사회에 악영향을 미치는 요소로서 비경제적 비용(noneconomic costs)을 강조하는 경향이 있다. 후자의 측면에서 우리나라에서도 1997년 외환위기, 경제환란과 국제통화기금의 경제관리체제로 인한 실업발생으로 가정이 붕괴되고 그에 따른 노숙자라는 모습이 등장하여 오랜 기간 사회문제로 간주되어 왔다. 그러나 그 수가 감소하지 않고 있으며 현재까지도 해결의 실마리가 보이지 않고 있다.

③ 우리나라 실업 실태

우리나라 실업 현황에 대한 분석이 선진국과의 차이가 있는데, 이는 실업에 대한 인식의 차이로부터 비롯된다. 아래의 <표 12-1>은 선진국과 우리나라의 실업률을 비교한 것이다.

<표 12-1> 우리나라와 선진국 실업률 추이변화 비교

국가	2017	2021	2023
한국	3.68	3.68	2.75
캐나다	6.43	7.54	5.0
미국	4.35	5.37	3.50
호주	5.60	5.11	3.60
일본	2.81	2.82	2.50
프랑스	9.43	7.88	7.05
독일	3.57	3.58	2.90
이탈리아	11.2	9.7	8.0
스웨덴	6.8	8.8	7.6

* 경제활동인구 = 15세 이상 취업자 + 실업자
* 실업률 = 실업자 / 경제활동인구

우리나라 실업의 문제는 실업에 규정에 대한 분석이다. 즉 실업으로 규정하고 있는 기준이 선진국과 차이가 있어서 외형적으로 실업률이 낮은 수준으로 분석되고 있다는 것이다. 그러므로 1990년대 말부터 시작된 우리나라 경제적 불황 속에서 실업의 문제의 핵심은 한편으로는 사회로 처음 진출해야 하는 청년들의 취업이 원천적으로 봉쇄되고 있다는 사실이며, 다른 하나는 그것으로 인한 사회적 현상인 비정규직의 증가로서 이를 사회적으로는 실업으로 인식되고 있다는 점이다. 이와 연관하여 우리나라의 노동문제들은 아래와 같이 전체적으로 분석할 수 있을 것이다.

• 청년실업문제

1997년 경제환란 발생 이후 우리나라에서 실업률이 두 가지 형태로 급격히 증가하였다. 하나는 지속적인 구조조정으로서 명예퇴직을 의미하는 오륙도, 사오정과 같은 신종어가 나타났으며, 다른 하나는 2000년대 중반 이후 계속된 미국발 금융 위기 속에서 청년들의 낮은 취업률 속에서 15세에서 24세까지 청년실업률이 증가하고 있다는 것이다.

이 문제는 단지 우리나라만의 문제가 아닌 미국, 일본, 프랑스 등 선진국에서도 전체 실업률보다 청년실업률이 거의 두 배 이상의 높은 현상이 나타나고 있다.[4] 일반적으로 실업의 유형의 하나인 경제불황으로 인한 조기 퇴직이 아닌 경제의 불투명성으로 인하여 기업들이 일자리 창출을 축소함으로써 발생하고 있는 청년들의 일자리 감소와 그로 인한 취업률 감소를 의미한다.

그러므로 청년실업문제는 특별히 우리사회에서는 사회문제이기도 하지만 가정문제로도 간주할 수 있다. 연령적으로 18세는 서구사회에서 부모로부터 독립을 의미하지만 우리사회에서는 독립이란 결혼을 의미하며 또한 독립을 결혼의 조건이 취업인 것이다. 그런데 국가경제나 세계경제의 불경기는 취업연령에 속한 청년들의 취업에 영향을 미치게 된다. 현재 우리사회에서 직장을 구하지 못해서 경제적 독립을 하지 못한 청년들이 30대에 이르기까지 결혼을 못 하고 있다는 것이다. 결혼의 어려움을 겪게 되는 이런 구조로 인하여, 남성뿐만이 아닌 자연스럽게 여성의 결혼에도 영향을 미치게 되는 것이다. 이런 현상은 기업도 인적자원의 순환이 이루어지지 않는 등 우리사회 전체적으로 파급되고 있는 것이다. 특히 현재 우리사회에서 경제적 어려움이 만혼이나 미혼의 증가로 이어지면서 부모와의 동거 기간의 길어지고 있는 사회적 현상이 나타나고 있으며 국내경제에 좋지 않은 영향을 미치고 있다.

• 산업재해

산업재해란 업무 중 발생하는 사고나 질병을 말한다. 이 문제에 있어 산업혁명 초기에 노동자와 자본가 사이에서 시작된 과실책임의 원칙에 의해 노동자는 산재로부터 보호받지 못하였다. 그러나 무과실책임의 원칙을 적용하면서 업무상 사고는 노동자가 노동계약에 의한 업무를 수행하기 위하여 사업주의 관리하에 있는 상태에서 사고가 발생하거나 시설물의 결함 또는 관리상의 하자로 발생하는 사고까지 포함하는 포괄적 의미를 가지게 되었다. 당연히 여기에는 노동자의 고의 그리고 자해행위나 범죄행위 또는 그것의

4) 2024년 통계에서 본다면 미국, 일본, 프랑스의 전체 실업률과 청년 실업률을 비교한다면 3.7 : 8.9, 2.6 : 5.6, 7.4 : 15.4로 나타나고 있으며, 우리나라는 2001년에 전체 실업률이 3.4 청년 실업률은 8.0으로 나타났으나 20년이 지난 2024년 현재 5.1 : 9.5로 증가하였다.

원인이 발생한 사상은 제외된다.

여기서 업무상의 질병이란 노동자가 업무 수행 시 유해요인에 노출된 경력이 있을 것 그리고 작업환경, 근무시간, 근무기간 등 업무에 연관된 유해요인이 질병 또는 긴장의 유발까지도 포함된다. 또한 신체 부위에 유해인자에 의하여 특이한 임상증상이 유발되었음을 의학적으로 인정될 수 있어야 하며 질병으로 인하여 의학적 요양이나 보험금여 지급사유가 인정되어야 한다. 그것을 위한 사회보험이 산재보험이다.

이런 측면에서 산재보험이란 다른 사회보험처럼 노동자와 고용주가 보험료를 나누어 내는 것이 아닌 보험료 모두를 고용주가 책임지는 사회적 책임으로 연대화한 사회보험이라 할 수 있다. 이러한 산재보험의 권리와 의무 속에 산재보험은 산재를 당한 노동자를 신속하게 노동현장으로 복귀시켜 다시 국가와 그가 속한 기업에 대한 기여뿐만 아니라(각종 세금의 납부) 노동자 가족의 삶을 보장할 수 있도록 하여야 한다. 산재보험금 지급에 대한 판정시비로 인한 노동자의 장기간의 노동력 상실은 오히려 국가와 노동자에게 불필요한 손실을 가져와서는 안 될 것이다.

그러므로 이러한 산재보험의 보험대상은 산업재해와 직업병으로 그 범위를 포괄적으로 접근하여야 한다. 산재의 인정범위는 업무수행성과 업무기인성이라는 두 가지 요건으로 제한되어 있는데, 전자는 업무수행 중 발생한 재해만을 말하며 후자는 업무로 인하여 입은 재해만을 말한다. 직업병은 장기적인 측면에서 업무기인성이 증명되어야 하며, 우리나라에서 산재보험은 2018년부터 상시노동자 1인 미만의 사업장에도 적용되고 있다.

• 비정규직 근로자

비정규노동자란 임시적 노동자와 일용직 노동자를 합한 개념으로 1997년 경제환란 발생 이후 우리나라에서 노동시장에 본격적으로 등장하게 되었다. 임시직 노동자는 1년 미만 1개월 이상 고용된 노동자이며, 일용직 노동자는 1개월 미만으로 고용된 노동자를 말한다. 현대 산업사회 그리고 우리사회에서 노동시장의 문제는 노동의 유연성에 대한 인식의 차이로부터 비롯된다. 그것은 고용주가 적은 비용으로 노동자 고용과 경기변동에 따른 탄력적인 조정을 의미하며, 노동자에게 있어서는 시간적 공간적 제약을 극복하여 노동력 탄력적 제공, 반면에 고용불안과 정규직과의 임금 격차를 줄일 수 있는 계기를 보장할 수 있을 것이다. 아래의 <표 12-2>는 우리나라의 노동자 정규직·비정규직 비율을 연령과 학력을 연관하여 분석하고 있는데 학력이 높고 연령이 낮을수록 정규직 비율이 증가함을 알 수 있다.

노동의 유연성에 있어서 정규직과 비정규직, 일용직, 임시직 간 고용보장의 차이가 없다는 것으로 고용에 대한 다양성을 의미한다. 그러나 사람들에는 정규직과 비정규직에 있어서 각종 고용형태의 의미가 단순히 해고의 우선순위만 인식되고 있다는 것이다. 이러한 인식으로 이것은 고용에 대한 정부의 정책적인 측면으로부터 노노갈등[5]의 요소로 작용하고 있는 것이다. 이것을 극복하기 위하여 노동자들의 고용보장은 정규직에게 해당되어서는 안되며 모든 국민의 노동권 보장으로 인식되어야 할 것이다. 그러므로 우리사회에서 노동에 대한 현실적 문제의 우선순위에 따른 정규직에 대한 보장보다도 우리 노동현장에서는 여성과 남성 간의 임금차별과 고용형태에 따른 임금 차별의 철폐 그리고 노동자들의 동일노동 · 동일임금이 선결되어야 한다. 이것은 현대 산업사회 그리고 자본주의 사회의 노동자들이 고용의 유연성의 측면에서 노동복지와 임금에 대한 보장의 중요성에 대한 인식을 우선한다는 의미인 것이다.

<표 12-2> 정규직 · 비정규직 종사자 비율

연령	19~29세	30~39세	40~49세	50세 이상	소계	학력	중졸 이하	고졸	전문대졸 이상
정규직	76.80	77.03	61.19	34.43	57.64		16.89	45.45	72.38
비정규직	23.20	22.97	38.81	65.57	42.36		83.11	54.55	27.62

5) 노노갈등은 노동자와 노동자 간의 갈등, 노동조합 단체 간의 갈등을 의미한다. 우리나라에서 실질적으로 노동자들의 단체인 노동조합 단체는 주로 노동운동의 보수적 입장을 취하는 한국노총과 진보적이라 할 수 있는 민노총이 결성되었다. 그럼에도 불구하고 기득권이라는 현실 속에서 두 단체 모두 비정규직 노동자의 권리에 대한 보장에 있어서 많은 차이가 보이지 않고 있다.

• 최저임금[6)]제

최저임금제란 국가가 노동자의 임금 최저수준을 결정 고시하여 사용자에게 그 이상의 임금을 지급하도록 법으로 정한 제도이다. 최저임금은 아래의 <표 12-3>에서 보여주는 것처럼 고용노동부장관이 매년 최저임금위원회의 심의를 통해 결정 고시한다. 참고로 1980년대 대학생들의 아르바이트 시급은 1000원 이내였으며 노동시간은 주 50시간 이상이었다. 2001년 9월~2002년 8월의 최저임금은 시간급 2,100원, 일급 2,100원*8시간=16,800원이었으며, <표 12-3>에서 보는 것처럼 노동시간은 월 226(주 55.6시간)시간으로 기준 474,600원이었다. 2012년도에는 최저임금이 4,580원이었으며, 12년 후 2024년에는 10,000원으로 상승되었다.

<표 12-3> 최저 임금 비교

연도	최저시급	일급	주급	월급
2002년	2,275원	18,200원(8시간)	91,000원(주 40시간) 100,100원(주 44시간)	514,150원(226시간)
2012년	4,580원	36,640원(8시간)	183,200원(주 40시간) 201,520원(주 44시간)	732,800원(주 40시간제) 806,080원(주 44시간제)
2022년	10,000원	80,000원(8시간)	400,000원(주 40시간) 440,000원(주 44시간)	1,600,000원(주 40시간제) 1,760,000원(주 44시간제)

(2) 노사관계

일반적으로 노동문제에서 노사문제는 매우 중요하다. 이 분야에서 다루어지는 노사갈등, 노동조합, 경영계, 국민의 정부에서 도입한 노사정위원회 등이 노사문제의 중요한 사안들이다. 여기서는 노사갈등과 노사정위원회를 살펴본다.

우리나라의 노동문제의 대부분은 노사갈등으로부터 발생한다. 일반적으로

6) 최저임금(minimum wage)은 고용자가 피고용인을 저임금으로 부리는 착취를 막기 위해, 국가에서 정한 노동자에게 지급해야 할 최소한의 임금을 말한다. 각 나라는 자국의 법과 규정에 의해 최저임금을 정하고 있고 대부분의 선진국들은 법으로 규정하고 있으나 많은 개발도상국들은 그렇지 않은 것으로 알려져 있다. 첫 최저임금제는 1894년 뉴질랜드 정부에 의해 시행되었고 미국이 1938년, 프랑스가 1950년, 영국이 1999년에 도입하였다. 우리나라는 1986년에 최저임금법을 제정하였고 1988년부터 본격적으로 시행하였다.

그것을 고용주와 노동자 간의 노사분규로 표현하고 있다. 이 분규를 해결하고 조정하기 위하여 설치된 것이 노사정위원회라 할 수 있다.

① 노사분규의 원인

노사분규 원인의 대부분은 임금문제이다. 1960년대 산업화 이래로 성장일변도의 정책으로부터 노동자에 대한 억압은 임금에 대한 박탈감을 의미한다. 헌법에 보장된 단결권, 단체교섭권, 단체행동권의 노동3권은 1990년대 초까지 무용지물이 되어 사용자와 임금에 대한 교섭 자체를 통한 임금이 결정되는 것이 아닌 사용자의 일방적인 결정이었음을 아래의 <표 12-4>의 단체협약 건수로부터 알 수 있다. 즉 민주화로 인하여 노동3권의 보장은 경제가 어려웠던 1997년 경제환란으로 인한 IMF관리 시기에 단체교섭, 즉 노동자와 사용자가 협상테이블에서의 단체협약 논의 건수가 증가하였음을 알 수 있다.

<표 12-4> 노사분규의 원인

구분	1994	1995	1996	1997	1998	1999	2000	2006	2010	2014	2019	2023
체불임금	6	0	1	3	23	22	7	·	·	·	·	·
임금인상	51	33	19	18	28	40	47	26	18	28	48	86
단체협약	42	49	62	51	57	89	167	19	9	4	10	12
해고	3	1	0	0	3	0	2	·	·	·	·	·
구조조정	0	0	0	0	8	31	22	·	·	·	·	·
기타	19	4	2	6	10	16	5	·	·	·	·	·
계	121	88	85	78	129	198	250	·	·	·	·	·

② 노사정위원회[7)]

노사정위원회는 이미 서구사회에서 제2차 세계대전 이후 정착된 제도로서, 정부, 노동자, 사용자 삼자가 임금, 물가 복지 등의 문제를 상의 결정하

7) 우리나라 노사정위원회는 위원장, 간사위원 각 1인을 포함한 노동자, 사용자, 정부 등을 대표하는 15인 이내의 위원으로 구성된 협의체이다. 1997년 경제위기 이후 위기 극복을 위한 국민적 합의를 이끌어내기 위해 노동단체, 사용자 단체 및 정치권과 정부가 위원회 구성에 전격 합의함에 따라 1998년 1월 15일 제1기 노사정위원회가 정식으로 발족했다. 노사정위원회는 매월 정기회의를 갖고 수시로 임시회의를 개최하여 고용안정, 노사협력, 경제위기 극복 등 현안문제 해결방안을 심의·의결하며 대통령 자문기구로서의 위상을 가진다. (http://www.lmg.go.kr)

는 삼자협동주의(tripartism)[8]이다. 우리나라에서는 IMF 경제위기가 계기가 되어 등장하였으며, 1999년 5월 24일 노사정위원회 설치 및 운영에 관한 법률이 제정되었다. 노사정위원회는 경제위기 극복과 노사정간의 협력방안 등을 협의하는 대통령 자문기구이다.

(3) 노동구조와 보육

우리나라에서 보육을 통한 출산율의 제고를 위해서는 노동구조의 개편이 전제되어야 한다. 노동문제와 노동복지와 관계에 있어서 보육은 현재 피상적인 접근으로만 해결하려는 모습을 보이고 있다는 것이다. 그 근거로서 정책의 초점이 출산율의 증가로 설정하였다는 것이다. 수많은 비용을 들인 보육에 대한 정책에도 불구하고 오히려 출산율은 감소하고 부모들의 양육에 대한 어려움의 호소가 더욱 강력해지고 있는 것이다. 결과적으로 우리나라는 전 세계적으로 출산율 감소 속에서 보육정책 중심의 많은 노력에도 불구하고 세계에서 최고로 낮은 출산율을 기록하고 있다.

그러므로 문제는 보육에 대한 강조만으로 인구증가, 즉 출산율의 증가를 기대하기는 어려울 것이라는 사실이다. 왜냐하면 현재 보육정책은 근본적으로 가족 구성원들이 책임을 국가적 책임으로 인식하면서 보육의 전부를 정책적으로 움직인다는 것은 한편으로 가족의 회복을 주장하면서 다른 한편으로는 가족이라는 근본을 다시 한번 무너뜨리는 것이기 때문이다. 그러므로 보육정책은 가족과 부모와 함께하는 시간을 보장하는 것을 전제로 실행되어야 한다. 그것을 위한 근본적인 해결을 위해서는 자본가나 고용주 그리고 노동자들이 보육을 위한 노동시간과 노동구조 변화, 즉 노동의 신성함과 노동시간의 중요성에 대한 인식이 우선되어야 할 것이다.

보육은 여성의 노동력을 효율적으로 사용하기 위해 초기산업사회에서 전략적으로 출발하였다. 산업사회에서 보육은 노동자들이 작업장에서 오랫동안 노동할 수 있는 토대로서 기능한다. 이와 연관된 자세한 논의는 제6장을 참조하길 바란다.

---

8) Tripartism은 보통 삼자주의로 번역할 수 있다. 아는 사용자 단체, 노동조합, 국가 정부 간의 혼합 경제와 삼자 계약을 기반으로 하는 신조합주의 경제 시스템이다. 삼자주의에서는 정부가 경제에서 큰 역할을 하며, 경제 정책 수립을 위해 노조와 기업 이익 단체 간의 협상에 참여한다.

2. 노동복지

산업사회가 고도화되면서 비정규직 노동자, 장애인, 실업 노동자, 이주 노동자 등 주변화되면서 취약한 노동자들의 문제가 우리사회에서도 전면적으로 제기되고 있다. 그에 따른 노동자들의 생활에 대한 안전과 안정은 매우 중요한 항목으로서 그것을 해결하려는 노력이 노동복지라고 할 수 있을 것이다. 노동복지란 국가, 지방자치단체, 기업, 노동조합 등이 주체가 되어 노동자와 그 가족의 생활안정, 생활수준 향상 등을 목적으로 실시하는 모든 조직적 활동의 체계를 말한다. 한편으로는 그것은 임금 이외의 노동자의 생활수준 향상을 위해 제공되는 편익증진 추구를 의미하며, 다른 한편으로는 정치, 경제, 사회, 문화 등 모든 분야에서의 노동자의 직간접적인 이해증진 추구를 의미한다.

1) 노동복지의 의미

노동복지는 일(Labor)과 복지(Welfare)의 합성어로서 일하는 사람을 위한 복지, 노동자의 권리로서 복지를 의미한다. 노동복지는 기존의 기업복지, 직업복지 등으로 이미 실행되고 있었지만 결국 노동자의 권리이므로 기업이나 회사의 시혜가 아니라는 점에서 노동복지인 것이다. 이런 사실들이 노동복지가 제도화되지 않았다는 것을 증명하고 있는 것이다.

기업복지의 측면에서 행해진 퇴직금이나 상여금 등은 기업들이 노동자에게 주는 전체 임금을 나누어주는 것이라 할 수 있다. 결국 고용주들의 노동자들에게 제공된 복지는 총량적으로 노동자들의 권리인 것이다. 물론 우리사회에서 모든 기업들이 이것을 실행하지 않고 있기에, 그것이 노동자의 권리임에도 불구하고 고용주들의 좋은 회사라는 개념은 이것을 토대로 하고 있는 것이다. 그러므로 복지국가적인 측면에서 우리사회에서는 이것의 확대한 개념으로서 노동복지 정책을 통한 제도화는 선진 복지국가의 토대로서 요구되고 있다.

2) 노동복지 정책의 의미

노동복지 정책의 의미는 노동자의 삶의 질적 상승을 위해 노동자에게 연관된 사회 전반에 걸친 문제들을 해결하는 것이다. 그러나 오늘날 현대사회에서 노동복지는 그 필요성이 노동자에게만 한정된 것이 아닌 기업, 국가에 의해서도 실천되고 있다. 왜냐하면 그것은 노동복지가 노동자뿐만 아니라 그의 가족 그리고 노동자가 속한 기업에게도 영향을 미치고 있기 때문이다. 그러므로 그 결과는 사회 전반의 발전의 토대를 구축할 수 있을 것이다.

노동복지 정책의 문제는 현대사회의 모든 구성원들의 삶의 질에 대한 중요한 지표로서 현대사회의 가장 본질적인 과제라 할 수 있다. 그러므로 그 종류도 다양한데 첫째, 공여, 보조, 규제를 통해 노동자의 복지에 개입하는 국가복지, 둘째, 기업의 임의에 따라 고용된 노동자와 그 가족에게만 제공되는 기업복지, 셋째, 노동자들의 조직인 노동조합에 의해 자주적으로 행해지는 노동자의 자주복지로 구분할 수 있다. 현대 산업사회에서는 초기 산업사회보다 노동자들의 자주복지의 중요성은 점점 퇴색되어가고 있다. 반면에 노동복지의 증진을 위해 국가의 역할은 기업에게 노동자들을 위한 투자의 증대를 요구하며 때로는 압력을 가하는 것이다. 그럼에도 불구하고 우리에게 있어서 노동복지의 문제는 아직도 미완의 형태로서 정책적으로 더욱 발전이 요구되는 분야인 것이다.

이러한 노동복지 주체의 단절적인 구분은 오늘날 실천 현장에서는 의미가 없다. 왜냐하면 과거와 같이 자본가나 노동자 간의 대립적 구도는 효율적으로 자본가나 노동자의 삶의 질적 상승을 위해서는 어느 것 하나도 소홀히 할 수 없기 때문이다. 국가, 기업 그리고 노동자 삼자 간의 관계가 노동복지 정책의 핵심이라 할 수 있을 것이다.

3. 결론

오늘날 현대 산업사회에서 발생하고 있는 노동문제들은 노동자와 자본가 사이에서 발생하는 구조적인 문제로서 개인적 차원의 해결이 아닌 사회복지적인 해결이 요구된다. 그것을 위하여 우리사회에서 노동문제 해결은 노동복지로서 노동자들의 자율적이고 민주주의적인 해결방식의 추구에 있다. 노동자들의 삶은 자본가와의 관계 속에서 노동문제의 해결을 통해 증진될 수 있으며 그 결과물이 노동복지라고 할 수 있다. 그러므로 노동복지의 실현은 노동자에 의해 결정되는 것이다.

노동복지는 노동자의 복지로서 정책적인 측면에서 노동자들이 주체로서 역할을 하여야 할 것이다. 역사적인 측면에서 사회복지의 태동은 빈민구제에 출발하였다고 할 수 있지만, 근원적인 측면에서 자본가에 대한 노동자들의 권리 쟁취로부터 시작되었다. 왜냐하면 현대적 의미에서 사회복지는 산업혁명 이후 등장하였기 때문이다. 초창기 노동자들을 위한 복지는 당연한 것이 아닌 정치가들의 통치를 위한 전술로서 하나의 시혜로서 간주되었다. 실질적으로 우리들이 역사 속에서 교훈을 볼 수 있듯이 사회복지는 고도의 산업국가에서 계급혁명이 발생하지 않은 토대를 제공하였다고 볼 수 있다. 실질적으로 그 과정 속에서 부분적으로 노동자에 대한 사회복지의 한 분야로서 자본가의 노동자에 대한 당근의 체계화의 결과물로서 기업복지, 직업복지로 자리잡으면서 대부분의 기업에서 노동자의 노동자에 대한 복지실현에 인식은 주체적인 실천보다는 기업과 관계 속에서 중재자적인 역할을 수행하고 있는 것이다. 그러나 산업사회에서 노동자의 사회복지는 노동자들의 결사체에 의해 실행되고 있는 주체적인 의미에서 노동복지인 것이며, 그 의미의 중심에는 노동자의 권리가 있는 것이다.

결론적으로 산업사회든 정보화 사회든 그 중심은 인간인 것이며, 그들은 노동자들이다. 이것은 사회복지의 중심이 노동자들을 위한 복지이어야 함을 의미한다. 그러므로 사회복지에서 노노갈등과 같은 현상이 일어나서는 안 된다. 왜냐하면 사회복지란 모든 인간의 삶을 풍요롭게 하는 것이기에 노동자들 간의 차별과 구별은 노동복지의 적이며 사회복지의 목적과는 부합되지 않기 때문이다. 그러므로 노동복지는 모든 노동자를 위한 복지로서 결국 사회복지의 중심이다. 이것이 노동복지가 복지국가로 발전하는 토대임을 의미하고 있는 것이다.

생각해봅시다

사람들은 1천만 노동자를 이야기하고 있다. 실질적으로 일용직 외국인 노동자 등을 포함한다면 더 많은 노동자들이 우리사회에서 노동을 통하여 기여하고 있기에 그들이 우리나라 정치·경제·사회·문화의 주체라고 할 수 있을 것이다. 왜냐하면 평균 4인 가족을 기준으로 한다면 우리나라 전체인구의 4/5가 노동자의 가족으로 간주할 수 있기 때문이다. 그러므로 노동자의 가족이 결국 우리사회를 구성하고 있는 전체라고 할 수 있다. 사회복지적인 측면에서 보육, 아동, 청소년, 청년, 노인 등 모든 시기들의 삶을 위한 복지는 노동복지와 연관되며 노동문제의 해결이 모든 사회문제를 해결한다는 것을 의미하는 것이다.

13
Chapter

교육문제와 교육복지

교육문제란 좁은 의미에서 학교에서 파생되고 있는 문제들과 연관되어 있다. 반면에 거시적인 측면에서 교육문제는 교육을 통하여 사회적 불평등의 심화된다는 것으로서 특히 우리나라에서는 교육문제 해결을 위하여 입시시스템 측면에서 접근하고 있었다. 그 결과에 있어서 언제부터인가 교육이 학원과 같은 사교육기관에 더 많은 의존적 관계를 형성하고 있다. 그럼에도 불구하고 이 장에서는 사회복지 측면에서 교육문제에 대한 접근을 통하여 한편으로는 우리사회 내에서의 가장 중요한 교육문제의 하나인 입시문제에 대한 분석, 그리고 부분적이지만 다른 한편으로는 그것을 통하여 비판적 측면에서 교육문제에 대한 새로운 인식 틀을 살펴보면서 해결책을 실질적으로 논의한다.

1. 교육문제의 의미

우리나라의 교육에서 3대 핵심문제가 있는데, 하나는 입시문제이며, 다른 하나는 그에 따른 학벌지상주의이며, 셋은 이와 연관된 학연문제에서 살펴볼 수 있을 것이다. 이 세 가지 문제들은 우리나라 정치·경제·사회·문화 부문의 발전에 기여하였다는 의견과 오히려 그 반대의 측면인 발전을 저해하는 요소라는 견해가 있다. 이 세 요소의 극복은 문제를 문제로 종결할 수 있는

데, 왜냐하면 이 문제들이 매우 근원적인 것으로 그것에 대한 해결책도 매우 근원적이기 때문이다.

그러므로 위의 세 가지 문제에 대한 해결이 우리나라 교육의 지상 목표로 되어야 할 것이다. 교육의 측면에서 오늘날의 복지는 단순히 보건복지부에만 관계된 것이 아니다. 왜냐하면 복지국가는 현대 모든 국가들이 지향하고 있는 분야로 이와 연관되지 않는 국가기관이 없기 때문이다. 그러므로 여기서 논하려고 하는 교육문제와 교육복지도 교육에 관한 정책을 입안하고 실천하며 관련된 법을 제정하고 있는 입법부 등 모든 연관 부서들은 복지적인 차원에서 교육에 접근하여야 할 것이다. 교육이 가르쳐 육성하는 것을 의미한다면 그것은 인간다운 삶이며, 인권이다. 즉 교육은 인간 삶의 질적 상승을 위한 하나의 방법으로서 복지인 것이다.

1) 입시문제

고등학교 입시가 중요하게 간주되던 시대도 있었다. 그 시기에는 고등학교에 진학하는 학생수가 많지 않았으며 대학의 규모도 작았고 대학의 수도 많지 않았다. 그것은 대학의 서열에 대한 의미가 크지 않았으며 대학생은 그 자체로서 의미가 부여되었다. 그러므로 그것은 고등학교의 진학이 대학입학을 의미한다고도 볼 수 있다.

30여 년이 지난 현재 입시의 의미는 대학입시이다. 실질적으로 대학과 연관된 문제에 있어서는 세계 어느 나라도 입시문제로부터 자유로울 수는 없을 것이다. 왜냐하면 이것은 인재를 얻기 위한 중요한 방식이기 때문이다. 그러므로 모든 국가들은 어떠한 방법으로든 최고 인재를 차기 위한 과정으로서 입시정책을 운영하고 있는 것이다. 그런데 문제는 그것이 과도하게 작용하고 있다는 것이며, 특히 우리나라에서 대학입시는 단순히 대학에 들어가는 것이 아닌 개인의 삶을 결정짓는 문의 유일무이한 것으로 간주되고 있다.

이런 측면에서 학원문제의 핵심에 있는 관계자들은 의도적이든 또는 의도적이지 않든 그 문제들을 해결하려는 것이 아닌 더욱 문제를 심화시키려는 형태를 보이고 있다. 왜냐하면 그들은 이미 이런 입시정책의 수혜자로서 우리 학생들을 항상 입시의 긴장 속에 빠뜨리고 있기 때문이다. 나라의 백년대계를 이끌어가야 할 입시정책은 관계부처의 사유물처럼 해마다 바뀌어야 하는 것으로 당연시되었다. 그것은 오히려 관련부처가 자랑스럽게 매년 5월경이면 학부모에 대한 서비스로 생각하는지 내년도 입시에 대하여 설명한다. 수능시험 담당자도 매년 과목에 대한 난이도와 중요 사항들을 발표한다. 연례행사로서 학생들이 해야 할 것을 그냥 과정의 한 부분으로 조용히 진행되어야 함에도 불구하고 오히려 자신을 내세우려는 것인지 아니면 학생들에게 정보를 주려는 것인지에 대한 그 진정성 또한 학생들과 부모들에게는 부담으로 작용할 것이다. 대학들도 그것이 커다란 권리인양 입시요강을 수능점수의 비율과 논술의 비중에 대한 것들은 매년 다르게 적용 발표하여 오히려 혼란을 부추기면서 대학이란 최고의 학문의 전당에 신뢰를 스스로 상실시키고 있다. 매년 학생들은 같은 내용들의 과목들을 같은 선생님들에게 학습하고 있는데, 그 기준이 매년 바뀌는 것은 어떠한 이야기를 하더라도 합리적이지 않으며 자랑거리도 될 수 없다. 그것은 단지 학생들 그리고 그들의 부모를 입시의 틀 속에 가두어 두려는 정치적 도구로 간주될 수밖에 없을 것이다.

우리사회에서 입시를 사회적 문제로서 인식하고 인식해야 하는 것은 당연하다. 왜냐하면 입시가 학교의 수준을 결정하는 것은 아니며 학생의 삶을 결정짓는 절대적인 기준이 될 수 없기 때문이다. 오히려 그것은 학생들을 가르치고 있는 선생님들의 수준을 의미하며 이런 측면에서 그 사회와 그 국가의 수준은 학교의 선생님들이며 그에 따라 학생들의 질적 상승을 이루어지는 것이다. 그러므로 훌륭한 선생님이 계신 학교로 학생들의 진학이 현재 우리사회 입시 제도로 인한 인재집중을 지방분산으로 이끌어낼 가장 중요한 방법일 것이다.

2) 학벌지상주의

학벌사회란 무엇인가. 학력에 의해 좌우되는 사회인가, 아니면 학교에 의해 좌우되는 사회인가, 양쪽 다인가. 아마도 우리사회에서 학벌주의는 학교의 이름에 의해 좌우되는 사회를 의미할 것이다. 물론 교육체계를 갖춘 많은 나라에는 학벌이라는 것이 실질적으로 존재하고 있다. 그러므로 학벌은 우리나라에만 있는 것이 아니다. 문제는 학벌에 대한 이해의 차이인 것이다.

일반적으로 서구사회에서 학벌은 학교들 간의 또는 학교 내에서 학문적 경향이나 학자들 간의 학문적 성향의 결과물로 나타나고 있다. 예를 든다면 미국의 조지 허버트 미드, 찰스 호튼 쿨리(Charles Horton Cooley, 1864~1929) 등 시카고 대학 사회학과 교수들의 시카고학파나 영국의 이튼스쿨이 그 예이다. 물론 그들에게 있어서도 학교에 따라서 졸업자나 출신자들이 자신의 학교에 대한 애착의 결과물을 추구하거나 출세의 수단으로 간주하고 있기는 하지만, 그것은 부분적인 현상에 불과하다. 그러나 우리나라에 있어서 그것은 학교, 특히 대학 입학시 성적에 의해 정해지는 대학들 간의 서열로부터 비롯되고 있다. 우리에게 있어서 학벌의 의미는 후자의 의미가 전체를 차지하고 있다.

이 문제의 해결을 위하여 교육기관과 교육은 필연적 관계이다. 교육기관은 교육이 목적이며 교육은 교육기관의 의무이며 권리인 것이다. 이런 관계 속에서 위의 학벌문제에 대한 근본적 해결에는 그 주체들 간의 신뢰와 책임이 전제되어야 하며 주인의식의 강화와 그것에 대한 상호 간의 인정이며, 그것은 교육에 있어서 자율을 의미한다.

3) 학연문제

우리사회의 많은 사람들은 입시를 고질적인 사회문제로 인식하고 있다. 그러나 시기적인 측면에서 입시가 우리사회의 학벌지상주의와 결합된 형태의 기형적 사회구조에 대한 기여는 그리 오래전 일이 아니다. 그것은 우리사회의 급격한 산업화 과정에서 발생한 왜곡된 사회구조의 산물이라 할 수 있다. 즉 성장일변도의 산업화 정책에서 요구되는 인재상을 위한 맞춤형 인재의

신속한 공급을 위한 방식으로 선택된 위한 정책적 토대가 교육에 연관된 입시정책인 것이다

입시와 학벌지상주의 결과물이 학연주의라 할 수 있다. 학연은 현재까지 모든 정권마다 인사 문제에 연관되었으며 그것으로부터 자유롭지 못하였다. 이것은 우리나라의 지역주의와 함께 가장 중요한 사회문제의 하나로서 간주되어 왔다. 그것은 전체적으로 초·중·고등학교, 대학교, 대학원까지 모든 학제와 깊이 연관되어 있지만, 그 중에서도 학연 하면 중·고등학교, 대학교를 생각하게 된다. 즉 출신교에 따라 줄을 서는 것이며, 출신교의 위세에 따라 정리된다는 것이다.

입학이 어려울수록 학연의 강도는 더욱 강력해진다. 과거에 중·고등학교 입학에는 입시가 중요한 역할을 하였기에 그 시기 졸업자들의 학연에 대한 애착은 매우 강하였다. 그러나 현재에는 중·고등학교의 입시가 약화되면서 대학교만이 그 명맥을 강하게 드러내고 있지만, 질적으로 그 강도는 더욱 심화되고 있다. 사회학적으로 이야기한다면 업적적 지위인 교육적 성취가 어느 대학을 졸업하였느냐에 따른 귀속적 지위에 의해 결정되고 있다는 것은 우리사회가 매우 부조리하다는 것이다.

2. 교육복지[1)]

위의 교육에 연관된 문제들을 해결하기 위해서는 소극적이고 수동적 측면의 교육의 질적 수준의 상승, 공교육의 강화도 중요하지만, 우리사회에서는 교육에 대한 적극적 능동적 측면을 강조하는 교육에 대한 복지적 접근이 요구된다. 이것은 그동안 몇몇 교육기관들의 기득권으로 인한 양적 팽창은 위

1) 교육복지라는 개념은 우리나라에서 학문적으로 정립되어 있지 않아 사용하는 사람에 따라서 다양한 의미로 정리하고 있다. 그러나 교육이나 복지 모두 인간의 삶의 질적 향상이라는 목적을 내포하고 있기에 한편으로는 교육적인 측면에서의 접근과 다른 한편으로는 사회복지에서 접근의 합일점이 교육복지의 의미일 것이다. 그러나 이 의미의 실천 주체가 누구냐에 따라서 그 양상은 다르게 나타날 것이다.

에서 논의된 교육문제들의 근원을 만들었다. 소위 명문 대학들이 질적으로 좋은 교육을 제공할 수 있다는 생각은 능력과 관계없는 출세의 과정으로 더욱 그들의 기득권을 강화시키면서 국가의 주요 권력의 하나로 존재를 가능하게 하였다. 교육복지는 교육기관들의 교육의 질적 상승과 모든 국민의 교육기회의 평등을 통한 특혜적인 기득권의 해체를 의미한다.[2)]

이것을 위하여 교육복지는 두 가지 측면에서 접근하여야 한다. 하나는 교육복지가 교육을 통하여 교육의 소외된 사람들에 대한 학습권을 보장한다는 것을 의미한다. 즉 환경적 영향으로 학습으로부터 이탈된 사람들을 복귀시켜 교육손실을 만회할 수 있도록 지원하는 것이 교육복지라 할 수 있다. 또한 넓은 의미에서 교육의 소외된 자만이 아닌 모든 국민들의 학습권을 보장하여 삶의 질적 향상을 이루는 데 목적이 있다. 다른 하나는 교육복지는 교육기관의 차별 없는 행태와 차이 없는 교육을 보장하여야 한다. 논의된 문제들의 공통적인 요인은 사회복지적인 측면에서 교육에 있어서 정의와 평등 그리고 자율이라 할 수 있다. 정의와 평등은 교육소외와 교육차별, 불평등, 교육격차, 사회적 배제 등으로 우리사회에서 현실화되었으며, 그 결과물로 나타난 것이 교육문제라 할 수 있다.

우리사회 교육문제의 중심은 자율성이다. 모든 교육과 연관된 문제들 속에서 자율성에 대한 억압이 자리 잡고 있음을 알 수 있다. 그것은 사회적 자율성과도 상관관계가 있으며 이와 같은 맥락에서 발전하여야 한다. 사회적 자율은 진보하고 있는데 교육기관에서의 자율이 정체되어 있기에 우리사회에서 위와 같은 교육문제가 심화되고 있는 것이다. 예를 들어 복장이나 외모의 측면에서 본다면 초등학교에서는 완전히 부모나 학생의 의지에 의해서 결정되고 있다. 물론 그것을 자율의 한 축으로 볼 수 있는지는 논란이 있겠지만, 그것은 중학교 진학과 동시에 교복으로 그리고 염색된 머리 색은 원상태로 그리고 귀걸이는 해서는 안 되는 것으로 그들의 자율적 판단을 인정하지 않고 있어 초등학교 때보다 더 자율성을 억압하고 있다. 그것은 고등학교에서 더욱 강한 규제로 다가온다. 이러한 규정은 이성은 성장하였는데 그 이성은

2) 스웨덴이나 영국의 사회민주주의자들은 교육을 사회복지적인 측면에서 불평등의 감소와 사회적 통합을 위한 개입으로 인식한다. 즉 교육은 계급분화를 감소시키면서 시민의 정체성 확립을 목적으로 해야 한다.

존중되지 않으면서 학연과 학벌을 조장하는 입시라는 것에 의해 행해지는 억압을 의미한다. 고학년이 될수록 이성이 성장하는 인격체로서가 아니라 오히려 자율보다는 억압이 증가하는 기형적인 학교의 규정은 우리 청소년들의 국가와 학교에 대한 신뢰를 스스로 붕괴시키는 것이며, 그들의 일탈적 행위의 근본적 원인인 것이다.

교육에 있어서 자율성에는 학생의 자율, 선생의 자율, 학교의 자율이 세 가지로 구분하여 볼 수 있다. 그러나 그 자율은 상호 독립적인 것이 아닌 학생과 선생 그리고 학교간의 상호 평등적이면서 보완적 관계이며 고학년일수록 자율성은 확장되어야 한다. 인간의 자율성에 대한 근원적 억압은 인간의 삶의 질적 상승에 대한 억압임을 부인할 수 없기에 교육문제의 복지적 접근은 우리사회에 만연된 교육문제들의 해결 가능성의 폭을 넓혀줄 수 있을 것이다.

사회보장이라는 개념이 등장한 이후 사회복지는 일반적으로 사회적 위험으로부터의 보호를 추구하고 있다. 그것을 위하여 오늘날 현대사회에서는 한편으로는 모든 국민에게 평등한 기회와 미래에 요구되는 노동력의 질적 상승을 통하여 다른 한편으로는 국가 경쟁력 강화를 위하여 교육에 관심을 집중하고 있으며, 그것이 교육복지로 변화하고 있는 것이다. 미국의 노동부장관을 지냈던 로버트 라이시(Robert Reich)[3]는 사회의 변화를 주목하면서 일자리의 창출을 교육과 연관하여 논하였다. 그는 일자리의 종류를 고도의 지적 능력을 요구하는 지식형 문제해결형의 일자리, 산업화시대의 대규모적인 사업형 반복 노동을 하는 일자리, 대인 서비스 일자리 등 세 가지로 구분하였다. 두 번째 일자리는 현대 복지사회에서 이미 파괴되었으며, 일자리의 창출에 있어서 실질적으로 세 번째가 늘어나고 있지만 임금수준의 매우 낮은 것이 문제로 나타나고 있다. 그러므로 첫 번째 일자리를 늘리는 것이 복지국가를 지향하고 있는 모든 나라들의 의무이다. 그와 같은 일자리의 철학적 토대는 자율성의 담보이다. 역으로 그것을 담당할 수 있는 것이 교육이며, 구체

3) 로버트 라이시는 미국 클린턴 행정부에서 노동부장관을 역임하였던 대학교수이자 경제학자이며 정치가이다. 그의 20대 시절 베트남 전쟁 장병 신체검사에서 149㎝ 단신으로 통과하지 못했다는 여담이 있다. 그에 의하면 가난한 자가 부자를 약탈하는 것은 갑작스럽고 폭력적으로 진행된다. 그러나 부자가 가난한 자를 약탈하는 것은 천천히 그리고 합법적으로 진행된다고 하였다.

적으로는 그것의 토대가 교육복지인 것이다.

3. 결론

모든 나라에서 대학 입학과정은 매우 중요하며, 그런 이유로 나라마다 고유한 입학제도를 두고 있다. 그러나 여기서 중요한 사실은 그것은 단지 교육의 한 분야일 뿐이지 우리와 같이 교육이 대학입시를 위한 기능으로 직결되지 않는다는 것이다. 즉 그것은 국가의 모든 정책보다 우선되지 않음을 의미한다는 것이다.

우리에게 있어서는 대학입시는 교육 정책의 전부라 할 수 있으며 우리나라 교육 주무부서인 교육과학기술부의 존재이유라고 할 수 있을 것이다. 한 해가 마무리되는 시점에 관련 부처는 내년 내후년의 입시 관련 정책을 발표하는 것으로 대학 수능 전부터 모든 언론과 사회 전체가 이것에 집중을 요구하는 듯한 교육 관계부처들의 행위가 매년 반복적으로 재생산되고 있다. 아마도 우리 학생들이 한편으로는 가장 부담을 느끼는 반면에, 다른 한편으로는 역설적이지만 가족과 외부로부터 가장 대우받는 시기가 이 시기일 것이다. 그것은 매년 연례행사로서 그냥 자연스럽게 관련자들만의 업무의 하나로 진행되면 될 것이다. 교육에 있어서 학연이나 학벌이 아닌 학생, 사람이 주체가 되고 주인공이 되어야 한다. 그러므로 교육의 목표는 국민들의 주체성 확립이 되어야 한다.

1988년 이후 출생자들은 환경과 자연에 대한 관심으로 Green과 전 지구적인 측면에서 Global의 머리글자를 따서 G세대로 부르고 있다. 그들의 사고와 사상은 2000년대 청소년기를 보낸 자들로 세계화된 젊은 세대에게 입시로서 옭아매는 우리의 입시정책과는 거리가 멀다. 그러므로 그들은 한편으로 수월성 위주의 교육정책과 무한경쟁의 교육환경 속에서 반복적 학습을 통한 일등주의만을 도모하기에 창의성이나 잠재력하고는 거리가 멀다. 또한 시기적으로 우리사회에서 치열한 입시경쟁을 거치면서 현실로부터 격리되어 사회적 약자에 대한 배려, 관대함이나 인간으로 갖추어야 할 덕목으로부터도 거리가 있다. 그러나 다른 한편으로 그들은 현상적으로 전혀 다른 모습을 보이고 있다. 그들은 타문화에 대한 관대함과 미래지향적인 진취성을 보이고 있다. 또한 환경운동과 같은 범지구적인 문제들에 관심을 가지면 사회운동에도 적극 참여하고 있다.

대학이 모든 것이라고 강제하고 있는 우리의 교육과 입시제도는 다른 모든 사회제도와 문화들의 한 부분에 불과하다. 그것의 인생의 모든 것을 결정한다는 그러한 입시제도와 교육의 오류를 위의 G세대를 통하여 이해할 수 있을 것이다. 그들은 지독한 입시제도를 경험하였지만, 2000년 이후 사회의 민주화된 다원화된 사회를 겪으면서 새로운 인생지표를 설정하고 있음을 알 수 있다.

대부분의 국민들은 일반적으로 교육을 백년지대계(百年之大計)라고 이야기하며 이해하고 있다. 그것은 교육이 매우 중요하다는 사실과 그런 이유로 먼 시간과 넓은 시각을 가지고 있어야 한다는 것이다. 그런 측면에서 우리의 교육정책은 한 치 앞도 예측 불가능한데, 이에 대해 정부나 교육 당사자, 학부모와 학생 어느 누구도 관심과 책임을 지려고 하지 않고 내 자식만 좋은 대학에 가면 된다는 것이 정부와 교육 당사자들 그리고 학부모들의 생각이다. 그러므로 학생들과 학교에 있어서 학생복지와 학교복지에 대한 새로운 사고는 학생의 권리, 학생의 인권은 필수적이며 이러한 교육문제를 인간적인 측면에서 해결하려는 것이 교육복지인 것이다.

생각해봅시다

한때 좁은 교실에서 100여 명으로 수업을 하였던 적이 있다. 2000년 들어서면서 학생 수가 급감하면서 초등학교가 사라지고 있다고 한다. 그 당시에는 선생님들이 많은 학생들의 지도에 어려움을 호소하였다. 그럼에도 불구하고 그 많은 학생들이나 부모님들이 선생님들 지도의 소홀함에 대해 불만을 경험적으로 토로하는 경우는 매우 드물었다. 현재 초등학교 학생 수는 한 학급에 20여 명 정도라고 한다. 이런 상황 속에서 중학교도 학생 수의 감소로 어려움에 처해 있다. 이런 현상은 고등학교에서 마찬가지이다. 교육복지적인 측면에서 선생님들은 1960, 70년대에 많은 학생 수가 교육의 질 저하의 원인으로 규정하였다. 이것을 극복하기 위해 교육 당국은 오랜 기간 노력을 기울였으며 2000년대 의도적이든 비의도적이든 저출산과 사회의 노령화로 인하여 선생님들의 지도 학생 수는 급격히 감소하였다. 그럼에도 불구하고 우리사회에서의 교육질에 대한 논란은 그치지 않고 있다. 이런 현상은 역설적이게도 선생님들의 지도학생의 감소되는 시기에 오히려 사교육이 심화되었다는 사실에 문제를 제기하고 있는 것이다.

14 Chapter

소득 불평등과 빈곤문제

소득과 불평등(inequality)은 오늘날 자본주의 사회에서 가장 중요하고 심각한 문제로 간주되고 있다. 왜냐하면 현대사회에서는 산업화와 경제성장에 의해 실질적으로 빈곤의 상황은 나아지고 있으나 불평들은 오히려 심화되고 있기 때문이다. 그것은 산업이 고도화되고 자본주의 구조가 심화 될수록, 역설적이지만 궁핍감과 궁핍에 대한 공포는 사라지지 않고 오히려 늘어나고 있는 경향이 있다는 것이다. 그 원인은 빈곤이 낮은 지위에 대한 물질적 형벌이라면 무시와 외면은 속물적인 세상이 중요한 상징을 소유하지 못한 사람들에게 주는 감정적 형벌이기 때문일 것이다. 현대사회는 빈곤의 측면을 후자의 측면에서 매우 강조하고 있다.

1. 소득 불평등과 빈곤과의 상관관계

미국의 경제학자 존 케네스 갤브레이드[1](John Kenneth Galbraith, 1908~2008)에 의하면 사람들은 자신의 소득이 생존에는 부족하지 않아도 공동체의 소득에 현저히 뒤처지고 있다면 언제나 빈곤하다고 생각한다는 것이다. 그러므로 이것은 빈곤이 절대적인 의미보다는 상대적 빈곤이 강화되고 있다는 것이다. 그들은 공동체가 규정하는 품위 유지에 관한 것을 소유하지 못하기에 공동

1) 현대 경제학의 미국 중심의 통계학적인 접근을 비판하면서 시장경제, 자유주의 주류경제학에 비판적 태도를 취한 미국의 경제학자로 저서로는 불확실성의 시대(The Age of Uncertainity) 등이 있다.

체로부터 가난한 자 빈곤자라는 심판, 규정으로부터 완전히 벗어나지 못하는 것이다.

1) 불평등의 개념과 유형

프랑스의 사상가인 장자크 루소(Jean-Jacque Rousseau, 1712~1778)는 인간 불평등의 기원론[2]에서 인간은 본래 누구나 평등하게 태어났지만 역사의 어느 순간부터 불평등하게 되었다고 적고 있다. 그는 자연 상태에서 평등하였던 인간이 가족, 국가 사회, 계급의 형성과정 속에서 불평등한 구조에 관한 것들을 분석하고 있다.

현대사회의 제도화된 구조 속에서 소득의 불평등을 바라보는 시각에는 일반적으로 절대적 빈곤과 상대적 빈곤 그리고 주관적 빈곤이라는 세 가지 유형이 있다. 첫째, 절대적 빈곤이란 일정 수준 이하에 속하는 것으로, UN의 기준에 따르면 기본적인 인간의 욕구로서 가령 식품, 안전한 식수, 하수설비, 건강, 주거, 교육, 정보 등이 심각한 박탈에 처한 상태로 규정되며 이 기준은 사회 변화에 따라 융통적으로 적용되지 못하는 한계가 있다. 둘째, 상대적 빈곤이란 사회에 통용되는 기준과 연관시켜 규정하는 것으로 주로 불평등으로 이해된다. 빈곤이 사회적으로 규정되기 때문에 융통성이 있고 다른 사람들과 비교하여 규정될 수도 있다. 상대적 박탈로도 불리는 상대적 빈곤은 소득, 권력, 기회 등 포괄적인 가치에서 불평등함을 포함하는 것으로 물질적인 개념으로 제한하지 않고, 적절한 삶의 질의 결여, 문화적 재화에 대한 접근 부재 등을 포함한다.

우리나라에서 많은 경우 빈곤은 절대적 기준에 입각해 규정되는 경향이 있다. 그런데 이러한 절대적 기준에는 해당되지 않으나 일반 가족의 평균 생활수준에 미치지 못하여 생활의 어려움을 호소하는 이른바 차상위 계층이라

2) 이 책은 1753년 디종 아카데미가 현상공모한 인간 사이 불평등의 기원은 무엇이며, 그것은 자연법에 의해 허용되는가?라는 주제에 대한 루소의 낙선한 논문이다. 2년 후 제네바공화국에 대한 헌사와 주석을 달아 출판되었다. 이 책에서 그는 사적 소유를 불평등의 근원적 원인이라고 주장하고 있다.

고 불리는 이들도 역시 빈곤층에 해당된다고 볼 수 있다. 이런 측면에서 주관적 빈곤이란 개념이 설명될 수 있다. 셋째, 주관적 빈곤이란, 자신이 충분히 갖고 있지 않다고 느끼는 것을 말하는데, 이는 제3자의 판단에 의해 어떤 객관적인 수준이 정해지는 것이 아니라 개인의 주관적인 판단 수준에서 결정된다. 이와 같은 빈곤에 대한 대책으로는 사회보장정책 · 기회평등대책 · 노동시장정책 · 조세정책 등이 있다.

2) 소득의 불평등

과거에는 소득의 불평등과 빈곤은 모두 자신의 문제, 자신의 게으름의 탓으로 간주되었다. 하지만, 산업사회로 들어선 이후 빈곤과 소득 불평등은 사회의 구조적 문제로부터 발생한다고 주장되었다. 아무리 열심히 노력해도 그것의 구조적 변화 없이 빈곤의 극복에는 한계가 존재한다는 의미이다. 이런 사고의 근원에는 부의 개념을 일반적으로 많은 것을 소유하는 것이라고 인식하는 데 있다. 그러므로 이러한 불평등의 발생원인은 부의 분배의 문제인 것이다.

소득분배에 있어서 다양한 방식이 있지만 여기서는 두 가지 측면에서 소득의 기능적 분배와 계층별 분배에 대하여 설명한다. 전자의 의미는 일정한 기간 중 재화와 서비스 생산과정에서 발생하는 이득이 기능에 따라서 분배되는 것으로 고전적 생산요소인 토지, 노동, 자본에 따른 지대 임금 이윤이 배분된다. 후자의 의미는 개인 및 가계소득 전체의 합에 대한 분배를 말한다. 예를 들어, 10분위 분배가 있는데, 상위 20%, 하위 80% 간의 관계로부터 소득불평등 정도를 측정한다. 이런 분배의 이상형 추구를 위한 분석틀로서 아래의 <그림 14-1>과 같은 로렌츠 곡선[3]으로 설명할 수 있다.

① 가로축은 소득이 낮은 인구로부터 가장 높은 순으로 비율을 누적하여 표시한다.

3) 미국의 통계학자 막스 오토 로렌츠(Max Otto Lorenz, 1876-1959)가 창안한 소득불평등을 나타내는 곡선이다. 그는 미국 통계청 등에서 일하면서 다양한 저술활동과 학생들을 가르쳤다.

② 세로축은 각 인구의 소득 수준을 누적한 비율로 표시한다.
③ 00'선은 완전 평등선으로 소득 전액을 전 국민이 평등하게 분배하였음을 나타낸다.
④ ㉮, ㉯, ㉰ 곡선이 로렌츠 곡선을 표시한다.
⑤ 완전 평등선에 가까울수록 부의 분배 정도가 형평성 있게 되었음을 나타낸다.
⑥ 평등의 정도는 ㉮ → ㉯ → ㉰ 순으로 부의 형평 표시한다.
⑦ 그림에서 00'와 ㉮ 사이의 빗금 친 부분의 면적이 지니계수를 나타낸다.
⑧ 지니계수[4](Gini coefficient)가 작을수록 공평 분배임을 표시한다.

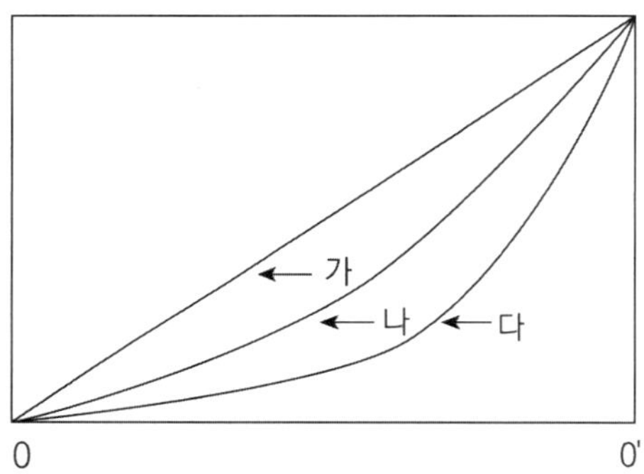

〈그림 14-1〉 로렌츠 곡선

3) 우리나라 소득불평등 실태

1960년 이후 1970년대 본격적인 산업화를 통한 경제성장은 우리나라 정부정책의 최고의 목표로 간주되었다. 30여 년 이상 지속된 성장일변도의 정책은 현재의 소득의 심각한 불평등 구조를 야기시켰으며 1998년 새로운 정부가 성장 위주의 정책에서 분배에 대한 사회복지의 관심과 실천으로 소득불평등에 의한 사회현상에 변화가 나타나기 시작하였다. 이것에 대한 분석을 위하여 우리나라의 소득불평등의 실태와 추이는 소득 집중도의 심화로서

4) 이탈리아 인구학자, 통계학자이며 사회학자인 코라도 지니(Corrado Gini, 1884-1865)가 발견하였던 불평등의 정도를 나타내는 통계학적 지수이다. 지니계수는 로렌츠곡선에서 불평등면적을 삼각형면적으로으로 나눈 0-1사이의 결과수로서 로레츠곡선의 단점을 보완하면서 불평등 외에 부의 편중이나 각종 불평등에 연관된 설명에 응용되고 있다.

아래와 같이 정리할 수 있다.

(1) 소득불평등 추이

여기서는 우리나라 불평등의 변화에 대하여 분석할 것이다. 일반적으로 불평등의 핵심에는 소득문제가 매우 중요한 요소이다. 그러므로 소득불평등을 측정하기 위해서 지니계수나 소득10분위분배율 또는 소득5분위분배율을 사용하고 있다. 특별히 지니계수는 위의 로렌츠곡선에서 보이는 곡선의 면적을 의미한다. 로렌츠곡선에서 보는 것처럼 지니계수는 소득에 있어서 완전불평등을 의미하는 1을 넘을 수는 없으며, 반면에 0은 완전평등을 의미한다. 우리나라의 소득현황은 아래의 <표 14-1>에서 보여주는 것처럼 지니계수나 소득5분위분배율을 통하여 알 수 있다. 코로나 19의 영향 속에서 가처분소득에 있어서 2020년 지니계수와 소득5분위배율은 0.328과 5.75, 2022년에는 0.324와 5.76으로 소득의 불평등과 경제적으로 양극화가 심화되고 있음을 보여주고 있다.

<표 14-1> 전 국민 소득불평등 추이

연도	2011		2015		2017		2019		2021		2022	
-	시장소득	처분가능소득	시장소득	처분가능소득	시장소득	처분가능소득	시장소득	처분가능소득	시장소득	처분가능소득	시장소득	처분가능소득
소득5분위분배율[5]	11.21	8.32	10.41	6.91	11.27	6.96	11.56	6.25	11.52	5.83	10.99	5.76
지니계수	0.418	0.388	0.396	0.352	0.406	0.354	0.404	0.399	0.405	0.329	0.396	0.324

시장소득과 처분가능소득에 있어서 지니계수와 소득5분위배율과의 차이가 나타나고 있는데, 왜냐하면 이것은 시장소득과 처분가능소득이 다르기 때문이다. 사업소득, 재산소득, 노동을 통한 소득을 의미하는 시장소득에 공

5) 소득5분위배율은 소득 상위 20% 계층의 평균소득을 소득 하위 20% 계층의 평균소득으로 나눈 값으로 결과값이 작을수록 평등을 의미하며 반면에 소득10분위배율은 소득 하위 40% 계층의 평균소득을 소득 상위 20% 계층의 평균소득으로 나눈 결과값이 클수록 평등함을 의미한다.

적연금, 기초연금, 양육수당, 장애수당을 합하여 세금을 공제한 것이 처분가능소득이다. 그러므로 실질적으로 임금상승율보다 부동산 등 재산으로 인한 수입이 많을 경우 지표상의 숫자에 의한 소득불평등과 평등에 대한 신뢰의 의미는 감소될 수 있을 것이다.

2. 빈곤문제

초기 산업사회에서는 절대빈곤이 사회적 문제로 대두되었지만, 오늘날에는 상대적 빈곤의 중요성이 더해지고 있다. 타우젠드(Tausend)의 상대적 박탈이란 풍요한 사회에서 빈곤이 소멸되는 것이 아닌 오히려 빈곤의 의미가 변화되어 심화된다는 것을 의미하고 있다. 보수적 사고를 대표하는 미국의 자유주의 경제학자 밀턴 프리드먼(Milton Friedman, 1912~2006)에 의하면 빈곤을 스스로의 생활 조건을 개선하기 위한 힘이 결여되어 있는 상태, 즉 힘의 박탈로 설명하고 있다. 빈곤에 대한 결과지향적인 사고 속에서 생산자들보다 소비자들의 사회라 할 수 있는 오늘날의 현대사회에서는 빈곤이라는 의미뿐만 아니라 빈곤으로부터 해방이 새로운 형태의 사회문제로 등장할 수 있을 것이다.

1) 빈곤의 개념

빈곤에 대한 규정은 상대적이면서도 절대적이며 시대에 따라서 변화한다. 절대적 빈곤은 개인 및 가족의 생존에 필요한 의식주 및 기타 생활상의 필요한 자원이 결핍되어 있어 육체적 능률을 유지할 수 없는 상태이다. 상대적 빈곤이란 사회의 평균 또는 일정 생활수준과 비교하여 적게 가지고 있는 상황으로, 평균소득과 중위소득개념 그리고 전체소득분포상의 일정비율로서 표시한다. 두 개념에 따른 빈곤은 모두 소득의 집중화 현상으로 결과된 것이다.

더 구체적으로 빈곤의 개념에 속하는 것으로 최저생계비[6]가 있는데, 이는 인간다운 생활을 하기 위한 최저한의 생활비를 말하며, 최저한의 의미의 다양성과 추상성이 있다. 여기서 우리는 육체적 생존을 위한 최저생계비, 사회적 생존을 위한 최저생계비, 노동 가능자에 대한 최저생계비, 문화적 최저생계비를 고민해 봐야 할 것이다. 둘째, 빈곤선(poverty line)으로 이는 개념적으로는 "벤자민 시봄 라운트리[7](Benjamin Seebohm Rowntree, 1871~1954)의 요크시에 대한 두 번의 빈곤조사"에서 규정된 것이다.

그는 노동자들의 수입으로 육체적 능률을 유지하는 데 부족한 것을 1차적 빈곤(primary poverty)이라 규정하였으며, 2차적 빈곤은 음주나 도박 등에 소비하지 않는 한 생활을 가능한 상태로 규정하였다. 이것을 위하여 그는 아동과 성인의 영양 필요량을 산출한 음식물을 현금으로 환산하였고, 피복비, 연료비, 잡비 등의 최저수준의 필요 금액을 가산하여 정리하였다. 그러므로 빈곤선은 국가가 빈곤정책의 대상자를 정하기 위하여 그 수준 이하를 빈곤자로 규정해 놓은 선을 말한다.

빈곤에 대한 또 다른 인식으로 생산이 중요한 요소로 간주된 산업사회와는 다르게 오늘날 현대사회는 노동보다는 소비를 강조하고 있는 사회이다. 이런 사회에서 빈곤한 사람은 전자의 사회보다 후자의 사회, 즉 소비를 중심으로 사회에서 더욱 비참함을 느낀다. 그러므로 이런 사회에서는 빈곤층을 단지 결함있는 소비자로서 복지국가의 건설에 장애를 가져올 계층으로 간주한다. 그러므로 한때 산업예비군으로 간주되었던 빈곤층은 노동을 중요하게 여기지 않는 현대산업사회에서는 어떠한 역할도 부여받지 못하게 될 것이다.

---

6) 종전에는 중앙생활보장위원회에서 결정해 보건복지부가 고시하는 최저생계비를 기준으로 수급자를 선정하였다. 국민의 총 가구의 월 세전 소득을 조사하여 오름차순으로 배열한 뒤 정확히 중앙에 있는 값이 바로 중위소득이다. 기준 중위소득의 도입에 따라 생계급여 수급자는 기준 중위소득의 100분의 30을 기준으로 선정하고, 의료급여 수급자는 기준 중위소득의 100분의 40을 기준으로 선정하는 등 급여별 수급자 선정기준이 다층화되었다.

7) 라운트리는 19세기 말에 활동하였던 영국의 사회문제연구가로 1899년 요크(York)시에 대한 빈곤조사를 실시한 후 "빈곤, 도시생활 연구(Poverty, A Study of Town Life) 저서를 통하여 노동자들의 빈곤 원인을 분석하고 빈곤선을 설정하였으며 빈곤선 이하를 제1차 빈곤, 빈곤선을 약간 상회하는 빈곤을 제2차 빈곤이라 하여 구별하고 있다.

2) 빈곤의 현황

빈곤의 의미에도 다양한 접근이 가능한데, 청빈은 종교적인 접근으로 재화가 없는 상태가 아닌 재화의 소유를 원치 않으려는 것이다. 또한 자발적 빈곤은 스스로가 삶 자체도 빈곤하기로 선택한 것을 의미한다. 그러나 일반적으로 빈곤은 경제적 빈곤을 의미하는데, 그것은 필요한 재화의 결핍인 상태를 말한다.

이러한 측면에서 우리나라뿐만 아니라 전 세계적으로도 빈곤의 실태규모가 매우 크며, 생계수준은 매우 열악하다. 이는 비공식적인 빈곤층뿐만 아니라 공식적 빈곤층도 생계수준이 매우 열악하다는 것을 의미한다. 그러므로 적절한 보호가 결핍되어 있어 국민의 권리로서 생존권 보장의 확립이 필요하다. 그런 이유로 빈곤의 원인을 개인이 아닌 사회구조에서 찾고 있는 것이다.

빈곤은 역사 속에서 사회발전의 장애물이었으며 극복의 대상으로만 간주되었다. 이를 해결하기 위해 노력해야 하는데, 개인적인 차원에서의 노력뿐만 아니라 사회적 차원에서의 노력이 동시에 이루어져야 할 것이다. 그러므로 한편에서는 빈곤에 대한 정책들이 절대빈곤 타파를 위해 놀고먹는 복지, 부정 수급자, 가짜 빈곤층, 퍼주기 복지라고 비판하고 있는 것이다. 비판적인 측면에서 빈곤층의 생활수준의 향상과 수급자와 급여자에 있어서 아래와 같은 빈곤정책에 대한 더욱 엄정한 관리가 요구되고 있는 것이다.

① 고전적 의미의 빈곤정책 : 경제발전을 통한 고용창출 → 개인적 차원

↓

② 사회복지적 의미의 빈곤정책 : 소득의 재분배 → 사회적 차원

↓

사회비용의 증가

↓

사회투자비용의 감소

이것을 위하여 인간은 정책적으로 다양한 제도들을 실천하였다. 왜냐하면

인간의 삶을 인간이 규제 통제해야 하기 때문이다. 그것을 위해 인간은 인간과 사회 제도 등과 아래와 같은 몇 가지 합의가 필요하다.

① 자존감이 유지되는 생활수준의 보장과 보편적 급여
② 빈곤정책에서 있어서 생활의 자립을 강조하는 정책
③ 빈곤정책에 대한 사회적 합의

3. 결론: 경제적 불평등과 사회복지

세상 어느 곳에도 경제적 평등은 존재하지 않는다. 프랑스 사상가 루소는 자신의 저서 인간불평등의 기원론이라는 책에서 그 원인을 사적 재산의 소유에서 찾았다. 인간은 자연 속에서 평화로운 삶을 구가하다가 자기본능에 충실한 삶을 위해 인간이 만든 사유재산제도가 불평등을 발생시켰다는 것이다. 이런 측면에서 역사 속에서 인간은 아주 잠시 동안만 평등한 삶을 살았을 것으로 추측할 수 있다. 인간 역사의 대부분은 불평등의 역사이며 이것을 극복하기 위한 인간의 노력은 오히려 불평을 강화하는 방향으로 진행되었다고 볼 수 있을 것이다. 사회복지도 인간의 삶의 불평등을 극복하기 위해 제도화된 정책이다.

경제력은 사회복지의 동력으로 작용한다. 사회복지는 경제력에 종속된다. 그러므로 사회복지와 경제는 불가분의 관계이다. 다른 방식으로 이야기한다면 경제적 불평등이 사회복지의 불평등을 의미한다는 것이다. 이것은 인간의 가장 기본적 권리인 생존권을 보장하지 못한다는 것이다. 경제력은 사회복지의 수준을 결정하며 사회구성원들의 삶을 보장한다. 그 사회복지의 결과물인 사회구성원들의 소비와 생산은 다시 경제력의 동력으로 작동하는 것이다.

현실적으로 경제적 불평등의 결과물은 소득의 불평등과 빈곤이다. 이것이 인간의 생존권이며 인간 불평등의 가장 근원적 문제이다. 오늘날 산업과 경제성장은 그런 문제들을 당연히 해소할 수 있을 것이라 생각되었지만, 오히려 그 문제가 현대사회에서 중요한 이슈로 등장하면서 사회문제로 간주되었다. 이 문제들에 대한 고전적 해법은 경제적 접근이며, 그 책임은 개인에게 전적으로 있었다. 그러나 빈곤문제를 사회 구조적 모순으로부터 발생한다는 사실로부터 개인문제가 아닌 사회문제로 인식하게 된 것이다.

19세기 전 세계적인 산업화의 등장이 인간의 삶의 질적 향상을 기대하게 하였으나, 오히려 자본주의의 심화로 소득불평등에 따른 빈곤은 그 의미도 변화하였다. 그 이전에는 빈곤문제가 빈민만을 의미하였으나 산업사회에서 빈곤이 노동자의 문제로 간주되기 시작하였다는 것이다(정연택, 2005). 그러므로 이것은 그런 문제들을 극복하기 위한 방법이나 정책적 측면도 변화시켰다. 과거에는 개인적인 노력이 매우 중요한 수단으로 간주되었다. 부를 창출하기 위해서는 근면함이 제일 요소로서 인정되었으며, 반면에 프리드먼이 말한 게으름은 죄악시되었으며 빈곤이 그 결과물로 간주되었다. 그러나 자본주의 구조 속에서는 그런 노력이 부를 창조할 수 없다는 것을 개인들이 인식하는 순간 더 이상 근면만을 강조하는 것이 아닌 전혀 다른 새로운 해법이 제시되고 있었다.

그것을 위하여 한편에서는 자본가에 대한 노동자들의 조직적인 투쟁이 있었다. 또 다른 한편으로 전개되었던 것은 사회복지적인 접근 방식이다. 전자가 19세기 말에 정리되면서 후자적 접근이 노동자들의 권리, 즉 경제적 불평등과 빈곤으로부터 해방을 위한 중요한 정책으로 등장하였다. 그러나 경제적 불평등 해소를 위한 사적인 노력이 오히려 불평등을 심화시킬 수 있을 것이다. 그러므로 현대산업사회에서 빈곤문제의 해결은 제도적인 측면에서 접근을 통한 노력이 전제되어야 할 것이다. 자본가와 노동자와 관계에서 정치적인 접근이 진행되어야 함을 의미하는 것이다.

경제적 불평등과 연관하여 빈곤과 사회복지는 태생적으로 원인과 결과라는 관계를 가지고 출발하였다. 사회복지는 제2차 세계대전 이전에 사회보장의 측면에서 독일에서 노동자를 대상으로 나타났던 국가적 개입형태, 그리고 영국에서는 빈곤에 대한 대책으로 진행되었다. 세계대전 이후의 사회복지는 국제적 측면에서 인권문제, 전후에는 세계시민으로 권리를 보호하는 방향으로 전개되었다.

생각해봅시다

오늘날 우리나라뿐만 아니라 많은 나라들에서 생활수준의 전반적인 증진에도 불구하고 오히려 불평등이 심화되고 있다고 한다. 그러므로 인권의 측면에서 불평등은 전세계적으로 경제적 측면에서 관심과 그 해결을 위한 다양한 논의들이 진행되고 있다. 경제적인 측면에서 발전은 불경기든 호경기든 정도의 차이는 있지만 지속적인 성장을 유지하고 있었다. 이것은 세계시민들의 생활수준의 상승과 연계되어야 함에도 불구하고 그렇지 않고 있음이 공공연한 현실이다. 산업혁명 이후 200여 년 동안 세계 경제적 파이(pie)의 크기가 지속적으로 증가하고 있음에도 불구하고 아직도 생활 수준이 증진되지 않고 있는 경제적으로 낙후됨의 경우가 지속되고 있다면 분배에 대한 성찰이 요구되었어야 할 것이다. 여기서 불평등의 문제의식이 시작되는 것이라 생각할 수 있을 것이다.

15
Chapter

범죄와 교정복지

현대사회에서 범죄는 점점 잔인하고 다양한 방식으로 증가하고 있다. 이런 범죄의 양적 질적 변화에 대하여 교정은 범죄의 예방과 범인의 재발을 방지를 위한 접근으로 사회복지적인 측면에서 사회복지적인 접목을 시도하고 있다. 역사 속에서 범죄에 대한 사회적 대처는 징벌형에서 교화 그리고 예방이라는 방식으로 변화되고 있다. 오늘날에는 이와 같은 변화 속에서 범죄자나 제소자에 대한 인권의 중요성이 간주되고 있으며 그것에 대한 방법론적 접근을 교정복지라고 할 수 있을 것이다.

1. 범죄와 범죄학

일탈(deviance)은 일반적으로 범죄보다 더 포괄적인 개념이다. 일탈이 곧 범죄를 의미하는 것은 아니다. 일탈적 행동이 실정법을 위반한 경우에만 그것은 범죄로서 성립된다. 그러므로 범죄는 시간과 공간에 있어서 제한적 의미로 이해해야 한다. 왜냐하면 어떤 사회에서는 법과 관습 등 규범적으로 범죄적 행동일 수 있지만 또 다른 어느 사회에서는 범죄로서 성립되지 않을 수 있으며, 과거에 범죄였던 것들이 현재에는 그렇지 않을 수도 있기 때문이다. 전통적 입장에서 범죄에 대한 고전적 접근으로 그 방식은 처벌과 격리를 통한 범죄의 억제적인 측면에서 접근하고 있으며 오늘날에는 범죄에 있어서 격리적인 측면보다는 예방적인 측면이 강조되고 있다. 이런 현상들에 대하여 체계적으로 연구하는 분야가 범죄학이다.

범죄학(Criminology)은 범죄의 발생과 그 원인, 그리고 대책을 탐구하는 학문 분야로서, 사회학, 심리학, 법학, 경찰행정학 등의 다양한 부문에서 접근하는 학제적 분야이다. 범죄와 범죄학의 관계에서 범죄의 발생에 연관된 사항들에 대하여 학문적으로 접근을 시도하는 것이 범죄학인 것이다. 범죄학에서 범죄를 이론적으로 설명하는 방식에는 일반적으로 다수의 유전학적·화학적·신경학적·물리학적 변수에 의해 범죄를 설명하는 생물학적 이론, 성격, 정서적 부적응, 정신지체, 정신장애 또는 다른 심리학적인 특성에 의해 범죄를 설명하는 심리학적 이론, 집단 내에서의 행태, 자아, 인지변수에 의하여 범죄를 설명하는 사회심리학적 이론 그리고 문화적·구조적·인구사회학적 변수에 의하여 범죄의 발생 원인들에 대한 분석하는 것이다. 이와 같은 다양한 이론적 토대로 범죄학은 법적인 측면에서 범죄를 규정하는 법 위반 분야에서 비행이나 범죄에 접근한다.

2. 범죄의 유형

범죄는 일탈행동들이 입법과 사법, 행정 등의 제도들의 의해 위반 여부로 규정된다. 법은 국가가 강제하는 형식적인 제도의 하나이다. 그러므로 범죄란 법을 위반한 행위이다. 구체적으로 이야기한다면 일탈이나 비행이 실정법을 위반하였을 때 범죄라고 할 수 있다는 것이다. 즉 국가는 사회구성원들이 지켜야 할 가치와 규범을 파괴하는 행위를 범죄로 규정하고 있다. 이것을 연구하는 학문인 범죄학의 측면에서 현대사회에서 범죄의 유형을 살펴본다면 공공질서, 국가의 존망을 위협하는 범죄, 국가에 연관된 반역죄, 국가-회사와 연관된 범죄, 블루칼라, 소년에 의한 범죄, 인권에 반하는 행위들, 전쟁, 정치, 조직, 피해자 없는, 화이트칼라 범죄(white collar criminality) 등으로 유형화할 수 있다.

1) 일반적인 범죄의 유형

사전적 의미에서 범죄유형은 형법규정이나 형벌법규에서 범죄를 형태와 성질에 따른 분류이다. 일반적으로 범죄라고 한다면 공공질서에 연관된 범죄로 인식할 수 있을 것이다. 여기서는 공공질서 관련된 범죄에 대하여 살펴본다.

① 절도(larceny) : 사유재산을 소유자의 동의 없이 훔치는 포괄적인 모든 행위를 말한다.
② 살인(criminal homicide) : 불법적으로 사람의 생명을 빼앗는 행위이다.
③ 폭행(criminal assault) : 불법적으로 타인에게 신체적 상해를 가하는 행위이다.
④ 성범죄(sex offenses) : 여기에는 강간, 미성년자 간음, 성매매, 간통, 수간, 동성애(불법으로 규정하는 경우에), 근친상간 등이 포함된다.
⑤ 아동 성학대 : 아동을 상대로 한 성행위, 자위행위, 애무, 성기노출 등을 포함한다.
⑥ 조직범죄(organized crime) : 조직적으로 발생하는 대규모 불법행위를 저지르는 것으로, 예를 들면 불법 도박, 마약거래, 장물거래, 성매매, 뇌물 등을 포함한다. 조직범죄의 특징은 절도범들과는 다르게 직접적으로 피해자의 재산을 착취하는 것이 아니라, 합법적으로 구하기 어려운 마약, 성, 도박, 금전대출 등을 취급한다는 것이다.

2) 특수한 범죄 유형

산업화의 고도화의 과정 속에서 범죄도 고도화되고 있다. 여기서 속하는 아래와 같은 특수한 범죄의 유형들은 주로 기업, 전문가, 권력자들에 자행되는 경향이 있다. 오늘날 산업 유형의 변화 속에서 특수한 범죄들 광범위하게 증가하고 있다. 아래와 같이 구별하여 설명할 수 있을 것이다

(1) 피해자 없는 범죄(crime without victims)

이 범죄에 대한 정의는 국가들의 법체계에 따라 다양하지만 가해자만이 직접 관여하거나 성인 간의 승낙으로 발생하는 불법 행위로서 본질적으로 합의된 것이기에 피해자의 존재여부가 논란이다. 여기에는 일반적으로 불법 밀수품 소지, 기분 전환용 약물 사용, 합의된 성인 간의 성매매와 금지된 성 행위, 조력자살, 밀수 등 기타 유사한 위반 행위 등이 포함되는 주로 부도덕한 행위(vices)나 풍속범죄(folk crime)가 속한다. 이러한 행위는 법에 의해 금지되어 있으나, 대부분의 사람들이 범죄가 아니라고(noncriminal) 주장하기도 한다. 그런 이유로 법적 처벌을 받지 아니한다.

(2) 화이트칼라 범죄

에드윈 서더랜드에 의해 정의된 범죄로서, 일반적으로 사회적 지도층이 범하는 범죄 또는 사회적으로 존경받는 직업을 가진 자들이 직무수행 중에 배임[1]과 같은 행위를 범하게 되어 실정법에 위반된 행위를 말한다. 전형적인 화이트칼라 범죄로는 임금절도, 사기, 뇌물, 폰지 사기[2](ponzi scheme), 내부자 거래, 노동공갈[3](labor racketeering), 횡령, 사이버 범죄, 저작권 침해, 돈세탁, 신분도용, 위조 살인 등이 포함될 수 있으며, 아래와 같은 <표 15-1>로서 정리될 수 있다.

---

1) 타인의 업무를 처리하는 자가 그 임무에 위배되는 행위로서 재산상의 이득을 취하거나 제3자로 하여금 이를 취득하게 하여 본인에게 손해를 가하는 행위를 말한다.

2) 투자 사기 수법의 하나로 실제 아무런 이윤 창출 없이 투자자들이 투자한 돈을 이용해 투자자들에게 수익을 지급하는 방식이다. 대부분 신규 투자자들을 끌어들이기 위해 보통의 정상적인 투자가 보장할 수 없는 고수익을 단기간에 매우 안정적으로 보장하기도 하는 피라미드 방식의 다단계와 같은 것을 예로 들수 있을 것이다.

3) racketeering는 강제적이고 억압적으로 방식으로 이익을 취하기 위해 조직된 범죄로서 20세기 초 미국의 조직폭력단들에 의해 금주법이 발효된 이후부터 노동조합에 침투해 갈취, 뇌물, 횡령 등의 범죄가 발생하였다. 이후 labor racketeering은 기업의 간판을 내걸고 불법 활동 영역을 도박, 매춘, 노동조합을 앞세운 갈취 활동을 의미하게 되었다.

<표 15-1> 화이트 칼라 범죄 유형

		불법행위 유형	
		직장을 위한 행위	직장을 배반하는 행위
조직 유형	기업체	기업만을 위한 반사회적 행위	횡령, 직권과 관련된 배임, 유용
	정부 기관	인권유린	부정부패, 기타 공무원의 탈선

이와 같은 범죄의 합리화 기술로는 책임의 부정(denial of responsibility), 손해의 부정(denial of injury), 피해자의 부정(denial of victim), 보다 고차원적인 가치규범에의 호소(appeal to higher loyalties)가 있다.

3) 우리나라의 범죄 현황

산업화가 고도화되면서 우리나라의 범죄의 특징은 과거와는 다른 양상을 나타내고 있다. 특히 1990년대 이후 정보화사회로의 진입은 컴퓨터의 급속히 보급으로 이어져 인터넷의 사용이 증가하게 되었으며, 그것에 따른 부작용도 발생하였다. 이것은 이 도구들을 이용가능하고 이러한 변화에 적응이 빠른 세대인 10대 후반부터 20세 정도의 청소년 청년들에게 해당되는 것으로 새로운 사회문제로서 범죄와 연결되기도 하였다. 그것은 아래와 같은 특징을 나타내었다.

① 즉흥적, 집단적
② 기성세대에 대한 반항 → 공격적
③ 질적(흉폭화, 집단화, 저연령화), 양적 증가 추세 → 청소년 문제

범죄의 질적 변화 속에서 아래의 <표 15-2>는 우리나라에서 5년간의 범죄 유형과 발생 건수에 대한 변화추이를 보여주고 있다. 전체적으로 범죄유형별로 발생건수 현황은 교통범죄가 2016년 이후부터 지속적으로 감소하고 있는 데 반해 지능범죄가 2017년 이후부터 큰 폭으로 증가하는 추세를 보이고

있다. 2019년에 범죄는 지능범죄, 교통범죄, 폭력범죄, 기타범죄, 절도범죄, 특별경제범죄 등의 순으로 많이 발생한 것으로 나타났다.

<표 15-2> 우리나라 범죄 실태

범죄유형	2015	2016	2017	2018	2019
전체범죄	1,861,657	1,849,450	1,662,341	1,580,751	1,611,906
강력범죄	25,334	25,765	27,274	26,787	26,476
절도범죄	245,853	203,037	183,757	176,809	186,957
폭력범죄	305,947	309,394	293,086	287,611	287,913
지능범죄	316,121	312,577	302,466	344,698	381,913
풍속범죄	24,491	26,165	22,501	20,162	21,153
특별경제범죄	86,329	65,025	53,356	53,994	51,400
마약범죄	6,411	7,329	7,501	6,513	8,038
보건범죄	14,602	14,662	12,561	11,033	12,570
환경범죄	2,955	4,349	4,879	4,791	3,877
교통범죄	596,665	600,401	501,162	408,371	377,354
노동범죄	1,145	2,457	2,862	1,883	975
안보범죄	121	81	98	69	169
선거범죄	760	1,018	640	1,897	611
병역범죄	18,726	16,551	15,327	14,271	12,712
기타범죄	216,197	260,539	234,871	221,862	240,168

그러므로 범죄현황과 발생건수의 변화에 대한 분석을 통하여 경제적 상황과의 관계 속에서 그리고 사회의식의 변화는 형사사건의 발생과 연관하여 분석할 수 있을 것이다. 범죄의 유형에 있어서 특수한 범죄가 지속적으로 증가하고 있으며, 폭력범죄의 발생건수에는 성폭력에 관련된 사건도 포함되어 있는데 2017년도에는 폭력범죄 중 성폭력에 연관된 범죄가 0.02% 정도 차지하고 있다. 직접적인 물질에 대한 범죄보다는 물질에 간접적으로 연관된 범죄가 증가하고 있다는 것이다. 논의된 범죄문제들의 해결 방식에 있어서 범죄에 대한 처벌과 예방 등의 종합적인 실천의 의미가 교정복지적 접근일 것이다.

3. 교정복지

교정복지(correctional welfare)에서 교정과 복지는 개념적으로 물과 기름처럼 상호 간에 어울릴 수가 없는 것처럼 보일 수 있다. 왜냐하면 교정이란 일반적으로 실정법 위반 등과 같은 반사회적 요소 또는 일탈적이거나 규범으로부터 벗어난 행위를 시정하여 사회복귀를 도와 시민으로의 삶을 위해 행하고 있는 행형작용을 의미하는 특수적 개념이기 때문이다.

그러나 교정에 대한 사회복지의 접목으로 그 목적은 범죄자의 재범을 예방하는 것뿐만 아니라 사회구성원으로 살아갈 수 있는 변화와 갱생을 의미할 것이다. 범죄자에게 스스로 자신을 돌아볼 수 있는 기회와 능력을 증진을 위하여 과거의 태도에 대한 반성적 차원에 변화할 수 있도록 도와주고 잠재력 개발을 통한 사회환경에 적응할 수 있게 원조하는 것이다. 현대사회에서 교정복지에 대한 이해를 위하여 아래와 같은 두 가지 점에서 설명이 필요할 것이다.

1) 교정제도(correctional system)

교정제도의 목적은 범죄자의 격리를 통해 사회의 안정과 재범의 방지라고 할 수 있다. 그것을 위하여 처벌은 고전적 의미에서 교정을 위한 철학적 토대가 되었다. 18세기 이전의 교정은 범죄자에 대한 교화보다는 응보적인(구금) 성격을 가지고 있었다. 18세기 이후에는 교정의 목적을 범죄자의 교화에 중점을 두면서, "사회복지의 권리"에 "국가의 의무(사회복지적, 보호주의적)"가 포함되면서 교정복지의 의미를 가지게 되었다.

전체적인 틀 속에서 교정에는 처벌과 치료로 구분할 수 있다. 전자의 의미로서 처벌 지향적(punishment-oriented)인 내용 속에는 체벌, 사회적 모욕, 벌금, 사형, 수감 등이다. 후자의 의미인 치료 지향적(treatment-oriented)인 측면에서 교육과 훈련에 연관된 상담(사회복지사, 보호관찰관, 심리학자, 작업치료사), 형무소 교육, 직업훈련, 형무소 노동 등이다. 하지만, 제도적으로 재활과 사회복귀를 위하여 두 가지 방법이 혼용되는 것이 일반적이다. 우리나라에서 그런 역할 수행하는 기관들을 교정시설이라고 한다.

현재 우리나라 교정시설에는 아래와 같은 수용시설, 보호시설, 민간시설의 세 가지 유형으로 구분할 수 있으며 관계 법령에 의해 아래의 <표 15-3>과 같이 살펴볼 수 있을 것이다.

① 수용시설: 교도소, 보호감호소, 특수교도소
② 보호시설: 보호관찰소, 소년원, 소년분류심사원, 치료감호소
③ 민간시설: 갱생보호기관, 소년보호시설, 종교 사회복지시설 및 기관

<표 15-3> 교정시설의 유형에 대한 설치 관계 법령

관계 법령	교정시설
- 형의 집행 및 수용과 처우에 관한 법률 - 법무부의 그 소속기관 직제	교도소, 구치소 및 지소
- 건축법 - 교정시설 경비교도대 설치법	보호감호소, 구치소, 교도소
- 국토의 계획 및 이용에 관한 법률 - 도시계획시설의 결정구조 및 설치기준에 관한 규칙	교도소, 구치소, 소년원 및 소년심사분류원

일반적인 의미에서 교정제도, 교정행정은 결국 인간의 삶에 대한 회복을 의미함으로 교정과 사회복지의 복합체인 교정복지라 할 수 있을 것이다. 교정복지는 위의 것들의 실천을 위한 조직적 지원활동과 복지적 처우라 할 수 있다. 교정복지의 정의를 살펴보면 아래의 세 가지 요소들이 포함되어 있다.

① 범죄인을 교정 교화하고
② 범죄를 예방하며
③ 사회적응에 실패한 범죄자 및 비행 청소년의 갱생과 자립을 위한 서비스 제공하는 것으로, 이는 사회복지를 토대로 하여 살펴본 것이다.

2) 교정복지의 현실과 실천

교정복지의 개념은 범죄인에 대한 조직적인 지도를 통하여 적응능력을 배양시켜 올바른 사회복귀에 연관된 모든 원조활동을 의미한다. 넓은 의미에서 교정복지는 원조활동뿐만 아니라 사회적 환경적 요소들의 개선을 통하여 정상적 생활을 위한 지원활동을 의미한다. 역사적인 측면에서 우리나라의 교정 현황은 1948년 7월 17일 대한민국 헌법이 제정되고 법률 제1호로서 정부조직법이 제정·공포됨에 따라 이에 의거한 법무부 직제에 의해 구성되었다. 그 법의 제정 당시에는 이미 일본의 영향으로 단순히 범죄자를 가둬놓은 의미의 감옥이라는 형무소(prison)라는 명칭으로 총 20개의 형무소와 1개의 지소가 설치되어 있었다. 1961년에는 행형시설의 명칭을 형무소에서 교정을 강조하는 교도소(correctional institution)로 변경하였으며, 1962년에는 형정국이 교정국으로 개편되었으며, 2024년 현재 교정시설로 전국에 총 59개소의 교도소와 구치소가 설치 운영되고 있다.

우리나라의 교정복지 역사는 교정사업과 밀접한 관계를 가지고 있다. 사회복지적인 측면에서는 우리나라에 사회복지가 체계화되기도 전에 이미 교정분야에서는 사회복지사를 채용하여 근무하고 있었다. 그러나 실질적으로 교정분야에서 사회복지사들의 역할에 대한 전문화를 이루지 못해 그 계속성을 이어지지 못하였다. 우리나라의 교정사업이 활기를 띤 것은 정부가 이 분야에 특별한 관심을 갖기 시작한 1980년대 초반이라 할 수 있다. 교정분야에서 복지적인 측면은 프로그램 형식으로 진행되고 있으며 그 과정은 아래와 같다.

- 1959년에 10월 28일을 교도관의 날 제정 : 교정 관련 종사자들의 사기를 높이고 재소자의 갱생 의지를 키우기 위한 기념일, 1973년 법의 날에 통합 이후 다시 2002년 교정의 날
- 1970년대 : 비인가 시설인 보이스타운 설립, 보호자가 없는 비행청소년을 보호

- 1977~1991년 : 전국에 5개 소년분류심사원 설치
- 1981년 : 교정직 공무원의 열악한 근무 여건을 위한 경비교도대 창설
- 1984년에 비행청소년을 위한 효광교호직업보도원 설립
- 1987년 정부에서 사회사업학과 혹은 사회복지학과를 졸업한 자를 채용하여 교정시설에 근무하도록 하였지만, 이들이 교정시설에 사회사업의 전문성을 살려 활동하지는 않았고, 이 특별채용은 약 5년 뒤 중단됨
- 1987년 : 범법정신장애인과 범법약물중독자를 위한 공주치료감호소 신설
- 1988년 : 재소자의 개방처우 서비스를 위한 천안개방교도소를 운영
- 1989년 : 보호관찰제도 법제화
- 1990~1997년 : 전국 11개 소년원이 중·고등학교 혹은 직업전문학교로 바뀜
- 1990년대 초부터 지역사회의 사회복지관을 중심으로 부적응 아동과 비행청소년을 위한 치료 프로그램이 사회복지사에 의해 시작되었고, 현재 이와 같은 프로그램은 기업의 복지재단으로부터 지원받아 지역사회에서 자리를 잡아가고 있다.
- 1989년부터 사용된 보호관찰소의 명칭이 2016년부터 공식명칭은 준법지원센터

사회복지 측면에서 이미 1987년에 사회복지사의 필요성이 등장하였다고 볼 수 있다. 그것은 우리사회에서 사회복지라는 용어에 대한 생소함에도 불구하고 아마도 교정분야가 선도적으로 사회복지라는 의미에 대하여 관심을 가지고 있었다고 볼 수 있다. 그러므로 교정복지는 범죄인을 범죄로서만 처벌의 의미가 아닌 범죄인 및 비행청소년의 사회 적응력 향상, 범죄인의 특정한 질병이나 장애에 대하여 치료, 보호관찰 갱생보호기관(after care)[4]과의 협력, 범죄자의 가족에 대한 원조와 같은 것에서 그 의의를 찾을 수 있을 것이다.

4) 갱생보호기관은 교도소와 사회를 이어주는 중간처우소로 교정복지에 있어서 매우 중요한 역할을 하고 있다.

3) 범죄와 교정복지

현대사회에서 범죄는 점점 흉폭해지고 연령적으로는 저연령화되고 있다고 한다. 이런 상황에서 한편으로는 범죄자와 제소자들의 인권에 대하여 이야기하고 있다. 다른 한편으로는 안전하고 건강한 사회의 건설의 필요성이 더욱 강조되고 있는 것이 현실이다. 그것을 위하여 많은 나라에서 처벌 위주의 정책에서 범죄 예방중심의 정책으로 이동하고 있는 것이다. 그 예방위주의 정책 중심에는 교정·교화라는 용어가 항상 함께하고 있다. 이것은 범죄에 대한 억제 수단으로 범죄자의 사회적 격리로부터 교정복지로의 전환을 의미한다. 이런 측면에서 교정복지의 기능에 대하여 논하는 의미가 있을 것이다.

전통적인 측면에서 범죄에 대한 제재는 범죄자의 사회적 격리를 의미하였다. 이러한 전통적 기능으로서 사회적 통제는 기존의 격리를 의미하며 범죄자에 대한 일정 기간 사회적 분리를 통한 사회의 안전 추구하는 것이다. 그러나 그 격리기간의 종료는 제소자들의 재범에 예측가능성을 어렵게 하고 있다. 그것을 수행하는 기관은 법무부 소속의 교도소, 구치소, 유치장[5] 등이 있다. 이런 이유로 오늘날 현대사회에서 범죄에 대한 교정정책의 변화가 나타나기 시작하였다. 이곳에서는 제소자들을 위해 새로운 삶과 사회적응을 위한 교화라는 역할이 수행되고 있다. 그 변화의 방향은 인권을 억압하고 통제하는 격리로부터 범죄로부터 스스로 해방될 수 있는 인권보호의 측면으로 접근이다. 이것은 사회화의 왜곡된 사회화에 대하여 사회적 규범과 문화에 대한 내면화를 통하여 사회를 이해하는 재사회화기능을 의미한다. 사회를 이해하고 적응을 시도하는 재사회화는 결국 수형자나 사회구성원들 상호 간의 부정적 감정의 해소를 통한 사회통합을 의미하며 교정복지는 사회통합의 기능을 수행하는 것이다.

그러므로 위의 교정복지의 모든 기능들은 자본주의적인 시장논리에 의해 생산되거나 소비될 수 없는 재화이다. 그러므로 교정복지 서비스의 생산·소

5) 사회적 격리기관이면서 교정기관으로서 재판 판결이 확정된 후 징역, 금고, 구류 등 신체 자유를 제한받는 형을 선고받은 사람들이 생활하는 곳이 교도소이다. 구치소는 수사나 재판이 진행 중으로 아직 법원에서 형을 선고받지 않은 사람들을 대상으로 한다. 유치장은 구류(1일 이상 30일 미만의 구금)형을 선고받은 자를 수용하는 경찰서 내에 있는 준 형사수용시설이다.

비는 국가에 의해 생산되고 유통되어 국가에 의해 소비되는 공공재인 것이다. 종합적인 측면에서 교정복지는 재사회화를 통한 사회적응능력을 배양하여 재범방지 및 범죄예방적 기능을 수행하고 있는 것이다.

범죄와 사회복지의 관계에 대한 매우 부정적인 사고가 지배적인 시대가 있었다. 범죄인은 범죄인일 뿐이라는 생각이다. 그러나 사회복지적인 측면에서 교정에 대한 접근은 현대사회에서 범죄에 대한 접근에 있어서 인식의 대전환을 의미한다. 그것은 과거의 개인적 차원에서의 교정을 위하여 교정시설의 역할을 강조하였다. 그러나 오늘날에는 사회구조적인 측면으로 사회환경 등의 고려가 범죄 발생과 예방에 매우 중요한 영향이 작용한다는 것이다. 이와 같은 효과를 위해서는 교정을 통한 개인적인 변화가 사회구조적 변화를 통한 사회환경이 조성되어야 할 것이다.

현대사회에서 범죄와 교정제도에 있어서도 화두는 인권이다. 왜냐하면 인권은 매우 중요한 권리로 인식되고 있고 범죄에 대한 규제, 통제, 질서와 관계를 모순으로 간주되고 있기 때문이다. 그것은 한 개인은 범죄인이기 이전에 한 인간으로서 인간의 행위에 대한 국가나 사회의 제도적 통제나 규제, 제재는 인간의 기본권에 대한 깊은 고려를 전제로 해야 한다는 것을 의미한다. 그럼에도 불구하고 범죄는 계속 진화하고 있기에 범죄에 대한 국가적 사회적 대응은 처벌 지양 예방 지향이라는 교정정책에서 구체적 변화는 크게 나타나고 있지 않다. 범죄에 대한 예방적 접근에 있어서 교정제도의 변화가 크게 요구되고 있는 것이 현실이다. 그것은 제소자들의 인권에 대한 교정제도의 변화는 교정에 있어서 사회복지적인 접근을 의미하며 그것이 교정복지를 의미한다는 것이다.

생각해봅시다

우리나라는 다문화사회로 진행되고 있다. 매년 많은 외국인들이 우리나라에 여행을 위해 방문하기도 하며 취업이나 거주를 목적으로 오기도 한다. 그들은 이것을 위해 우리나라를 선택한 이유 중 하나는 우리사회가 안전하다는 것이다. 특히 서구 선진국에서 우리나라를 방문한 외국인들은 언제든지 밤에 외출이 가능하다는 사실에 대하여 놀라기도 한다. 이것은 사회적으로 우리나라의 치안이 잘되어 있음을 의미하는 것이다. 그러나 이런 현실에 우리나라 치안이 잘 되어있다고 볼 수 있지만 오랜 기간 독재정권에 의한 폐쇄적인 정책으로 세계정보의 부재가 우리나라의 치안에 기능을 하였다고 볼 수 있을 것이다. 왜냐하면 독재가 붕괴된 이후 해외여행 자유화 등 많은 외국과의 교류 그리고 우리나라에 많은 외국인들의 입국과 거주자들이 증가하면서 범죄의 증가뿐만 아니라 지능범죄, 마약 등 복잡하고 다양한 범죄 형태들이 증가하고 있기 때문이다.

– 거시적 차원의 문제들 –

여기서는 현재 전 지구적으로 문제가 되고 있는 사실들을 논하게 된다. 즉 현대사회를 규정하고 있는 것들에 의해 사회적으로 부정적 영향을 미치고 있는 현상들에 대하여 분석은 매우 필요하다. 그것을 통하여 우리사회의 국가적 국제적 반응을 예측할 수 있을 것이다.

인구문제와 식량

인구문제와 식량 간의 관계에 있어서 영국의 경제학자 맬서스(Thomas Robert Malthus, 1766-1834)의 주장은 오늘날 현대사회에도 많은 시사점을 주고 있다. 그에 의하면 인구는 기하급수적으로 증가하고 식량은 산술급수적으로 증가한다고 그는 지금부터 200여 년 전 1789년 자신의 저서 인구론에서 주장하였다. 실질적으로 많은 나라에서 식량부족으로 어려움을 겪고 있지만, 식량생산 통계에 의하면 현대사회에서의 식량부족은 분배의 문제로 규정되기도 한다. 그럼에도 불구하고 이런 통계는 다른 어떤 생산분야보다도 미래의 인구증가와 식량생산 국가들에 있어서 불균형에 대한 문제제기가 한편으로는 인도주의 측면에서 다른 한편으로는 식량자원화와 연관될 수 있을 것이다. 이런 측면에서 인구문제와 연관된 새로운 위기에 대한 사고로서 이미 제6장과 제7장에서 논의되었던 저출산과 사회의 노령화로서 전지구적인 노령화 현상 그리고 도시화와 식량 등에 대하여 살펴보게 될 것이다.

1. 인구문제

2024년 현재 전 세계 인구는 81억 명으로 2010년 67억 명에서 13년 만에 14억이 증가되었다. 오늘날 인구에 대한 논의는 한편으로 출산율의 꾸준한 증가도 있지만, 다른 한편으로 의학기술의 발전에 따른 사망률 감소로 인한 고령화에 따른 노령화 현상으로 노인문제에 관한 것이다. 그런데 사회의 노령화에 연결되는 더욱 중요한 사실은 1970년대 세계인구 40억 명 시대의 식량과 인구에 대한 전 세계적 위기의식과 같은 현상들에 대한 관심이 전혀 나타나고 있지 않는다는 것이다. 현대사회의 인구문제의 핵심은 고령화와 인구구조의 변화이다. 우리사회에서 인구구조의 변화는 고령화로 인한 인구감소와 그에 따른 저출산으로 이어지고 있다는 것이다. 인구구조의 변화는 산업화로 인한 기술발전이 인간 수명의 연장으로 나타나고 있다는 것이다. 기대수명의 증가는 사회의 고령화이고 사회의 고령화는 사회의 노령화를 의미하며 생산인구의 감소로 이어지고 있다. 그동안 우리나라는 산업화의 과정에서 작은 국토에서 발생하는 많은 어려움에 대하여 많은 인적자원으로 극복할 수 있었는데, 인구구조의 변화는 공업화를 통한 식량문제를 해결에 적신호를 보내는 것이라 할 수 있으며, 그 하나가 고령화이며 다른 하나가 저출산이라 할 수 있다.

1) 고령화

오늘날 현대사회의 보편적 현상으로 고령화를 이야기하고 있다. 사회의 노령화는 노동력의 감소와 사회적 분위기의 침체로 인도하고 있다. 그러므로 그것은 산업분야에서 노동력 공급문제를 제기하고 있을 뿐만 아니라 농업분야에서도 그와 같은 문제의 근원으로 논의되고 있다. 특히 농촌이 도시보다 고령화 정도가 매우 높기에 농업분야에서는 그 문제는 매우 심각하다. 실질적으로 1970년 우리나라의 농가인구는 14,421,730명으로 한때 전체인구의 44.73%를 차지하고 있었다. 그러나 아래의 <표 16-1>에서 보여주는 것처럼 50여 년이 지난 2023년 현재 총인구는 3천만에서 5천만으로 증가하였으나 농민의 수는 전체 인구의 4% 정도로 그 인구가 급격히 감소하고 있음을 알 수 있다. 또한 2023년 농업인구에 대한 통계에 의하면 1970년 1%(0.49)에도 도달하지 않았던 65세 인구는 현재 농업인구 2명 중 1명이 65세 이상 노인으로 그 비율이 52.6%로 전체 노인인구비율이 19.2%보다 매우 높아 우리 농촌의 고령화가 매우 심각함을 보여주고 있다. 이러한 농촌 고령화는 좁은 국토에서 기계화를 통하여 극복하면서 식량문제의 해결을 도모하고 있지만 그 한계는 명확한데, 그것은 식량자급률이 점점 낮아지고 있다는 것을 의미한다.

<표 16-1> 농업에서 인구구조

연도	농가인구(비율)	농가인구 노인인구비율(%)
1970년	14,421,730(32,240,827: 44.73)	712,649(0.49)
1975년	13,244,021(35,280,725: 37.53)	738,424(0.55)
1980년	10,826,748(38,123,775: 28.39)	727,857(0.67)
1985년	8,521,073(40,805,744: 20.88)	453,139(0.53)
1990년	6,661,322(42,869,283: 15.53)	769,197(11.5)
1995년	4,851,080(45,092,991: 10.75)	784,701(16.1)
2000년	4,031,065(47,081,111: 8.56)	876,009(21.7)
2005년	3,433,573(48,184,561: 7.12)	999,306(29.1)
2010년	3,062,965(49,554,112: 6.18)	972,679(31.7)
2015년	2,569,387(51,014,947: 5.03)	993,201(38.6)
2020년	2,314,064(51,836,239: 4.46)	979,967(42.3)
2023년	2,088,781(51,712,619: 4.03)	1,099,030(52.6)

1970년에 농가인구 통계조사에서 49세 이하가 84.4% 그리고 60세 이상이 7.9%에 불과하였다. 그러나 25년 지난 2006년에는 49세 이하가 41%로 감소하였고 60세 이상은 40.8%로 증가하였다. 우리사회의 인구구조에 있어서 2000년의 7.2%의 고령화 사회에서 2018년 14.3%로 고령사회의 도달시기보다 농가인구는 1995년 이미 16.1%로 23년 먼저 고령사회와 초고령사회에 도달하였다. 이런 사회적 구조와 매년 감소하고 있는 농촌의 인구구조의 변화와 노인인구비율의 50% 이상이라는 의미는 여성과 어린이 그리고 청소년을 제외하면 농촌에서 실질적으로 노동가능 인구를 추측해 볼 수 있을 것이다.

그것은 30대 40대 인구의 절대 부족을 의미하고 있는 것이다. 그런 노동력을 대체하기 위해 실행되고 있는 정책이 한편으로는 정책적인 농업의 기계화의 추진은 노동력 부족을 어느 정도 해결하고 있지만, 다른 한편으로는 경제적인 측면에서 농민들에게 농가부채의 증가와 같은 또 다른 문제를 야기시키고 있다. 전체적으로 이런 현상들이 우리나라 식량자급률의 급격한 감소로 인도하는 것이며, 이것을 해결하기 위해 공산품 수출을 통해 농산물 수입과 같은 농산물 개방정책으로 우리나라의 식량 해외의존율의 급격한 증가를 가져오고 있다. 실질적으로 우리나라는 농산물에 있어서 쌀을 제외한 거의 모든 품목들을 수입에 의존하고 있는 실정이다.

2) 인구감소

2020년까지도 증가하고 있던 우리나라 인구는 현재 감소하다가 약간 증가하는 그리고 감소하는 현상이 최근 통계에서 반복적으로 나타나고 있다. 이런 현상과는 별개로 우리나라 인구는 고령화와 더불어 감소가 예상되고 있으며 우리나라에서 농촌의 인구감소는 이미 1960년대 중반 산업화 과정에서 시작되었다. 그것은 1970년대 이후 정책적으로 급격히 진행되었고, 1980년대에는 농촌 지역사회의 붕괴를 우려할 정도로 진행되고 있었다. 그럼에도 불구하고 총인구 감소정책으로 인한 이러한 농촌의 인구감소는 농업인구의 구조의 변화와 맥을 같이 하고 있다고 볼 수 있을 것이다. 인구감소는 정책적으로 인구증가에 대한 억제책이었으나, 농촌에 있어서 인구문제의 하나는 농촌의 본질적 문제로서 도시로의 인구이동이며, 다른 하나는 1990년대 이후 국가적 문제로서 출산율의 감소인 것이다.

전자의 의미에서 우리나라에서는 세 번의 인구이동이 발생하였는데, 하나는 1945년 이전에 남부에서 북부로의 이동이다. 이 시기에는 농민들이 일본의 통치와 착취로부터 벗어나 생존을 위해 지하자원이 풍부한 북쪽의 도시로 일자리를 찾아 이동하였다. 둘은 한국전쟁 전후 인구이동으로 고국으로의 귀환과 피난을 의미한다. 해방 후 북한, 일본, 중국 등지에 흩어져 살고 있었던 200만 정도의 동포가 남한으로 이동하였으며 전쟁 중에는 많은 인구도 특정 지역으로 이동하였다. 셋은 여기서 논의의 대상인 1960년대 이후 산업화 과정에서 발생하였던 이촌향도 현상이다. 경제개발정책과 도시화로 인하여 농어촌인구가 대도시 및 공장으로 이동을 의미한다. 후자는 전자의 자연스러운 결과물이라 할 수 있다. 왜냐하면 농촌의 인구감소는 농업의 축소를 의미하며, 특히 젊은 층의 도시로의 이동은 농촌의 출산 가능인구의 감소로 이어지고 아동의 부재는 교육기관의 역할 축소 등으로 인하여 지역의 인적자원 감소로 나타나 기업들의 투자입지조건의 열악성과 같은 순환고리를 발생시키면서 농촌과 지역경제의 가장 큰 위협이 되고 있기 때문이다. 이러한 문제들의 해결은 지속적인 농업의 기계화와 기업화 정책의 추구로 인도되었다. 그러나 그 정책은 농촌의 식량생산기지로만 접근하였기에 노령화된 농촌으로의 진행을 간과하였다.

이러한 인구이동에 대한 농촌의 산업적 접근의 결과로서 하나는 농촌의 노령화라는 새로운 구조적인 문제를 야기시켰다는 것이며, 다른 하나는 빈집의 증가이다.[6] 해마다 늘어나고 있는 빈집은 무단방치되고 있다는 것이 문제이기도 하지만 그것이 범죄와 같은 이차적인 문제를 발생시킬 가능성이 매우 높다는 것이다.

이런 변화가 식량생산과 식량소비에 있어서 인류의 미래의 생존권과 깊은 관련이 있는 것이다. 그러므로 인구구조의 변화는 인류 생존의 가장 근본인 식량문제와 상관관계인 것이다. 우리에게 있어서 인구문제에 대한 접근과 정책은 단순히 국토에 비해서 많은 인구보다는 식량부족에 대한 불안으로부터 시작되었다고 볼 수 있을 것이다. 우리나라에서 식량부족은 한편으로 낮은 식량자급률 그리고 그 극복을 위해 대량의 곡물을 수입에 의존하고 있다는 것이다. 다른 한편으로 식량에 연관된 우리나라의 문제는 자연에 영향을 받는 농산물들에 대한 자급자족보다는 공산품의 수출에 의존하고 있는 수입에 있다는 것이다.

---

6) 빈집에는 두 가지 종류가 있다. 하나는 소유자가 없는 경우이다. 이런 형태의 빈집은 새로운 구조로 재탄생할 가능성이 있으나, 다른 하나는 부모님의 사망으로 물려받아 소유자가 있는 빈집 형태이다. 이는 대개 소유자들은 대도시에 거주하면서 재테크의 대상으로 간주하고 관리가 이루어지지 않는 형태이다. 그러므로 빈집의 문제는 후자를 의미한다.

2. 식량문제

우리나라에서 식량에 대한 문제는 식량자급률에 대한 고민을 식량문제를 문제로 여기지 않는 모순된 생각과 정책에서 근원한다. 그럼에도 불구하고 현실적으로 식량은 많은 나라에서 부족하며 기아에 어려움을 겪고 있는 나라들도 있기에 더 증산되어야 한다는 주장도 있다. 다른 방식으로 이야기한다면 전지구적으로 식량은 부족하지 않다고 전문가들은 이야기하고 있다는 것이다. 이와 연관하여 식량문제에 대한 두 가지 접근이 가능하다. 하나는 국제적인 측면에서 인구와 식량문제로서, 그것은 분배의 문제로부터 비롯된다는 것이다. 물질문명은 풍요 속에서 빈곤이라는 전 지구적인 문제를 야기시켰다는 것으로 오늘날의 식량문제가 지구의 부분적이고 지역적인 문제라고 간주되고 있는 것이다. 실질적으로 경제적인 측면에서 남북문제, 즉 북반구 풍요로운 지역, 반면에 남반구 지역은 몇 나라를 제외하고는 실질적으로 대부분의 국가들이 빈곤으로부터 자유롭지 못하다. 다른 하나는 국내적인 측면에서 인구와 식량문제는 식량 중요성에 대한 인식부족과 그에 따른 자급률의 저하이다. 여기서는 후자의 측면에서 식량은 그 자체로서 또는 원료로서 대부분이 농촌에서 생산되며 그 농촌은 인구감소와 노령화로 미래 식량생산의 기지로서 역할을 위협받고 있는 우리사회의 현실을 분석한다.

1) 농촌문제

50년 전 만 해도 우리나라는 식량이 부족하였으며 2024년 현재에도 식량은 부족하다. 특히 그 당시에는 우리의 주식인 쌀이 부족하였는데, 우리나라 인구의 절반이 식량증산에 매달려도 해결되지 않아 혼식과 분식으로 주식인 쌀을 적게 먹는 정책이 해결책으로 실시되기도 하였다. 그런데 오늘날 식량생산의 근원인 농촌의 논이나 밭에서는 식량이 아닌 아파트들이 건설되고 있음에도 식량부족에 대해서 우려하는 소리는 나타나고 있지 않다. 역설적이게도 국가는 아파트가 건설된 논과 밭을 보충하기 위해 간척지 개발과 산을 해체하고 있다. 우리 농촌사회의 문제 발생의 근원은 농업에 관련된 모든 것들을 경제적 측면에서만 접근하면서 그 토대를 노동력보다는 자본만을 강조하고 있기 때문이다. 우리나라의 농촌은 경제성장 과정에서 노동력뿐만 아니라 많은 요소들이 농업부문에서 비농업부문으로 대량 유출되었으며 그것은 현재에도 진행 중이다. 오늘날 농촌문제는 남아있던 농부들의 고령화로 인한 농촌의 노령화 현상이다.

우리사회에서 농촌문제는 경제적인 측면뿐만 아니라 포괄적인 측면에서 지역농민들의 생활 관습이나 교육, 문화 등 하나의 사회집단으로서의 후진성이나 낙후성에 대한 반성적 차원에 대한 문제의식에서 찾아야 한다. 그 후진성이란 도시지역과의 비교로서 자본주의와 화폐경제의 침투 그리고 소비지향적인 도시문화의 유입으로 인한 변화된 상황을 의미하는 것이다. 그런 상황은 한편으로는 현상적으로 농촌의 도시화와 다른 한편으로는 실질적으로 농촌거주자와 농촌 경제주체들의 노령화와 인구감소로 인하여 소비감소로 이어지면서 농촌경제의 피폐와 모순된 농촌사회구조를 야기시키고 있는 것이다.

우리사회에서 농촌문제는 현대적 의미로서 산업화에 기인한다. 산업화로 인한 젊은 노동력의 유출로 이어지면서 농촌 노동력은 고령화되었다. 앞에서 잠깐 언급되었던 것처럼 기계화와 같은 초기 정책적 대응은 한편으로 노동력 부족현상을 극복하는데 기여하였지만. 다른 한편으로는 농가부채의 원인이 되기도 하였다. 또한 도시의 발달과 그 영향에 의해 농촌 고유의 질서가 파괴되기도 하였다. 그것은 농지의 감소와 함께 농업인구의 감소 현상의 발생을 포함한다. 또한 그것은 식량문제로서 농산물의 감소로 이어진다. 이와 같은 사실로부터 우리 사회에서 농촌문제의 근원을 아래와 같이 세 가지로 정리할 수 있을 것이다.

하나는 농촌의 인구구조의 문제이다.

둘은 산업적인 측면에서 농업의 기계화는 공업부분보다 늦다.

셋은 경제적인 측면에서 농업 생산물은 그 자체가 상품으로 어려움이 있다.

우리나라의 산업화는 현대사회에서 공업에 비해 농업의 경쟁력을 토대로 제도화되었다. 이것이 우리나라 농촌에 있어서 이러한 문제제기를 통하여 우리나라에서 농민문제, 농업문제를 분석할 수 있을 것이다. 이 문제들을 통하여 식량에 연관된 우리사회의 식량 현황과 식량문제에 대한 본질이 설명될 수 있을 것이다.

2) 농민문제

우리나라에서 농민문제는 농촌 구성원들의 사회경제적 변화와 맥을 같이 하고 있는데, 여기서는 두 가지 측면에서 접근할 수 있을 것이다. 하나는 봉건사회가 붕괴되었음에도 불구하고 오랫동안 지속되어온 농민들의 사회적 지위와 연관된 농촌문제이다. 다른 하나는 산업화로 인한 농촌 인구구조의 변화에 따른 농민들의 해체이다.

(1) 농민의 지위

사농공상(士農工商)의 전통적 계급구조의 측면에서 우리사회의 농민의 지위는 매우 오랫동안 양반 다음인 두 번째에 위치되어 있었다. 그러나 그것은 한편으로 산업화로 인하여 농가 인구의 감소와 더불어 농민층의 분해가 가속화되었고, 다른 한편으로는 경영의 측면에서 가업으로서 농업의 승계가 이루어지지 않아 결국 오늘날에는 농가의 해체에 이르게 되었으며, 결국 그것은 농민의 사회·경제적 지위의 하락으로 인도된 것이다.

농민의 지위 하락은 전자의 측면에서 우리사회에서 농업의 역할 감소와 연계되어 있다. 그것은 생산력의 감소와 축소 그리고 농업인구의 감소와 그로 인한 농산물의 축소와 감소로 이어지는 단순한 구조로 설명되는 것이 아니다. 그것은 국가발전을 산업화와 연계가 정치적으로 주장되면서 농업에 대한 관심과 투자는 후순위가 되었다. 후자의 측면에서 그것은 산업화로 인한 농민의 이농현상과 노령화는 농민층의 분화 그것으로 인한 농업인구 감소는 농업의 붕괴로 결과되었다. 그것은 모든 산업분야에서 농업이 차지하는 부분의 축소와 식량생산량의 감소로 이어진 것이다.

그러므로 역설적이지만 이러한 현상은 농촌의 노동력 부족현상과 연결된다. 그러나 그것은 다시 농촌에서의 임금상승으로 이어지면서 농업에서 인건비 비중의 증가로 농민에게 있어서 그런 경제적 어려움을 가중시켰으며, 그것은 또다시 농업에 대한 기피 현상과 함께 또 다른 농민의 지위하락을 의미하게 되었다. 농민의 사회적 지위 하락은 농민의 삶에 심각한 문제를 발생시키고 있다. 즉 농촌에 살고 있는 청년들의 미래에 대한 불투명성의 증가는 농업으로부터 전업이나 이농의 결과로 이어졌다. 또 하나의 농촌현상은 농민의 결혼에 대한 불확실성과 불가능성의 증가로 인한 인구의 순환구조의 붕괴이다. 그것은 첫째 농촌사회에서 가정형성의 어려움에 의해 가족의 노령화를 가져오고, 둘째로 그러한 가족의 붕괴는 노동력의 부족문제로 이어졌다. 그러므로 오늘날 이농이나 전업은 과거의 경제적 측면이 아닌 청년들의 결혼을 위한 방법이면서 수단이 되고 있었다. 이와 같은 현상은 오늘날 30, 40대까지 결혼을 하지 못한 농촌의 총각들이 동남아 여성들과 혼인이 이루어지면서 농촌가족의 새로운 형태로 등장하였다. 그것은 다문화가족이라는 용어로 불리고 있으며, 오늘날 다문화 가족은 농촌사회의 인구구조에 변화를 발생시키고 있는 것이다.

현재 우리나라에서 농민의 지위는 경제적으로나 사회적으로 조선시대의 농민과도 비교할 수 없다. 1970년대까지 인구의 대부분이 농업에 종사하였던 구조는 50여 년이 지난 2023년 현재 200만으로 감소하였으며 100만여 명이 65세 이상 노인들이라는 통계는 우리사회에 시사점을 주고 있다. 현재 우리사회 농촌의 노동력에 있어서 계절 노동으로 많은 부분이 외국인 노동자로부터 제공되고 있다는 사실은 농민이라는 명칭에 변화가 요구된다는 것이다. 농촌거주자의 측면뿐만 아니라 노동력의 측면에서도 외국인 노동자들과 다문화가족 등은 농촌 지역사회의 주체로서 농민의 역할을 하고 있는 것이다.

(2) 농업문제

우리나라의 농업에는 다양한 문제들이 존재하고 있지만 그 중에서도 문제의 핵심은 식량자급률의 감소이다. 그럼에도 불구하고 외형적으로 농산물의 풍족함으로 인하여 이 문제의 심각성은 이것이 바로 식량문제와 직결되고 있음에도 불구하고 식량의 완전 자급이 되지 않는 상황임에도 불구하고 어느 누구도 식량의 절약이나 농업의 미래에 대한 근심이나 불안감은 나타나고 있지 않다는 것이다. 여기서는 이런 상황에 대한 논의를 역사적 측면에서 농업정책 그 결과로서 식량에 대한 인식문제에 분석이 진행될 것이다.

1960년대 중반부터 시작된 우리나라의 산업화과정 속에서 1965년 우리나라 98.8%에 이르렀던 농산물 자급률은 2020년 현재 33.2%로 추락되었다. 아래의 <표 16-2>는 우리 국민들의 핵심 주식인 5대 곡물에 대한 식량생산에 있어서 자급률을 분석하고 있다. 특히 콩과 옥수수의 생산량은 1970년대까지 거의 자급수준이었으나 1980년대 들어서서 급격한 자급률 감소를 보이고 있다. 2020년 현재 우리나라는 식량 5대 곡물에 있어서 쌀을 제외하면 보리와 콩은 50%에 훨씬 못 미치고 있으며 밀과 옥수수는 5%에도 미치지 못하고 있다.

<표 16-2> **우리나라 주곡 자급률**

양곡별	2020	2019	2018	2017	2016	2015	1970	1965
쌀	92.8	92.1	97.3	103.4	104.7	101.0	93.1	100.9
보리	38.2	47.7	32.1	26.0	24.6	23.0	115.1	117.8
밀	0.8	0.7	1.2	1.7	1.8	1.2	15.9	27.8
옥수수	3.6	3.5	3.3	3.7	4.1	4.2	82.9	97.8
콩	30.4	26.7	25.3	22.0	24.6	32.1	87.2	100
고구마/감자	105.6	105.2	105.6	105.3	104.7	104.5	-	-
기타	14.2	10.8	9.6	10.5	13.4	13.6	-	-
합계	45.8	45.8	46.9	48.7	50.8	50.2	86.1	98.8

오랜 기간 동안 농업사회였던 우리사회는 1970년대 이후 아주 빠르게 산업사회로 전환되면서 농업과 농민에 대한 사회적 인식의 변화와 일자리를 찾아 도시로 이동은 농업인구의 감소를 가져왔다.[7)] 이것이 농업에서 발생할 수 있는 첫 번째 문제이다. 역사적인 측면에서 산업화가 진행되면서 농업의

비중이 낮아지는 것은 보편적 현상이다. 그러나 문제는 우리사회에서 산업화가 모든 산업들 간의 경쟁적 관계 속에서 인간의 기본적 욕구와 욕망의 변화를 급격히 가져왔으며, 그것은 우리 국민의 소비구조의 기형적 변화를 초래하였다는 것이다. 이것이 농업문제의 두 번째이다. 그러한 면의 한 축으로는 우리나라에서 농업이 경제적으로 가장 중요한 산업의 분야였음에도 불구하고 정치적인 측면에서 근대화를 위한 희생양으로 이용되기도 하였다[8]는 것이다. 그러므로 농업문제의 발생은 정치적인 측면에서 접근할 수 있다(김용조, 2006). 현재 우리사회의 농업문제는 우리 농산물에 대한 하대로부터 발생하고 있다. 가격의 측면에서 많은 서구 농산물들은 항상 값비싼 정가로 제시되고 있는 데 비해 우리 농산물들에 대해서 가격을 낮게 책정하거나 소비자들도 가볍게 보는 경향이 있다.[9] 이것은 농업분야에서 급격한 쌀소비의 감소와 육류소비의 급속한 증가는 농촌의 생산구조 변화와 더불어 생산력의 저하를 통한 주요 농산물의 자급률의 심각한 문제를 야기시켰다.

미시적인 측면에서 우리나라의 농업정책은 가격정책으로서 저미가 유지를 위한 이중곡가제[10]가 기저를 이루고 있었다. 1990년 이후 이 정책은 농민의 부의 창출과 본질적인 측면에서 농업문제와 유리되어 진행되었다. 전자는 농민의 경제적 삶의 증진과는 관계가 없다는 사실이다. 산업화와 함께 농업의 대규모화와 자립화를 전제로 하는 농업분야에서의 기계화는 노동력 대체

---

7) 전통적으로 프랑스는 농업국가임을 자랑스럽게 여기고 있었다. 그러나 그 자존심은 38만이었던 낙농업인구가 1984년부터 감소하기 시작하여 2009년에는 9만여 명으로 되면서 무너지기 시작하였다. 농민의 감소는 농장의 감소를 의미하였는데, 1995년에 1만4000여 곳이었던 농장이 2004년에는 1만여 곳으로 줄어들었다. 이러한 현상은 농장의 대규모화로 이어지고 있다.

8) 자본주의 시장구조 속에서 농업은 쉽게 적응하지 못하였다. 그것은 농산물의 가격하락과 공산품의 가격상승구조 속에서 농민의 빈곤을 심화시켰다. 특히 우리나라에서 산업화의 가속을 위한 저미가 정책이 이를 반증하고 있다. 다른 한편으로 농민의 빈곤이 체제에 대한 위협으로 보이면서 농산물 가격에 대한 가격정책, 농산물 수입제한 조치 등이 농업문제가 정치성을 띠고 있음을 보여준다.

9) 이것은 공산품과 비교에서도 나타난다. 예를 들어 고가의 전자제품 구입시나 아주 작은 USB 또는 MP3를 구입할 때에도 가격을 깎으려고 흥정을 하지 않는다. 그러나 상대적으로 저렴한 농산물 구입 시에는 가격을 낮추거나 양을 많이 가지려는 행위는 은연중에 우리농산물에 대한 하대의식이 존재한다고 볼 수 있다.

10) 이중곡가제란 생산자로부터 비싸게 구매하여 소비자에게 싸게 팔아 그 차액을 보존해주는 제도이다. 우리나라의 경우 쌀이 시장가격보다 일정수준 이하로 하락할 경우 정부가 그 차액을 보전해주어 농민들의 소득을 보장해주는 작용을 하였으나, 1994년에 재정적자 누적 그리고 세계무역시장의 변화 등을 이유로 폐지하였다.

의 의미로 농민의 경제적 증진에 영향을 미치지 못하였다. 왜냐하면 우리 농촌은 소규모적인 농업에 대한 구조적 변화에 도달하지 못하였기 때문이며 오히려 정책적으로 농기계의 차용과 구입은 농촌의 가계경제에 어려움을 가져다주었다.

이러한 문제 발생의 근원은 그동안의 농업정책 방향과 맥을 같이 한다. 거시적인 측면에서 1960년 이후 우리나라 농업정책의 핵심은 식량증산과 식량의 자급자족이었다. 그것을 위한 정책적 접근은 두 가지였다. 하나는 식량증산이며, 다른 하나는 식량 절약이라 할 수 있다. 방법론적으로 전자를 위해서 새마을 운동이나, 다수확 품종개발 그리고 농약과 화학비료의 개발로 이어졌지만[11], 후자를 위해서 그 당시의 식량은 쌀만을 의미하였으며, 쌀소비를 감소시키기 위하여 정책적으로 쌀과 보리의 혼식을 권장하였으며, 이후 경제적 성장과 연결되면서 식량의 다양화라기보다는 사료나 그 외의 다른 목적으로 밀이나 콩, 옥수수 등의 소비를 가져왔다. 이러한 식량생산의 정책적 오류는 다양화보다는 과소비로 이어져 부분적인 쌀수입으로부터 모든 곡류의 수입으로 전환되어 자급 가능한 농산물이 전무할 정도로 변화되었다.

1960년대부터 80년대 후반까지 주요 곡물 자급률이 70%에 육박하였던 우리의 농업은 1990년대 세계화에 동승하면서 50% 이하로 급격히 추락하게 되었다. 국내 농산물생산의 감소와 열대과일 등 수입농산물이 점점 우리의 시장과 식탁을 차지하고 있는 것이다. 그것은 미래의 식량에 대한 의미의 중대성을 예측 못 하고 단순히 눈앞의 발전만을 추구한 결과라 할 수 있다.

(3) 정리

식량문제에 있어서 1970년대까지 산업화보다 식량부족이다. 식량으로서 곡물은 우리의 주식인 쌀을 의미하며 농업의 핵심은 쌀의 증산이었다. 쌀부족의 해결을 위해 혼식과 분식은 그 당시의 매우 중요한 정책이라고 할 수 있을 것이다. 이런 해결방식을 선택한 이유는 쌀이 우리 농업의 가장 중요한

11) 산업사회에서 식량은 부지런함으로 성취될 수 없다. 그러므로 식량증진을 위해서는 생산되는 식량의 손실을 감소시키는 것이다. 실질적으로 세계 식량생산의 약 절반 정도가 설치류, 진균류, 잡초에 의해 소비되기 때문에 막대한 양의 농약을 통하여 곡물 손실의 많은 양을 감소시켰다(권영두, 2007).

작물이기에 쌀수입이 아닌 밀수입을 통한 분식 장려정책을 시행하였던 것이다. 이와 같은 정책적 기조는 서서히 산업화를 통한 경제성장과 연관되면서 급격한 식습관의 서구화로 이어지게 되었다.

1980년대 전 세계적인 호경기를 통하여 우리나라의 경제성장은 1970년대의 고질적인 우리나라의 식량부족을 해결하였다. 이러한 방식은 우리의 농업기술에 대한 관심과 투자로 인한 성장과 발전이라기보다는 쌀 중심의 농업정책을 쌀을 제외한 곡물 수입을 의미하였으며 지속적인 농산물 수입으로 이어졌다. 정부의 국가정책으로서 공산품 수출에 의한 경제로서 그에 따른 국제적인 수입에 대한 압박이 개방으로 이어지면서 곡물뿐만 아닌 모든 농축산물의 수입까지 확대 허용되었다. 이런 상황의 지속은 국내 곡물경작구조의 왜곡된 현상을 야기시켰다. 쌀을 제외한 지속적인 식량수입은 결국의 쌀도 수입할 수 있는 정책이 되었다. 그러나 농산물 수입개방으로 인한 수많은 먹거리의 등장은 쌀소비의 감소로 이어지면서 쌀부족은 해결되었지만 이것은 부족보다 심각한 쌀의 잉여를 의미한다. 쌀잉여는 우리 단일경작과 같은 정부의 쌀 중심 정책의 결과로서 나타난 농업의 생존의 문제와 직결되어 있는 것이다.

결과적으로 우리에게 있어서 식량문제에 있어서 부족현상은 해결되었다. 그것은 식량증가로 발생한 결과라기보다는 정보화시대의 전지구적 사회·경제·문화적 변화로 인한 우리사회의 식습관의 변화로 인한 것이었다. 이런 변화는 두 가지의 문제들을 야기시켰다. 하나는 쌀잉여 현상이며, 둘은 수입 농산물의 폭발적 증가, 그리고 전체적으로 쌀을 제외한 식량들의 전량 수입은 식량의 해외 의존현상의 심화이다. 이것은 우리의 식량문제 해결을 위한 전제는 우리 경제가 해외 곡물시장보다 항상 우월해야 한다는 것이다. 그러므로 근본적인 식량문제의 해결을 위해서는 신토불이적인 농산물 자급률의 증진이 매우 중요하다.

3) 농업과 FTA

우리나라의 식량문제는 FTA(자유무역협정: Free Trade Agreement)와 상관관계가 있다. 식량과 같은 농업생산물은 그 자체적으로 상품이 될 수가 없다. 즉 인간의 삶 속에서 그 가치가 크더라도 시장가격기구하에서 평가되어서는 안 된다. 이것이 농업의 측면에서 세계 모든 나라들이 농산물 수입을 제한하고 지원을 하는 등 농업보호정책을 실행하고 있는 이유인 것이며, 이런 이유로 대부분의 나라들이 농업부문에서 FTA를 반대하고 있는 것이다.

식량문제에 대한 우리의 역사적 경험은 좁은 영토로 인한 식량생산과 그 증산의 어려움으로 정리할 수 있다. 그것에 대한 가까운 예로 1973년으로 거슬러 올라가는데, 그 당시의 세계적인 식량파동으로 우리 정부는 쌀수입을 위해 우리의 우방인 미국에 특사를 파견했지만 미국의 곡물메이저에 의해 매점매석으로 4배나 비싼 현금가격으로 구매하게 되었다. 또한 1980년 냉해로 인한 흉작으로 미국의 곡물회사는 3~4배의 가격으로 올려 우리나라에 팔았던 적이 있다. 이 시기 우리나라의 식량자급률이 현재보다 매우 높았음에도 불구하고 식량위기는 발생하였다. 이러한 현상은 국력에 있어서 식량의 중요성과 식량부족이 얼마나 중대한 문제임을 보여주고 있다.[12] 우리나라는 식량생산에 있어서 매우 위험 구조를 가지고 있으며 OECD 30여 개 회원국 중 27위로서 식량수입은 일본에 이어 세계 2위이다.

식량문제에 있어서 그리고 모든 경제적 분야, 특히 농산물 수입에 있어서 우리사회의 촛불집회로 화두가 되었던 것이 FTA이다. 현대사회에서 그리고 자본주의 세계, 오늘날의 세계경제는 FTA와 일맥상통한다. 과거 1970년대 중동국가들이 원유를 무기화하였던 오일쇼크처럼 FTA는 식량의 자원화를 가속화시킬 수 있다. 그러므로 그것은 FTA를 통하여 농업의 측면에서뿐만 아니라 그 나라의 식량주권의 측면에서도 외국 농산물에게 우리나라의 식량을 대치시킨다는 의미에서 식량종속을 의미한다.

이런 상황과 환경 속에서 우리에게 중대한 식량문제의 하나는 먹거리의 다양성에 대한 지속성의 담보에 관한 것이다. 먹거리 다양성의 의미는 식량

12) 세계 곡물잉여생산국들에 있어서 곡물자원화는 영원한 우방도 적도 없다. 이것은 단지 경제적 이익문제일 뿐이다. 예를 들어 1988년 나이지리아는 자국의 국내식량생산 감소를 우려하여 소맥수입을 금지하자 미국의 최대 곡물회사 카길은 미국 정부에 압력을 행사하여 나이지리아에 섬유수출에 제재를 가하였고, 콩고민주공화국의 경우 1976년에 경제난으로 소맥대금지급을 연기하자 콘티넨털은 소맥공급을 1년간 중단하였다.

에 있어서 자본주의의 심화이며 식량자급에 대한 것이다. 여기서 전자의 의미는 우리나라의 경제상황의 유지가 전제되어야 하는 것이며, 후자는 농산물 자급을 위한 신토불이(身土不二)적인 의미에서 접근이다.

FTA체제하에서 현재 우리나라 농업의 문제는 식량부족이 아닌 농업의 붕괴이며 식량의존이라 할 수 있다. 실질적으로 FTA가 아니더라도 우리나라에서 식량의존 현상은 이미 시작되었으며, 많은 농산물들이 이미 수입되어 우리 국민들의 식생활구조를(너무 많이 먹고 너무 많이 버리고 있는 식습관으로) 변화시켰다. 그것은 그동안의 우리나라 쌀과 같은 곡물 중심의 농업체제로부터 자본주의적인 상업적 작물의 생산구조로 변화되고 있음을 의미한다.

3. 인구문제와 식량문제

사회복지의 측면에서 인간의 삶의 질적 수준의 토대는 식문화라 할 수 있다. 그것은 잘 먹어야 한다는 것을 의미한다. 그래서 식량의 안정적 공급의 토대인 농업은 매우 중요하다. 이러한 농업과 식량문제에 있어서 해결책은 한편으로는 식량증산을 위해 노력하는 적극적인 정책과 다른 한편으로는 인구의 측면에서 접근하는 소극적인 정책으로 구분할 수 있다. 그러므로 이런 측면에서 맬서스는 식량문제 해결책으로 제시하였던 토대로서 다가오는 미래의 인구증가를 적절하게 통제하지 않으면 인류는 식량부족으로 인한 굶주림을 피할 수 없을 것이라고 예언하였던 것이다. 그러나 그는 오늘날의 농업기술의 진보를 고려하지 못한 그의 생각은 잘못된 것으로 판명되었다. 그럼에도 불구하고 지구에는 기아에 허덕이고 있는 인구가 10억 명에 이른다는 사실은 식량문제가 세계적인 문제임을 증명하고 있는 것이며, 또 한편으로는 식량생산의 증가의 필요성이 아직도 유효하다는 사실이다.

우리나라는 오래전부터 식량부족 국가였다. 1970년대 산업화가 시작된 이후에도 식량문제와 농업과의 관계에 있어서 정책들은 1990년대까지도 쌀 증산이 중심적인 과제였다. 그것은 우리사회의 구성원들이 식량생산증진을 통한 자급자족을 목표로 하는 농업에 대한 중요성을 인식하고 있었다는 것을 의미하는 것이다. 그럼에도 불구하고 오늘날에는 각종 무역에 연관된 제도들에 의하여 식량의 자급자족보다는 무역을 통한 효율성의 강조가 국내농업 구조를 붕괴시키는 정도에 이르렀다. 아이러니하게도 쌀증산 정책은 한편으로 국내적인 쌀소비의 급격한 감소와 다른 한편으로 농산물 수입의 폭발적인 증가로 이어지면서 우리나라는 2020년 현재 농축산물 무역수지 하위 6개국 중에서 네 번째에 해당된다. 여기서는 이러한 현상을 사회문제적인 시각으로 분석할 것이다.

우리나라에서 식량문제와 농업에 있어서 그 관계에 대한 분석을 위해서는 우리에게는 몇 가지 인식의 전환을 요구된다. 왜냐하면 우리나라에서 현상적으로 보이는 풍요로운 농수산물로 인하여 식량문제나 식량부족에 대한 의미가 상쇄되고 있기 때문이다. 그러므로 아래의 세 가지 문제제기에 대한 식량에 대한 전 지구적인 접근과 우리나라에서 식량에 대한 근원적인 고찰만이 미래의 우리사회를 담보할 수 있을 것이다.

첫째, 농촌문제이다. 대부분의 나라들, 선진국에서조차도 농촌은 다른 공업도시보다 경제적으로 어려운 것이 사실이다. 이런 측면에서 농촌문제의 현실에 있어서 해결의 접근은 농촌지원정책으로 농촌복지의 증진이다. 농촌복지란 하나의 큰 틀로 정의하기에는 의미부여에 어려움이 있지만 농촌구성원들의 삶이 도시보다 긍정적일 수 있다는 농촌현황에 대한 각론적인 발전적 토대의 제공은 의미가 있다. 즉 농촌은 도시보다 고령화문제가 심각하기에 노인복지가 많이 요구되며 노동가능인구의 유출로 인한 농업의 붕괴를 막고 보호하기 위해 상업적 농작물이나 생산성 증진을 위한 투자와 같은 산업적 접근보다는 복지적 접근으로 사고의 전환이 요구된다.

둘째, 식량부족에 관한 것이다. 여기에는 두 가지 측면에서의 식량에 대한 인식이 요구된다. 하나는 오늘날의 식량문제는 식량의 과소비 측면이다. 다른 하나는 그것으로 인한 식량에 분배의 재인식 그리고 식량생산의 구조적인 문제에 기인한다. 전 세계적인 식량문제에 있어서 분배의 구조적 접근은 의미가 있다. 이 문제는 국가들 간의 경제력 차이로부터 비롯되고 있으며 그 격차는 다수의 식량부족 국가와 소수의 생산국 사이에서 발생하고 있다. 매우 역설적인 예이지만 선진 산업국가에서는 원유값을 문제로 대부분의 나라에서 중요한 식량인 옥수수를 기름으로 대용하여 자동차를 움직이면서 그것을 환경친화적이라 말하고 있다는 것이다.

셋째, 식량의 자원화에 관한 것이다. 그것을 위하여 우리 고유의 식습관을 위한 식량문제의 해결 후에 상업적 작물 재배 정책이 필요한 것이지 농업에 자본주의적 사고를 주입하는 정책은 적절하지 않다. 많은 우리 국민들이 인식하고 있지만 대형시장에 가면 진열된 대부분의 농수산물이 수입산임을 알 수 있다. 실질적으로 전 세계적으로 미국을 비롯한 몇 안 되는 식량 잉여국들의 식량과점 및 독점인 상태로 이는 점점 더 강화될 것이다. 위와 같은 현상으로 인하여 오늘날 식량문제는 식량을 무기화할 수 있다는 것이다. 오늘날 산업에 의한 환경 변화로 인하여 심각한 위기의식 상황 속에서 기후에 영향을 받는 농업에 있어서 이와 같은 생산구조는 기후위기로 인한 식량생산 위기로 식량자원화는 전 세계적인 식량문제로 거듭될 것이다. 우리의 경우 한편으로 농산물 경작보다 이윤이 많다는 이유로 농지에 아파트 건설하여 농지를 파괴하면서 다른 한편으로 바다를 매립하여 농지를 만드는 형태의 경제적 논리로부터 벗어나야 할 것이다. 모든 측면에서 식량 약소국인 우리나라는 산업에 의해 호경기 유지 어려울 시기를 대비하여 농업에 적합한 경지 보존에 힘을 기울여야 할 것이다.

결론적으로 우리나라에서 식량에 연관된 핵심적 문제는 식량주권의 회복 또는 유지가 되어야 할 것이다. 물론 세계의 대부분의 국가에서도 식량부족에 관련하여 많은 문제들이 나타나고 있다. 이런 현상에는 국가들의 이중적 구조가 존재하고 있다. 하나는 농업의 중요성에 대한 질적 사고의 결핍과 생산의 측면에서 양적인 부족이라는 단어, 그리고 가시적인 측면에서 분배구조로부터 발생한다는 사실이다. 다른 하나는 선진국에 해당되는 사항으로 식량부족이 지속적인 현상이라기보다는 경제적인 측면에서 해결을 추구하고 있다. 이러한 분석은 우리나라 식량생산의 위험구조 해결할 수 있는 방향을 제시하고 있다. 왜냐하면 전자의 측면에서 전통적으로 농자천하지대본야(農者天下之大本也)라는 사상과 경자유전(耕者有田)의 원칙을 통하여 농업 중요성의 제고 가능성이 증대될 수 있으며, 후자의 측면에서 과거 우리나라의 높은 식량자급률은 예로부터 다가오는 미래에 분배구조로부터 자유로울 수 있다는 것을 증명하고 있다. 그러나 식량주권의 측면에서 우리나라는 제한된 국토에서 생산할 수 있는 식량은 농업기술의 발전과 분배구조의 개선에도 한계가 있을 것이다. 이런 딜레마 속에서 우리나라의 식량주권은 식량부족의 원인과 식량소비의 측면에서도 고려할 수 있을 것이다.

생각해봅시다

역사적으로 식량에 있어서 생산과 소비와 관계를 분석한다면 전체적으로 소비보다는 생산이 많다고 볼 수 있다. 과거나 현재에도 식량소비는 생산으로 충분히 충당하고 있다는 것이다. 이런 측면에서 많은 사람들은 식량부족에 의해 고통을 받은 것이 아닌 분배적인 측면에서 부족한 식량으로 많은 어려움을 겪었으며 그것은 현재에도 진행 중에 있다. 중요한 사실은 경제의 발전에 따른 인간의 욕구가 국가의 경제 수준에 종속되지 않는다는 것이다. 오늘날 정보화시대에는 전세계 시민들의 생활 상황이 공유되고 있기에 그것을 성취하지 못하는 국민이나 시민들의 박탈감의 증대로 인하여 삶의 불안함에 고통받는 세계 인구가 폭발적으로 증가될 것이다. 전지구적인 산업발전에 따른 풍요로운 사회 속에서 고통받는 국가들의 어려움의 핵심은 식량부족으로 잘 먹을 수 없다는 사실이다.

환경문제와 환경복지

이 장에서는 환경문제와 환경복지에 대해서 다루게 될 것이다. 실질적으로 환경복지는 환경문제와의 관계 속에서 사회복지의 한 분야라고 할 수 있다. 환경문제의 해결을 통한 인간의 삶의 질적 상승을 추구하는 것이 사회복지의 중요한 과제이며 그 결과를 환경복지라고 할 수 있을 것이다. 그러므로 현대사회에서 환경의 중요성은 사회복지를 아우르는 중요한 조건의 하나로 간주되고 있다. 여기서는 환경에 대한 문제제기를 환경운동 차원뿐만 아니라 정책적 차원과 연관해서도 전개가 진행될 것이다. 전자의 측면에서 환경은 단지 보존 보호되어야 한다는 것이며, 후자는 발전의 측면에서 인간의 삶과 연관된 최소한의 환경의 개발과 보호를 통한 개발을 강조하고 있는 것이다. 그것은 환경문제에 대한 전 지구적 차원의 회의를 통해 정리된 의정서들의 환경보호 내용들이 선진국과 개발도상국들 간의 경제적 기술적 격차로 인한 환경문제에 대한 인식의 차이를 토대로 한다.

1. 환경문제의 의미

18세기 산업혁명이 시작된 이후 대중소비사회가 등장하였다. 대중소비사회는 공장에서 대량채취·대량생산·대량폐기와 같은 생산방식을 통하여 유지되고 있다. 이런 생산방식은 자원환경문제의 격화를 지속적으로 야기시켰다. 환경문제에 대한 자연보호·오염방지·쾌적성 유지 등을 위해 과도한 공업화를 억제하고자 하는 사상조류를 환경주의라고 한다. 전 세계적인 산업화가 본격적으로 진행이 되면서 이와 같은 환경문제는 21세기의 가장 중요한 화두로 등장하게 되었다.

1) 환경에 대한 인식

산업에 연관된 새로운 기술이 등장하면 그에 따르는 환경에 대한 영향은 점점 강력해지고 있는 상황이다. 이런 측면에서 일반적으로 환경문제는 전 지구적인 환경오염을 의미한다. 이것은 인간에게 환경도 하나의 권리임을 인식하게 되었음을 의미한다. 그것을 사람들은 배타적 권리로서 환경권이라 부르고 있으며, 그것은 생존권적 기본권이라고 할 수 있다. 왜냐하면 모든 인간은 건강하고 쾌적한 환경에서 생활할 권리를 가지고 있기 때문이다. 이러한 사고는 19세기 말 미국과 유럽의 자연보호운동(시에라 클럽 등) 등으로부터 출발되었다.[1] 미국에서는 1960년대 이후의 운동을 종래의 자연보호운동과 구별하여 특히 환경주의라고 하였으며, 1980년대부터는 유럽 국가의 녹색당 등 환경주의 정당도 등장하였다.

2) 환경문제와 로마클럽

현대사회에서 환경에 대한 문제의식은 한 나라만의 문제가 아닌 전 지구적 차원의 문제로 간주되고 있다.[2] 이러한 환경문제의 토대는 공해문제를 환경오염과 같은 문제로 인식하는 것으로부터 출발한다. 이와 같은 환경에

---

1) 현대의 환경주의에 많은 영향을 주었던 책으로 미국의 해양식물학자인 레이첼 카선(Rachel Carson, 1907~1964)이 1962년에 발표한 침묵의 봄이 있다. 그녀는 이 책에서 합성살충제의 농약오염에 의한 생태계 파괴나 인체에 미치는 영향에 대한 문제를 제기하였다.

2) 1972년에 스웨덴에서 개최된 UN 인간환경회의에서는 UN 인간환경선언을 채택하였는데, 그 내용으로는 인간환경의 보호와 개선이 인간의 복지와 경제발전에 중요한 영향을 미치므로 이를 전 세계 모든 정부의 책임으로 인식한다는 것이다.

문제의식은 사회정책적인 측면에서 "빈곤은 위계적이지만 스모그는 민주적"이라는 표현에서 잘 나타나고 있다(Ulrich Beck 1986: 48). 즉 이것은 자본주의 사회에서 부의 분배가 계급적으로 되는 반면에 환경오염의 상징인 스모그는 계급이나 계층, 국가를 넘어 누구에게나 똑같은 영향을 미친다는 것을 의미한다. 이런 인식은 영국, 미국 등의 국가들에서 피해 중심의 공해문제로서 환경문제와 연계하여 그 중요성을 강조하고 있다는 것이다. 이러한 인식의 틀은 로마클럽[3](Club di Roma, Club of Roma)의 보고서인 성징의 한계에서 비롯되고 있으며 기본적으로 아래의 두 가지를 토대로 하고 있다.

- 과학 발전을 통한 해결 : 최상의 선의로 생산된 것이지만 과학의 근본적 모순으로 원하지 않은 것이 생산된다.
- 환경보존은 하나밖에 없는 지구에서 살고 있는 우리가 환경을 보존해야 한다는 것을 의미한다. 산업화에 의한 공업발전 등으로 인한 환경오염, 기상이변과 사막화 현상, 오존층의 파괴와 지진과 해일 등의 문제를 자연생태계의 보존을 통하지 않고는 해결될 수 없는 것이다.

그러므로 오늘날 전 세계 모든 나라들이 이 문제에 대하여 깊은 관심과 우려를 표명하고 있는 것이다. 물론 전체적인 것은 아니지만 많은 선진국들은 개발에 대하여 단순히 발전이라는 인식으로부터 과거의 자신들의 잘못에 대한 반성적 차원에서 환경을 보호하는 데 노력하고 있는 것이다. 이러한 사고의 원인에 대하여 아래와 같은 세 가지 차원에서 접근하고 있다.

- 생태계 균형파괴 : 원인은 "지구는 하나다"
- 환경오염 : 지구 삼림의 1/3을 차지하고 있는 아마존 지역의 개발, 기상의 변화와 사막화 현상, 오존층의 파괴와 지진과 해일 등

3) 로마클럽은 1968년 이탈리아 사업가 아우렐리오 페체이(Aurelio Peccei, 1908~1984)가 제창하여 경영자, 과학자, 교육자 등이 로마에 모여 회의를 가진데 붙여진 명칭이다. 국제적인 민간단체인 로마클럽은 과학 기술의 진보와 이에 따르는 인류의 위기를 분석하여 그 대책을 세우는 것을 목적으로 하고 있다. 1972년에 제로성장의 실현을 주장하는 성장의 한계라는 보고서를 발표하였다.

• 자원고갈 : 자원의 유한성

위의 토대로부터 환경문제의 발생원인에 대한 관점의 차이는 두 가지 측면에서 접근할 수 있다. 하나는 위에서 논의한 것들을 토대로 신흥공업국들의 경제발전과 성장에 대한 제한적 구조하에서 녹색성장, 자연친화라는 이름으로의 개발이다. 이것은 환경복지라는 의미에서 진행되고 있다. 다른 하나는 역설적이지만 환경문제로 인해 환경복지를 필요로 하는 것으로부터 환경복지의 추구가 오히려 새로운 환경문제를 유발하고 있음을 경계해야 한다는 측면이다.

전자의 의미에서 농업혁명과 산업혁명은 인간의 편리함의 추구를 위해 자연에 대한 도전이라는 명목으로 발전하였다. 그것은 지역과 국가에 따라 차이는 있지만 개발이란 명목으로 진행되었으나 결과적으로 자연파괴와 같은 것으로 나타났다. 환경보호는 한편으로는 그것에 대한 보상적 차원에서 등장하였기에 정책적이라기보다는 운동의 차원으로 진행되고 있다. 다른 한편으로는 그것의 본질적인 현실은 개발로 인해 발생하였던 문제들 그리고 발생하고 있는 문제들을 환경적 차원에서 접근하면서 환경을 지키려는 노력들이 국가적인 차원에서 나타나고 있기도 하다. 그것은 편리함과 편안함의 공존의 가능성에 추구라고 할 수 있을 것이다. 그러한 노력들을 환경복지라 부를 수 있을 것이다. 후자의 의미에서는 개발을 통한 인간의 편의가 환경복지라는 인식이다. 이것은 자연환경의 개발을 통한 인공적 환경조성으로 인간의 삶의 질을 향상시킬 수 있다는 개발논리에 의한 환경문제의 접근이라 할 수 있다. 이러한 논리는 대부분 개발도상국을 중심으로 이루어지고 있으며, 우리나라도 이것으로부터 자유로울 수가 없을 것이다. 왜냐하면 한편으로는 복지선진국의 추진으로부터 환경문제를 극복한다고 하면서, 다른 한편으로는 환경문제를 발생시키는 60년대 이전의 서구형 개발모델을 적용하고 있기 때문이다. 이러한 두 모델의 충돌은 신자유주의를 추종하는 국가들과(미국, 영국, 일본, 한국 등) 이에 반대하는 국가들(독일, 프랑스, 스웨덴 등 서북부 유럽 국가들 간의) 환경에 대한 정책적 기조 속에서 확실한 차이가 나타나고 있다.

그러므로 개발과 발전과 관련하여 환경에 연관된 문제들에 대한 논쟁은 끊임없이 계속될 것이다. 이와 같은 현상들은 한편으로 산업혁명 이후 산업화된 선진국의 발전과정에서 파생되었으며, 다른 한편으로 늦은 산업화를 통해 선진국으로 진입하기를 시도하고 있는 과정에서 등장하였다. 환경에 직접적으로 연관된 환경문제와 그와 같은 환경문제로부터 후발 산업국가들의 문제제기로 환경을 보존하고 유지하는 방법과 방식의 차이에 대한 논의가 계속되고 있는 것이다.

2. 신자유주의와 환경

지구의 환경 변화에 대하여 접근하는 시각으로 여기서는 환경문제에 있어서 이데올로기적인 측면에서 살펴본다. 이러한 환경문제를 바라보는 두 가지 사고로서 거시적 측면에서는 주로 자연환경과 연관된 것들이 속하며, 미시적인 측면에서는 인간에 의해 개발된 환경을 통한 오염을 의미하기도 한다. 일반적으로 환경문제는 산업화로 선진적인 산업발전을 통해 많은 환경에 부정적 영향을 미쳤던 선진국들의 반성적 의미로서 전자의 의미에서 출발되었다고 볼 수 있을 것이다. 그러나 오늘날 환경문제에 대한 인식은 후자에 대한 인식의 측면에서 신자유주의에 대한 경계로부터 본격화되었을 것이다. 왜냐하면 신자유주의는 시장원리의 준수, 자유경쟁의 촉진, 정부규제의 철폐, 기업의 구조조정, 공공재 폐지 등을 주장하는 새로운 경제사상을 의미하고 있으며, 그 속에는 환경파괴적인 요소들을 내포하고 있기 때문이다. 여기서는 이런 문제제기로부터 출발한다.

1) 신자유주의

역사적인 측면에서 인류의 환경에 대한 관심은 신자유주의로부터 찾을 수 있을 것이다. 그러므로 여기서는 현대사회의 환경에 대한 관심의 증대와 더불어 환경문제의 원인을 신자유주의[4](Neo-Liberalism)와 연결하여 분석하려는 것이다. 신자유주의의 특징은 내용적으로 범세계화의 흐름에 힘입어 한 국가를 넘어서 세계 수준에 적용되는 이데올로기를 지향하며, 시장근본주의와 보수주의라는 모순된 요소들의 결합체라 할 수 있다.

신자유주의의 핵심인 시장근본주의는 시장이 개인들의 능력과 창의성에 따른 경쟁을 촉진시킬 수 있다는 것이다. 이것은 국가의 시장개입을 최소화하며 개인들의 능력을 차별화하고 보상함으로써 사회 전체의 발전을 가져온다는 신념을 의미한다. 따라서 국가는 자유시장를 위해서 사유재산권 보호, 공정경쟁의 보장, 시장체제의 유지를 위한 최소한의 사회 안전망을 구축해야 하지만, 그 밖의 경제개입은 대폭 축소해야 한다는 것이다. 또 다른 측면에서 가족, 민족, 종교 등 비시장적 전통 가치를 옹호하고 질서유지를 위한 강력한 국가를 처방한다. 신자유주의 이데올로기의 문제는 이러한 실천을 통하여 강자의 발전이 약소국과 환경의 희생을 담보로 이루어지고 있다는 사실이다. 즉 각 나라의 이익만을 생각하는 경제정책으로 전지구적인 환경문제는 관심 밖으로 밀려나 부차적인 문제로 간주되고 있었다.

이런 포괄적 의미에서 환경에 대한 희생을 담보로 하는 신자유주의적인 이데올로기로부터 인류의 발전 그리고 개발, 환경과의 공존을 위한 발전적 사고가 나타나게 되었다. 그것이 환경보호주의이다. 이런 이데올로기의 근간은 환경문제를 경제문제로 접근하는 관점인데, 그것은 환경오염물질이 환경정화능력을 초과할 때 환경문제가 발생한다는 것이다. 즉 환경문제의 해결을 위해서는 환경문제를 야기시키고 있는 경제활동을 제약해야 한다는 것이다. 기업이 환경을 보호하는, 즉 친환경 산업발전을 도모할 수 있다는 것이다.

---

4) 자유주의의 측면에서 재산권, 자유권, 생존권에 대한 주장이 강한 보수주의에 경제적 자유로움을 더욱 강조하고 있는 사상을 신자유주의라 할 수 있다. 이 사상은 1970년대부터 부각하기 시작한 자본의 세계화(globalization of capital) 흐름에 기반한 경제적 자유주의 사상으로 우리나라 1990년 김영삼 정권의 사상적 토대라고도 할 수 있었을 것이다. 국가 권력의 개입증대라는 현대 복지국가의 경향에 대하여 경제적 자유방임주의 원리의 현대적 부활을 지향하는 사상적 경향이다.

2) 환경보호주의

기후의 변화에 따른 지구에 대한 관심이 높아지고 있는 우리사회에서도 환경의 중요성은 강조되고 있다. 이것은 환경보호주의와 같은 사상에 대한 우리 국민적 공감의 확장이라고 할 수 있다.

환경에 대한 환경보호주의(Enviromentalism)는 인간사회가 환경과의 생태학적 균형 속에서 발전을 도모하자는 환경론의 하나이다. 이것은 환경문제와 복지문제를 동시에 해결함으로써 사회의 지속가능성을 추구하려는 이데올로기이다. 이러한 이데올로기의 핵심은 인간의 환경에 대한 적응을 중심으로 하는 인간생태학을 토대로 인간 자연친화적인 개발과 성장을 통하여 환경에 적응력을 높이는 것에 중심을 두고 있다. 이런 관점에서 환경보호주의는 기업이 사회 공통의 생존기반인 생태적 환경의 중요성을 인식하고 생태적 균형을 이루면서, 한편으로는 자신의 성장 발전을 추진하면서, 다른 한편으로는 사회와 함께 자연과 인간의 조화를 추구하는 것이라 정의할 수 있다. 그러므로 환경보호주의는 인간의 환경에 대한 적응을 중심으로 삼는 인간 생태학적 사고라고 할 수 있을 것이다.

그러므로 환경보호주의는 과거의 경제 성장이 인류에게 물질적 풍요를 가져다 주었다는 사실에는 공감하고 있으나, 더 이상의 경제 성장이 필요한가의 여부에 대해서는 회의적이다. 그 분석의 내적인 의미로서 환경보호주의는 경제발전과 개발을 통하여 환경을 보존할 수 있다는 생각에 대한 부정적인 시각을 보여주고 있다는 사실이다.

3. 환경문제와 복지

산업혁명 이후 산업의 발전이 환경의 파괴를 가져왔지만 지금까지 논의된 정책적 접근과 이데올로기는 산업이 발전하면서, 즉 친환경정책에 의한 녹색성장은 환경이 파괴된 사회를 변화시킬 수 있다는 것을 전제로 하고 있다. 그것을 통하여 환경보호와 환경복지사회가 되면, 그 사회는 지속가능한 사회가 되고, 인간의 삶의 질적 향상에 기여하게 된다는 것이다.

1) 지속가능한 사회

산업사회에서 지속가능성에 있어서 논리는 자원의 유한성에 대한 재인식을 통한 1960, 70년대식의 성장논리의 지향이라 할 수 있을 것이다. 그러한 과정으로 그 사회는 물질적 과소비를 통해 환경의 파괴로부터 자유로울 수는 없었을 것이다. 30여 년이 지난 산업사회는 2000년대부터 등장한 지속가능한 사회의 개념으로부터 산업사회의 토대인 무한 경쟁과 모순, 그것에 대한 불안을 환경보존이라는 방법을 통하여 조화와 안정을 추구 대전환을 시도하였으며 그 유래를 동양적 사고로부터 찾을 수가 있을 것이다. 그것은 사회의 새로운 패러다임의 전환을 의미하는 것으로 정보화사회를 맞이하게 되었다.

이 시기에 환경보호주의 주체로서 G세대의 등장은 지속 가능한 사회의 건설에 있어서 매우 중요한 의미를 부여하고 있다. 그들은 1988년 이후 출생하여 2000년대 청소년기를 보낸 세대들로서 현재에도 많은 사회적 활동을 하고 있다. G라는 머리글자의 의미는 푸름을 뜻하는 Green과 환경문제는 단순히 한 나라만의 문제가 아닌 전 지구적인 문제라는 측면에서 세계화의 Globalization 의미가 내포되어 있다. 환경운동, 반핵평화운동과 같은 문제에 대한 참여와 해결에 관심을 가진 적극적이며 미래지향적인 세계화된 젊은 세대들이다.

지속가능한 사회란 우리 사회가 더 이상 손상되지 않아 미래에도 공정성, 형평성, 환경보존, 경제적 지속 가능성이 유지된 사회를 의미한다. 그러나 이러한 논리의 한편에는 무제한적인 개발적 사고가 인간욕구를 극대화시킬 수 없음을 인식하게 하는 것이다.

2) 사회발전 척도와 기준의 변화

이것은 국가의 경제전략이 성장위주의 패러다임으로부터 지속가능성의 패러다임으로 변화되어야 함을 의미한다. 그것을 위하여 성장 패러다임[5]하에서 작용하였던 기구들이나 지표에 대한 개혁이 필요하다. 예를 들어 성장의 가장 중요한 지표였던 GNP가 아닌 물질적 삶의 질 지수(the physical quality of life index)나 지속성이 있는 경제복지 지수를 강조하고 있는 경제지표보다는 사회지표가 우선되는 지속가능한 복지국가, 복지사회를 건설한다는 것이다. 이런 측면에서 마르시아 맥너트(Marcia McNutt)의 지속가능한 사회복지체계를 위한 원칙 다섯 가지 원칙은 의미가 있을 것이다.

① 주민 중심(grassroots focus)의 원칙은 Think globally, act locally이다.
② 사회정의(social justice)의 원칙은 소비의 감소 지향은 생산의 축소로서 빈자의 기본욕구 보장하는 정책이 된다.
③ 참여(participation)의 원칙은 윤리적이면서 현실적인 권리로서 소외의 예방이 된다.
④ 예방(prevention)의 원칙은 자본주의하에서 사회복지정책은 사후적이고, 지속 가능한 사회복지정책은 예방적 의미를 갖는다.
⑤ 발전의 핵심(developmental focus)원칙은 다른 분야와 제도들의 발전 원동력으로 작용한다.

5) 패러다임을 처음 제시한 사람은 미국의 과학사학자이자 철학자인 토마스 쿤(Thomas Khun)이다. 그의 저서 《과학혁명의 구조 The Structure of Scientific Revolution》(1962)에서 처음 제시했으며, '사례·예제·실례' 등을 뜻하는 그리스어(語)에서 유래한 단어로, 언어학에서 빌려온 개념이다. 즉 으뜸꼴·표준꼴을 뜻하는데, 이는 하나의 기본 동사에서 활용(活用)에 따라 파생형이 생기는 것과 마찬가지다. 이런 의미에서 쿤은 패러다임을 한 시대를 지배하는 과학적 인식·이론·관습·사고·관념·가치관 등이 결합된 총체적인 틀 또는 개념의 집합체로 정의하였다. 쿤에 따르면, 과학사의 특정한 시기에는 언제나 개인이 아니라 전체 과학자 집단에 의해 공식적으로 인정된 모범적인 틀이 있는데, 이 도범적인 틀이 패러다임이다. 그러나 이 패러다임은 전혀 새롭게 구성되는 것이 아니라 기존의 자연과학 위에서 혁명적으로 생성되고 쇠퇴하며, 다시 새로운 패러다임으로 대체된다. 쿤은 이러한 과정을 다음과 같이 설명한다. 즉 하나의 패러다임이 나타나면, 이 패러다임에서 나타나는 갖가지 문제점들을 해결하기 위해 과학자들은 계속 연구·탐구 활동을 하는데, 이를 정상과학(normal science)이라고 한다. 이어 정상과학을 통해 일정한 성과가 누적되다 보면 기존의 패러다임은 차츰 부정되고, 경쟁적인 새로운 패러다임이 나타난다. 그러다 과학혁명이 일어나면서 한 시대를 지배하던 패러다임은 완전히 사라지고, 경쟁관계에 있던 패러다임이 새로운 패러다임으로 자리를 대신하게 된다. 따라서 하나의 패러다임이 영원히 지속될 수는 없고, 항상 생성·발전·쇠퇴·대체되는 과정을 되풀이한다. 본래 패러다임이란 개념은 자연과학에서 출발하였으나 자연과학뿐 아니라 각종 학문 분야로 파급되어 오늘날에는 거의 모든 사회현상을 정의하는 개념으로까지 확대되어 사용되고 있다.

결론적으로 지금까지 논의된 21세기의 지속가능한 복지사회, 환경복지국가의 건설은 산업발전과 자연환경 그리고 사회환경의 정화를 통하여 인간의 삶의 질 향상에 기여할 수 있는 정책 위주로 진행되고 있다. 그러나 경계해야 할 부분도 많이 있다. 그것은 친환경적인 개발과 발전이라는 것의 한계가 어디까지 인가에 대한 논란이다. 모든 자연환경을 친환경적이라 측면으로 개발을 할 수 있는지에 대한 심각한 논의가 필요하다.

환경보호에 대한 오해의 결과물로서 녹색성장을 이야기할 수 있다. 이것은 환경보호의 산업을 의미한다. 우리 정부의 환경보호에 대한 의식은 이것을 토대로 하고 있다. 건설과 개발을 통해 환경보호를 위한 개발을 할 수 있다는 사실, 문제는 다른 한편에서는 그 진정성을 담보하려면 환경보존의 의미를 가져야 한다는 것이다. 왜냐하면 개발을 통한 환경보존은 느리게 소규모적으로 하는 것이 중요한데, 그렇지 않을 경우 그 결과물에 대한 모호성을 최소화할 수 없고, 환경적으로 돌이킬 수 없는 경우가 발생할 수 있기 때문이다.

이러한 관점은 경험적으로 그 동안 인류의 발전과정에서 자연환경과 인간과의 조화와 균형을 이루지 못한 개발이 환경을 오염시키고 파괴한다는 것이다. 앞에서 언급한 것처럼 일방적인 산업발전이 환경복지의 추구를 가능하게 할 수 있다는 것이 오히려 새로운 또는 과거보다도 더 심각한 환경문제가 나타날 수 있다는 것이다. 그러므로 우리 모두는 지구촌이라는 인식하에서 선진국과 개발도상국들이 협조하여 환경문제에 접근하여야 한다.

4. 환경복지

21세기는 환경복지시대라 할 수 있다. 환경복지란 환경문제를 사회복지적인 시각에서 접근하려는 것이다. 환경복지 자본주의란 환경문제의 해결을 위한 환경복지를 자본주의적인 시각을 통하여 인간의 삶에 대한 질적 수준을 상승시킬 수 있다는 것이다. 물, 공기와 생태계 보호는 물론, 빈곤과 범죄의 온상을 타파하기 위하여 사회 복지적 기본수준(소득, 의료, 교육, 주택보장)을 보장함으로써 지속가능한 사회를 만들겠다는 것이다. 즉, 환경복지의 구체적 실현은 자연 환경과 사회 환경을 깨끗이 하겠다는 것이다. 이를 토대로 주장되는 이데올로기가 환경보호주의인 것이며 아래의 특징적 과정들로 설명될 수 있을 것이다.

- 사회복지는 경제체계에 예속적인 산업사회의 산물
- 환경복지 지속가능한 사회복지체계로서 경제체계의 토대로서 작용
- 지속가능한 사회(sustainable society)의 건설

지속가능한 사회란 그 주체인 인간, 자연 그리고 제도 간의 관계에 있어서 아래의 <그림 17-1>에서 보여주고 있는 것처럼, 사회의 자원토대에 의한 구속을 받아들이는 것인데, 이것은 소비의 감축, 환경파괴의 제한, 그리고 지구의 규모에 맞는 적절한 미래의 설계를 의미하며, 사회의 생물학적 토대와 조화를 이룰 수 있는 경제적 질서를 수립하는 것이다(McNutt, 1994: 36-49).

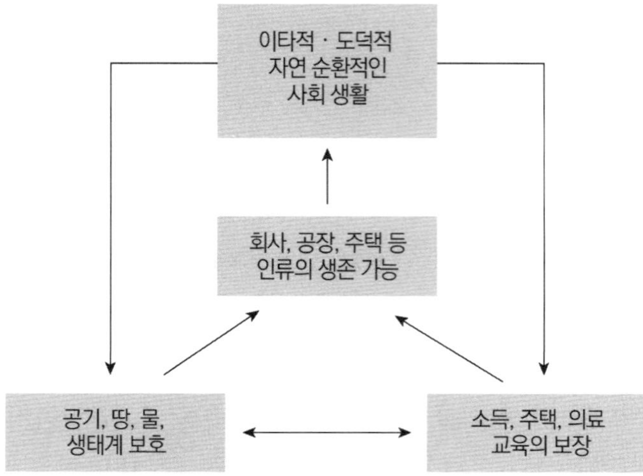

〈그림 17-1〉 지속가능한 생태순환체계

신자유주의를 토대로 하고 있는 세계화 과정은 경제적인 측면에서 거대한 독점 기업의 횡포에 대한 방어수단이 거의 없으며, 공기업들이 대부분 민영화되면서 서민들의 생활은 어려워지고 있다. 또한 환경적인 측면에서는 시장 경쟁에서의 승리만이 강조되므로 환경오염, 자원 낭비, 인간 소외 등이 심각해지고 있다. 사회복지의 측면에서는 효율성만 치중하다 보면 노동자의 권익이 심각하게 침해될 수가 있다. 국내적으로는 복지예산의 축소로 빈부 격차가 더욱 커지고, 국제적으로는 자유무역주의가 득세하게 되므로 가난한 나라들은 무역보호 장치를 설치할 수 없어서 국가 간의 빈부 격차도 엄청나게 벌어지고 있다. 빈부 격차가 커지면 국내정치나 국제정치나 모두 불안해질 수밖에 없고, 인간조차 기업의 이윤추구를 위한 수단으로 전락하게 되는 것이다. 이것은 환경이라는 것을 좁은 의미에서 자연환경만이 아닌 넓은 의미에서의 환경, 즉 인간의 삶과 관계된 모든 것들을 의미한다. 그러므로 환경에 대한 문제는 인간의 생존과 연관된 스모그적인 측면의 문제로서 계층, 계급, 인종을 넘어서는 인류가 대응해야 할 것이다.

인간의 삶의 질적 상승을 지향하는 사회복지는 인간 누구에게나 좋은 환경을 누릴 수 있는 권리를 보장한다. 사람들은 좋은 환경을 자연을 자연스럽게 하는 것으로 이해하기도 한다. 사람들은 좋은 환경을 안락한 삶을 영위할 수 있는 환경으로 이해하기도 한다. 결론적으로 현대 산업사회에서 환경과 사회복지의 관계에 있어서 환경의 영역은 단순히 자연환경만을 의미하는 것은 아니다. 예를 들어 전기생산을 위한 원자력 발전은 자연환경에도 관계되어 있지만 그 결정과정에는 정치·경제·사회·문화 모든 영역과 같은 환경과도 연관되어 있다는 것이다.

5. 결론: 환경과 미래 -개발과 변형-

장차 우리 인류에게 도래할 줄 모를 환경파괴에 의한 재앙에 대한 경계로 환경문제에 대한 관심 증진되고 있는 가운데 국가들 간의 협약들이 체결되고 있다. 대표적인 것으로서 1989년에 발효된 몬트리올 의정서[6](Montreal Protocol), 지구온난화 방지 협약 등을 들 수 있는데, 특히 몬트리올 의정서의 프레온 가스 사용을 규제하자는 내용은 선진국과 개발도상국 사이에서 갈등을 유발시키고 있다. 그러므로 1997년에 채택되어 2005년 발효되었던 교토 의정서를 녹색성장을 위한 국제협약으로 간주할 수만은 없는 것이다. 왜냐하면 산업이나 전 세계적인 경제적 상황에 있어서 남북문제가 존재하고 있기 때문이다.

이와 같이 앞에서도 논의한 것처럼 환경오염의 측면에서 기술격차에 의해 발전이 늦었던 후발 산업국들의 발전 동력의 차단이란 결정은 이미 발전을 통해 환경을 파괴하였던 선진국들의 책임 없는 행동일 수 있기에 힘의 논리에 의해 환경문제 해결을 위한 결정에 신중해야 할 것이다. 이런 현상으로부터 우리나라도 자유롭지 못하다. 왜냐하면 전국적으로 실행되고 있는 자연환경에 대한 개발이 끊임없이 계속되고 있기 때문이다. 그것은 작게는 지역 하천 또는 뉴타운 개발에서부터 크게는 세종시 계획, 수도권 지역 도시개발(하남시 동탄시, 부평시, 등), 경인운하 공사[7]나 4대강 유역 개발에 이르기까지 엄청난

6) 정식명칭은 오존층 파괴물질에 관한 몬트리올 의정서(Monteal Protocol on Substances that Deplete the Ozone Layer)로서 오존층의 파괴 예방과 보호를 위해 제정된 국제협약으로 구체적으로 오존층 파괴물질인 염화불화탄소의 생산과 사용을 규제하려고 제정된 국제협약이다.

규모로 범정부적으로 실시되었으며, 특히 4대강 개발[8]에 연관된 사항에 있어서 그 진행과정과 그 결과에 대해서는 아직도 법적 문제뿐만 아니라 많은 논쟁들이 진행 중이다. 이것은 환경에 대한 문제제기를 통하여 인간을 위한 환경보호인가 아니면 환경개발인가에 대한 논의가 계속되고 있는 것이다. 그러므로 환경주의는 이런 측면에서 인간의 삶의 질적 수준을 담보할 수 있는가에 대한 문제제기는 계속될 것이며 환경문제의 해결이 환경복지와의 연계성에 대한 관심이 높아지는 있는 것이다.

그것은 지속가능한 사회의 건설을 의미한다. 이것을 위하여 50여 년 전의 보고서이지만 그로 할렘 브룬트란트(Gro Harlem Brundtland)가 주도한 브룬트란트 보고서(Brundtland Report)[9]는 우리사회에 매우 시사적이라 할 수 있다. 왜냐하면 그 보고서에 의하면 생산과 소비를 유지하는 지구 자연계의 능력에는 한계가 있기 때문에 현재의 경제정책이 지속된다면 머지않은 장래에 돌이킬 수 없는 대재앙을 가져올 위험이 있다고 주장하고 있기 때문이다. 그러므로 보고서는 대재앙으로 인한 위협을 극복할 수 있는 새로운 패러다임을 제시하였는데, 그것이 지속가능한 경제개발의 추구인 것이다.

환경문제는 다양한 환경보호나 유지 그리고 협약이나 의정서의 체결 등의 결과물로서 보고서가 바로 환경에 관심을 담보한다고는 할 수 없다는 것이다. 이것은 우리들이 환경의 중요성에 대하여 많은 이야기를 하고 있음에도 불구하고, 환경오염이나 그 현상 그리고 현실에 대하여는 무감각하게 다른 지역만의 문제로 간주하는 모습과 다를 바 없을 것이다. 우리들의 삶과 직·

7) 2009년에서 2011년에 완공되어 경인아라뱃길로 알려진 경인운하에서 배는 좀처럼 보기 어렵다. 완공되기 오래전부터 홍수문제 해결을 위해 논의되었지만 타당성문제와 환경에 대한 문제 등이 제가되었다. 결과적으로 경인운하가 완공된 지 10년 이상 지난 현재 경인운하의 건설 목적으로 경제적인 측면은 달성되지 못하였고 환경에 대한 문제가 지속적으로 제기되고 있는 실정이다.

8) 2009년부터 2011년까지 실행되었던 단군 이래 최대 규모의 사업으로 알려진 4대강 사업은 실질적으로 우리나라 전 국토에 대한 개조라고 할 수 있다. 왜냐하면 우리에게 있어서 4대강은 강원·경기·수도권의 한강, 충청지역의 금강, 호남권의 영산강, 영남권의 낙동강으로 우리나라의 전 국토를 의미하기 때문이다. 실질적으로 신도시 건설이나 대규모 아파트 건설하고는 성격적으로나 규모적으로 매우 다르다고 할 수 있다. 대한민국 모든 영토는 대한민국 국민을 의미하기에 대한민국 전 국토에 대한 개조는 국민들의 의견과 동의가 매우 중요하다고 할 것이다.

9) 노르웨이의 수상 할렘 브룬트란트의 주도로 3년 동안 세계의 다양한 계층의 의견들을 종합 연구하여 펴낸 보고서이다. 이 보고서는 브룬트란트 보고서 또는 우리들 공동의 미래(Our Common Future, 세계환경개발위원회 발간)로 불리고 있으며 지속가능한 발전이라는 용어가 공식적으로 명시된 것에 의미를 부여할 수 있을 것이다.

간접적으로 연관되어 있는 자연환경의 중요성에 대하여 환경오염이나 파괴를 경험 이후 후회하는 그러한 오류를 반복해서는 안 될 것이다. 그 경험은 인간의 삶을 위한 사회환경의 의미 충족을 위해 자연환경으로 접근방식에 대한 숙고와 재고가 필요하다는 것이다. 왜냐하면 우리에게는 단 하나의 지구밖에 없으며, 그런 이유로 우리에게는 단 한 번만의 기회밖에 주어지지 않았기 때문이다.

생각해봅시다

전세계적으로 환경에 관련된 각종 사고와 사건을 통한 많은 문제들이 발생하고 있다. 우리나라에서도 발전이란 명목으로 진행되는 각종 개발이 환경파괴라는 이름으로 중단되면서 복잡한 문제들이 야기되기도 하였다. 문제는 대부분의 개발이 자연환경에 대한 변화를 의미한다는 것이다. 그 변화에 있어서 환경파괴에 대한 논의가 이해관계에 얽히면서 전혀 다른 문제로 전이되는 경우들이 빈번히 나타나고 있다는 것이다. 환경문제의 해결로 인한 환경복지의 실현이 개발로 인한 인간의 생활과 주거환경의 개선과의 비교우위에 대한 고려가 일상적으로 충돌하고 있는 것이 현실이다. 특히 우리사회에서 자연환경에 연관된 문제는 환경보존의 의미도 있지만 개발로 인한 인구집중과 상업화, 소음 등으로 생활환경의 질적 저하에 대한 문제의식이 환경문제와 환경복지에 매우 중요한 화두로 되어야 할 것이다.

18 Chapter

세계화와 다문화사회[1]

세계화와 다문화(Multi-Culture)는 언어적으로는 매우 상관적으로 보이지만 현상적으로는 매우 적대적이라 할 수 있다. 그런 측면에서 다문화와 다문화주의는 사회문제적인 시각에서 접근할 수 있을 것이다. 왜냐하면 문명적인 측면에서 세계화는 본질적으로 매우 공격적인 반면에 문화적인 측면에서 다문화는 보호적이며 수용적인 성격이 강하기 때문이다. 그러므로 우리나라에서의 다문화는 본질적으로 다문화주의로부터 출발한 것이 아닌 세계화시대의 노동력문제의 해결방법의 하나로서 그리고 인구의 구조적 문제로 인한 국제결혼의 부산물로서 이해될 수 있을 것이다. 그럼에도 불구하고 문화적으로 세계화는 다문화로 이해하여야 할 것이다.

1. 다문화와 다문화주의

2005년경부터 우리사회에서 다문화라는 용어가 인구에 회자 되는 경향이 있었으며 정부 차원에서 다문화 현상들에 대한 논의가 진행되고 있었다. 여기서는 본질적 의미에서 다문화에 대한 정의와 의미를 살펴볼 것이다. 문화는 시간의 흐름 속에서 인간의 생활방식이나 무형식적인 것들의 총합이라

1) 이 글은 2014년 사회정책연합 공동학술대회에서 저자가 발표하였던 논문 한국사회에서 다문화에 대한 진정성에 대한 연구와 광양시민신문에 기고하였던 다문화사회와 영어 그리고 주체성을 보강 재편집한 것이다.

할 수 있다. 그런 측면에서 다문화의 의미는 장기간의 배려와 관심 속에서 형성되는 부동이화(不同而和, MIteinander des Verschiedenen)와 같은 다양한 문화적 존재로서 화이부동(和而不同, Aleinsein im Gemeinsein)과 같은 것이다.

그러므로 다문화에 대한 의미와 정의는 다양함 속에서 함께하고 함께하면서 주체적으로 존재하여야 한다는 것으로 정리할 수 있을 것이다.

실질적으로 다문화적인 현상과 경향은 단일하고 동질적인 문화구조로부터 다양하고 이질적인 문화들이 서로 혼재하거나 혼합 또는 변화에 대한 배려와 관용을 통한 공존으로 진행되어야 하는 것이다. 이런 측면에서 다문화와 연관된 용어의 다양성, 즉 다문화가정, 다문화교육, 다문화사업, 다문화강좌, 다문화축제, 다문화마을, 다문화센터, 다문화현상, 다문화사회, 다문화정책, 다문화주의 등, 이와 같은 언어적 표현의 다문화는 방어적이며 타문화에 대한 배타적인 사상과 반대되는 용어로 사용될 수 있다. 왜냐하면 진정한 다문화사회에서는 구별 짓기나 타문화에게 자신의 문화를 강요하지 않기 때문이다. 단지 타문화가 잘 정착될 수 있도록 돌봐주는 것이다. 그것을 사상적으로 추구하는 것이 다문화주의이다.

이러한 다문화주의라는 용어는 스위스란 국가를 설명할 때 처음 사용되었고 캐나다에서 대중화되었으며, 그 이후로 영어권 사회에서도 급속히 퍼져나갔다. 다문화주의란 전통문화만을 고집하지 않고 다양한 문화들을 받아들이는 사상을 의미한다. 그러므로 정책적인 측면에서 이것은 다민족 사회에서 문화적인 다양성을 관리하는 정책으로서 문화에 대한 상호존중과 문화적 차이에 대한 톨레랑스(Tolerance)를 강조한다. 즉 상이한 문화들이 들어와서 국민들 내적으로 상호 간의 관계를 중시해야 한다는 것이다. 그러므로 문화적 측면에서 문화 우위를 통한 문화우월주의의 각인이나 문명적 의미인 타문화에 대한 공격적인 의미를 띠고 있는 제국주의의 현대적 모습인 세계화와는 거리가 있는 것이다.

2. 역사적인 측면에서 다문화

서구사회의 역사적 경험에 의하면 단순히 문화(Culture)라는 용어보다는 다문화(Multi-Culture)가 더 일상적이다. 다문화의 유래를 넓은 의미에서 본다면 한편으로는 우리가 살고 있는 다민족 지구촌 그 자체가 하나의 다문화사회라고 규정할 수 있을 것이다. 그러나 다른 한편으로는 좁은 의미에서 본다면 서구제국주의 시대의 통치적 목적으로부터 문화는 민족별 국가별로 그 고유문화를 토대로 타문화에 대한 배려와 인정을 통한 공존의 의미로 다문화가 정착되고 있었다.

18세기 산업혁명 시작된 이후 20세기에도 산업화는 많은 나라에서 계속되고 있었다. 그러나 그것은 선진·후발산업국가로 그리고 아직 그것에 도달하지 않은 국가들로 구분되었으며, 그러한 현상들은 산업부분별로 전 지구적인 분업화를 발생시켰다. 첫 번째 분업은 제국주의 국가들과 식민지의 원료공급지로 구별되었다. 이 시기에 제국주의 국가들은 식민지로부터 원료를 공급받아 제품을 생산하여 다시 식민지에 판매하여 부를 축적하였다. 두 번째 분업은 노동구조의 재편성과정이다. 과거 제국주의 국가들은 산업발전을 통한 노동구조의 변화로 인하여 식민지 지역 노동자들의 이주에 의해 해결책을 추구하였다. 그들의 대량 이주를 통한 장기적인 거주는 그들의 문화들을 자연스럽게 뿌리 내리게 하였다. 제국주의 시대에는 식민지 건설을 위해 국가들의 물질뿐만 아니라 문화도 강제하였지만, 그 나라들의 필요에 의한 노동력 수입이 지속적인 문화적 공존을 경유하여 다문화의 존재를 알렸다. 그것은 다문화주의라는 모습으로 현재까지도 계속되고 있는 것이다. 아마도 이런 현상이 넓은 의미에서 다문화의 출발로 볼 수 있을 것이다.

그러나 또 다른 한편으로는 이런 현상 속에서 다문화와 세계화를 연관시키는 것은 오류를 범하는 것이다. 왜냐하면 우선적으로 세계화에 대해 떠오르는 개념은 공격적이며 경쟁을 의미하고 있기 때문이다. 마찬가지로 1980년대 이후부터 세계적인 경향이었던 세계화와 전 지구화는 서로 유사한 의미를 가진 용어로 사용되어 왔다. 국가 간의 무역장벽의 철폐, 자유로운 교역과 왕래 등은 한편으로는 외형적으로 세계는 하나라는 주장을 하고 있지만, 다른 한편으로는 새로운 제국주의의 탄생을 의미한다는 주장이 제기되기도 하였다. 이것은 문화적인 측면에서 다문화주의와는 상반되는 것으로 경제적 우위에 따른 문화적 종속을 강제하는 새로운 제국주의 형태인 것이다. 그것은 17세기 이후 진행된 제국주의와는 다른 국외가 아닌 국내에서 이민자나 노동자들에 대해 자국의 문화를 강요하는 모습으로 표출되고 있으며, 그것을 다문화로서 오해하고 있다는 것이다.

역사적인 측면에서 위와 같은 과정을 통하여 다문화는 다른 나라들의 문화를 수용할 수 있는 준비가 요구된다는 사실과, 그것을 위해서는 시간과 관용, 인내가 필요함을 알 수 있다. 그러므로 다문화라는 용어 사용에 있어서도 시간을 필요로 하는 것이다. 이런 사실을 토대로 우리사회에서 나타나고 있는 다문화 현상에 대하여 논의가 될 것이다.

3. 한국에서 다문화의 의미

우리나라에서 거주하고 있는 외국인 수가 2024년 현재 269만 명이 넘어섰으며 국가별 거주인구와 거주 유형별로는 아래의 <표 18-1>과 같다. 이러한 상황 속에서 다문화에 대한 본격적인 논의는 두 가지 측면에서 살펴볼 수 있다. 하나는 국내 1세대 외국인으로 거주하고 있었던 시기이다. 이 시기에 외국인이라 하면 한국전쟁 이후 주둔해 있던 미군이 대부분이라고 할 수 있을 것이다. 그들의 국내 거주는 특수적인 상황과 연결되어 있었는데 자신들만의 울타리와 영역 내에서 우리문화와 섞이지 않으면서 다문화와 같은 대등한 구조가 아닌 대한민국의 하나의 섬으로서 서울의 이태원과 같은 자신들만의 독특한 구조를 형성하고 있다. 또 다른 하나는 1990년 국내 노동력에 대한 충원을 목적으로 중앙아시아 지역에서 외국인 산업기술 연수생이라는 제도에 의해 해외노동력이 수입되었던 시기이다. 그들은 국내에 머물면서 노동력의 제공뿐만 아니라 가족을 형성하면서 문화적인 차원에서도 역할을 하였다. 그것에 의하여 그들은 우리사회에서도 미국 이외의 다른 여러 민족들과 그들의 문화와 함께할 수 있는 기회제공의 역할도 수행하였다. 그것을 통한 우리나라의 다문화에 대한 관심은 다민족들의 우리나라에 대한 관심의 증가로 인도하면서 노동이주의 동기가 되었다고 볼 수 있을 것이다.

<표 18-1> 국내 거주 외국인 국적 유형별 분석

<table>
<tr><th colspan="2">국가별</th><th>인구(2024)</th><th colspan="2">유형별</th><th>인구(2022)</th></tr>
<tr><td rowspan="2">중국</td><td>한국계</td><td>640,755</td><td colspan="2" rowspan="2">외국인노동자</td><td rowspan="2">403,139</td></tr>
<tr><td>중국계</td><td>346,525</td></tr>
<tr><td colspan="2">베트남</td><td>318,160</td><td colspan="2">결혼이민자</td><td>175,365</td></tr>
<tr><td colspan="2" rowspan="2">태국</td><td rowspan="2">189,361</td><td rowspan="2">외국인주민 자녀</td><td>국내출생</td><td>278,532</td></tr>
<tr><td>귀화 및 외국국적 자녀</td><td>17,164</td></tr>
<tr><td colspan="2">미국</td><td>182,192</td><td colspan="2">귀화자</td><td>208,079</td></tr>
<tr><td colspan="2">우즈베키스탄</td><td>93,979</td><td colspan="2">유학생</td><td>189,397</td></tr>
<tr><td colspan="2">네팔</td><td>73,148</td><td colspan="2">다문화가구</td><td>1,151,004</td></tr>
</table>

1) 외국인 노동자

우리나라에는 2022년 현재 40여만 명의 외국인 노동자들이 거주하고 있다. 외국인 노동자는 경제적인 목적을 성취하기 위하여 입국하였다. 우리나라 다문화의 효시라고 할 수 있는 그들은 노동을 통한 경제력의 증진으로 일상의 삶을 위하여 한편으로는 고향으로부터 가족을 초청하여 그들의 문화를 소개하기도 하고, 다른 한편으로는 다문화에 대한 또 다른 축으로 노동을 통한 우리나라로 이주와 함께 새로운 가족형태로서 다문화가족을 형성하기도 하였다.

우리나라에서 실행되고 있는 외국인 노동자에 연관된 제도나 정책들의 대부분은 경제적인 측면에서만 고려되어 시작되었다. 아이러니하게 1960년대에서 1970년대 초 정책적으로 추진되었던 그 당시 서독으로 노동력 수출과

데칼코마니적이라 할 수는 있을 것이다. 이후 1980년대에도 새로운 삶을 추구하기 위해 우리나라 고학력 노동자들이 진출한 것도 고려될 수 있을 것이다. 이런 이주노동역사 속에서 독일에는 우리의 문화가 다문화로서 자리하고 있음을 알 수 있다. 30여 년이 지난 현재 우리나라에서도 노동력 부족이 아닌 특정 분야 노동회피 현상이 가중되고 비용상승을 이유로 필리핀, 방글라데시 파키스탄 등과 같은 아시아의 저소득 국가들로부터 노동력의 수입으로 충당하는 현상이 나타나게 되었다. 그와 같은 사실은 국내적으로 세계화라는 전 지구적인 노동구조의 분업화 경향에 편입되면서 발생하였다. 남북분단이라는 폐쇄적 사회구조 속에서 그것은 우리사회에서 외형적인 형태인 노동자들의 국적 다양성을 다문화로 간주하고 있었다. 그것은 세계 경제적 풍요를 제공한다는 긍정적 명분으로 진행되었지만, 문화적으로는 민족적 차별이나 약간의 경제적 우위를 통한 문화적 억압으로 표출될 수도 있을 것이다. 이런 사실로부터 우리나라에는 다문화가족은 존재하지만 다문화는 부재한다는 이야기가 있는 것이다.

그것은 정책적인 측면에서 다문화에 대한 우리사회의 국가적인 이해부족을 보여주고 있다. 다문화주의가 오히려 다문화를 억압하는 문화폭력(culture violence)으로 문화우월주의로 인식될 수 있을 것이다. 그러므로 그것은 실질적으로 다문화가 아닌 다인종 국가의 인종차별적인 논쟁으로 시민단체들에 의해 제기된 외국인 노동자에 대한 인권문제와 연결되었다.

2) 다문화가족

다문화가족이란 용어는 국제결혼을 통해 우리나라로 입국하는 결혼이주 그리고 그들의 자녀의 급격한 증가로 인하여 발생하는 문화적 변화에 대한 사회적 움직임으로부터 사용되기 시작하였다. 실질적으로 우리사회의 다문화의 의미는 다문화가족의 문화가 토대라고 할 수 있을 것이다. 2022년 통계에 의하면 현재 우리사회에서 외국인 주민 자녀의 수는 300,000여 명에 이르고 있다. 그중에서 국내에서 출생한 자녀들이 278,543명이며 외국 국적 자녀와 귀화한 자녀의 수는 17,164명이다. 이것은 우리사회에서의 2023년도 출생아보다 많은 수이다. 이런 이유로 2008년에 다문화가족지원법이 제정되어 현재에 이르고 있다.

그럼에도 불구하고 이러한 현상들은 필요에 의한 국제결혼을 토대로 형성된 것으로 가족 내에의 다문화라는 진정성과는 거리가 있다고 볼 수 있다. 단순 현상으로서 접근한다면 우리나라에서 다문화가족은 국제결혼의 수용과 인정의 측면에서 두 가지로 구분하여 접근하여야 할 것이다. 한 측면은 오늘날 우리나라에서 회자되고 있는 다문화가 1950년대 이후 발생하고 있는 현상을 토대로 역사적인 측면에서 분석하여야 의미가 있다는 것이다. 그것은 한국전쟁 이후 나타났던 수용되지도 인정되지도 않았지만 불가불 여겨진 국제결혼을 의미한다. 그들 대부분은 우리나라에 주둔하였던 미국 군인으로 그들 중 일부가 한국여성과 국제 결혼하여 가정을 이룬 경우이다. 그러나 그것을 문화적인 측면에서 접근하는 것이 논란의 여지가 있고 불합리하다고 볼 수 있지만, 여하튼 우리에게는 다문화가족 1세대라 불릴 수 있을 것이다. 또 다른 측면은 1990년대 우리사회에 새롭게 등장하였던 결혼형태로서 한국남성과 동남아시아나 중앙아시아 출신 여성들과의 국제결혼이다. 물론 정도의 차이가 있지만, 남성과 여성 간에 있어서 가난 극복의 수단으로 결혼이란 방식은 경제의 우위를 문화의 우월로 착각하게 만들었던 오해들이 존재하여 왔다. 다문화가족의 토대인 국제결혼은 우리사회 전체결혼의 12%를 차지하고 있으며, 농촌지역의 경우에는 그 비율이 더 높아 40%에 이르고 있다. 그러므로 우리사회에서 다문화란 다문화가족을 의미한다고 볼 수 있다. 이러한 현상은 우리사회에서 앞으로 10년 후에는 인구 20명 당 1명이 외국인으로 그리고 2050년에는 10명 당 1명은 외국인 될 것으로 예측되고 있다. 그러나 그동안 단일민족이라는 정체성에 자랑스럽게 여겼던 우리사회는 다민족 다인종 사회로 진입은 하였지만 다문화의 형성과 존재에 대하여 논하는 것은 시기상조라고 볼 수 있을 것이다. 우리사회의 다문화는 다민족가족 구성원들이 상호 간의 문화에 대한 인정과 배려 관심과 같은 신뢰를 통하여 건설될 수 있을 것이다.

결론적으로 우리사회에서 다문화에 있어서 문제의식는 문화적 충돌이라기보다는 약자에 대한 억압현상이며, 그보다 더 중요한 실질적 문제는 앞에서 우리사회의 다문화에 대한 계급적 현상의 결과물로서 언급한 자녀들의 교육으로부터의 소외이다. 양육의 대부분의 책임은 어머니에게 그리고 언어는 한국어를 강요하고 있는 우리의 가족구조 속에서 그들의 자녀에 대한 정규교육은 매우 중요하다고 볼 수 있다. 그것은 다문화로서 자연스럽게 그들의 모국어는 엄마에서 익히면서 학교로부터 한국어를 학습을 통한 이중언어 사용을 의미한다. 이것이 그들만의 다문화센터, 도서관과 같은 시설 확충보다는 기존의 제도로도 교육적 인식과 공감대 형성을 통하여 함께 할 수 있다는 것이다.

3) 다문화의 진정성

우리사회에서 거주하는 외국인들이 증가한다고 다문화가 존재하는 것은 아니다. 다문화는 거주하고 있는 외국인들의 삶의 양식에 대한 우리사회 구성원의 배려와 관심인 것이다. 그러므로 현재 우리사회에서 외국인들에 연관된 사실과 현상들을 다문화라 규정하는 것은 논란의 여지가 있을 것이다. 그것은 다문화 개념에 대한 인정과 관심 배려와 같은 진정성 있는 실천을 의미한다.

우리나라에서 다문화에 대한 인식은 중소 공업도시에서 출발하였지만, 실질적으로는 지역사회에서 하나의 사회문제로 등장하면서부터이다. 우리사회에서 다문화에 대한 논의의 중심에는 다문화가족이 있다. 다문화가족의 형성과정에는 몇 가지의 문제적 요소가 있는데, 하나는 성차별주의이며, 둘은 인종주의이며, 셋은 배금주의이다.

이러한 세 요소가 결합되어 형성된 소위 다문화가족은 준비 안 된 타인종을 준비가 안 된 우리의 지역사회에서 그들에 대한 이해부족과 다문화에 대한 오해를 불러일으키기 충분하였다. 다문화에 대한 오해의 출발은 다양한 민족에 대한 우리문화의 소개가 아닌 우리가 다양한 문화 이해의 폭을 증진시키는 노력의 부족인 것이다. 이런 측면에서 우리나라의 다문화에 대한 인식은 우리문화의 타문화에 대한 강제로 나타났다고 볼 수 있다. 그것은 우리가 그들의 문화를 이해하면서 함께 하고, 그들이 우리문화를 이해하고 배우는 것이 아니라, 우리나라에 왔으니 우리문화에 적응해야 한다는 것이다. 그것을 보여주는 대표적인 예로서 범정부적인 차원에서 실행되고 있는 다문화에 대한 정책인 한글교육과 우리 음식 배우기 등과 같은 프로그램들은 다문화에 역행되는 오히려 단일문화를 강요하는 것이라 할 수 있다. 현재 세계화와 더불어 다문화에 대한 이해와 인식을 위하여 한편으로는 우리에게 중요한 사실은 다문화가족의 구성원들에 대한 우리문화의 오해가 아닌 이해의 필요성이다. 이것의 출발점에 학교가 있기에 다문화에 대한 교육의 중요성은 더해지는 것이다. 이것을 통하여 기존의 교육문제를 자연스럽게 해결하면서 타문화에 대한 우리사회에서 이해의 폭이 넓혀질 수 있을 것이다. 교육적 측면에서 다문화에 대한 적응으로 우리나라에서는 다양한 문화들이 상호간의 이해와 존중을 통하여 진정한 의미에서 세계화의 경향과 함께할 수 있을 것이다.

실질적으로 우리사회에는 다민족과 함께하는 사회로 진입하고 있다. 우리들은 그들에게 경쟁적으로 우리사회의 인상에 대하여 알고 싶어 하는 경향이 있다. 그것을 위하여 그들에게 우리사회 참 살기 편리하죠 라고 묻는 경우를 방송을 통하여 자주 접하게 된다. 편리함이 우리사회의 경쟁의 토대로서 그들에게 선전도구로 자리 잡고 있는 것이다. 우리의 경우 편리하면 살기 좋은 것으로 인식하고 있다는 것이다. 우리사회는 그들에게 편리한 사회라기보다는 놀라운 사회인 것이다. 다문화에 대한 오해 속에서 이와는 유사한 현상도 우리사회에서는 만연되고 있는데, 그것은 다음의 부설에서 논하여질 것이다.

4. 부설: 다문화사회와 영어 그리고 주체성

세계화 속에서 교육과 다문화는 매우 밀접한 관계를 가지고 있다. 왜냐하면 교육은 주체성을 그 토대로 하고 있기 때문이다. 한때 영어마을 건설이 우리나라의 지자체들의 최우선 목표가 된 적이 있다. 영어마을이란 발상 자체가 매우 놀라울 따름이다. 물론 다문화적인 차원에서 어떤 나라에서는 네덜란드 마을이나 독일마을 등이 있지만, 그곳은 문화적 차원에서 그 원주민들이 모여 살거나 그 나라의 홍보를 위하여 만들어졌지만, 우리나라의 영어마을은 오직 자국민의 영어 학습만을 위하여 만들어진 형태이다.

유럽이나 타국을 여행하려는 사람은 영어가 아닌 그 나라 언어를 약간이라도 학습해야 한다. 왜냐하면 우리들은 친절할 정도로 그것을 경험하였으며, 그것을 여행의 기본으로 간주하기 때문이다. 그런데 그 반대의 경우도 우리는 그렇게 생각하기를 강요당하고 있다. 즉, 외국인 여행객에 대한 우리나라 국민, 정부는 그 방법을 영어의 공용화로 생각하였다.

외국을 여행하다 보면 자국민을 위하여 만들어진 홍보용 광고나 도로 표지판들을 접하게 된다. 그리고 외국인과 대화하다 보면 그들이 자국어로 도시나 국가 명으로 이야기하여 우리들이 이해하지 못하는 경우들을 종종 경험하게 된다. 예를 들어 우리들이 잘 알고 있는 베네치아(Venezia)의 경우 독일인들은 베네디히(Venedig)라고 부르고 있다. 만일 영어로 한다면 베니스(Venice)라 해야 하는데 실질적으로 베네치아라는 말이 우리에게는 더 익숙하다. 그것은 한편으로 우리의 말과 언어가 세계의 모든 언어들을 완벽하게 재현할 수 있기도 하지만 다른 한편으로 세계화라는 이름으로 우리 스스로가 외국어나 외래어에 대한 비판적 의식 없이 사용한다면 한글사랑은 단순히 한글의 표기 도구로 전락할 수 있을 것이다. 그러므로 우리나라에서 행해지고 있는 영어의 공용화는 한편으로 다문화에 대한 국가적 몰이해로 인한 언어의 식민지로 전락일 뿐만 아니라 다른 한편으로는 우리 국민들에게 다문화 사회에서 모국어 없는 자괴감을 갖게 할 것이다.

많은 국가들, 특히 고유한 말과 글자 가진 나라들은 모두가 자국의 언어로 표기하기 원하며 그렇게 하고 있다. 북한에서 사용되는 용어들이 우리 방송국에서 소개될 때 그들이 사용하고 있는 용어들을 부러워할 정도이다. 굴절어권의 선진국들도 자신의 모국어 사용에 있어서 영어에 우선한다. 한자문화권인 우리나라에서도 한글 사용만을 주장하였다. 그런데 잘 사용하고 있던 지명이나 명칭을 영어로 변경하고 있는 이상한 일들이 벌어지고 있다. 예를 들어 수색역은 어느 날 디지털미디어시티란 이름으로 변경되었다. 그냥 지하철역에 그 건물로 나가는 방향만 제시하면 될 것을 아예 하나의 건물을 위해 역명 전체를 영어명으로 바꾸는 그런 일들이 시민들의 동의 없이 일방적으로 진행되고 있다. 반성적 차원에서 우리들은 길가의 광고가 너무 외래어나 외국어가 많다고 논의되어 사용 규제를 했던 일이 불과 얼마 전의 일로 기억한다.

우리나라는 우리의 글도 수출할 정도의, 그리고 인구도 오천만 정도로 그리 작은 국가가 아니며 고유한 언어와 문장을 가진 국가이다. 영어를 모국어와 같이 사용하고 있는 유럽의 몇몇 국가들과는 차원이 다르다. 노르웨이나 스웨덴 아주 작은 소국들은 인구도 수십만에서 수백만 정도로 언어나 문자에 있어서 정체성의 의미가 미약하며 러시아 언어권에서도 마찬가지라 할 수 있다. 그러나 독일이나 프랑스, 이탈리아, 동부 유럽의 여러 나라들은 인구규모도 수천만에 이르며 언어, 문자적으로 정체성이 확립되어 있기에 스스로 영어를 공용어로서 간주하지 않는다.

우리사회의 구성원들도 세계화 시대(Cosmopolitanism)에 살면서 세계시민으로서 다양한 언어가 요구될 수 있다. 그러나 다문화 시대에서 세계시민의 정체성은 그 언어가 사용되는 곳에서 요구되는 것이다. 다문화 측면에서 언어는 내가 누구인가에 대한 인식이 우선되어야 한다는 것이다. 즉 세계화의 의미는 민족과 언어를 넘어 새로운 식민화와 동의어는 아니다. 세계화는 남북 간의 빈부의 격차, 환경오염 등에 관심을 가지고 상호 공존에 더욱 노력하자는 의미인 것이다.

5. 결론

다문화주의는 확고한 문화적 주체성과 상호 간의 인정을 전제로 한다. 즉 다문화는 좁은 의미에서는 국내적으로 계층적 문화와 같은 다양한 문화들의 존재를 의미하며 그런 측면에서 모든 사회는 다문화사회라 불릴 수 있을 것이다. 넓은 의미에서는 다문화란 각 나라들의 문화에 대한 존중과 공존을 의미하며 모든 국민들은 그 문화를 즐길 수 있어야 한다.

2010년 미국의 한 보고서에 의하면 외국인들이 이민 가고 싶은 국가들 중에서 우리나라는 50위라고 한다. 그럼에도 불구하고 외국인들은 점점 증가하고 다문화가족도 증가하고 있다. 이러한 현상은 한편으로는 그들이 우리 국민들과 함께하고 하려는 진정성이 담보되지 않은 그들 자신들의 문제와, 다른 한편으로는 그동안 우리사회에서 보여주었던 다문화에 대한 모든 현상들이 다문화가 아닌 문화적 제국주의의 새로운 형태로서 다문화가족에만 집중하고 있는 것으로부터 발생하고 있다는 것이다. 우리나라 어느 곳에서도 그들의 문화는 보이지 않는다. 단지 그들을 우리 사회에 적응을 강요하고 있을 뿐이다. 이것이 다문화에 대한 우리사회의 오해인 것이다. 결국 정책적인 차원에서 다문화가족지원센터에 의해 실행되고 있는 한글교육이나 음식축제 등에 대한 정책적인 투자는 다문화가족이 언어나 적응의 완성으로 연속성의 부재를 가져올 것이다. 그것은 오히려 현재 진행되고 있는 다문화가족 프로그램의 한계와 오류에 의해 다문화를 문화적으로 강제와 억압을 하고 있는 것이다. 앞에서 언급하였지만 또 하나의 측면에서 다문화는 다문화로 받아들여야 한다. 왜냐하면 지구는 하나며 모든 것들이 시간적 차이는 있지만 공유되고 있기 때문이다. 이 공유를 새로운 용어로 규정하면서 의도적이고 정책적으로 구별 짓는 것은 다문화 사회에 적절하지 않다. 가족이면 가족이지 다문화가족, 교육이면 교육이지 다문화교육과 같은 용어선택의 강제와 강요는 필요에 따라, 상황에 따라, 사람에 따라 누구나 자연스럽게 다문화에 대한 소통의 자유로움을 한편으로는 구별 짓기를 다른 한편으로 소수자들에 대한 게토화가 나타나고 있는 것이다.

그러므로 우리사회에서는 진정한 의미에서 다문화에 대한 이해가 요구된다. 선진국의 문화만을 추종하고 인정하는 것이 아닌 다양한 나라들의 문화들을 존중하여야 한다. 국가에 대한 차별이 문화에 대한 차별로 연결되어서는 안 된다. 그것을 위하여 공무원들의 의식개선이 요구된다. 실질적으로 국가에 따른 차별적 행태들이 일상적임을 많은 국민들이 동감하고 있기에 최소한의 인간에 대한 예의를 지키면서 인종주의로 연결되어서는 안될 것이다. 왜냐하면 이러한 차별적 행태들이 오히려 불법체류나 탈법적 행태를 양산할 수 있는 원인들을 제공할 수 있기 때문이다.

결론적으로 다문화에 대하여 이야기한다면 다문화사회는 여러 인종이 함께 살고 있는 존재적 형태가 아닌 여러 인종이 함께 살 수 있는 그러한 사회를 만들어가는 과정적 형태라는 것이다. 다양한 나라에서 우리사회를 이해해서 그리고 이해하기 위해 찾아온 그들과 함께한다는 의미에 대한 반성적 토대 위에서 그들을 이해하고 배운 후 우리의 것을 알리려는 다문화에 대한 이해의 자세가 필요할 것이다. 그런 측면에서 우리나라에서 다문화는 분단의 정치적 접근으로 오랫동안 지속된 폐쇄적인 사회구조에 의해 아직 존재적 형태로서 과정에 대한 중요성과 특히 그 과정에 대한 진정한 이해가 요구된다.

생각해봅시다

많은 나라의 사람들이 우리나라를 방문하고 있다. 50여년 전에 우리사회에서 외국인하면 미국사람으로 생각된 적이 있었으며 그 사람들도 대부분 미군들이었다. 2024년 현재 매우 다양한 국적 소지자들이 우리나라에서 많은 활동을 하고 있으며 경제적으로 많은 기여를 하고 있다. 우리나라에서 거주하고 외국인들은 세 가지 측면에서 분석될 수 있는데, 하나는 미국이나 유럽 등 서구사회 출신의 외국인들이다. 둘은 1990년대 이후 많은 노동력으로 우리사회의 경제에 기여하고 있는 중앙아시아와 동남아시아 출신의 외국인들이다. 셋은 결혼 이주 외국인들이다. 여기서 우리에게 중요한 핵심은 우리나라에서 거주하고 있는 외국인들에 대한 편견으로부터 자유로운 다문화사회의 건설에 대한 문제의식이다.

정보화 사회와 사회문제

현대사회는 후기산업사회(Post industrial Society)로 규정되기도 하지만 정보화사회(Information Society)로도 불리고 있다. 그 시작은 오래전 일이지만 본격적인 정보화사회의 명칭은 1970년대 정도이며 본격적으로 1990년에 시작되었다고 볼 수 있다. 우리사회에서 본격적인 정보화의 의미는 2000년대로 인터넷의 급속도 보급에서 찾아볼 수 있을 것이다. 속도전의 의미로서 인터넷보급은 인터넷 속도의 의미로 변화되었다. 또 다른 진화로서 인터넷 속도뿐만 아니라 이동성(mobility) 그리고 인공지능(AI, Artificial Intelligence)으로 요동치고 있는 가운데 우리사회에서도 이것에 대한 집중적인 관심이 높아지고 있는 실정이다.[1)]

1. 정보화사회의 의미

현대사회는 후기산업사회로 그 추구하는 목적에 따라 정보화사회, 디지털사회, 포스트모던사회, 복지사회 등으로 다양한 명칭으로 규정되고 있다. 이

1) 존 맥카시(John McCarthy, 1927-2011)는 미국의 컴퓨터과학자이며 인지과학자이다. 그는 인공지능에 대한 연구업적으로 1971년 컴퓨터계의 노벨상으로 알려진 튜링상을 수상하였다. 인공지능은 1955년 그에 의해 처음 사용된 용어이다. 인공지능은 인간의 지능이 가지는 학습, 추리, 적응, 논증 따위의 기능을 갖춘 컴퓨터 시스템을 의미한다. 인공지능에 연관되어 발전하고 있는 이론으로는 퍼지이론(fuzzy theory), 인공신경망(artificial neuron network), 유전 알고리즘(genetic algorithm)이나 인공생명체(artificial life) 등이 속한다.

런 규정으로부터 정보화사회에서 많은 부분을 차지하고 있는 인터넷 사용의 확대 그리고 정보, 지식과 같은 것들이 인간의 삶의 질을 향상시키는 데 기여하고 있는지, 즉 그것이 복지사회의 진행을 의미하는지를 분석하는 것은 매우 중요하다.

후기산업사회의 새로운 변형으로서 정보화사회, 정보화사회의 이념에 대한 근원은 상당히 복잡한 양식 속에서 얽혀져 있다. 시대적인 측면에서 복지사회, 복지국가는 이 사회에 대한 또 다른 표현으로 불린 지 오래다. 그래서 사회정책, 정부정책, 미래학자들의 사고와 경험적 사회적인 분석 등은 다양한 요소들을 풀어놓기에는 매우 복잡하게 전개되고 있다. 일반적으로 그것은 다니엘 벨(Daniel Bell, 1919~2011)과 관련된 후기산업사회의 개념이다. 벨은 정보사회를 후기산업사회와 관련하여 발전한다고 하였다. 벨은 또 하나의 다른 정보사회를 그리고 있는데, 그것은 정보와 텔레커뮤니케이션으로 노동시간을 축소시키고 노동자들이 감소되는 사회를 의미한다. 그것은 지식과 정보가 사회의 중심적 변수로서 노동과 자본을 대체한다는 것이다.

물론 오직 벨만이 후기산업사회에 관한 테제를 이야기한 것은 아니다. 프랑스 사회학자인 알랭 투렌(Alain Tourane, 1925~2023)도 후기산업사회의 그리 조화롭지 않은 사회경제적 경향에 대해서 분석하였다. 그는 프로그램된 사회에서의 갈등과 운동을 한편으로는 테크노크라트[2)]들, 다른 한편에서는 그들에 의해 통제되는 삶과 삶의 형태 사이에서 중요한 새로운 간격을 논의한다. 거대한 두 계급 사이에서의 근본적인 모순은 재산권 같은 것이 아닌 지배계급이 지식을 분배하고 정보를 통제하기 때문에 발생한다는 것이다.

2. 정보화에 대한 문제제기

굴뚝없는 산업사회를 의미하는 정보화사회 개념 속에는 1, 2차 산업과 관

2) 테크노크라트(Technocrat), 기술관료라는 의미로서 산업기술의 발달로 과학적 지식이나 전문적 기술을 통하여 사회 또는 조직에서 의사결정에 영향을 가진 사람들을 칭한다.

련된 환경적 생태학적인 문제를 정복할 수 있는 정보기술의 비오염적이고 비파괴적인 특성이 내재되어 있다. 그러나 이런 사회적 형태가 많은 정보의 사용 가능성과 하나의 버튼으로 이루어지는 국민투표 등이 컴퓨터 민주주의의 세계로 인도하고 있음에도 불구하고 비판적인 측면에서 현실은 후기산업주의에 둘러싸여 있는 고통에 연관된 여러 증상을 이어받고 있기도 하다.

후기산업사회주의자들은 이론적인 지식과 서비스의 성장과 같은 경향의 중요성을 정당화하는 데 실패하였다고 볼 수 있다. 왜냐하면 내용적으로 후기산업주의에 함유된 과장과 사회학적인 책략들이 드러나기 시작하였는데, 예를 들자면 연구와 개발(R&D Research and Development)에 있어서 사회적인 원인보다는 오히려 정치적인 면에서 그리고 경제적인 목적에서보다는 군사적인 목적에서 재정적으로 사용되고 있다는 사실 때문이다. 또한 풍부한 물질 소비 대신에 인간의 지적 창조성이 번성하는 사회이기도 하지만 그것에 대한 부작용은 우리사회에서 정보에 대한 오해, 즉 인터넷을 통하여 누구나가 각종 음란물에 접근 가능성의 증대되었다는 사실이다.

이런 측면에서 정보화에 대한 문제제기에는 두 가지 측면에서 접근할 수 있을 것이다. 하나는 우리 사회에서 정보화 부작용의 중심에는 어느 특정 계층만이 아닌 컴퓨터를 다룰 수 있는 사람들이라면 그것으로부터 자유로울 수 없다는 것이다. 특히 시간적으로 여유가 있을 수 있는 청소년들은 그러한 문제제기의 대상이 될 가능성이 높다 하겠다. 다른 하나는 정보화에 대한 오해이다. 아래의 <표 19-1>에서 보여주는 것처럼 인터넷보급률과 정보화지수에 있어서 국가별 순위가 다름을 볼 수 있다. 국가별 비교에서 인터넷보급률은 네덜란드, 노르웨이, 사우디아라비아 순위이며 99.0%의 보급률 보이고 있으며, 현재까지도 우리나라의 인터넷과 컴퓨터 보급률도 세계적 수준에 올라 있다고 볼 수 있다. 그러나 정보화는 컴퓨터나 휴대폰 보급률만이 전부가 아니라는 사실이다. 이러한 사실은 부분적으로 업무의 효율성은 증가하겠지만 기계에 대한 인간 의존성을 증가시키기만 할 뿐이다.[3) 북유럽은 인

3) 이것에 대하여 노베르트 엘리아스(Nobert Elias, 1897~1990)는 근대사회 근본적인 특징으로 능률의 상승을 근대의 문명과정의 중심적인 동기로 간주하고 있었다. 그에 의하면 그것은 기술의 발전을 의미하며, 그것은 사회 불평등의 출발이었다는 것이다. 즉 현실적으로 기술이 고도로 발전함에 따라 순기능보다 그것의 역기능의 심화가 가중되고 있었다고 한다.

구의 97%가 인터넷을 활발히 사용하는 가장 높은 인터넷보급률을 보이고 있고 전 세계의 인터넷 보급률은 67.1% 정도이다. 반면에 정보화에 총체적 접근에 의한 지표로서 2019년까지 선두자리를 지켜왔던 정보화지수에 있어서 우리나라는 계속 하락하고 있다는 것이다. 2020년 5위로 내려갔으며 2023년에는 7위로 두 계단 추락하였다.

<표 19-1> 국가별 인터넷 보급률과 정보화지수 비교

	한국	네덜란드	미국	캐나다	독일	프랑스
인터넷 보급률(2024)	97.2	99.0	97.1	94.9	93.3	93.8
	덴마크	스웨덴	스위스	싱가포르	한국	대만
정보화지수 Information Development index[4)]	111.9	110.5	109.3	92	90	85

인터넷의 보급 정도가 정보화의 가장 중요한 요소로 작용하였던 2000년대 초에 우리나라의 정보화지수에 있어서도 최상위를 유지하였다. 그러나 좀 더 정확한 정보화에 대한 지표를 위해 다양한 요소들이 정보화지수를 위한 지표에 포함되면서 상위 국가는 주로 북유럽 선진국이거나 오세아니아 섬나라들로 포진되었으며, 아프리카 대륙 내 국가들은 하위권에 머무르고 있다. 덴마크, 스웨덴, 스위스 그리고 아시아권에서는 싱가포르가 4위, 대만이 6위에 위치하였다. 2022년도 대부분의 상위권 국가들은 모두 높은 PC 보유율과 인터넷 접근성이 확보되어 있으며 정부 주도 하의 강력한 정보화 정책 등을 추진하고 있다. 그것을 위하여 민간 부문에서 활발한 정보기술 개발 참여하고 있다는 것이다. 우리나라의 경우 정보화시대의 도래로 선두주자로서 역할에 있어서 순위가 하락하고 있는 이유로는 기술 발전 속도 저하, 정치적

4) 정보화지수란 유엔개발계획(UNDP), 국제전기통신연합(ITU), 세계경제포럼(WEF) 등 공신력 있는 기관들이 인구 100명당 인터넷 이용자 수, 가구당 초고속인터넷 가입 회선 수, 공공부문 웹사이트에서의 개인정보보호 조치 여부, PC 기반 전자정부 서비스 제공 건수, 모바일 기기를 통한 은행 업무 처리 비율, 기업의 데이터 관리 역량수준 등 각종 정보통신 지표를 종합하여 발표하는 한 나라의 정보화 수준을 가늠하는 척도라고 할 수 있다.

불안정성 증가, 예산 부족 등을 이야기 할 수 있을 것이다. 코로나19로 인한 재택근무와 온라인 교육의 확대로 일시적인 상승이 있었지만 정보화의 발전 속도에 대한 적응과 응용이 정보화지수의 핵심적 요소인 점에서 인공지능의 개발촉진이나 빅데이터 산업 등에 대한 지원으로 경쟁력 강화가 요구된다.

3. 정보화 사회에서 복지의 의미

복지사회와 정보화 사회의 관계성은 인간의 삶의 질의 향상이라는 측면에서 일치한다. 복지사회의 건설을 위하여 우선 우리 사회에서 주장되는 사고 전환 필요성은 정보화 사회가 정보화 인간[5]들만이 살 수 있는 사회가 아님을 인식시켜야 한다는 사실이다. 이것이 우리들이 추구해야 하는 보편적 복지이다. 그리고 우리에게 정보화의 촉진이란 올바른 정보화 사회[6]의 건설로 인식되어야 할 것이다. 멀티미디어 사회란 기술적인 의미에서 하드웨어와 소프트웨어의 결합으로 컴퓨터를 비롯하여 정보통신기술을 토대로 하여 정보혁명이 발생하고 있는 사회이다.

정보화사회에서 혁명은 교육분야에서 발생하고 있으며, 가장 중요한 역할을 하는 것이 멀티미디어이다. 그러므로 정보화사회 건설을 위하여 청소년들에 대한 정보화를 위한 교육은 멀티미디어에 의한 것이다. 일반적으로 교사들의 많은 업무량과 교사 1인당 담당 학생수의 과다라고 지적되고 있다. 이것이 교육정보화 추진에 장애요인으로 작용한다(송병순·이영호, 1999: 97)고 한다. 더욱 큰 문제는 교육당국이 이것을 정보화를 통하여 해결하려는 것이다. 이는 정보화에 있어서 교육적 철학의 부재라는 단면을 확연히 드러내는 대목이다. 또 하나의 문제를 든다면 한편으로 정보화시대의 무한경쟁을, 다른

---

5) "정보화 인간"이란 정보화사회에서만 적응할 수 있도록 교육된 사람이라는 의미에서 사용하였다.

6) 이 글에서 올바른 정보화 사회의 의미는 계층 간, 세대 간의 정보의 빈부격차가 없고, 정보에 대한 통제와 규제 없으며 정보기기(컴퓨터, 휴대폰, 전화 등이 혼합된 멀티미디어)에 대한 소유와 사용이 용이한 사회를 의미한다.

한편으로 정보화 사회에서는 언제, 어디서, 누구든지 간에 원하는 교육을 받을 수 있는 열린교육 체계를 강조하고 있는 모순을 범하고 있다는 것이다. 우리사회의 이러한 현상의 발생 원인은 기본적인 사회안전망의 부재와 산업혁명에서 뒤진 것을 정보화혁명에서 만회하려는 맹목적인 경쟁의식과 피해의식에 기인한다고 볼 수 있다. 실질적으로 자본주의 국가인 미국조차도 정보화사회 추진에 있어서 정책과정의 기본철학은 양적인 측면보다 질적인 측면에 강조점을 두고 있다.[7)] 사회복지적인 측면에서 교육정보화의 목적은 사이버상의 유해정보 제거가 아닌 사회발전을 건실한 정보의 양의 확장, 접근방법과 사용에 두어야 할 것이다.

이런 관점에서 우리사회의 정보화를 교육분야에 도입은 중요하다고 본다. 그런데 문제는 정보화가 교육의 수단이 되어야 하는데 오히려 정보화가 교육의 목적으로 설정되는 경향이 있다는 것이다.[8)] 우리사회에서 정보화에 대한 학습은 교육의 큰 틀은 변화시키지 않고 단지 정보화에 관한(컴퓨터 교육과 인터넷 사용) 교육과정만을 강조하는 경향만 존재하여 왔다. 실질적으로 과학과 테크놀로지, 교육과 미디어는 오늘날의 사회에서 밀접한 관계를 가지고 있음에도 불구하고 현재 복지사회로의 진행과정에 있는 우리 사회에서 이러한 관계의 발전방향은 멀티미디어의 사용이 사적인 삶에서 더 많은 쾌락적인 추구현상으로 나타나고 있다. 그러한 오류를 통한 사회적 갈등과 부작용은 우리 사회에서 정보화를 통한 복지사회의 건설이 아닌 정보화 과정에 대한 사회과학적인 철저한 검증을 고려하지 않은 일방적인 양적인 투자로부터 야기되었다. 이것을 위하여 역사 속에서 정보와 커뮤니케이션 테크놀로지의 혁명적 모던화를 통한 새로운 가능성의 출현과 더불어 사람들의 빈곤에 따른 교육격차를 사회복지적인 측면에서 교육분야의 정보화, 즉 정보화와 교육발전 간의 관계에 대한 분석을 인터넷의 확산과 연관하여 분석은 중요하다.

---

7) 미국의 클린턴 대통령은 교육정보화 추진의 목표를 실질적으로 "누구나 최신 컴퓨터에 접속을 가능하게 하며, 학교와 학교 밖 세계와 연결시키며, 모든 교사는 정보기기를 다루고 정보기술을 가르칠 수 있도록 하는데" 역점을 두었다.

8) AI의 초등학교 중학교 고등학교 등 교육분야에서의 적용은 예전에 학습용 태블릿을 설치가 학생들의 학습능력을 저해한다고 하여 중단된 사례처럼 신중을 기하여야 한다. 실질적으로 AI의 확산으로 교육정책 당국은 빨리하는 것이 좋은 것처럼 생각하는 방식에 대하여 이미 경험으로 습득된 많은 학부모들이 AI를 통한 학습에 대하여 부정적 의견을 제시하고 있다.

결론적으로 과학과 테크놀로지, 교육과 미디어는 오늘날의 사회에서 밀접한 관계를 가지고 있다. 그동안 우리들이 정보화를 위해 추구하였던 것은 정보화 기기를 올바로 그리고 효율적으로 사용하는 방법을 제공하는 정보화 교육이었다. 우리 사회가 복지국가의 건설을 위하여 식견 있는 공중을 양성하는 토대로서 교육의 정보화를 추구하여야 한다. 그것은 단순히 자기계발적이고 교육적인 의미에서의 정보화를 단지 무작위인 기계적인 보급과 기능적인 습득만으로 이해하여서는 안 된다는 것을 의미한다.

우리는 정보화를 통한 복지사회의 건설을 위해 무엇을 해야 하는가? 이것이 정보화 사회에서 사회복지적인 문제인 것이다.

4. 부설: 권력이동

정보화사회에 대한 논의는 사회학에서만 논의되는 주제일 뿐만 아니라 미래학(futurology)의 핵심이라고 할 수 있다. 이 주제에 대하여 우리사회에서 가장 많이 회자되고 있는 인물은 앨빈 토플러[9](Alvin Toffler, 1928~2016)에 의해 다양한 측면에서 접근되고 있다. 그는 자신의 저서 권력이동(Power Shift, 1990)은 미래 쇼크(Future Shock, 1970), 제3의 물결(The Third Way, 1980)과 연결 선상에 있는 미래에 대한 예측서로서 완결편이라 볼 수 있다.

그는 미래 쇼크에서는 다가올 사회의 급속한 변화에 대한 대비를, 제3의 물결에서는 그 변화에 대한 구체적인 과정을 그리고 권력이동에서는 그것에 대한 통제의 근거로서 권력이라는 것을 통하여 앞으로 전개될 지구촌의 질서, 즉 권력의 향방을 이야기하고 있다. 물론 그가 항상 이야기하였듯이 그것에 대한 가장 중요한 요소는 지식과 정보를 강조하고 있다. 그는 이 책에

9) 미국 출신의 저술가이며 세계에서 가장 유명한 미래학자이다. 그에 의하면 사회는 노인을 공경하고 정직하고 인정이 많은 사람을 필요로 한다. 사회는 병원에서 일할 사람을 필요로 한다. 사회는 그저 인식적인 면에서뿐 아니라 감성적이며 애정을 가진 사람들이 가진 모든 재주를 필요로 한다. 우리는 그저 데이터와 컴퓨터만으로는 이 사회를 유지할 수는 없다고 하였다. 위에서 논의된 3부작을 통하여 디지털 혁명, 통신혁명, 사회혁명, 기업 혁명 등에 대한 저술로 유명하다. 특히 2001년 김대중 정부의 의뢰를 받아 21세기 한국의 비전이라는 보고서를 발표하였다.

서 아래의 한 대목처럼 권력에 있어서 지식과 정보의 중요성을 말하고 있다.

> 권력의 삼각대를 검토해 보면 미국은 여러 가지 심각한 문제를 안고 있기는 하지만 결코 종이호랑이가 아님을 알 수 있다. 앞으로 권력이동이 가속화함에 따라 미국은 국내적으로 사회, 인종, 성 분야의 항의운동 때문에 시달리게 될 것이다[......] 유럽에서 예상되는 격변에 비하면 아무것도 아닐 것이다. 세계가 뿌리부터 뒤흔들리면 일본도 정치, 사회적인 소요를 면치 못할 것이다. [......] 이런 평가를 종합해 볼 때 미국이 오늘날 세계의 3대 자본주의 중심권 중에서 가장 균형 잡힌 권력을 유지하고 있으며, 또한 아직은 권력 삼각대 중에서 가장 중요한 요소(즉 지식)에서 선두를 지키고 있음을 알 수 있다(토플러, 1990: 541).

특히 미래쇼크와 제3의 물결에서 다가올 사회에 대한 구체적인 사례뿐만 아니라 미시적인 시각에서 다가올 사회를 분석하고 있다. 반면에 권력이동에서는 거시적인 분석틀을 가지고 분석한다. 또한 전자의 책들은 우리가 이미 유년 시절에 공상과학 만화를 통해 접하였던 사실들을 미국사회를 통하여 미래사회를 예증하고 있는 반면에, 후자의 책은 미래 권력의 기제로서 지식과 정보의 우위에 있는 미국 이외의 몇몇 국가에 대한 예와 비교를 통하여 권력이동의 방향을 이야기하고 있다. 그러므로 다가오는 사회에서의 권력의 요소는 돈이 아닌 지식과 정보인 것이며, 지식과 정보가 있는 방향으로 권력은 이동된다는 것이다.

5. 결론: 정보화와 복지사회

우리나라는 전세계적으로 정보화시대가 도래한 이래로 줄곧 정보화를 선도하는 국가였으며 정보화 수치상으로는 정보화 선진국이라고 규정될 수 있을 것이다. 그러나 이런 수치상의 외형적 성장 이면에 가려진 문제들로 인하여 정보화된 복지사회라고 보기에는 아직은 문제가 있는 것 같다. 우리사회에서 정보화는 정보화지수의 측면에서 높은 순위에 있는 것은 사실이지만 그 수치가 반드시 긍정적인 것만은 아니다. 지난 20여 년 정보화에 연관된 인간 개개인의 삶의 지표들의 변화들을 주도하기보다는 우리사회의 정보화는 수많은 정보화 소비재를 담기 위한 양적 측면에서 하드웨어 확장에만 집중하였다.

그것은 사회복지적인 패러다임의 변화와 정보화 지수와는 직접적인 연관 없는 부분의 발전을(과학기술에 대한 인식의 부족, 경제지상주의 산업화로 인한 기술 맹신, 과거 군사 독재 정권과 경제적 차별성의 강조10)) 통하여 정보화 사회의 건설이 추진되고 있기 때문이다. 예를 든다면 정보화를 추구하는 국가들에게서 나타나고 있는 정보화과정 중에서 발생하고 있는 공통적인 현상은 인터넷 사용의 긍정적 효과보다 부정적 효과들이 발생하고 있다는 것이다. 국가, 단체나 기구들 차원에서 인터넷은 의미가 있지만, 개별적인 측면에서 인터넷의 사용은 무분별하다는 것이 공통된 의견이다. 그 단적인 지적이 빠른 정보통신혁명을 토대로 전개되고 있는 정보화사회에서 지식정보는 폭발적으로 축적되고 있지만, 인간의 삶의 질적인 측면에서 근접하여 보면 그 내용과 기여도는 그 혁명적 발전만큼 우리의 물적 정신적인 수준에 현실적으로 도달하지 못하고 있다는 것이 여기서 제기하려는 문제의식이다.

그러므로 우리사회에서 그것은 정보화가 인간 삶의 질적 상승을 의미하는 복지와 거리가 있다고 하겠다. 이러한 거리는 정보화 선진국들의(미국, 영국, 일본 등의 신자유주의의 이념을 표방하는 국가들) 복지사회의 건설과 이미 복지국가들의(북유럽의 스웨덴, 독일, 프랑스 등의 사회민주주의 국가들) 정보화의 추진에 있어서 발생하고 있는 차이를 의미한다. 그러므로 정보화혁명은 산업혁명과 다른 차원의 산물이 아닌 자본주의(신자유주의의 성공)라는 맥락에서 후기산업사회의 연장선상에서 인식되어야 할 것이다. 그것은 사회복지가 산업사회에서 생산물의 소유과정에서 불평등 발생원인의 제거보다는 결과에 대한 문제해결 역할을 하였다고 볼 수 있다. 오늘날 급속히 변화하는 정보화사회에서 생산물인 다양한 정보와 정

10) 이런 관점에 대하여 박정희 정권의 과학기술 맹신의 맥락에서 경제성장 정책과 정보화국가의 실현을 그 정책기조로 삼고 있는 김대중 정권의 의지 - 우리는 산업혁명에는 뒤졌지만 정보화혁명에는 반드시 성공해야겠습니다(제16대 국회 개원 대통령 연설(2000.6.5.)) - 에 있어서 사회복지적인 측면의 분석은 의미가 있을 것이다.

보화 기기들에 있어서 공유의 평등을 지향하기 위한 역할이 사회복지라고 할 수 있다.

그러므로 정보화는 사회복지적인 측면에서 모든 사회 구성원들의 기본적 생존조건을 위한 구조적 틀로서 삶의 질적 상승을 위한 사회안전망으로서 기능과 역할을 수행하여야 한다.

그것을 위하여 우리 정부는 정보화지수 순위 상승과 정보화의 양적 측면의 지향도 의미가 있지만 각종 해킹이나 보안취약성과 같은 문제들이 발생하고 있는 것에 주목하여야 할 것이다. 의도된 사회 행위의 기대하지 않았던 결과들이라는 로버트 머튼의 논문의 제목에서 시사하는 것처럼 정보화의 결과물의 편리함으로 발생할 수 있는 문제들의 원인은 인간 행위로부터 비롯되는 것이다. 그러므로 정보화를 주도하는 우리나라는 예를 들자면 소프트웨어의 경쟁력 강화를 위한 인재개발의 확대 그리고 법규의 정비 등을 통한 내실을 다지는 것이 우리사회의 진정한 정보화 복지를 의미할 것이다.

생각해봅시다

우리사회에서 AI에 대한 열풍이 불고 있다. 범정부적으로 인공지능이 정보화사회의 최고의 정책적 과제로 간주하면서 관련부서인 교육과학기술부는 온갖 노력을 경주하고 있다. 그것은 한편으로 발빠르게 대응하는 것에 대한 칭찬이 있는 반면에, 다른 한편으로 그것을 관련 기업이나 단체의 음모로 간주하면서 미래세대의 부모들은 오히려 이런 정부의 정책 추진을 달가워하지 않는 것 같다. 그들은 자녀들에 대한 인공지능에 의한 교육방식에 대하여 법적 토대와 예산적 지원에 부정적이며 반대의사를 명확히 하고 있다. 정보화사회에서 정부가 국민의 세금으로 누구나 이용할 수 있는 인공지능에 대한 인프라를 마련하는 것은 의무와 같은 것일 수 있지만 그것에 대한 사용은 의무도 권리도 아닌 선택이라는 사실이다. 인공지능은 삶의 목적이 아니라 좋고 훌륭한 삶에 도달하기 수많은 방식 중에서 하나인 수단인 것이다.

03
PART

사회복지의 과제들

여기서는 사회복지의 지향점에 대하여 논의될 것이다. 사회문제의 해결 차원에서 사회복지에 대한 접근뿐만 아니라 사회복지에 의한 발생될 수 있는 문제들도 논의 대상으로 포함하여야 한다. 그것은 미래사회의 복지국가가 정책적으로 지향해야 할 것이다.

사회문제와 사회복지

현대사회에서 사회문제와 사회복지는 원인과 결과 그리고 결과와 원인이라고 할 수 있다. 사회구조와 생산수단은 사회문제와 사회복지의 관계를 설명하는 토대이다. 가족, 마을 구성원들 간의 이동이 적고 한곳에 모여 정착한 생활 구조로서 과거의 농업사회와 같은 단순사회에서는 개인적인 문제나 사회문제들을 해결의 주체는 개인 자신이었고 그리고 그 능력에 종속되어 있었다. 그러나 직업의 다양성과 분업 등의 특징을 갖고 있는 현대사회에서는 발생하는 문제들도 매우 복잡하게 전개되었으며, 이러한 사회문제들의 그 원인도 개인의 능력보다는 사회구조적인 영향력으로부터 자유로울 수 없었다. 그러므로 문제해결의 방식도 개인적인 측면에서뿐만 아니라 사회구조적인 측면에서 접근을 해야 할 것이며, 그것을 위하여 현 우리사회의 상황과 문제의식을 이해하는 것은 매우 중요하다. 이 장에서 우리들이 살고 있는 사회에 대한 진단과 추구해야 할 과제의 방향에 대하여 논의한다.

1. 과시사회

자본주의의 모순으로 발생하고 있는 문제들에서 논의 핵심은 부의 집중과 그에 따른 상대적 박탈감일 것이다. 그러므로 자본주의 결과물로 등장하는 사회의 형태가 과시사회(show-off society)이다. 자본주의 국가로서 우리나라가

사회복지를 지향해야 하는 이유는 소수만이 아닌 다수가 과시적이기 때문이다. 물질에 대한 표출들이 지위를 상징하는 사회를 과시사회라고 할 수 있을 것이다. 우리나라는 외형적으로 국토면적이 10만제곱킬로미터가 안 되는 지구상에서 매우 작은 나라에 속한다. 그러나 작은 나라에는 5000만이라는 과한 정도로 많은 인구가 살고 있으며 인구밀도는 1제곱킬로미터의 땅에 505명으로 세계 3위이다. 많은 인구로 인한 풍부하다고 하는 인적자원은 부존자원의 절대적으로 부족한 국토의 효율적 운영을 가능하게 하였으며 삶을 양적으로나 질적으로나 빠른 발전을 통하여 경쟁적 물질적 추구 진행되었다.

우리나라는 정권마다 정책적인 측면에서 차이가 있지만 근본적으로 복지국가 복지사회를 추구한다고 한다. 미국의 사회학자이며 경제학자인 쏘스타인 베블렌(Thorstein Veblen, 1857~1920)은 자신의 저서 유한계급론에서 과시소비에 대하여 설명하고 있다. 그에 의하면 과시소비란 상류층 소비자들에 의해 이루어지는 소비 행태로, 가격이 오르는 데도 수요가 줄어들지 않고, 오히려 증가하는 현상을 말한다. 이와 같은 사회적 현상은 1980년대까지 우리 국민들의 빈곤 포르노그래피[1](Poverty Pornography)적인 현실적 경험에서 산업화 1세대의 푸어노그래피(Poornography)[2]적인 행태의 자녀세대로의 전이과정에서 발생하였다고 볼 수 있을 것이다. 더욱 중요한 사실은 실질적으로 이 세대들의 이러한 사회경제적 행태는 가격이 오르는 데도 과시욕이나 허영심 등으로 인해 수요가 줄어들지 않는 현상이 자동차나 부동산과 같은 특정 분야에 지속적으로 나타나고 있다는 것이다. 결과적으로 이런 현상의 지속으로 우리사회가 과시사회라고 부를 수 있는 것이다.

이탈리아 출신의 사회학자 빌프레도 파레토(Vilfredo Pareto, 1848~1923)의 80 대 20이라는 파레토 법칙(Pareto principle)은 전체 결과의 80%가 전체 원인의 20%

1) 빈곤 포르노그라피는 2022년 우리나라에서도 대통령의 베트남 방문 후 회자되었던 용어로서 1980년대 국제 자선 캠페인에 대한 부정적 관점에서 발생하였다. 이것은 가난하고 어려운 환경에 시달리고 있는 사람들을 자극적으로 묘사하여 동정심을 유도하는 것을 의미한다.

2) 산업혁명 3세대 국가들의 부를 창출하는 과정에 기여하였던 세대들에게 나타나는 현상이다. 그들은 현재 소위 나때는 말이야 하고 말하고 있는 우리사회에서 빈곤 극복의 핵심세대라고 할 수 있다. 어린 시절에 궁핍을 온몸으로 부딪쳤던 그들의 행태는 현상적으로 두 가지 관점으로 바라볼 수 있는데, 하나는 부의 창출자와 다른 하나는 부를 창출하지 못하고 빈곤한 삶을 영위한 자로서 모두 성공이나 실패를 가난을 핑계 대고 있다는 것이다.

에서 일어나는 것을 분석한 이론으로 우리사회의 경제적인 측면에서 적절한 보상이 약속되지 않은 과한 노동과 그 결과물을 과하게 독점하는 불공정하고 불평등한 사회구조를 잘 설명하고 있다. 그럼에도 불구하고 우리에게 있어서 과시사회에 대한 진단은 우리의 사회구조가 소득보다는 소비의 증가로 우리사회가 우리사회 구성원들에게 사회적 박탈감에 대한 보상이라는 허상을 허용하고 있음을 보여주고 있다는 것이다. 경제발전을 통한 풍부함이 복지국가라는 인식은 한편으로 부정적 단면으로 발생한 과시현상으로 우리사회에는 좋은 것이건 좋지 않은 것이건 그리고 좋은 의미건 나쁜 의미건 돈이나 물질에 연관된 것은 무엇인지든 넘치고 있다는 것이다. 우리사회의 모든 분야에서 전 세계의 유형 무형의 제품들이 한편으로 무엇이든지 양적인 측면에서 지나치게 많기도 하지만, 다른 한편으로 심각성을 더하고 있는 것은 그 많음을 조장하고 있는 정치·경제·사회·문화적 현상들을 의미하는 과잉사회(overaboundance society)인 것이다. 이것은 이전의 우리나라의 폐쇄적 정책으로부터 세계화, 전 지구적으로의 전환에 대한 오해의 결과로서 우리사회는 사회복지 현장에서도 정책적인 부작용을 발생시키는 원인으로 작용하고 있는 것이다.

우리의 경제적 수준에 비추어 그것은 지나친 과시의식이라 볼 수 있을 것이다. 그러므로 진단에 의한 해결책으로 제시한다면 과시라는 측면보다는 문화적인 측면에서 타인에 대한 배려나 관심을 존중하는 더불어 사는 복지사회의 건설일 것이다. 결론적으로 정치·경제·사회적으로 우리사회는 지나치게 과시사회이며 과잉사회이기에 과한 사회이다. 이와 같은 흐름 속에서 현재와 같은 과잉현상 속에서 과유불급은 사회복지에 인식의 제고일 것이다.

2. 전문인으로서 사회복지사[3)]

사회복지에 연관된 정책적 실천 의지는 사회복지사의 의지이며, 그 실천적 수준은 사회복지사의 수준이라고 할 수 있다. 그러므로 그 나라 사회복지의 수준은 사회복지사의 삶의 수준과도 깊은 관계가 있을 것이다. 그것은 사회복지사의 인권의 측면에서 사회복지사의 생활수준이 사회복지사의 클라이언트에 대한 서비스 수준을 결정한다고 볼 수 있다는 것이다. 그러나 여기서의 이러한 맥락은 클라이언트에 대한 사회복지정책의 실천 수준에서 매우 중요하다고 할 수 있다.[4)]

사회복지는 광의적인 의미에서 모든 인간에게 인간적인 삶을 보장하는 것이라 할 수 있다. 협의의 의미에서는 사회복지는 사회적 약자들에 대한 배려를 우선적으로 적용시키고 있다. 그런 이유로 사회복지는 한편으로는 인권을 지킬 수 있는 최후의 보루이기도 하다. 그러나 다른 한편으로는 경우에 따라서는 사회적 약자에게는 인권을 무시할 수 있는 가장 좋은 수단으로 제공되기도 한다. 사회적 약자들에게 스스로 주장할 수 있게 하는 약이 되기도 하지만, 지켜진다는 의미에서 스스로에게 독이 될 수도 있는 것이 사회복지일 수 있기에 오늘날 사회복지사 역할의 중요성이 강조되고 있는 것이다.

전문적이라는 것은 역할의 전문성을 의미한다고 볼 수 있다. 그런 측면에서 고려한다면 중개인으로서 역할을 사회복지사들이 극복할 때 전문가로서의 전문인으로 탄생될 수 있을 것이다. 그것은 역할의 측면에서 전문가로서의 사회복지사는 만들어지는 것임을 의미한다. 사회복지사의 역할이 전문적일 수 있지만, 오늘날 다원화된 사회에서는 다양한 직업, 직종들 간의 역할의 공유가 전문적인 역할의 존재를 어렵게 한다. 그런 측면에서 우리 사회복

3) 이 글은 2008년 광양시장애인복지관 워크숍을 주재하면서 발표한 강의를 편집하여 재구성한 것이다.

4) 미래 세계경제의 불투명성은 사회복지분야에 대한 예산축소로 이어지고 있다. 즉 더욱 철저한 무노동 무임금의 실천을 의미하며. 이는 인간으로서 삶에 대한 포기를 강제하는 것이다. 이런 상황 속에서 독일 헌법재판소의 실업자에 대한 급여에 대한 2010 판결은 의미가 있다. 이 판결은 하르츠 IV의 지원금액이 너무 적어 헌법이 보장하고 있는 국민의 존엄성이 있는 삶을 보장하지 못하기에 금액을 증액하라는 것이다. 이 판결은 정치나 많은 이해관계를 떠나 경제적인 측면에서 인권을 어느 누구도 위해할 수 없다는 것을 보여주고 있다(김귀환, 2010).

지사들은 일반적 사회복지의 실천이 아닌 좀 더 세밀하게 복지에 관련된 문제들을 분석하여 운동의 차원으로 접근하려는 거시적인 틀과 접목시켜야 할 것이다. 그것은 전문가로서 사회복지사가 중개인이 아닌 대변인이 되어야 함을 의미한다. 이제는 사회적 약자 그리고 자국민의 복지에 대한 대변인으로 자리매김하여야 한다. 거기에는 책임이 뒤따라야 할 것이다. 미국의 사회학자 탈코트 파슨스는 전문직의 특성으로 핵심적 특성과 파생적 특성을 몇 가지로 지적하고 있다.[5] 전자의 특성으로는 공식적 훈련, 지식적용기술, 기술이 사회적으로 책임 있게 사용될 것임을 담보하는 제도화된 수단, 후자의 특성으로 전문가는 지성인이라는 점, 윤리강력, 자격 제도 등이 있다.

이미 논하였던 특성들이 만족되어야 사회복지사에 있어서 전문성을 논할 수 있는 것이다. 구체적으로 이야기한다면 공식적 교육기관에서 일정 기간 훈련을 통하여 사회복지사는 자격증을 취득하고 있다. 그러나 우리사회에서 그들에게 체계화된 이론의 전문성이라든지, 그것을 통한 전문화된 문화가 형성되어 있다든지, 그리고 그것은 사회복지의 책임과 권리 그리고 권위를 인정하는 그런 사회구조의 형성에는 미흡하다고 볼 수 있다. 즉 클라이언트에 대한 사회복지서비스에 있어서 사회적으로 책임을 능력이 있게 사용될 것임을 담보하는 제도화된 수단에 있어서 그리고 사용범위에 있어서는 사회복지사들의 인식이 미치지 못하는 것이다. 그런 인식에 부여된 능력이 권위라고 할 수 있다. 즉 클라이언트와 사회가 인정하는 최소한의 권위가 필요한 것이다. 그 책임을 다하기 위해서는 사회복지사들에게 권위가 요구된다는 것이다. 사회복지의 현장에서 노인 고용문제는 노동부보다 사회복지사의 권위가 앞서야 하며 장애인 교육문제에도 사회복지사는 장애인을 대변할 수 있는 정확한 지식과 논점을 제시할 수 있어야 한다.

그러므로 사회복지사가 전문가로 탄생하기 위한 가장 중요한 덕목은 권위이다. 현장전문가인 사회복지사는 그 권위를 통하여 사회적 약자들에 대한 정부 관료들의 행태로부터 보호받을 수 있는 것이며 그들은 사회복지사를

5) 사회복지의 전문직과 연관하여 미국 캘리포니아주에 소재한 버클리대학교 사회복지학의 가장 저명한 교수였던 에른스트 그린우드(Ernst Greenwood, 1910-2004)는 체계이론의 전문성, 클라이언트가 인정 하는 권위, 활동을 위한 지역사회의 재가, 클라이언트와 동료관계를 위한 윤리강령, 전문적 문화를 강조하였다.

신뢰하게 될 것이다. 또한 사회복지사의 언행은 그 지역의 복지수준을 가늠할 수 있어야 한다는 것을 의미한다. 또한 전문가로서의 사회복지사는 직업인 이유로 자신의 행위를 봉사로서 희생으로 간주하는 것으로부터 벗어나야 하며 우리사회의 사회복지사에 대한 의식도 봉사자가 아닌 사회복지의 종사하는 직업인으로서 변화되어야 한다.

3. 복지국가의 과제와 고령사회

복지국가를 지향하고 있는 우리사회에서 사회복지분야 발전을 위하여 반드시 요구되는 무엇인가는 설명되어야 하고 실천되어야 한다. 여기서 문제는 그 무엇인가에 관한 것이다. 그동안 우리나라에서 발생하였던 여러 사건들을 통하여 우리들이 무엇을 해야 하고 실천해야 하는지를 명백하게 하여주었다. 그러므로 우리 사회의 모든 부분에서는 현재에도 과정, 진행 중이라 할 수 있다. 그래서 사건이 등장할 때마다 후퇴니 진보니 하는 목소리가 나오는 것이다. 역사적으로 본다면 서구사회에서 200년에서 300여 년에 걸쳐서 이룩한 정치, 사회, 문화 그리고 경제적인 발전, 그것도 과정일 것이다. 우리가 그 과정을 아주 짧은 기간에 이룩한다는 것, 이룩하였다는 것, 완성하였다는 것에 대해서 우리에게는 무엇인가 깊은 성찰과 고민이 필요할 것이다. 그래서 우리사회의 미래에 대한 발전을 위해서는 과정이 매우 중요하며 여기서는 두 가지 점을 논의하려고 한다.

하나는 현대사회에서 모든 국가들의 도달점은 복지사회의 건설이다. 복지사회의 건설, 사회복지의 실천적 토대는 경제력이다. 그러므로 그 경제력은 복지국가를 추구하기 위한 가장 중요한 요소이다. 그것에 대한 논점의 하나가 고령사회에서 발생할 수 있는 복지형태이다. 이미 시행되고 있는 노인요양보험에 대하여 한때 많은 사람들이 걱정하고 있다. 굉장히 좋은 것으로 생각되었지만 진정성이 담보되지 않아 지위고하를 막론하고 이를 이용하여 한 건 하려는 한탕주의 복지가 발생하기도 하였다. 다른 하나는 이와 연결하여 고려할 수 있는 복지의 윤리문제라고 할 수 있다.

우리사회는 복지사회 건설을 위한 경제력에는 도달되었다고 할 수 있을 것이다. 왜냐하면 총예산에서 복지예산이 차지하는 비중이 점점 증가하고 있으며 2025년도에는 18%를 넘어설 것으로 예상되고 있기 때문이다. 많은 기업들도 기업이미지 제고의 측면에서 복지를 위한 기금형성을 위해 복지재단을 설립하거나 기부에 동참하기도 하였다. 그런데 문제는 그러한 행태가 빈번하게 우리사회에서 기업의 불건전성과 범법행위를 사면해 주는 도구로 작용하고 있다는 사실이다. 많은 복지기관들은 그 돈에 의존하고 그것을 통하여 사회복지를 실천하고 있다. 그 동안 민주화 과정에서 정치자금 기타 검은 돈에 대한 투명성이 재고되어 왔다. 그럼에도 불구하고 사회복지 분야에서만 좋은 것이 좋은 것이라는 이유로 기업인의 죄과의 대가로 기업이 내놓은 기금에 대한 출처를 불문하고 기업과 기업인에 대한 면죄부로 사용되었다. 이제는 복지기금에 사용에 대한 윤리성뿐만 아니라 그것의 출처에도 윤리성에 문제제기를 해야 하는 그것이 바로 우리사회가 복지사회 건설의 도상에서 해야 할 것이다.

다른 하나는 역사적 산물로서 복지국가에 대한 보편적 의미를 규정한다는 것이 매우 어렵다는 것이다. 왜냐하면 인간의 삶의 질의 증진에 비추어서 본다면, 그것은 매우 자의적인 측면이 강하기 때문이다. 여하튼 복지국가의 개념은 1930년대 후반에 영국 역사학자이며 정치가였던 알프레드 찜머른 경(Alfred Eckert Zimmern, 1879~1957)이 권력국가에 대비하여 처음으로 사용되었다. 그리고 1941년에 영국 캔터베리 대주교를 지냈던 윌리엄 템플이 나치의 전쟁국가와 대조시켜 영국의 국가이념을 복지국가라고 부르면서부터 일반화되었다고 한다(심연수, 1998).

1970년대 오일쇼크로 인한 전 세계적인 경제불황은 제2차 세계대전 이후 지속적으로 증가추세에 있던 복지국가의 평가에 대한 새로운 논리적 접근의 기회를 부여하였다. 그것은 분배에 대한 재해석과 같은 복지에 대한 새로운 인식과 이론에 대한 불을 지폈다. 그 중 하나가 복지국가 위기론 또는 복지국가 쇠퇴론[6]라는 화두였다. 이러한 현상 속에서 아이러니하게도 독일에서

6) 국가를 통한 개인에 대한 복지의 증진은 경제적 상황에 매우 의존적이다. 즉 많은 선진국에서

는 노인케어에 대한 제도화의 논의가(사회보험의 형태로) 처음으로 등장하였다. 복지국가의 위기와 사회의 고령화 속에서 이러한 논의는 1980년대까지 지속되어 세계화와 맞물리면서 경제적인 측면에서 현실과 인간의 삶의 질적 상승이라는 과제의 논리적 모순 속에서 대부분의 선진 산업국가들 사이에서(공적 공여의 체계에 의존하는) 오늘날까지도 논의되고 있다.

복지국가가 역사적 산물이라면 현대 산업사회의 노인인구 증가라는 필연적인 현실 속에서 노인케어는 복지국가를 구성하는 가장 중요한 요소라 할 수 있다. 그러므로 복지국가는 노인에 대한 복지를 최우선적으로 추구하는 국가를 의미한다고 볼 수 있을 것이다. 또한 이것은 고령사회에서는 사회의 모든 분야에서 노인들이 복지정책의 주체가 된다는 것을 의미하며, 그들의 삶이 그 사회복지의 전체적 수준을 가늠하는 척도로 된다는 것이다.

복지, 특히 사회복지는 사회적 정의로서의 분배, 재정적으로 지출을 의미한다. 그러므로 경제적 호황과 불황은 그 나라의 구성원들의 의지와는 별개로 사회복지 분야에 영향을 미치는 주요 원인으로 작용하여 왔다. 그러나 원론적인 측면에서 본다면 앞에서 이야기한 복지국가의 구성요소로서 4대 사회보험과 제5의 보험으로 수발보험과 개호보험의 태동은 각 국가들의 복지예산비율과 일찍이 그것을 만족시켰던 국가들에게는 복지국가의 쇠퇴와 위기론은 의미가 없다고 볼 수 있을 것이다. 물론 현실적으로 전 지구적인 경제적 불황이 각 국가들의 재정적 어려움을 야기시키고 있는 것은 사실이다. 그러나 그것이 복지의 축소와 연결되는 것이 아닌 사회복지분야에서의 정부역할의 감소로 보는 것이 타당할 것이다. 또한 다른 측면에서의 접근은 실질적으로 구성원들의 삶의 질과 관계한다. 물론 경제적인 측면을 배제할 수는 없지만, 세계화라는 전략적인 측면에서 자본주의와 시장경제와의 연결만이 아닌 삶의 질적 평준화와 발전의 의지와도 깊은 연관을 맺고 있다고 볼 수 있는 것이다. 이러한 현상은 이윤의 추구로부터 자연스럽게 분배로 이어지

경제적 악화로 복지의 축소 또는 위기와 연결되고 있다. 그러나 독일과 일본은 오히려 국가적 개입으로 고령사회에 대비하는 제5의 보험을 운영하고 있다. 이것은 경제적 상황과 국가의 복지 개입이 경제적 상황과는 반드시 연결된다는 사실과는 배치되며, 에스핑 안데르센이 이야기했듯이 복지국가의 위기에 대한 논의가 "국가"에만 치중하고 있다는 지적은 복지 다원주의 개념에서 또 다른 분야에서의 위기가 함께 논해져야 함을 의미한다.

는 구도를 통하여 경제적 불황임도 불구하고 복지예산의 축소로 바로 연결되고 있지 않음을 증명하고 있는 것이다. 그러므로 이것은 보편적 복지국가로부터 잔여적 복지국가로 전이가 복지국가의 쇠퇴를 의미하지 않는다는 것이다.

이런 측면에서 발생하였던 복지국가 위기론은 복지국가의 쇠퇴가 아닌 복지에 있어서 구조적인 재편에 의한 복지예산 증감에 있어서 둔화의 의미로 접근하는 것이 타당할 것이다. 이런 상황에서 고령화라는 화두는 노인장기요양보험제도를 도입하면서 우리사회에서도 급속한 사회적 부담을 가중시켰다. 그 이유는 그 문제를 위한 해결책이 사회적 부담으로 작용할지라도 이러한 노인장기요양제도의 도입을 시대적 소명으로 받아들이자고 주장한 사람들이 있었기 때문이다. 그래서 김광희는 이 제도가 시행되기 전에 이미 그 당위성은 인정하나 그것의 시행에 따른 제도적 재정적 어려움을 이야기한 적이 있다(김광희, 2004). 앞에서도 언급했지만 노인에 대한 사회적 보장을 실시하고 있는 국가는 모두 선진국들이다. 대부분의 선진국들은 이미 수십 년에 걸친 고령화 과정에서 노인케어에 연관된 정책들을 수립하였다. 많은 선진국들에 있어서 노인케어의 방법이나 정책들이 다양하게 전개되고 있음에도 독일이나 일본 그리고 우리나라는 노령화과정이나 경제적 상황이 다르지만 노인케어를 위하여 세 나라 모두 제도화된 사회보험을 운영하고 있다.

법적 제도적인 노인케어를 포함하여 우리사회의 가정에서는 아직도 전문적인 도움 없이도 노인에 대한 케어는 이미 광범위하게 이루어지고 있었다. 그러나 이것만으로는 노인에 대한 케어는 부족하며, 전문적인 측면에서 장기간을 요구하는 케어를 가족과 친척들이 감당한다는 것은 매우 어려울 것이다. 왜냐하면 거기에는 수많은 재정적인 부담이 뒤따르게 될 것이기 때문이다. 따라서 우리에게는 더욱더 과학적인 노인케어, 전문적인 노인케어가 요구된다고 하겠다. 이런 측면에서 노인에 대한 전문적인 케어는 노인의 생활세계와 생존기간을 고려하여 노인케어를 위한 과정을 계획하면서, 노인의 자립 가능성과 자기규정을 정립시키는 작업을 해야 할 필요가 있다. 그것을 위해 우리사회는 아주 기본적인 것부터 철저히 준비하여야 하며 더욱 빠르게 다가오는 초고령사회를 편안하게 맞이할 수 있을 것이다.

결론적으로 노인케어에 관한 시각에서 노인에 대한 전문적인 자기이해와 능력이 케어에 연관된 보험법을 통하여 노인케어를 위한 봉사와 시설의 하부구조에 대한 최종적인 책임을 가지는 것은 아니지만, 새로운 사회보장 형태로서 노인케어는 협동과 협력의 극대화를 통하여 공통적인 책임을 현실화 할 수는 있는 것이다. 그러므로 현대사회의 전체적인 부양구조는 케어의 사회보험화를 통하여 해결될 수도 있지만, 인간의 가족구조 속에 감정적인 측면으로 녹아들어 있던 부양문제를 사회구조의 변화에 따라 제도적 정책적인 측면에서 접근하는 것뿐만 아니라 역사적으로 내려온 문화적 생활방식에 대한 회복과 함께하여야 할 것이다. 왜냐하면 노인케어에 있어서 문제발생 원인은 고령화에도 있지만 전통적인 측면의 가족의 붕괴에도 커다란 문제의식을 가져야 하기 때문이다.

4. 사회복지와 노인케어

우리들이 살고 있는 사회는 산업사회, 고령화 사회, 고령사회 그리고 복지사회 등으로 불리고 있다. 그런 사회는 인간의 삶의 보장과 질적 상승이라는 과제를 해결하기 위해 노력하는 사회로서 그것을 위하여 국가의 개입에 의한 분배를 추구하는 다양한 사회복지정책으로 극복하려고 하였다. 또한 이런 현상은 국가 개입에 의한 복지국가로부터 복지의 토대의 다변화를 지향하는 복지체제로의 전이를 의미한다.[7] 그러므로 고령사회의 도달로 말미암아 우리나라와 다른 국가들의 사회복지에 대한 재정적 어려움으로 사회복지에 대한 국가적 재인식과 그 추구방식의 변화에 대한 분석은 의미가 있을 것이다. 노인케어가 종속변수인 경제력, 탈가족화, 탈상품화, 탈시설화에 있

7) 기존의 사회복지에 대한 연구는 국가의 행위로부터 출발되는 국가복지를 중심으로 이루어져 왔다. 이것에 대하여 에스핑 안데르센은 시장과 국가와의 관계에 초점을 맞추어 복지체제론을 전개하였다. 더 나아가서 그는 기존의 전통적 가족복지 개념을 포함시켜 가족을 복지체계의 한 축으로 간주하면서 국가-시장-가족이라는 복지구도를 그리고 있다. 그의 복지체계론은 사회복지의 국가 중심성을 극복하여 사회복지의 주체로서 가족의 기능을 회복시켜야 함을 주장하고 있다.

어서 사회복지적인 측면에서 한국과 복지국가, 복지체제에서 어느 정도 작용하고 있는가를 아래의 <표 20-1>과 같이 정리할 수 있을 것이다.

<표 20-1> 한국, 복지국가와 복지체제에 대한 질적 비교

	한국	복지국가	복지체제
경제력	→	↗	↗
탈가족화	↗	→	→
탈상품화	↘	↗	→
탈시설화	↘	↗	↗

사회복지를 지향하는 지표로서 차별화된 변수에 의한(경제력, 탈가족화, 탈상품화, 탈시설화) 기존 선진국들의 사회복지에 대한 국가경영으로부터 복지토대의 다변화를 통한 시장화와 민영화와 같은 새로운 입장으로 변화되고 있음을 보여주고 있다. 그러므로 경제적 도약과 사회복지에 관심이 증대되고 있는 개도국 형태의 국가들이(미약하지만 자연스럽게 형성되어진 각종 복지형태들로부터 국가독점에 의한 복지형태로 전환하는) 이미 경험적으로 경제적 지출이 많은 복지국가의 형태를 추구하는 데 대한 반성적 작업이 뒤따라야 한다. 즉 전 지구적인 고령화 현상으로 인하여 사회복지를 추구하는 과정에 있는 국가들은 기존 복지국가의 태동할 때와는 다른 방법적 토대가 형성되어야 함을 이해할 수 있다. 산업화과정에서 발생하는 문제들을 당연한 것으로 간주하면서 모든 사회 구성원의 삶을 국가가 책임지려고 하는 기존의 복지선진국들의 한계를 극복하는 것으로부터 복지국가를 추구하고 있는 우리나라는(네 가지 변수의 화살표가 복지국가와 복지체제와는 전혀 다른 방향) 그 의미를 받아들여야 할 것이다.

사회복지의 측면에서 우리나라의 위치는 노인들의 산술적 증가만을 요인으로 사회복지의 제도화를 생각할 수는 없을 것이다.[8)] 왜냐하면 한편으로는 우리나라 사회적 여건의 변화로 인구구조의 문제는 노인부양에 심대한 영향을 미치는 요소로 작용할 것이며, 다른 한편으로는 그 제도를 유지하기 위한

8) 우리나라의 경우 2000년 현재 총인구 중에서 남성인구비율은 49.3%, 여성은 50.7%로 나타나고 있지만, 노인들에 있어서 남성노인의 비율은 38.2%, 여성노인은 61.2%로 상대적으로 높은 수준을 보이고 있으므로, 우리나라도 인구의 여성화로부터 자유롭지 않음을 보여주고 있다.

재원은 경제적으로 독립적인 노인의 감소로 이어져 매우 어려운 현실에 봉착할 수 있기 때문이다. 그것의 근본 원인은 우리사회의 과학기술의 발달과 물질주의의 심화로 인하여 노인인구 증가 그리고 저출산의 인구구조라고 할 수 있다. 전자의 급속한 영향으로 후자의 의미가 우리나라에서는 더욱 심화되어 나타나고 있는 것이다. 사회복지적인 측면에서 아주 오랜 기간 동안 충분하지는 않았지만 정신적·물질적 욕구와 욕망을 개인과 가족이 흡수하던 체제로부터 사회가 책임지는 체제로의 전이과정에서 시스템에 대한 의존보다는 사회 전체적으로 신뢰라는 것이 전제되어야 한다. 급격한 시스템의 전환은 오히려 사회적 신뢰에 위기를 가져올 수 있기 때문이다.

우리사회의 고령화 과정이 서구사회의 전철을 밟는다고 해서 그 해결방법도 서구사회가 실행하고 있는 정책을 도입하려 하는 것은 시대착오적인 생각이며, 그것은 우리의 나태함으로부터 비롯된다고 본다. 노인을 케어하기 위하여 서구사회의 제도적 도입과 그 흐름에 동참하지 않는 것이 사회복지의 후진성을 담보한다는 인식으로부터 탈피가 우선적으로 우리에게는 절실하다고 본다. 그것은 그동안 우리의 노인문제에 대한 논의의 수준을 정치·경제·사회·문화적으로 비교할 수 없는 외국의 사례에 대한 연구가 아닌 복지선진국들의 수준에 맞추어야 한다는 강박관념 속에서 소개와 모방 그리고 모델화 작업에 지나지 않았음을 의미한다. 즉 이론적 토대로서 일방적인 일본의 개호보험제도에 대한 연구 그리고 신자유주의 이데올로기에 동조로 인한 우리나라의 취약한 경제구조는 노인케어에 있어서 전통적인 의미에 호소하여 가족 기능을 통한 사회보장의 길을 가는 것이 적절할 것이다.

사무엘 곰퍼스(Samuel Gompers, 1850~1924)[9]는 사회보험으로 빈곤을 제거하거나 예방할 수 없다고 하였다. 그러면서 사회보험은 근본적 해결책이 아니며 사회적 불의를 공격하지도 못한다고 하였다. 우리나라는 노인케어를 대비하려는 정책결정을 위하여 곰퍼스의 말을 잘 살펴보아야 한다. 왜냐하면 우리사회에서 이혼율의 증가 등과 같은 가족해체와 같은 사회적 분위기는 이미

9) 사무엘 곰퍼스는 19세기 말부터 20세기 초까지 활동하였던 영국 출신의 미국 노동자로 미국노동총연맹(AFL: American Federation of Labor)을 건설하여 회장직 역임하면서 급진적 사회주의보다는 온건한 경제적 요구를 통하여 노동자의 생활수준의 향상과 노동조건 개선을 위해 진력하였다.

위험수준에 도달해 있기 때문이다. 이것이 우리나라뿐만 아니라 모든 국가들의 노인인구 증가와 더불어 노인문제의 근원일 것이다. 그러나 우리의 정신세계에는 아직도 전통적으로 노인케어를 위한 소프트웨어가 잔존 유지되고 있다. 그 씨앗이 완전 소멸되어 노인케어를 위한 정책과 대치되면서 국가의 지원만을 호소하는 도덕적 무기력증으로 노인과 주부양 계층을 인도하여 경제적 파산으로 이어져서는 안 될 것이다.

이러한 현실의 극복만이 앞에서 논의된 우리사회에서 노인에 대한 케어문제를 해결할 수 있을 것이다. 노인문제를 단지 노인복지의 차원에서 접근하여 노인케어가 노인문제의 전부인 것처럼 인식해서는 안 된다. 그것에 대한 해결을 위해서는 좀 더 근본적인 접근이 요구된다 하겠다. 그것은 웃어른인 노인들을 대접하는 사회적 기풍을 조성하는 것이라 하겠다. 그러므로 독일에서 이미 경험하였던 노인문제들에 대한 해결책으로 노인문제 전문가인 프랑크 쉬르마허(Frank Schirrmacher)가 제시하였던 그것이 바로 가족복지의 회복이라 할 수 있으며, 가족복지는 교육적인, 어려서부터 인성을 중시하는 전인교육의 실현으로 이루어질 수 있을 것이다(Frank Schirrmacher: 2005). 그것은 유교문화권으로 효사상을 기반으로 하였던 우리사회의 전통적 가족윤리의 회복을 통하여 노인에 대한 케어와 부양의 당위성으로 인도할 수 있을 것이다. 그것을 통하여 사회적 혼란을 최소화하면서 클라이언트들의 사회복지의 평등과 분배적 의미뿐만이 아니라 사회복지를 위한 경제적 재정적 안정적 토대 건설의 의미에서 평등과 분배도 함께하는 우리나라만의 고유한 복지사회가 건설될 수 있을 것이다.

5. 사회복지와 윤리의식

여기서는 사회복지와 윤리에 대하여 이야기하려고 한다. 현대사회의 특징을 토대로 지칭하고 있는 명칭은 매우 다양하지만 대부분의 국가가 건설하고자 추구하는 사회는 복지사회이며 그 토대는 경제력이다. 그러므로 경제력뿐만 아니라 사회구성원 상호 간의 관심과 배려는 그것에 대한 제도적 추구를 위해서 오늘날 복지사회에서 가장 중요한 요소는 윤리이다. 그것은 사회복지의 정책적 실현을 위해서 철학이 필요하고 그 철학적 토대로서 윤리를 의미하는 것이다.

미국의 경제학자 갤브레이드는 윤리와 도덕에 대하여 이야기한 대표적인 학자로서, 그는 경제를 도덕이라는 바다에 떠 있는 섬으로 비유하면서, 윤리와 도덕에 토대를 두지 않은 경제는 사상누각으로 간주하였다. 그런 측면에서 모든 국가들이 복지사회를 경주하기에 복지를 실천할 수 있는 가장 중요한 원천으로 경제 건전성의 담보는 한편으로 사회복지의 윤리적 실천인 것이며, 다른 한편으로 사회복지의 건전성 담보를 의미하는 것이다.

오늘날 사회복지라는 것, 그 자체에 정당성을 부여하거나, 그것이 사회문제를 해결하고 행복을 가져다줄 수 있는 최고선으로 간주되는 경향이 있다. 그런 측면에서 사회복지의 실천에 있어서 제어하고 통제할 수 있는 그 무엇인가가 요구된다. 이미 복지선진국에서는 사회복지에 있어서 공급자와 수혜자 간의 제도적으로 체계화되어 있으며 그 토대가 형성되어 있다. 그러므로 현재 그것을 실천하려고 하는 후발 복지국가[10]에서 복지에 관련 문제 해결의 토대는 경제적 발전뿐만 아닌 사회복지윤리의 중요성인 것이다.

사회복지와 윤리는 매우 밀접한 관계성을 가진다. 왜냐하면 사회복지의 목적인 모든 인간이 평등하고 인간다운 삶을 살 권리가 있다는 명제가 윤리적 차원에서 매우 중요하기 때문이다. 특히 산업사회로 들어서면서 그 의미는 한층 더 배가 되었다. 앞에서도 논의가 되었지만 복지라는 개념과 사회복지는 역사적으로 오래전에 이미 존재하고 있었다. 산업사회에서 자본주의의 발전은 사회문제로서 노동문제를 야기시켰으며, 그것은 부의 집중과 빈곤문제를 심화시켰다. 부유한 자본가들의 사회적 부담에 대한 표현으로 자선이 행해졌는데, 자본주의의 심화로 그 가능성이 점점 낮아지고 있었다. 그것에 대한 부담으로 사회윤리적인 인식이 자선과 시혜에 대한 제도화 토대가 되었을 것이다. 사회윤리적인 측면에서 정부는 제도적으로 빈곤에 대한 정책

10) 산업혁명 이후 선진국으로 도약한 현 서구국가들은 복지국가로서 필요충분조건을 갖추고 있지만, 세계 2차 대전 이후 산업화를 추진하면서 선진국에 도달하려고 하였던 국가들은 사회복지 분야에 관심을 가지고 빠른 속도로 진행시키는 과정에서 많은 오류를 범하고 있었다.

을 수립하면서 현대적 의미의 사회복지가 등장하였다고 볼 수 있다. 그러므로 개인적 양심이 지켜야 할 덕목으로서 윤리는 사회복지의 정당성을 유지시킬 수 있는 근간인 것이다.

이미 논의된 것처럼 사회복지 실천에 있어서 윤리는 경제적인 측면과의 관계로부터 배제될 수 없을 것이다. 왜냐하면 경제는 현실적으로 인간의 사회복지 실천에 있어서 사회복지의 윤리에 가장 중대한 영향을 미칠 수 있기 때문이다. 세계화라는 전략적인 측면에서 자본주의와 시장경제와의 연결만이 아닌 삶의 질적 평준화와 발전의 의지와도 깊은 연관을 맺고 있다고 볼 수 있는 것이다. 그러므로 사회복지와 윤리와의 관계성 토대는 인간에 대한 관심과 배려이다. 이것의 현실화와 구체화된 실천이 분배인 것이다.

이러한 현상은 인간, 기업, 정부의 이윤 추구로부터 자연스럽게 분배로 이어지는 구도를 의미한다. 그러므로 분배의 토대인 재원은 건전성을 담보하여야 하며 분배는 윤리적이어야 하는 것이다. 그것이 사회복지에 있어서 윤리의 존재적 의미인 것이다. 선진복지국가들은 세계경제가 불황임도 불구하고 복지예산의 축소로 바로 연결되고 있지 않았다. 이것은 역사적인 측면에서 사회복지 이데올로기적, 정책적, 제도적으로 사회복지의 윤리적 토대의 건강함을 증명한다고 볼 수 있다. 그러므로 이것은 보편적 복지국가로부터 잔여적 복지국가로의 전이가 복지국가의 쇠퇴를 의미하지 않는다는 것이며, 이것이 윤리적인 측면에서 사회복지라 할 수 있다.

현재 우리에게 있어서 사회복지라는 의미와 그 체계화의 정도는 아직 미약하다. 그래서 사회복지에 대한 학문적 연구의 필요성과 그 독립성에 관한 당위를 주장하려고 한다면, 그것에 대한 철학적 토대가 우선적으로 형성되어야 한다. 역사적으로 그것의 근원은 종교로부터 흘러나와 윤리로서 작용하고 있으며, 그것은 사회복지를 위한 물적 토대뿐만 아니라 정신적인 것의 중요성도 강조되어야 할 것이다.

6. 편리함과 사회복지

모든 사람들은 안락하고 안정된 생활을 추구한다. 사람들은 편안하게 산다고 말한다. 그것을 위하여 개개인의 사람들은 복지에 관심을 가지고 있었으며, 사회가 그것을 제도화화하기 시작한 결과물이 사회복지이다. 사회복지의 목적은 더불어 잘사는 사회이다. 더불어 잘사는 사회는 편안한 사회이다.

편안한 사회는 산업의 발달 과정에서 편리한 사회를 지향하면서 많은 사람들은 우리사회를 돈만 있으면 살기 좋은 곳이라고 이야기하고 있다. 돈으로 편리함을 살 수는 있지만 편안함을 추구할 수는 없을 것이다. 이 의미를 다른 식으로 이야기한다면 우리 스스로가 우리사회에서 돈이 없으면 살기가 매우 어렵기에 편안하지 않다는 것을 자인하고 있는 것이다. 이것은 과거 35년 전에 발생하였던 인질사건에서의 떠올리게 하는 데자뷔처럼 무전유죄(無錢有罪) 유전무죄(有錢無罪)의 현재적 버전이라고도 볼 수 있을 것이다. 우리사회 구성원들의 우리사회에 편리에 대한 사고의 전형적인 결과인 것이다.

편리의 사전적 의미는 편하고 이로우며 이용하기 쉽다는 의미이다. 그 반대어로는 어느 한쪽만의 이익을 나타내는 불편이다. 그러므로 사회복지적인 측면에서 편리는 사회복지의 충분조건으로서 역할이다. 편리는 사회복지의 목적을 위한 단순한 수단으로서만 작용되어야 하는 것이다. 그런데 오늘날 우리사회에서는 편리라는 용어는 삶의 필수요소처럼 사용되고 있다. 수많은 제품들에 대한 설명의 핵심은 편리하다는 주장을 하고 있다. 그 이면에는 불편함은 우리사회 구성원들로부터 외면받는다는 것이다. 그 편리함의 끝은 인간의 본질인 도구를 만들어 사용하는 호모 파버(Homo Faber)에서 사용만 할 줄 아는 인간으로 변화되고 있다는 사실이다. 그것은 하나의 불편함도 인내할 수 없는 우리사회 구성원들의 편리 실현을 위한 생각들로 가스라이팅[11] 되고 있다는 사실이다.

---

11) 심리적 영향으로 혼란스럽고 자신의 판단을 신뢰할 수 없게 하여 상대방의 자주성을 교묘하게 붕괴시키는 언행을 의미하는 신조어이다. 가스라이팅(Gaslighting)은 1938년에 발표한 희극 가스등에서 유래되었다고 한다. 이런 이유로 이 용어는 범죄학적인 전문용어가 아닌 세뇌와 같은 의미의 일반적 용어이다.

우리사회에서 자동화의 의미는 편리의 현실화일 것이다. 아날로그(Analogue)는 불편하고 디지털(Digital)은 편리하다라는 시각이 우리사회, 범정부적인 기술에 대한 인식이다. 이것은 정보화사회가 디지털사회라는 의미에 대한 오해의 시작일 것이다. 디지털은 이것을 실현하기 위한 매우 고급 기술로서 역할을 수행하고 있다. 그러나 인간의 삶의 질적 상승을 위해 공장에서 생산된 상품들이 편리라는 이름으로 사람의 손길이 필요 없다면 사회복지적이라 할 수 없는 것이다. 정보화사회는 정보를 중요하게 간주하는 사회인 것이며 정보를 잘 사용할 수 있도록 하는 수단으로 디지털 기술을 이해해야 한다. 사회복지는 인간의 손길이 필요로 하는 그만큼 가치가 있어야 할 것이다. 왜냐하면 그것은 사람이 하기 어려운 일이나 할 수 없는 것들에 대하여 적용되어야 하기 때문이다. 이것이 또한 편리한 사회에 대한 오해인 출발인 것이다. 그러므로 그런 사회는 편리한 사회가 아닌 놀라운 사회인 것이다.

근본적으로 우리사회에서 편리의 추구는 우리나라의 경제적 수준에 비추어 그것은 지나친 과시의식이라 볼 수 있을 것이다. 이와 같은 흐름 속에서 현재와 같은 과잉현상 속에서 과유불급은 과거 사대주의 회귀에 대한 경계로서 우리사회가 깨우쳐야 할 교훈인 것이다. 그러므로 우리에게 있어서 중요한 사실은 편리함을 지향하는 사회가 살기 좋은 사회라기보다는 놀라운 사회라는 인식이 요구된다.

7. 경적과 사회복지

경적은 안전한 운전을 위한 운전자의 도구이다. 경적의 사용은 남용이 아닌 운전자의 도구로써 이용되어야 한다. 그것은 이동의 사회적 수단으로 경적이 신속한 이동보다는 안전한 이동을 담보해야 한다는 것이다. 경적은 교통복지의 수단으로 그 사용의 목적에 대한 의식은 복지사회의 건설을 위한 중요한 요소라고 할 수 있다.

사회복지는 사회구성원들의 편안함 삶을 보장해야 한다. 편안한 사회는 행복한 삶, 좋은 건강, 윤택한 생활을 보장하는 사회이다. 여기서는 편안한 삶을 추구하기 위해 인간이 발명한 자동차에 의해 편안함 삶을 어렵게 하고 있는 사회문제로서 우리사회의 자동차 경적의 남용에 대하여 논의하는 것은 의미가 있다 할 것이다. 이것을 통하여 우리사회의 편안함에 대한 불편을 제공하고 있는 근원적으로 오해로서 편리와 편안에 대한 구별적 접근할 수 있을 것이다. 그것은 편리함의 추구로부터 결과된 소음에 대한 가스라이팅적인 현상이라고 볼 수 있을 것이다.

그 결과로서 우리사회는 소음에 관대한 사회라 할 수 있다. 그 소음은 자동차 경적일 수 있고 상점에서 흘러나오는 음악일 수도 있으며 건설현장에서 발생하고 있는 소리일 수 있다. 우리사회에서 그것에 대한 인식은 활기차다는 것이다. 우리나라 대부분의 도시는 매우 소란스럽다고 한다. 아마도 고요보다 소음에 익숙해진 소음의 나라라고 할 수 있을 것이다. 우리사회에서 그 원인의 하나는 자동차이며 다른 하나는 상점에서 거리로 흘러나오는 상업적 목적의 소음과 건설현장에서의 소음이다. 여기서 논하려고 하는 경적은 자동차와 연관되어 있다. 자동차 자체에서 발생하는 소음뿐만 아니라 경적의 과도한 사용이 더 큰 원인일 것이다.

경적이란 말이 클락션(Klaxon)으로 더 익숙해져 있던 세대가 있었다. 단순히 사람을 놀라게 하였던 빠아앙이란 소리부터 부-웅 등 다양화된 클락션 소리는 한때 산업사회의 활력을 의미하였으며 부의 상징이기도 하였다. 자신이 누른 클락션 소리를 들어보는 것이 소원이기도 하였던 그 시절의 10대였던 아이들은 오늘날 50대 60대로 경적의 세대가 되었다. 그러나 오늘날 우리사회에서는 산업발전과 성장에 대한 지나친 강조로 자동차의 증가와 교통문화에 대한 소홀함은 문화지체를 야기시켰다. 그 현상으로서 경적은 과거의 향수로서가 아닌 소음으로서 놀람의 의미로 변화되고 있지만, 여전히 경적은 보행자뿐만 아니라 자동차운전자들을 놀라게 할 뿐 아니라 위협하고 있다. 그러므로 우리사회에서 운전자들의 습관적 현상으로 경적의 사용은 분노의 수단을 의미한다고 볼 수 있다.

사전적 의미에서 경적의 의미는 주의나 경계를 하도록 소리를 울리는 장치 또는 그 소리로서 일반적으로 주로 탈것에 장치한다. 여기서 주의나 경계는 타인에 대한 배려를 의미하는 것이다. 즉 타운전자나 보행자의 부주의에 대한 일깨움의 표시이다. 그러므로 경적은 단순히 내가 먼저 무엇을 하기 위한 경쟁적 수단으로 사용하는 것은 아닌 것이다. 경적의 정도는 지역이나 국가에 따라 다양하게 나타나고 있다. 일본이나 유럽을 여행한다면 경적과 같은 도심의 소음을 느끼지 못할 것이다. 반면에 우리나라에서 경적은 도심이나 주택가, 학교, 횡단보도에서 때와 장소를 가리지 않고 운전자의 일방적 행태로 나타나고 있다. 이것은 경적의 의미에 대한 역설적인 표현인 것이다. 즉 운전 중 주의나 경계라기보다는 운전자 자신의 분노 표시라고 보는 것이 적절할 것이다. 이러한 경적의 무모한 일상화는 무리한 경제성장으로 인한 문화적 지체 현상의 하나라고 할 수도 있을 것이다.

1990년대 이후 우리나라에서는 급격한 자동차의 증가와 과도한 자동차 구입이 발생하였다. 이것은 분배구조의 모순 속에서 한편으로 소득을 무시한 경제정책과 과도한 소비현상을 발생시켰으며, 자동차를 이동수단이 아닌 과시의 수단으로 간주하게 되었고, 그것은 자동차의 대형화로 이어져 가계부채로 이어졌으며, 다른 한편으로 과도한 노동시간 그리고 스트레스의 증가로 연결되면서 극단적 이기주의적인 운전 양태가 나타나게 된 것으로 분석 가능하다. 전자의 해결을 위한 운전 행태의 변화로 양보 없는 운전이나 과속 운전과 양심 없는 운전이 습관화되었으며, 그것의 방법으로 경적의 사용인 것이다. 그러므로 경적의 사용은 단순한 현상이 아닌 사회구조의 변화에 따른 것이기에 지역마다 정도의 차이가 나타난다. 그러므로 어느 지역은 매우 소음이 심하고 어느 도시는 상대적으로 조용함을 느낄 수 있다. 외국여행에 대한 후기에는 많은 부분이 조용함에 대하여 어색하게 이야기하고 있다. 지역을 방문할 경우 그 지역의 첫인상은 매우 중요하며, 그 첫 만남은 방문객의 이동수단에 대한 결정이다. 이동수단의 사용방식이 교통문화인 것이다. 그 한 부분이 경적 소리이다. 그러므로 경적의 사용도 생각이 있어야 한다.

어떤 사람은 도시의 활력으로 많은 차와 사람들의 쉼 없는 움직임에 대하여 말한다. 시대의 변화와 흐름은 그것의 정도와 방식을 규정하고 있으며, 우리사회는 그것을 도시의 발전의 중요한 척도로 간주하고 있다. 이런 이유로 도시의 도로가 자동차 중심으로 건설되었다. 사람이 먼저라는 구호는 우리사회의 이러한 문제의식으로부터 출발한다. 모든 사회구조는 사람 중심으로 이루어져야 한다. 자동차보다 보행자가 먼저는 작은 한 부분이다. 그것을 위한 실천으로 현재 우리사회에서 속도의 제한 구역처럼 경적의 제한 구역의 설치와 같은 법적으로 규정하는 것도 방법일 것이다. 복지사회 건설을 위한 교통복지의 실천 이동수단의 편리성 강조뿐만 아니라 이동수단에 대한 사용이 편안한 사회 건설의 목적이 되어야 할 것이다. 그러므로 경적은 자동차가 보행자보다 먼저 가려는 수단이 아닌 보행자의 보호를 위해 존재한다는 경적의 사용에 있어서 인식의 전환이 우선되어야 하는 것이다.

8. 안전의 의미와 사회복지

오늘날 우리사회에서 안전의 의미는 매우 중요하다. 왜냐하면 이것은 사고의 발생 유무뿐만 아니라 사고처리와 그 과정에 있어서 많은 문제점들과 연관되어 있음에도 불구하고 항상 그 원인은 안전 불감증으로만 조사되었기 때문이다. 그동안의 안전 불감증의 발생은 피해자의 편에서도 있지만 가해자를 포함하여 안전에 대한 관리의 측면에서 국가적인 책임은 회피되고 있었다. 그러므로 우리사회에서는 안전에 대한 사회적 의미는 피해자뿐만 아니라 가해자 그리고 국가적 책임과 제도적 접근에 대한 제고가 필요하다는 것이다. 그 제도의 결과물로서 안전한 사회의 건설이 사회복지의 목적이라고 할 수 있다.

인간의 삶의 질적 상승을 목적으로 하는 사회복지란 사회구성원들이 안전한 사회에서의 생활을 통한 모든 사회구성원들의 사회통합을 의미한다. 이것을 위하여 우리사회는 두 가지 점에 대해서 깊은 성찰이 요구된다.

하나는 안전한 사회에 대한 깊은 성찰이다. 이것은 사건·사고에 대한 철저한 성찰을 의미한다. 이것은 사건·사고에 대한 책임의식에 대한 성찰이다. 우리사회에서 안전에 대한 문제는 안전 불감증의 유무뿐만 아니라 우리사회 구성원들의 안전 불감증에 대한 인식과 연관되어 있다고 볼 수 있다. 이것은 안전 불감증이 있다 없다라는 이분법적인 접근만을 의미하는 것은 아니다. 왜냐하면 2014년에 발생하였던 세월호 사고가 10여 년이 흘렀음에도 불구하고 사건에 대한 확실한 해결 기미가 아직도 보이지 않고 있기 때문이기도 하다. 그것에 대한 정확한 조사가 필요할뿐만 아니라 안전문제에 있어서 중요한 것은 제도나 매뉴얼 이전에 정부, 기관 기업, 학교 등 리더들의 건강함이라고 할 수 있다. 리더들의 건강함이란 책임을 의미한다. 왜냐하면 안전에 대한 사고는 철저한 준비에도 불구하고 발생하기 마련이기 때문이다. 그러므로 이것은 사건 사고 발생 시 대처와 그것에 대한 책임과 책임소재의 중요성 의미하는 것이다. 이미 우리나라는 상식적으로 건강하지 않은 리더로 인하여 많은 부모들은 귀한 자식들을 잃었고 국민들은 많은 고통을 겪었다. 안전한 사회란 사회구성원들이 고통으로부터 해방된 사회를 의미하며, 그런 사회란 안전에 관련된 사람들이 책임의식이 분명한 사회로서 그것이 안전의 수준이라 할 수 있을 것이다. 그러므로 한 나라의 안전 수준은 그 나라의 사회복지 수준을 담보하는 것이다.

다른 하나는 안전관리에 있어서 신뢰성에 대한 성찰이 필요하다. 우리사회에서는 안전문제 발생 시 정작 자신들이 사고 발생의 방관자이며 주체임을 인식하지 못하고 있을 뿐만 아니라 오히려 안전문제 해결을 위한 매뉴얼과 제도를 만들고 있는 아이러니들이 반복적으로 발생하고 있다는 것이다. 이런 측면에서 안전은 신뢰의 문제일 것이다. 그들이 만든 제도나 매뉴얼과 그 운영에 대한 신뢰문제인 것이다. 그러므로 우리사회의 안전에 대한 건전성을 담보하기 위해서는 그것에 대한 제도나 매뉴얼보다는 우리 국민들의 삶의 목표, 목적에 대한 인식의 전환을 위한 신뢰의 회복이 요구되는 것이다. 그것은 사고유발자들에 의해 만들어진 안전에 대한 매뉴얼이나 제도보다는 건강한 리더뿐만 아니라 매뉴얼이나 제도를 만드는 과정에 대한 투명성 제고도 우선되어야 한다는 사고방식을 의미하는 것이다.

결론적으로 안전한 사회란 사회구성원 개개인의 안전에 대한 인식뿐만 실질적인 안전에 대한 책임의 사회구조적인 제도에 대한 신뢰가 전제되어야 할 것이다. 전자의 의미는 삶에 대한 사적 책임의 강조이다. 후자의 의미는 국가기관뿐만 아니라 안전에 연관된 공적기관들의 법적 책임을 의미한다.

그러므로 안전의 중요성은 사고에 대한 예방과 예방의식이 강조되어야 하지만 철저한 예방을 위해서는 발생한 사고에 대한 철저한 조사와 실질적으로 책임에 대한 사회적 신뢰를 의미하는 것이다.

9. 우리사회에서 문제의식과 사회복지의 의미

우리나라는 급격한 산업발전의 결과에 대한 인식의 전환이 필요하다. 논의되었던 과시사회, 인적자원의 문제, 사회구조의 변화에 의한 자동차문화의 문제 등에 따른 안전에 대한 것들은 급격한 산업화의 결과로서 부정적 측면의 문제에 대한 제고를 의미한다. 작은 국토에 많은 사람이 살고 있는 우리사회에서 산업화는 사회구성원들에게 삶의 전환을 위한 계기가 되었다. 산업화 초기 우리사회는 잘 살려고 하는 노동의 주체로서 노동자들의 노동을 희생으로 간주하려는 경향이 두드러졌다. 그러나 우리사회에서 1990년대 말부터 노동자들에 대한 사회의 변화는 적절하지 않은 노동에 대한 보상을 위한 새로운 정책적 전환으로 사회복지에 대한 관심이 시작되었다는 것이다.

휴먼서비스[12)](Human Service)로서 사회복지는 인간이 인간의 삶을 양적으로나 질적으로 증진시키는 것을 목적으로 한다. 전자에 있어서 인간은 사회복지사이며 후자의 인간은 사회복지사들은 사회복지의 목적인 사회통합을 실현하기 위해 한편으로는 미시적인 측면에서 계층별 서비스와 같은 방법적인 접근방식을 통하여 정책적으로 모든 국민들에게 사회복지 실천에 기여하고 있으며, 다른 한편으로는 거시적인 측면에서 소득, 건강에 연관된 정책의 제도화 등을 실현시키고 있는 것이다.[13)]

12) 사전적 의미에서 휴먼 서비스는 인간을 위하여 생산된 재화를 운반하거나 배급하고 그와 관련된 생산과 소비에 필요한 노무를 제공하는 일을 의미한다. 복지국가를 지향하고 있는 고도화된 현대산업사회에서 사회의 구성원들은 휴먼 서비스의 대상자이면서 제공자이기도 할 것이다.

13) 실질적으로 우리나라에서 장애인복지관이나 노인과 연관된 시설의 건립이 주변에 거주하고 있는 주민들의 반대로 건립되지 못하는 경우가 자주 발생하고 있다. 즉 사회복지시설을 혐오시설로 간주하고 있는 의식 속에서는 사회복지에 대한 인식이 몇몇 사람들만 위한 것으로 간주하는, 그것으로 인하여 Nimby(Not in my backyard)현상이 발생하고 있다고 볼 수 있을 것이다.

우리나라의 복지국가로의 진입은 지난 50여 년 동안 우리나라의 국민들의 노력에 의한 경제적 성장의 결과물이라고 할 수 있을 것이다. 그러므로 이것에 대한 전 국민적 보상에 연관된 제도와 정책들로서 사회복지는 매우 중요한 분야이다. 이와 같은 이유로 우리사회에서 사회복지의 목적을 설정하기 위한 당위성은 두 가지 토대로서 하나는 인적자원이며 다른 하나는 경제성장과 분배를 위한 정책적 추구이다.

1980년대 이전에는 사회복지의 분야에서 인적자원 양성을 위하여 제도적인 측면보다는 임시적인 과정으로 진행되고 있었다. 한국전쟁 전후 사용되었던 사회사업(Social Work)은 1980년대부터 사회복지라는 용어로 우리사회에서 함께 사용되기 시작하였다. 전자의 의미는 경제원조와 함께 선교사업의 하나로서 기독교 계통의 대학에서 사회사업학과가 개설되어 인적자원을 양성하였다는 것이다. 후자의 의미는 1980년대 이후 우리사회에서 사회복지가 전공분야로 등장하기까지는 10여 년 정도의 기간이 소요되었다는 것이다. 본격적으로 1990년대에 일부 대학에서는 사회복지학과가 등장하였으며 사회사업학과를 고집하던 대학들도 그 명칭을 사회복지학과로 학과명칭을 변화시켰다. 현재는 사회복지학과가 분화되고 있는데, 노인복지학과, 아동복지학과, 케어복지학과 가정복지학과 등이 그 예라 하겠다. 사회복지분야에서도 장애인복지, 아동복지, 여성복지, 노인복지 등 각각의 복지관의 형태로 존재하고 있다. 모두 사회복지라는 토대 위에서 분야별로 복지영역을 확장 형성 발전하고 있는 것이다. 여기서 중요한 사실은 다양한 사회복지분야들이 분리를 의미하기보다는 실질적으로 그 영역의 분리가 사회복지사의 측면에서 전문성의 의미와 그것을 통한 사회통합의 토대로 작용하고 있다는 것이다.

우리나라는 영토와 인구에 있어서 경제적 성장을 위한 외적 조건은 매우 열악하였음에도 빈곤의 탈피를 위한 개인적인 치열한 노력이 결과적으로 경제성장의 원동력으로 작용하였다. 사회복지사의 전문성은 그런 노력의 결과에 대한 적절한 보상을 위한 정책적 기능으로서 신속하게 작동되어야 할 것이다. 그것을 위하여 사회복지분야에서 체계적인 교육을 통해 양성된 인적자원들은 좁은 의미의 사회복지적인 접근 방식으로부터 급속한 성장 위주의 정책 측면에서 요구되는 성장 위주의 정책으로 야기된 사회구성원들의 불평등 문제 해결을 위해 적극적 사회복지 실현의 토대가 되어야 할 것이다. 그들은 우리사회의 불평등 원인으로 규정되고 있는 분배적 측면에서 문제의식을 가지고 보편적 사회복지 등장의 초석을 다지고 있는 것이다.

산업화로 인한 노동자의 삶에 대한 관심은 20세기에 들어오면서 전 세계 모든 나라들에서 최고의 덕목은 모든 자국민들의 풍요로운 삶의 추구로 전환되고 있다. 이것을 위한 제도화의 산물이 사회복지라고 할 수 있다. 사회복지에 있어서 산업혁명이 매우 중요한 요인으로 작용한 것은 사실이다. 이것은 한편으로 인간에게 더 많은 풍요를 약속하였지만 다른 한편으로 인간의 삶을 위협하는 많은 사회문제들을 양산하였다고 볼 수 있을 것이다. 이와 같은 사회문제들의 해결이 다가오는 사회적 변화에서 인간의 생존권뿐만 아니라 삶의 질적 상승을 가능성을 높일 수 있을 것이다. 그러므로 현대사회에서 사회복지를 추구하는 복지국가들은 제1의 산업혁명이 공업화를 의미한다면 제2의 산업혁명의 측면에서 휴먼서비스에 대한 관심과 투자가 증가하고 있는 것이다.

참고문헌

FTA 교수연구회(2007). 한미 FTA 바로보기. 동행.
강인수(2005). 한국경제의 이해. 교보문고.
강정한, 김문조, 김종길, 김홍중, 유승호(2013). 현대 사회학 이론. 다산출판사.
게르트 브라튼베르크/히스테리아 역(2024). 이갈리아의 딸들. 황금가지.
게일 테일러Gary Taylor/조성숙 역(2010). 이데올로기와 복지. 신정.
권영두(2007). 새로운 환경과 공해. 신광문화사.
귀스타브 르 봉(2024). 군중심리. 문예출판사.
그라함 룸(Graham Room) 저, 인경식 역(1985). 복지사회학. 한국복지정책연구소 출판부.
김광희(2004). 노인요양보장제도 도입방안에 관한 연구(재원조달조달체계를 중심으로). 대전대학교 대학원 박사학위논문.
김귀환(2008). 2008년 순천시 장애 아동 여성장애인 실태조사 결과보고서. 순천제일대학 사회복지과.
김귀환(2008). 사회복지입문. 나눔의집.
김귀환(2010). 독일의 사회보장. 월간 생명보험 2010. 8.(pp. 32-45)
김귀환(2017). 노인복지론. 정민사.
김귀환(2017). 인간행동과 사회환경. 정민사.
김귀환(2019). 사회복지법제론. 정민사.
김귀환(2019). 사회복지정책론. 정민사.
김귀환(2023). 사회복지학개론. 정민사.
김귀환(2023). 정신건강복지론. 정민사.
김대우(2005). 경제학원론. 진한엠엔비.
김수현, 진미윤(2021). 집에 갇힌 나라, 동아시아와 중국. 오월의봄.
김영하(2024). 작별인사. 복복서가.
김용조(2006). 위기 이후 한국경제의 이해. 새미.
김태준(2008). 시설부랑인의 삶의 질 결정요인에 관한 연구. 서울기독대학교 대학원 박사학위논문.
남미애, 홍봉선(2000). 청소년복지론. 양서원.
남세진, 조흥식(2000). 한국사회복지론. 나남.
데니스 노마르크아네로스 포그예센(2024). 가짜노동. 자음과모음.
디트리히 본회퍼 저, 조병준 역(2015). 선데이. 샘솟는기쁨.
레이몽 부동 저, 민문홍 역(2011). 사회변동과 사회학. 한길사.

레이첼 카슨 저, 김은령 역(2011). 침묵의 봄. 에코리브르.
로널드 에이커스(Ronald L. Akers) 저, 민수홍 외 역(2000). 범죄학이론. 지산.
로버트 라이시 저, 안기순 역(2015). 1대99를 넘어. 감영사.
로버트 라이시 저, 안기순 역(2016). 자본주의를 구하라. 감영사.
마이클 샌델(Michael Sandel) 저, 이창신 역(2010). 정의란 무엇인가. 김영사.
버나드 쇼 저, 김일기 · 김지연(2019). 쇼에게 세상을 묻다. 도서출판 뗀데데로.
석인선(2007). 환경권론. 이화여자대학교출판부.
송병순 · 이영호(2008). 현대사회와 교육. 문음사.
스튜어트 클레그 · 데이비드 던클리 저, 김진균 · 허석렬(1987). 조직사회학. 풀빛.
심연수(1998). 복지국가의 이해. 인간사랑.
안병영, 김인회(2009). 교육복지정책론. 다산.
알렌 리스카(Allen E. Liska) 저, 장상희 외 역(1986). 일탈의 사회학. 경문사.
알바 갓비(2024). 친밀한 착취. 니케북스
애나 렘키/김두완 역(2024). 도파민네이션. 흐름출판.
야마모토 케이(2024). 질투라는 감옥. 북모먼트.
양정화 외 4인(2002). 사회복지정책론. 양서원.
연세대학교 김대중도서관 기획(2024). 김대중 육성회고록. 한길사.
울리히 벡 저, 홍성태 역(1997). 위험사회. 새물결.
울리히 벡 · 엘리자베스 벡-게른하임 저, 강수영 · 권기도 · 배은경(1999). 사랑은 지독한 혼란. 새물결.
원석조(2002). 사회문제론. 양서원.
임춘식(1997). 현대사회와 노인문제. 유풍.
장 자크 루소 저, 이재형 역(2020). 인간 불평등의 기원론. 문예출판사.
전상인(2009). 아파트에 미치다. 이숲.
전태국(1997). 지식사회학. 사회문화연구.
정우성 외 11인(2001). 교정복지학의 이해. 홍익제.
정찬(2023). 완전한 영혼. 문학과 지성사.
조나단 터너 저, 김윤태 · 김근태 · 김명숙(2019). 현대사회학 이론. 나남.
조너선 하이트 저, 이충호 역(2024). 불안세대. 웅진지식하우스.
조류쥬 비가렐로 저, 이상해 역(2002). 강간의 역사. 당대.
조흥식 외(2000). 여성복지학. 학지사.
주거권운동네트워크(2010). 집은 인권이다. 이후.
지그문트 바우먼 저, 이수영 역(2010). 새로운 빈곤. 천지인.
최선화 외(2000). 사회문제와 사회복지. 양서원.
최재율(2009). 농촌사회학. 유풍출판사.
카롤린 엠케 저, 정지역 역(2021). 혐오사회. 다산지식하우스.

클레어 키건(2023). 이처럼 사소한 것들. 다산책방.
프란쯔 자베르 카우프만 저, 정연택 역(2005). 사회정책과 사회국가. 21세기사.
프랑크 쉬르마허 저, 장혜경 역(2005). 고령사회 2018. 나무생각.
프리드리히 엥겔스 저, 김대용 역(2012). 가족 사유재산 국가의 기원. 두레.
필나이트 저, 안세민 역(2023). 슈독. 사회평론.
한나 아렌트(2024). 인간의 조건. 한길사.
한림과학원 편(1993). 복지국가의 현재와 미래. 나남.
한미 FTA 저지 범국민운동본부 정책기획단(2007). "한미 FTA는 우리의 미래가 아닙니다".
한병철(2012). 피로사회. 문학과지성사.

Charles Zastrow and Lee H. Bowker.(1996). *Social problems: Issues and solutions*. Nelson-Hall Publishers.
D. Stanley Eitzen, Maxine Baca Zinn, Kelly Eitzen Smith.(2014). *Social Problems*. Pearson.
David Macarov(1978). *The design of social welfare*. Holt, Rinehart and Winston.
Francis Adyanga Akena.(2014). Poornography and the Entrenchment of Western Hegemony: Deconstructing the Kony 2012 Video, Socialist Studies. *The Journal of the Society for Socialist Studies Vol. 10*.
Hinrich Fink-Eitel.(1989). *Michel Foucault zur Einfuehrung*. Hamburg.
Mashall T.H.(1964). "Citizenship and Social Class" in Class, Citizenship, and Social Development: Essays by T.H. Mashall. chap IV. New York: Doubleday &Company Inc: 65-122.
Mcnutt. J. G.(1994). Social Welfare Policy and Environment: It is time to Rethink our Traditional Models. In Hoff. M. and Mcnutt J. G.(eds)(1994). *The Global Environmental Crisis: Implications for Social Welfare and Social Work*. Aldershot: Avebury.
Nobert Elias,(1976). *Ueber den Prozess der Zivilisation*. Ffm.
Robert. A. Nisbet.(1966). *The Sociological Tradition*. New York.
Stefan Breuer.(1995). *Die Gesellshaft des Verschwindens*. Hamburg.
Ulrich Beck.(1986). *Riskogesellschaft Auf dem Weg in eine andere Moderne*. Ffm.

http://naturis.tistory.com/371
http://www.globalwindow.org/
http://www.kostat.go.kr/
http://www.mogef.go.kr/
http://www.mw.go.kr/

https://cukkyoji.tistory.com/592
www.moel.go.kr/
www.moj.go.kr/
www.nhis.or.kr
www.police.go.kr

찾아보기

본문색인

가스라이팅 348
가정보육 117
가족해체 157
갈등현상 39
감정적 형벌 243
개호보험 340
건강문제 161
건설공화국 204
게토화 100
결속효과 31
경건주의 66
경자유전 285
경제결정론 40
경제복지 297
경제활동참가율 71
고립화 43
고용의무할당제 68
곡물잉여생산국 282
골렘 효과 38
공동중독 175
공적연금 247
공해병 31
과다경쟁 28
과시사회 333
과잉보호 78
과잉사회 335
관료제화 28
교권운동 67
교도소 263
교육권 65
교육복지 237
교육정보화 324
교육차별 65
교정복지 261
구빈정책 55
구성효과 31
구조기능주의 32
구조조정 217
국가부조 46
국제연합 125
국제통화기금 27, 219
궁핍감 243
권력이동 325
균등발전 29
금단증상 174
기대수명 79
기업복지 227
기회구조 32
낀세대 190

내면화 41
내성 174
노노갈등 223
노동공갈 258
노동수요 132
노동시장 95
노동의 젠더화 192
노동친화적 213
노령화 현상 23
노사정위원회 224
노인빈곤율 131
노인학대 140
농촌복지 284
니트족 58

다문화 305
대량생산 289
대량채취 289

대량폐기 289
대중문화 51
대중사회 51
도시화율 28
도파민네이션 184
독거노인 139
독신가족 188
돌봄 21
동성가족 199
동성애 257
딩크족 58

러다이트운동 217
로렌츠 곡선 245
로마클럽 291

매매춘 153
모럴해저드 99
몬트리올 의정서 301
무규범 34
문화적 갈등 34
문화지체 350
문화폭력 310
물질만능주의 147
미래 쇼크 325
미래학 325
밀레니엄 세대 189
밀리어네어 푸어 206

바이마르 헌법 52
반핵평화운동 296
배금주의 312
배타적 권리 290
범죄학 256
베버리지 보고서 54
베이비붐 139
부동이화 306
불안 세대 81
불안장애 170
불평등 23
불확실성의 시대 243
비경제적 비용 219
빈곤 포르노그래피 334
빈곤구조 45
빈곤선 249
빈곤의 여성화 94
빈곤화 95
빈집 207

사농공상 276
사망률 162
사춘기 78
사회병리학 34
사회유기체 34
사회친화적 213
사회통제 43
사회해체 23
사회화 32
삼자협동주의 226
상시노동자 222
상품화 56
상호교환 41
상호작용론 41
서열화 80
성도덕 156
성문화 151
성비 93
성산업 158
성소수자 199
성차별 20, 98
성평등 99
세계보건기구 163
세계화 26
소득5분위배율 247
소득불평등 245
소아성애 195
수발보험 340
스피드(speed)화 28
슬럼가 31

시대정신 26
시에라 클럽 290
시장근본주의 294
시장소득 247
시카고학파 38
식량 5대 곡물 278
식량위기 113
식량자급률 271
식량자원화 269
식량주권 282
식량파동 282
신념집단 175
신러다이트 217
신자유주의 293
신토불이 283
이차적 일탈 38
이촌향도 273
인간불평등의 기원론 251
인공지능 319
인구 불균형 30
인구론 269
인구문제 23
인구집중률 29
인류해방 91
인종차별 20
인지변수 256
인클로저운동 217
인터넷보급 322
일탈행위 23
임금노동자 119
임금차별 103

아노미 35
아파트 공화국 210
안락사 142
약물남용 174
약물의존 174
약물중독 34, 174
양육권 119
양육수당 248
여가문화 51
여가욕구 138
여성빈곤 95
여성장애인 72
역할체계 23
오일쇼크 339
완전 평등선 246
욜로족 58
원규 44
원조교제 155
웰다잉 142
웰빙 142
유배우자율 92
유행병 182
의료복지 184
이중곡가제 279

자기결정권 98
자기실현 127
자발적 사회운동 21
자살론 35
자아정체성 77
자유무역협정 281
자율성 238
자주복지 228
장유유서 193
재사회화 265
저연령화 177
전문직 337
전염병 161
전인교육 80
정보화 인간 323
정보화지수 322
정신보건위원회 172
정신장애 171
정신적 외상 151
정신질환 170
제3세계 91
제3의 물결 325
제5공화국 55
젠더화 100

젠더화된 착취 192
젠더화된 폭력 192
조직범죄 257
조합주의 56
주거권 202
주변화 95
주택금융 201
주택문제 31
중위소득 248
중증상해자고용법 68
지니계수 246, 247
직업소명설 216
질병관리청 164
질풍노도의 시기 77
징벌형 255

처분가능소득 247
천부인권 85
청소년기 77
청소년성매매 156
청소년인권 88
최저생계비 249
최저임금 224
치매 133
친밀도 198

코로나 19 26

타불라 라사 41
탈가족화 342
탈상품화 55
탈시설화 66
테크노크라트 320
텔레커뮤니케이션 320
토지개발공사 212
톨레랑스 306
특수교육 66
특수교육진흥법 67

파레토 법칙 334
파물루스 187
파밀리아 187
파이어족 58
팬데믹 167
평등화 40
폰지 사기 258
푸어노그래피 334
풍속범죄 258
피그말리온 효과 38

하위문화 32
학생인권조례 86
합계출산율 109
해외의존율 272
해외입양 118
향정신성 174
혈연가족 188
형무소 263
호모 파버 348
혼인건수 122
화이부동 306
화이트칼라 범죄 256
환경권 290
환경보호주의 295
환경복지 289
환경주의 290
후기노인 135
후기산업화 216
후분양제도 204
휴먼서비스 354
흑사병 162

기타
1차적 빈곤 249
3S정책 157
C세대 58
G세대 241
H세대 58

I세대 58
S세대 58
T세대 58
W세대 58
X세대 58
Z세대 112

인명색인

그로 할렘 브룬트란트 302
노베르트 엘리아스 321
다니엘 벨 320
다이아나 피어스 95
더글러스 쿠플란드 58
데이비드 매카로브 49
데이비드 콜먼 125
랄프 다렌도르프 40
레이몽 부동 31
레이첼 카선 290
로버트 라이시 239
로버트 머튼 23
로제타 셔우드 헐 67
루키우스 안나이우스 세네카 144
리차드 니스벳 23
마르시아 맥너트 297
마리아 몬테소리 66
막스 베버 216
막스 오토 로렌츠 245
밀턴 프리드먼 248
발레리 줄레조 210
버나드 쇼 27
벤자민 시봄 라운트리 249
브로니슬라브 말리노프스키 42
빌프레도 파레토 334
사무엘 곰퍼스 344
사무엘 오스틴 마펫 67
수잔 머커드 177
스탠리 홀 77
쏘스타인 베블렌 334
아우렐리오 페체이 291
알랭 투렌 320
알프레드 찜머른 339
앨빈 토플러 325
에드윈 레머트 38
에드윈 서덜랜드 37
에른스트 그린우드 337
에릭 홈부르거 에릭슨 77
에밀 뒤르껭 35
에스핑 안데르센 55
윌리엄 템플 52
윌리엄 헨리 베버리지 54
임마누엘 칸트 152
장자크 루소 244
조너선 하이트 80
조지 허버트 미드 41, 236
조지 호만스 41
존 맥카시 319
존 스튜어트 밀 43
존 캘빈 216
존 케네스 갤브레이드 243
찰스 라이트 밀즈 22
찰스 호튼 쿨리 236
칼 마르크스 39
칼 만하임 27
콜린 클라크 216
쿠르트 체덱 레빈 78
탈코트 파슨스 42
토마스 로버트 맬서스 113
토마스 험프리 마샬 201
프랑크 쉬르마허 345
하워드 벡커 38
허버트 스펜서 42
홀스트 오파숍스키 138

AUTHOR

저자소개

김귀환

고려대학교 사회학과 졸업

독일 뷔르츠부르크 대학 사회학 박사과정 수료

현) 순천제일대학 사회복지과 교수

논문 및 저서

아동복지정책에 대한 연구(2021)

우리나라 청소년복지정책에 대한 연구(2022)

보육정책에 대한 연구(2023)

케어복지론(8인 공저), 나눔의집(2006)

사회복지입문, 나눔의집(2008)

사회복지와 정책(4인 공저), 동문사(2009)

현대사회문제의 이해, 청목출판사(2011)

사회복지정책론, 정민사(2013)

인간행동과 사회환경(5인 공저), 정민사(2013)

노인복지론(김귀환), 정민사(2017)

사회복지법제론(김귀환), 정민사(2019)

사회복지학개론(김귀환), 정민사(2021)

생각하고 있습니까(김귀환), 도서출판다컴(2021)

정신건강론(김귀환·강길원), 정민사(2023)

사회문제론

– 사회복지측면에서 현대사회문제에 대한 이해 –

초판 1쇄 인쇄 / 2025년 2월 20일
초판 1쇄 발행 / 2025년 2월 25일

•

저 자 / 김 귀 환
발행인 / 이 중 수
발행처 / **동 문 사**

•

서울특별시 서대문구 홍제원 1길 12
(홍제동 137-8)
Tel: 02)736-3718(대), 736-3710, 3720
Fax: 02)736-3719
등록번호: 1974.04.27. 제9-17호
가격: 21,000원

•

ISBN: 979-11-6328-658-5 (93330)
E-mail: dong736@naver.com
www.dongmunsa.com